Ephrem - Josef Bucher, ofmcap   Religiöse Erzählungen und religiöse Erkenntnis

Forum Theologiae Linguisticae

Interdisziplinäre Schriftenreihe
für Theologie und Linguistik

herausgegeben von

Erhardt Güttgemanns

6

LINGUISTICA BIBLICA BONN

Ephrem-Josef Bucher ofmcap

Religiöse Erzählungen und religiöse Erkenntnis

Erste Schritte zur Bestimmung des kognitiven Gehalts religiöser Texte

1978
LINGUISTICA BIBLICA BONN

© 1978 by Linguistica Biblica Bonn
ISBN 3-87797-006-0
Alle Rechte vorbehalten, auch die
des auszugsweisen Nachdrucks, der
fotomechanischen Wiedergabe und
der Übersetzung.
Gesamtherstellung:
Richard Schwarzbold, Witterschlick/Bonn
Printed in W. Germany

Meinen Eltern

Vorwort

Im Kontext der Religionen wird durchwegs in mehr oder weniger expliziter Form und mit unterschiedlichem Nachdruck von "Erkenntnis" und von der Wahrheit dieser "religiösen Erkenntnis" gesprochen. Für einzelne Religionen scheint diese Rede von Erkenntnis und Wahrheit sehr zentral zu sein, z.B. für den Buddhismus, aber auch für das Christentum.

Nun ist es aber gar nicht so klar, was vom Vertreter einer Religion in Anspruch genommen wird, wenn er sich auf "religiöse Erkenntnis" als Grundlage seiner Lebensform beruft. - Was wird im Zusammenhang der Religion oder der Religionen "Erkenntnis" genannt? Wie wird dieses "Wissen" ausgewiesen? Welches sind seine spezifischen Qualitäten? Wie unterscheidet es sich vom "Wissen" in andern Bereichen, in welchen auch ein bestimmtes Wissen behauptet oder vorausgesetzt wird? ...
Das sind einzelne Fragen - längst nicht alle -, die sich einer Analyse religiöser Erkenntnis stellen.

Wer nur kurz einen Blick in die traditionelle Religionsphilosophie wirft, der wird feststellen, dass die Fragen nach der "religiösen Erkenntnis" nicht erst heute gestellt werden, sondern mindestens seit Sokrates zum zentralen Fragenkreis der Philosophie gehören. In dieser Arbeit wird nicht in erster Linie die Tradition zu Worte kommen, sondern es wird versucht, in einem eigentlichen Sinn "sprachanalytische Religionsphilosophie" zu betreiben. Die 'Etikette' "sprachanalytisch" braucht hier nicht näher definiert zu werden, da die Arbeit vorführen sollte, was damit gemeint ist.

Um den Problemkreis, der durch die genannten Fragen nur angedeutet ist, etwas in den Griff zu bekommen, werden in einem e r s t e n   T e i l neuere religionsphilosophische Positionen und Argumentationen vorgestellt und deren Aporien sichtbar gemacht.

In einem z w e i t e n T e i l , dem Hauptteil der Arbeit, wird über eine Analyse der hauptsächlichsten Textformen bzw. Textgeneara, welche für den kognitiven Gehalt religiöser Rede relevant sind - es handelt sich dabei um narrative Textformen -, versucht, die Frage des Gehalts und des Erkenntnisanspruchs religiöser Rede wenigstens ein Stück weit aufzuklären.

Die Arbeit verbleibt so auf einem sehr allgemeinen Niveau. Sie dürfte jeden enttäuschen, der sie in einem apologetischen Interesse angeht oder die Verteidigung eines Glaubensbekenntnisses erwartet. Wer aber bereit ist, unvoreingenommen auf religiöse Rede und die Art ihres Erkenntnisanspruchs zu achten und zu hören, der ist eingeladen, mitzudenken, seine Zustimmung zu geben oder auch seine kritischen Anmerkungen und Vorbehalte zu machen.

Die vorliegende Arbeit wurde im Frühjahr 1978 der philosophisch-historischen Fakultät der Ruprecht-Karl-Universität Heidelberg unter dem Titel "Der kognitive Gehalt religiöser Rede. Erste Schritte zur Bestimmung des Erkenntnisanspruchs in religiösen Texten" als Dissertation eingereicht und von ihr angenommen. Diese Veröffentlichung stellt eine leicht überarbeitete Form der Promotionsarbeit dar.

An dieser Stelle sei all jenen Dank und Anerkennung ausgesprochen, die mein Studium gefördert und durch Verständnis und Anregungen bereichert haben. Namentlich seien hier genannt meine Ordensobern und Mitbrüder, sowie Herr Pfarrer H. Blümle und seine Schwester R. Blümle, die mir während fünf Jahren im Pfarrhaus zu Nussloch zuvorkommend und grosszügig Gastfreundschaft gewährten. - Danken möchte ich dann ganz besonders Herrn Prof. Dr. E. Tugendhat, Starnberg, meinem geachteten Lehrer, der diese Arbeit

betreut und als Erstgutachter vor der Fakultät vertreten hat.
Gleicher Dank gebührt dem Koreferenten Prof. Dr. M. Theunissen,
Heidelberg, sowie den beiden Herren Prof. Dr. F. von Cube,
Heidelberg und Prof. Dr. G. Schnurr, Heidelberg. Ebenfalls eingeschlossen
in diesen Dank sei Frau R. Meier-Jermann, Romanshorn,
welche das Manuskript druckreif getippt hat.

Appenzell, September 1978

                                              P. Ephrem-J. Bucher ofmcap

Inhaltsübersicht

Vorwort	I
Erster Teil: Die Aporien der "klassischen" sprachanalytischen Religionsphilosophie	1
Einleitung	3
I. Kapitel: Religiöse Erkenntnis aufgrund religiöser Erfahrung	6
1. Abschnitt: Alfred Jules Ayers Argument zur Unmöglichkeit religiöser Erfahrungssätze	7
2. Abschnitt: Eine Theorie religiöser Erkenntnis aus religiöser Erfahrung: die Antwort der religionsphänomenologischen Schule	18
II. Kapitel: Alfred Jules Ayer und die Tradition des "ontologischen Arguments"	30
1. Abschnitt: Das Argument Ayers gegen die apriorischen Gottesbeweise	31
2. Abschnitt: Norman Malcolms Version des ontologischen Arguments	41
III. Kapitel: Ist "Gott existiert" eine empirische Hypothese?	48
1. Abschnitt: Die beiden Argumente von R.S. Heimbeck	54
2. Abschnitt: Kritik der Argumente Heimbecks	63
Ergebnis der Auseinandersetzung mit Ayer	71
Zweiter Teil: Der kognitive Gehalt religiöser Rede und die religiösen Erzählungen	74
Einleitung	75
IV. Kapitel: Kleine Phänomenologie religiöser Rede unter besonderer Berücksichtigung ihres Erkenntnisanspruchs	77
1. Abschnitt: Charakteristische Merkmale religiöser Rede	77
2. Abschnitt: Die primären kognitiven religiösen Aeusserungen	103

- V -

V. Kapitel: Modellskizze eines Textgenerierungspro- → Gittgmann/Schmidt
zesses 109
1. Abschnitt: Von der Satz- zur Textlinguistik und
Texttheorie 109
2. Abschnitt: Ein generatives Textmodell 114

VI. Kapitel: Eine allgemeine Beschreibung der Sprechweise "Erzählen" 125
1. Abschnitt: "Erzählen" als eine Grundform
sprachlicher Vorkommensweisen 125
2. Abschnitt: Phänomenologische Beschreibung der
Redeweise "Erzählen" 130
3. Abschnitt: Eine allgemeine "Grammatik" des
"Erzählens" 139
4. Abschnitt: "Erzählen" als "intentionale Ein-
heitsform" 150

VII. Kapitel: Die einfachen Formen religiöser Erzählungen:
Religiöser "Augenzeugenbericht" und reli-
giöser "fiktionaler Bericht" 156
1. Abschnitt: Der religiöse Erfahrungsbericht als
"Augenzeugenbericht" 156
2. Abschnitt: Der religiöse "fiktionale Bericht"
als Erweiterung des "Augenzeugenberichts" durch Fiktionalisierung 167

VIII. Kapitel: Die Gewinnung von grösseren "Verlaufsbedeutungen": Der religiöse "historische
Bericht" und die "Heroensage" 184
1. Abschnitt: Der religiöse "historische Bericht" 184
2. Abschnitt: Der religiöse "historische Bericht"
und seine Fiktionalisierung in der
"Heroensage" 203

IX. Kapitel: Der "mythische Bericht" 211
1. Abschnitt: Die Form des "mythischen Berichts" 214
2. Abschnitt: Wahrheit und Funktion (Interesse)
des "mythischen Berichts" 240

X. Kapitel: Der "religiöse Bericht" im engeren Sinn:
die "religiöse Verheissung" 253

1. Abschnitt: Die Einführung der Redeform
"religiöser Bericht" 253
2. Abschnitt: Die Funktion des "religiösen Berichts" und die Frage der Wahrheit 277

Nachwort 300

Anhang 304

Verzeichnis der Abkürzungen 305

Alphabetisches Literaturverzeichnis 306

ERSTER TEIL

Die Aporien der "klassischen" sprachanalytischen Religionsphilosophie

Einleitung

Die sprachanalytische Religionsphilosophie hat sich entwickelt als Reaktion auf Angriffe vor allem des "logischen Empirismus" auf die religiöse Rede, genauer als Reaktion auf die These: Religiöse Rede kann von ihrer Struktur her nicht sinnvolle d.h. kognitiv bedeutsame Rede sein. Sie ist allein als Rede mit rein emotionaler Bedeutung zu verstehen.

Im Rahmen dieser Arbeit ist es nicht möglich, die ganze Diskussion um das empirische Sinnkriterium zu entfalten. Auch nicht möglich ist es, die verschiedenen Reaktionen vonseiten der Religionsphilosophie und Theologie darzustellen. Aber es liegen dazu bereits verschiedene zusammenfassende Darstellungen und Readers vor, die einen Einblick in die geführte Diskussion vermitteln.[1] Dennoch sollen die Ergebnisse der letzten drei Jahrzehnte auf dem Gebiet der analytischen Religionsphilosophie, soweit die Fragestellung dieser Arbeit betroffen ist, irgendwie berücksichtigt werden. Das wird im ersten Teil der Arbeit auf folgende Weise versucht:

---

(1) Einige einschlägige Titel seien hier genannt:
- J.U. Dalferth (Hg), Sprachlogik des Glaubens, München 1974
- P.J. Etges, Kritik der sprachanalytischen Theologie, Hamburg 1973
- F. Ferré, Language, Logic and God, New York 1969 (1961)
- A. Grabner-Haider, Semiotik und Theologie, München 1973
- ders. Sprachanalyse und Religionspädagogik, Zürich/ Einsiedeln/Köln 1973
- D.M. High (Hg), Sprachanalyse und religiöses Sprechen, Düsseldorf 1972
- W.D. Just, Religiöse Sprache und analytische Philosophie, Stuttgart 1975
- J.A. Martin, Philosophische Sprachprüfung der Theologie, München 1974 - englisch 1966
- B. Mitchell (Hg), The Philosophy of Religion, Oxford 1971
- R.E. Santoni (Hg), Religious Language and the Problem of Religious Knowledge, Bloomington/London 1968

1. Ausgegangen wird vom bekannten Angriff A.J. Ayers in seinem frühen programmatischen Buch "Language, Truth and Logic"(2) auf die Erkenntnisansprüche religiöser Rede. Seine drei Argumente, welche dartun sollen, dass religiöse Rede nicht kognitiv sein kann, werden entfaltet. Sie lassen sich verstehen als Angriffe auf die klassischen Argumente der rationalen Theologie und umfassen die folgenden zentralen Behauptungen:
1.1 Religiöse Rede kann nicht kognitiv sein, weil es keine religiösen Beobachtungsaussagen geben kann. (Gegen die Theorie der "religiösen Erfahrung" im traditionellen Sinn.)
1.2 Religiöse Rede kann nicht kognitiv sein, weil die tragenden religiösen Behauptungen, aus welchen die andern abgeleitet werden könnten, nicht apriorische Behauptungen sein können. (Gegen die Argumentationen mittels des sog. "ontologischen Arguments".)
1.3 Religiöse Rede kann nicht kognitiv sein, weil sie nicht den Status theoretischer Rede haben kann. (Gegen aposteriorische Argumente in der rationalen Theologie.)
2. Als Antwort auf diese drei Argumente werden drei entsprechende Gegenargumente aus der neuern Religionsphilosophie ausgewählt, kurz dargestellt und auf ihre Stringenz und Ueberzeugungskraft hin überprüft:
2.1 Die Verteidigung der "religiösen Erfahrung" als Basis für "religiöses Wissen" durch die Vertreter der religionsphänomenologischen Schule.
2.2 Die Verteidigung des "ontologischen Arguments" durch Norman Malcolm.

---

(2) Erstauflage: Oxford 1936; die 2. Auflage erschien mit einer ausführlichen Einleitung, welche einige Klarstellungen und Modifikationen gegenüber der ersten Auflage brachte, Oxford 1946

2.3 Die Verteidigung der Möglichkeit der Parallelisierung von religiöser Rede und wissenschaftlich-theoretischer Rede durch H. Heimbeck.

Das Ergebnis dieser Auseinandersetzung ist insofern negativ, als es zeigt, dass die Diskussion um die Kognitivität religiöser Rede auf der Basis, die durch Ayer bezogen worden ist, und die von einem grossen Teil der analytischen Religionsphilosophen bis in die späten 60-er Jahre fast unwidersprochen akzeptiert wurde, nicht entschieden werden kann.

I. Kapitel

Religiöse Erkenntnis aufgrund religiöser Erfahrung?

In seiner frühen Untersuchung "Language, Truth and Logic" vertritt A.J. Ayer die These: "Wir möchten jedoch feststellen, dass es keine religiösen Wahrheiten geben kann; denn die Sätze, die der Theist verwendet, um solche "Wahrheiten" auszudrücken, sind von keiner wörtlichen Bedeutung."[1] Mit dieser These meint Ayer nicht nur, dass religiöse Rede durchwegs metaphorischen Charakter hätte, sondern viel radikaler, dass religiöse Behauptungen Scheinbehauptungen seien, mit denen sich kein Wahrheitsanspruch verbinden lasse; denn wahrheitsfähig seien nur direkte Erfahrungsaussagen, Tautologien und empirische Hypothesen.[2]

---

(1) zit. nach der dt. Uebersetzung von Herbert Herring, Sprache, Wahrheit und Logik, Stuttgart 1970, S 156. Im Gegensatz aber zu Herring übersetzen wir "literally significant" nicht mit "wissenschaftlich sinnvoll" bzw. "von wissenschaftlicher Bedeutung" sondern mit "wörtlich sinnvoll"; obwohl diese Uebersetzung nicht genau Ayers Intention trifft, scheint sie uns getreuer zu sein als die von Herring.

(2) Die These, dass es nur drei Klassen von sinnvollen Sätzen gebe, ist eine These des log. Positivismus. Ayer übernimmt sie und stützt sie ab durch eine Analyse des Begriffs "wissen". Er definiert: "X weiss, dass p" =$_{Df}$ "X hat das Recht, sicher zu sein, dass p". Notwendige Bedingungen dafür, dass X p wissen kann, sind: (1) p muss wahr sein, (2) X muss sicher sein, dass p; (3) X muss glauben, dass p. Aber keine dieser drei Bedingungen und auch nicht alle zusammengenommen geben X das R e c h t , sicher zu sein. Dieses Recht wird von der Gesellschaft gewährt, die gleichsam offizielle Wege anerkennt, wie man zu Erkenntnissen kommen kann. Nach Ayer sind die allgemein anerkannten Wege zur Gewinnung von Erkenntnissen: Erfahrung, Theoriebildung und Ableitung logischer Art. Daraus folgt, dass es nur drei Klassen von kognitiv sinnvollen Sätzen geben kann: Erfahrungssätze, empirische Hypothesen und Tautologien.

Religiöse Behauptungen könnten aber keiner dieser drei Klassen von Sätzen zugezählt werden; folglich könnten sie auch nicht sinnvoll sein im Sinne von "kognitiv", sondern höchstens im Sinn von "affektiv" oder "emotional". - In diesem ersten Kapitel wird Ayers Argumentation bezüglich der Unmöglichkeit religiöser Erfahrungssätze geprüft, kritisiert und einem positiven Vorschlag, der sich hauptsächlich an Romano Guardini orientiert, gegenübergestellt.

Einem ersten Einwand sei hier gleich begegnet: Es möchte manchem scheinen, dass Ayers Argumentation in seinem Frühwerk "Language, Truth and Logic" ein etwas ungünstiger Ausgangspunkt sei für eine Ueberlegung, welche den kognitiven Gehalt religiöser Rede ausweisen bzw. näher bestimmen möchte, denn Ayers Analysen seien überholt, und seine Position werde heute von niemandem mehr ernsthaft vertreten. - Letzteres soll nicht in Abrede gestellt werden. Aber man kann den hier gewählten Ausgangspunkt doch rechtfertigen: Mit Ayers Beitrag beginnt eigentlich die analytische Religionsphilosophie. Seine direkt und ungeschützt vorgetragenen Angriffe sind zwar vielfach zurückgewiesen worden, aber man konnte sie nicht zum Schweigen bringen. Das mag immerhin den Gedanken aufkommen lassen, dass hinter diesen Argumenten mehr steckt, als ihre Form bei Ayer ahnen lässt. Aus diesem Grund wird hier die Auseinandersetzung mit Ayer erneut aufgenommen.

1. Abschnitt

Alfred Jules A y e r s   Argument zur Unmöglichkeit
--------------------------------religiöser Erfahrungssätze

Die These des ersten Arguments von Ayer ist: Religiöse Behauptungen können keine Erfahrungssätze sein, denn es kann gar keine religiöse Erfahrung geben, die Informationen über die Aussenwelt mitteilt. Der entscheidende Text lautet bei Ayer: "Wenn jemand mit der Behauptung, er sehe Gott, nur behauptet, dass er eine besondere Art von Wahrnehmungsinhalt erfährt, dann leugnen wir nicht für einen Augenblick, dass seine Behauptung wahr sein mag. Gewöhnlich aber sagt jemand mit der Aussage, er sehe Gott, nicht nur, dass er ein religiöses Gefühl erfährt, sondern auch, dass es ein transzendentes Seiendes als Gegenstand dieses Gefühls gibt, ebenso wie jemand, der sagt, dass er einen gelben Fleck sieht, gewöhnlich nicht nur sagt, dass sein visuelles Wahrnehmungsfeld einen gelben Wahrnehmungsinhalt enthält, sondern auch, dass es einen gelben Gegenstand gibt, zu dem der Wahrnehmungsinhalt gehört. Und es ist nicht unvernünftig, bereitwillig einem Menschen zu glauben, wenn er das Vorhandensein eines gelben Gegenstandes behauptet, und es abzulehnen, ihm zu glauben, wenn er die Existenz eines transzendenten Gottes behauptet. Denn während der Satz "Es gibt ein gelbfarbiges materielles Ding" eine echte synthetische Proposition ausdrückt, die empirisch verifiziert werden könnte, hat der Satz "Es gibt einen transzendenten Gott" <u>keine wissenschaftliche Bedeutung.</u> Wir kommen deshalb zu dem Schluss, dass das Argument aus der religiösen Erfahrung insgesamt irreführend ist."[3]

Die wesentlichen Behauptungen dieses Textes sind:
(i) Ein Erfahrungsinhalt wird durch eine Basisproposition ausgedrückt; <u>das Auftreten dieser bestimmten Wahrnehmung verifiziert die Basisproposition schlüssig</u>: z.B. Das Auftreten eines gelben Wahrnehmungsinhalts verifiziert die Basisproposition: "Ich sehe gelb" oder "Hier jetzt gelb".[4]

---

(3) Sprache, Wahrheit und Logik, aaO, S 158 f.
(4) cf. aaO, S 15; zur Definition der Begriffe "Aussage", "Proposition" und "Satz" siehe S 14 f; zur Definition des Begriffs "Basisproposition" siehe S 15 f, ebenfalls Anm 6, S 206.

(ii) Wenn religiöse Erfahrung analog zu (i) interpretiert wird, dann kann das nur heissen, dass eine spezielle Art von Wahrnehmungsinhalt gegeben ist.[5]

(iii) Aus der Basisproposition "Ich sehe gelb" darf vernünftigerweise gefolgert werden: "Es gibt ein gelbfarbiges materielles Ding", denn diese <u>Behauptung ist empirisch überprüfbar</u>.

(iv) Aus der Basisproposition "Ich habe ein religiöses Gefühl" kann nicht vernünftigerweise die Folgerung gezogen werden "es gibt einen transzendenten Gott", denn <u>etwas Transzendentes kann nicht empirisch verifiziert werden</u>. Aus dem <u>Haben eines religiösen Gefühls kann höchstens geschlossen werden, dass es spezielle Sinneseindrücke gibt</u>. Solange diese Sinneseindrücke aber nicht in verifizierbaren Sätzen ausgedrückt werden, vermitteln sie keine Erkenntnis.[6]

Dieses Argument von Ayer macht zwei Voraussetzungen, eine epistemologische und eine kriteriologische, die beide problematisch sind.

Die epistemologische Voraussetzung umfasst Ayers Phänomenalismus, den man - in seinen Worten - so charakterisieren kann:

- <u>Etwas über einen Gegenstand aussagen heisst, etwas über einen Wahrnehmungsinhalt aussagen</u>.[7]
- <u>Ein Basissatz bezieht sich auf einen einzigen Wahrnehmungsinhalt und wird durch das Auftreten des betreffenden Wahrnehmungsinhalts schlüssig verifiziert</u>.[8]

---

(5) cf. aaO, S 158
(6) cf. aaO, S 159
(7) cf. aaO, S 82 f
(8) cf. aaO, S 15

- Gegenstände sind logische Konstruktionen aus Wahrnehmungsinhalten, und das soll als gleichbedeutend verstanden werden mit der Aussage, dass Sätze, die das Symbol eines Gegenstandes (z.B. "Tisch") enthalten, "alle in Sätze derselben Sprache umgewandelt werden können, die dieses Symbol nicht enthalten, und keines seiner Synonyme, jedoch gewisse Symbole, die Wahrnehmungsinhalte ausdrücken."
- Die Einführung von Symbolen, die logische Konstrukte andeuten, soll ein Mittel sein, um komplizierte Propositionen über die Elemente dieser Konstruktionen in verhältnismässig einfache umzuwandeln.[9]
- "Gegenstände" gelten dann als "objektiv gegeben", wenn unter den relevanten Umständen die Sinneserfahrungen eintreten, welche die Aussage in der Gegenstandsprache suggeriert hatte.[10] Also Aussagen über Gegenstände sind Hypothesen bezüglich zu erwartender Wahrnehmungen.

Die kriteriologische Voraussetzung enthält die Bedingungen der Vernünftigkeit: sie stellt fest, unter welchen Bedingungen es vernünftig ist, von einer Wahrnehmung zu sagen, sie beziehe sich auf einen "Gegenstand", sie gebe Informationen über die Welt. - "Vernünftig sein" heisst nach Ayer, "ein als zuverlässig anerkanntes Verfahren in unserer gesamten Meinungsbildung anzuwenden"[11]. Ein solch zuverlässiges Verfahren zur Meinungsbildung hat die Wissenschaft entwickelt. Ihre Methode zur Unterscheidung von vernünftigen und unvernünftigen Meinungen war die der empirischen Verifikation. Eine Meinung, die der empirischen Verifikation prinzipiell nicht zugänglich ist, kann nicht zu einem Kandidaten für das Prädikat "vernünftig" werden. Damit wird das Verifikationsprinzip zugleich zu einem Sinnkriterium ausgeweitet: Was nicht

---

(9) cf. aaO, S 81 ff
(10) cf. aaO, S 160
(11) aaO, S 131

empirisch verifizierbar ist, kann nicht Erkenntnis vermitteln, nicht kognitiv sein und nicht vernünftig.(12)

Es hat wenig Sinn, sich hier mit diesen beiden Voraussetzungen Ayers weiter auseinanderzusetzen, denn die neuere Entwicklung in der analytischen Philosophie und besonders in der Wissenschaftstheorie hat gezeigt, dass die beiden Voraussetzungen so nicht haltbar sind. - Anstelle einer allgemeinen Kritik wird die Entwicklung von Ayers Position in seinen späteren Schriften weiter verfolgt, insoweit sie eine Kritik an seiner frühern Position bedeutet oder einschliesst.

Die modifizierte Position Ayers

Die Kernbehauptung von Ayers Phänomenalismus war, dass die <u>sichersten kognitiven Behauptungen</u> die <u>Aussagen über Sinnesdaten</u> seien, und dass sich <u>Aussagen über Gegenstände vollständig in Sinnesdatenaussagen übersetzen liessen</u>. Während Ayer geneigt

---

(12) Die genaue Formulierung des Verifikationsprinzips als Sinnkriterium lautet bei Ayer:
  (i)   Eine Aussage wird nur dann für wörtlich sinnvoll gehalten, wenn sie entweder analytisch ist oder verifizierbar (cf. aaO, S 14).
  (ii) Eine Aussage S ist dann unmittelbar verifizierbar, wenn sie entweder selbst eine Wahrnehmungsaussage ist oder von der Art, dass sie in Verbindung mit der einen oder andern Wahrnehmungsaussage zumindest eine Wahrnehmungsaussage zur Folge hat, die aus diesen andern Prämissen allein nicht ableitbar ist (cf. aaO, S 19).
 (iii) Eine Aussage S ist mittelbar verifizierbar, wenn es endlich viele Aussagen $A_1...A_n$ gibt, die alle entweder unmittelbar verifizierbar sind, oder bereits früher mittelbar verifiziert wurden, sodass aus $\{S,A_1...A_n\}$ gewisse direkt bestätigungsfähige Aussagen P_i gefolgert werden können, die aus der engern Klasse $\{A_1...A_n\}$ nicht abzuleiten sind (cf. aaO, S 19).

ist, an der Sinnesdatentheorie auch weiterhin festzuhalten,[13] sieht er sich <u>gezwungen, die Uebersetzbarkeitsthese aufzugeben</u>:[14] "<u>Behauptungen über physikalische Gegenstände sind nicht formell übersetzbar in Behauptungen über Sinnesdaten</u>".[15] - Mit "not formally translatable" dürfte gemeint sein, dass sie nicht ohne Bedeutungsverlust oder einen gewissen Bedeutungswandel übersetzbar sind. - Das führt zur Frage: <u>Wie sind denn nun Gegenstandaussagen zu verstehen?</u>

---

(13) Man vergleiche hierzu seinen Artikel, "Has Austin Refuted the Sense-datum Theory?" in: A.J. Ayer, Metaphysics and Common Sense, London 1967, S 126 - 148, bes. S 128.

(14) Die Gründe für diesen Schritt nennt Ayer ausdrücklich in: The Problem of Knowledge, London 1956, S 122 - 144; die wichtigsten sind:

(i) Die Rede von "Gegenständen" setzt voraus, dass diese Objekte auch weiterexistieren, wenn sie nicht wahrgenommen werden. Es ist folglich nicht möglich, Aussagen über Gegenstände ohne Inhaltsverlust in Aussagen über Sinnesdaten zu übersetzen, die wesentlich nicht fortdauernd existieren (cf. S 132).

(ii) Ueber Sinnesdaten zu reden ist eine parasitäre Redeweise, welche das Reden über Objekte voraussetzt, denn faktisch wird zuerst eine "Gegenstandsprache" erlernt, und erst aufgrund von Phänomenen wie Illusion u.ä. entwickelt man eine Theorie, die mit dem technischen Begriff "Sinnesdatum" operiert (cf. S 122; ebenfalls, Metaphysics and Common Sense, aaO, S 148).

(iii) Es scheint grundsätzlich nicht möglich zu sein, Ort- und Zeitrelationen in eine Sinnesdatensprache zu übersetzen, denn die Kategorien von Raum und Zeit werden für die Sinneserfahrung vorausgesetzt und sind folglich nicht wieder in einer Sinnesdatensprache zu formulieren (cf. S 138).

(iv) Aus der Tatsache, dass Sinnesdaten wahrgenommen werden, folgt nicht notwendig die Existenz des entsprechenden Objekts - es gibt optische Täuschungen, Halluzinationen u.ä., noch folgt aus dem Existieren eines Objekts, dass notwendigerweise Sinnesdaten davon erfahren werden; dazu müssen noch andere Bedingungen wie gesunde Sinnesorgane, Aufmerksamkeit usw. erfüllt sein. Das bedeutet, es kann keine deduktive Relation angenommen werden (im Gegensatz zum phänomenalistischen Programm) zwischen Behauptungen über Sinnesdaten und Behauptungen über materielle Gegenstände (cf. S 140 ff).

(15) aaO, S 144

Der neue Vorschlag von Ayer lautet: "Speaking of physical objects is a way of interpreting our sense-experiences".(16) Der Ausdruck "interpretieren" ist hier unglücklich, da er mehrdeutig und zu vage ist. Ayer präzisiert seine Aussage, indem er ergänzend beifügt, es gehe darum, "elaborating a theory with respect to the evidence of our senses" (ibid). Diese "Theorie" stellt nicht einfach eine Neubeschreibung der Sinnesdaten dar, sondern ist "reicher". Das dürfte so zu verstehen sein, dass eine Gegenstandaussage ein <u>konstruktives Moment</u> enthält, das nicht durch unmittelbare Sinnesdaten abgedeckt werden kann, sondern als Beitrag einer "<u>Hintergrundtheorie</u>" zu betrachten ist, welche die "<u>Interpretation</u>" leitet. Dieses Hintergrundwissen stammt teilweise aus früheren Erfahrungen, teilweise enthält es erlernte, übernommene Meinungen und Ansichten.

→ Kant

Um unkontrollierte Spekulationen auszuschliessen, greift Ayer auf das Verifikationsprinzip zurück und fordert, dass <u>Gegenstandaussagen sich auf Sinneserfahrungen</u> zu stützen hätten, und dass sie nur durch sie (die Sinneserfahrungen) eine Bedeutung bekämen.(17) Dieser letzte Satz ist nicht ohne weiteres verständlich. Angenommen, der Begriff "Sinnesdaten" liesse sich genügend klar fassen,(18) so könnte man sagen, Aussagen über Gestände werden durch Sinnesdatenaussagen gerechtfertigt, analog wie theoretische Aussagen durch Beobachtungsaussagen abgestützt werden. Aber die Rechtfertigung einer Behauptung ist nicht identisch mit der Angabe der Bedeutung. Das war ein positivistisches Missverständnis, das Ayer kaum aufwärmen will, behauptet er doch

---

(16) aaO, S 147
(17) aaO, S 147
(18) Bei Ayer scheint mir dieser Begriff unklar definiert zu sein; ein wenig hat er bei ihm die Funktion eines Grenzbegriffs, was aus dem folgenden Zitat erhellt: "Psychology cannot be used to refute them (die Sinnesdaten): for their concept is intended to be so general that everything that the psychologists may discover about the machinery of perception is describable by its means." (aaO, S 120)

ausdrücklich, dass eine Aussage über einen physikalischen Gegenstand "reicher" sei als die Summe der sie stützenden Sinnesdatenaussagen, und dass sie prinzipiell nicht übersetzbar sei in Aussagen über Sinnesdaten. Also ist die Bedeutung einer Aussage über einen physikalischen Gegenstand nicht durch Aussagen über Sinnesdaten zu fassen.

Wenn positiv gefragt wird, wie die Bedeutung einer Gegenstandaussage angegeben werden könne, mag man sich an die Antwort der <u>Wissenschaftstheorie</u> halten. Die Bedeutung einer Behauptung in einer Theorie ist bestimmt durch die Grundannahmen (Axiome) der Theorie, durch die unmittelbaren Prämissen der betreffenden Aussage und durch die Folgerungen, die aus ihr gezogen werden können.[19] Was für eine Behauptung in einer Theorie gilt, das muss analog auch für eine Gegenstandaussage gelten, wenn man Ayers Analyse von Gegenstandaussagen voraussetzt. <u>Damit eine solche Aussage eine Bedeutung hat, ist es nicht notwendig, sie verifizieren zu können</u>, ja nicht einmal, dass man weiss, wie man sie durch Sinnesdatenaussagen verifizieren würde, <u>es reicht, wenn man einzelne wesentliche Prämissen und Konsequenzen dieser Behauptung nennen kann</u>.[20]

Allerdings, wenn man eine Garantie haben will, dass die betreffende Aussage eine wahre Aussage über die empirische Welt

---

(19) cf. Mario Bunge, Semantics II: Interpretation and Truth, Dordrecht 1974, bes. Kap. 7 und 8
(20) Zur Verdeutlichung ein Beispiel: Die Aussage "In meinem Zimmer steht ein hölzernes Pult" setzt logisch voraus ("logisch" im Sinn von "aufgrund der Bedeutung in der Umgangssprache"), dass jemand das Pult verfertigt hat, dass das Holz von einem Baum stammt, der in der Natur gewachsen ist, dass jemand dieses Pult hierhergebracht und bis jetzt nicht wieder wegtransportiert hat... Und diese Aussage impliziert, dass dieses Pult brennt, wenn man es anzündet, dass es nicht von selber sich im Zimmer umherbewegt, dass es einen bestimmten Raum einnimmt... Mittels solcher Voraussetzungen und Implikationen wird die Bedeutung des Beispielsatzes angegeben.

ist, muss man eine empirische Rechtfertigung verlangen. Aber es ist eine Sache, die Bedeutung einer Aussage anzugeben, und es ist etwas Anderes, den Wahrheitswert einer Behauptung zu bestimmen. - Wenn nun Ayer behauptet, dass den Gegenstandaussagen durch Sinnesdatenaussagen eine Bedeutung verliehen werde, dann meint er wohl eher, dass ihnen aufgrund solcher Aussagen empirische Bedeutsamkeit oder ein empirischer Wahrheitswert verliehen werde - und das dürfte stimmen.

Auch bezüglich der ursprünglichen kriteriologischen Voraussetzungen ändert sich Ayers spätere Position. Während für ihn anfänglich nur empirisch verifizierbare Meinungen "vernünftige" Meinungen waren, räumt er später ein, dass es verschiedene Rationalitätsstandards geben könne, welche sich in je verschiedenen Rechtfertigungskriterien für Behauptungen niederschlagen würden. Das folgende Zitat diene als Beleg: "Der springende Punkt ist, dass unsere Art, die Welt zu sehen - was sich dartut in unserem konzeptuellen System, in unsern Methoden, die Beobachtungen zu interpretieren und in unserer Wahl von allgemeinen Hypothesen - mit unserem Rationalitätsstandard zusammengeht. Wenn jemand eine gänzlich verschiedene Sicht der Welt hat und dementsprechend einen verschiedenen Rationalitätsstandard, können wir die Ueberlegenheit unseres Standpunktes nicht beweisen, ohne das Problem zu verschieben..."[21] In diesem Zusammenhang reicht es, dass man von dieser Modifikation der Position Kenntnis nimmt, die für die Beurteilung des ursprünglichen Arguments gegen religiöse Erkenntnis aus Erfahrung folgenreich ist.

---

(21) A.J. Ayer, Probability and Evidence, London 1972, S 88; eine ähnliche Position vertritt Ayer auch in seinem Artikel "Knowledge, Belief and Evidence" in: Metaphysics and Common Sense, aaO, S 115 - 125

Das ursprüngliche Argument gegen die religiöse Erkenntnis aus Erfahrung aus der modifizierten Sicht

Der Kern des ursprünglichen Arguments war, man könne nicht mit Recht von religiöser Erkenntnis aufgrund von religiöser Erfahrung reden, weil
- Aussagen über "transzendente Gegenstände" prinzipiell nicht übersetzbar seien in Aussagen über Sinnesdaten, und
- die angeblichen religiösen Erkenntnisse nicht dem Rationalitätsstandard der Neuzeit entsprächen, insofern sie nicht intersubjektiv und empirisch überpüfbar seien.

Nun hat sich gezeigt, dass die "Uebersetzbarkeitsthese" nicht haltbar ist: auch in Gegenstandaussagen geht ein konstruktives Moment mit ein. In diesem Sinn kann man sagen, dass auch ganz gewöhnliche Gegenstandaussagen Aussagen über "transzendente Objekte" sind, und dass sich in dieser Hinsicht eine Aussage über Gott und eine Aussage über einen materiellen Gegenstand nicht grundsätzlich unterscheiden: Bestimmte Sinneserfahrungen berechtigen zu einer Aussage über einen materiellen Gegenstand, bestimmte andere Sinneserfahrungen, z.B. mystische, berechtigen zu einer Aussage über Gott. Abgesehen davon, dass mit "bestimmte Sinneserfahrungen" - mangels einer guten Wahrnehmungstheorie - nicht eine sehr präzise Auskunft gegeben wird, liegt nun das ganze Problem in der Analyse von "berechtigt".

Damit wäre die Frage des Rationalitätskriteriums angesprochen. Das ursprüngliche Kriterium war klar, aber zu eng, insofern Vieles, was man im Alltagsverständnis "wissen" kann, durch dieses Kriterium ausgeschlossen wurde. Die jüngste Stellungnahme von Ayer zu dieser Frage, die man als relativistisch bezeichnen könnte, läuft auf einen Verzicht auf ein umfassendes Rationalitätskriterium hinaus. Allerdings ist er geneigt, dem "common sense" eine gewisse Priorität zuzugestehen. Aber "nothing should be absolutely sacrosanct: not even common sense."[22] Wenn jemand ein anderes Rationalitätskriterium angenommen hat, dann wird er eben andere Dinge "wissen". Die Entscheidung bezüglich eines Rationalitätskriteriums ist nach Ayer nicht mehr eine Sache der Vernünftigkeit, sondern eher des Geschmacks oder der Erziehung.

Das Ergebnis der Diskussion dieses ersten Arguments von Ayer ist negativ in dem Sinn, dass dieses Argument praktisch schrittweise zurückgenommen wird, ohne dass sich unmittelbar ein Ansatzpunkt für ein Argument zugunsten der Möglichkeit religiöser Erkenntnis aus religiöser Erfahrung ergäbe. Ein solches positives Argument wäre nur möglich, wenn das Rationalitätskriterium, das religiöse Aussagen als "religiöse Erkenntnisse" zulässt, sich gegenüber einem Kriterium, das solche "Erkenntnisse" nicht gestattete, als rationaler ausweisen liesse. Ein Argument, das so etwas zu leisten vermag, kann aber nicht ein Argument aus religiöser Erfahrung sein, wenigstens solange nicht, als man die Wahrnehmungstheorie von Ayer voraussetzt. Denn nach dieser Theorie kann erst von Erkenntnis gesprochen werden, wenn Sinneserfahrungen von einem Interpretationshorizont aus gedeutet worden sind. Die Wahl des Interpretationshorizonts, die mit der Wahl des Rationalitätskriteriums zusammengeht, muss aber der Deutung von Sinnesdaten vorausgehen. So kommt es, dass für den einen mystische Erfahrungen krankhafte Zustände sind, während ein anderer sie mit der Erfahrung Gottes in Zusammenhang bringt. Wer

---

[22] Metaphysics and Common Sense, aaO, S 81

von den beiden recht hat, lässt sich nicht einfach mit dem Hinweis auf Sinnesdaten entscheiden.(23)

2. Abschnitt

Eine Theorie der religiösen Erkenntnis aus religiöser Erfahrung:
die Antwort der religionsphänomenologischen Schule

In der ersten Hälfte dieses Jahrhunderts hat besonders die Schule der Religionsphänomenologie das Phänomen der religiösen Erfahrung eingehend analysiert. Die Thesen, die von dieser Schule vertreten werden, geben der religiösen Erfahrung eine viel grössere Bedeutung als Ayer. Zur Vertiefung der Analyse werden in diesem Abschnitt einige Hauptthesen der religionsphänomenologischen Analyse zusammengefasst und der Position Ayers gegenübergestellt. -

---

(23) Zu einem vergleichbaren Ergebnis kommt auch John Hick in seinem Artikel "Religious Faith as Experiencing-as" in: Talk of God, Vortragssammlung herg. vom Royal Institute of Philosophy Lectures, London 1969, S 20 - 35: "Faith, I have been suggesting, is the interpretative element within what the religious man reports as his experience of living in the presence of God. But whether that experience is veridical or illusory is another question." (S 35). Es ist diese Frage, die besonders interessiert, die nach Ayer und andern nicht beantwortet werden kann, die wir aber wenigstens einer nähern Betrachtung für wert erachten.

Um uns nicht in Details zu verlieren, orientieren wir uns im
wesentlichen an einem Hauptvertreter dieser Schule im deutschen
Sprachraum, an Romano Guardini.[24] Wesentliche Behauptungen

---

(24) Er gibt ein Beispiel einer "intensiven Art" religiöser Erfahrung: "Ein Mensch wandert allein. Es wird Mittag; die
Sonne brütet; alles scheint stillzustehen. Da kommt ihm zu
Bewusstsein, wie einsam er ist, und er fängt an, sich zu
fürchten... Im übrigen ist das Erlebnis nicht weiter wichtig. - Damit kann es aber auch anders gehen: dass in der
heissen, regungslosen Stille des Mittags auf einmal ein
Schrecken über ihn fällt, der gar nichts mit dem, sagen wir,
bürgerlichen Gefühl des Alleinseins zu tun hat. - Was war
das? - Der alte "panische" Schrecken... Wo die Erfahrung
echt ist, enthält sie ein numinoses Element.
Nehmen wir nun an, es wäre ein Hirte im alten Griechenland
oder Kleinasien gewesen, der dieses Erlebnis hatte, in jenen
grossgestalteten, sonnenglühenden Bergeinsamkeiten. Nehmen
wir weiter an, er wäre nicht nur ein lebendig empfindender,
sonst aber ruhig im täglichen Dasein stehender Mensch gewesen, sondern religiös schöpferisch: ein Mensch also, welchem
hinter dem Schrecken nicht nur eine numinose Wesenheit deutlich wurde, sondern dem sich diese Wesenheit in ein Bild
verdichtete. In ein Bild, in dem das Erlebnis mit bestimmten Sinn-Strukturen des Hirtendaseins zusammenwuchs, sodass
nun auch andere, die ähnliches erfahren hatten, ihre Erfahrung in dieser Gestalt wieder erkannten. Nehmen wir also an,
der Mann wäre ein Seher gewesen, dann hätte auf einmal eine
seltsame Gottheit vor seinem Auge und in seinem Gefühl ge-
standen: halb Tier- halb Menschengestalt; mit einem Blick,
in dem die Natur selber redete, und doch wieder mehr als
nur Natur; den Schrecken der Einsamkeit, die tolle Gewalt
der Naturmacht ausstrahlend, zugleich aber auch ihre innere
herz- und sinnverführende Macht: der Gott Pan. Stark genug
erfahren, schöpferisch genug, subjektiv überwältigend und
zugleich objektiv so gültig, dass es für eine gewisse volk-
haft-kulturelle Allgemeinheit typisch werden konnte...
Durchbruch einer numinosen Wirklichkeit, die sich in einem
bestimmten Daseinsbereich ausdrückt...
Diesem Erlebnis wird dann eine besondere Art der Ueberzeugtheit zugeordnet, die durch Einwände und Argumente vom Profanen her nicht zu erschüttern ist, weil sie in einer numinosen, von anderswoher kommenden Erfahrung fundiert ist..."
(aus "Religiöse Erfahrung und Glaube" in: Unterscheidung
des Christlichen, Mainz 1963, S 325 f).

seiner Theorie bezüglich der "religiösen Erfahrung" sind:
1) Es gibt eine unmittelbare religiöse Erfahrung, die als "Erfahrung des Numinosen" eine ganz spezifische und einmalige Qualität hat.[25] Die Wirkung des Numinosen auf den Mensch ist wie folgt zu beschreiben: Es "bringt den Erfahrenden mit eben den Dingen und Erscheinungen, an denen (es) auftaucht, in eine eigentümliche Spannung und macht, dass es sie als uneigentlich empfindet."[26] Ueber dieses "Befremden" hinaus bewirkt die religiöse Erfahrung im Erfahrenden "Heil". Das bedeutet, "dass das Dasein des Erfahrenden durch die Beziehung zur sich bezeugenden numinosen Wirklichkeit in endgültiger Weise richtig erfüllt und geordnet wird; dass durch sie die Fragen, warum und wozu und woraufhin er existiere, ihre endgültige Antwort bekommen."[27]

Das in einer religiösen Erfahrung Begegnende ist in sich klar und bestimmt, so, "dass es bei jeder, auch der leisesten Begegnung wiedererkannt wird."[28] Aufgrund seiner Wirkweise auf den

---

(25) cf. R. Guardini, Religion und Offenbarung, Würzburg 1958, S 82
(26) Unterscheidung des Christlichen, aaO, S 308
(27) Religion und Offenbarung, aaO, S 90 f. – Im wesentlichen stimmen diese Thesen mit dem überein, was schon früher William James in "Varieties of Religious Experience" festgestellt und ausführlich beschrieben hatte (New Hyde Park, New York 1963; 2. mit einem Appendix und einer Einführung von Joseph Ratner erweiterte Ausgabe).
(28) aaO, S 82; andere Vertreter dieser Schule sind in diesem Punkt vorsichtiger und sprechen eher von einem wiederkehrenden Gefühlszustand, der durch verschiedene "Ursachen" ausgelöst werden kann, und der nicht bei allen religiösen Menschen gleich zu sein scheint. W. James meint z.B.: "As concrete states of mind, made up of a feeling plus a specific sort of object, religious emotions of course are psychic entities distinguishable from other concrete emotions; but there is no ground for assuming a simple, abstract "religious emotion" to exist as a distinct elementary mental affection by itself, present in every religious experience without exception.." (aaO, S 28) – Zur Unterscheidung der "religiösen Erfahrung" rekurriert er auf die "Früchte" dieser Erfahrung: "This sort of happiness in the absolute and everlasting is what we find nowhere but in religion. It is parted off from all mere animal happiness, all mere enjoyment of the present, by that element of solemnity of which I have already made so much account..." (aaO, S 48).

Menschen ist es zu charakterisieren als "Mysterium tremendum und fascinans" als etwas, das den Dingen und Erscheinungen, an denen es hervortritt, "eine besondere Mächtigkeit, Erhabenheit, Fremdheit, Furchtbarkeit - aber auch eine besondere Nähe und Tiefe, etwas zuinnerst Berührendes, Anziehendes, Erregendes, Erfüllendes"[29] verleiht.

Aus dem Blickwinkel der Wahrnehmungstheorie von Ayer lässt sich feststellen, dass dieses seltsame "angerührt, beglückt und erschüttert werden"[30] in der unmittelbaren religiösen Erfahrung für die religiöse Erkenntnis eine analoge Rolle spielt, wie die Erfahrung der Sinnesdaten für die Erkenntnis materieller Gegenstände. Wenn diese Interpretation richtig ist, dann gilt für die unmittelbare religiöse Erfahrung, was schon für die Sinnesdaten bei Ayer hervorgehoben wurde: es besteht keine logisch deduktive Beziehung zwischen Aussagen über Sinnesdaten bzw. religiöse "Erlebnisse" und den ensprechenden "Objektaussagen". Ayer nannte die Objektaussagen "proleptisch"; in ihnen geschieht ein Vorgriff über die Sinnesdaten hinaus, der erlaubt ist aufgrund erfolgreicher früherer Praxis. Analog wären demnach auch Aussagen über das religiöse Objekt "proleptisch". Guardini scheint dem zuzustimmen, denn er ist der Meinung, dass die unmittelbare religiöse Erfahrung "gestaltet" werden muss.

2) Die unmittelbare religiöse Erfahrung muss, um über den Moment der religiösen Erregung hinaus wirksam und auch kommunikabel sein zu können, mit bestimmten Sinnstrukturen einer Lebensweise

---

(29) Unterscheidung des Christlichen, aaO, S 308
(30) Religion und Offenbarung, aaO, S 24

verschmolzen werden.<u>(31)</u>

Für diese "Gestaltung" eignen sich besonders "jene Bemühungen des Denkens und Vorstellens, der Werterfahrung und Willensentscheidung, der ordnenden und schaffenden Arbeit, <u>welche sich auf die Findung und Verwirklichung des Existenz-Sinns richten.</u>"(32) Diese "Daseinsanstrengungen" des Menschen bilden die <u>Kultur</u> aus und entwickeln <u>Lebensformen</u>, die der einzelne als seine <u>"Umwelt"</u> erlebt, die für ihn ein Stück weit normativen Charakter hat. Es scheint auch, dass in den verschiedenen Kulturen gewisse Vorstellungen und Bilder ausgespart oder reserviert sind, um die eher diffuse Erfahrung des Numinosen zu bestimmen und zu fixieren.

So erweist sich die "gestaltete" religiöse Erfahrung als abhängig von Kultur und Lebensweise einer bestimmten Gesellschaft. Da es ganz verschiedene Kulturen gibt mit teilweise gänzlich verschiedenen religiösen Vorstellungen und Bildern, die einander hie und da sogar widersprechen, stellt sich die <u>Frage nach der "richtigen" Interpretation bzw. "Gestaltung" der unmittelbaren Erfahrung</u>.

3) Allgemeingültigkeit der "Gestaltung" der religiösen Erfahrung
ist das Kriterium zur Bestimmung der Objektivität der religiösen Erkenntnis; m.a.W. <u>die "Gestaltung" der religiösen Erfahrung ist umso objektiver, je mehr Menschen ihre eigene Erfahrung mit</u>

---

(31) Unterscheidung des Christlichen, aaO, S 325; eine analoge Feststellung macht auch J. Ratner in seiner Einleitung zu "Varieties": "All conceptions of the divine, from the vaguest primitive notions to the most precise highly developed notions set forth in creeds, theodicies, theologies and metaphysical systems, are secondary products; they are at best interpretations of religious experience - and often they are not even that; being interpretations they necessarily reflect the pecular parochial intellectual habits and spiritual limitations of the individuals, peoples and cultures which produce them. At different times and places, the divine has been conceived as personal and impersonal; as localized and omnipresent; as monistic and pluralistic.." (aaO, S VIII)
(32) aaO, S 310 f

dem Numinosen darin wieder erkennen können.(33)

Damit diese "Gestaltung" den erfahrenen Mysterium-Charakter (Anders-Sein; Heilig-Sein) des numinosen Wesens nicht verdeckt, muss sie an den "Massstäben des Sittlichen (sittlich vollkommen), des Vernünftigen und des Menschlichen" gemessen werden.(34) D.h. was möglichst vielen als vernünftig als human, als sittlich gut erscheint, das kann vom Numinosen zu Recht ausgesagt werden.

Ferner, um die Erfahrung "totaler Erfüllung" - wie die "Heilserfahrung" unter 1) beschrieben wurde - zu ermöglichen muss die "Gestaltung" der religiösen Erfahrung eine Antwort enthalten auf "tiefste" menschliche Bedürfnisse, Fragen und Wünsche. Guardini meint, solche letzten Bedürfnisse und Fragen entdecken zu können. Er nennt die Frage nach dem "Woher, der 'arche': Was war zuerst? zuerst seiend und wirkend? oder woher kam das?"(35) Ferner die Frage "nach vorwärts": Wozu und wohin?(36) Die Frage nach der "letzten Gültigkeit und Wahrheit".(37) Die Frage nach dem "Ausgangspunkt der sittlichen Forderung".(38) Den Wunsch nach Glück, Entfaltung, Vollendung.(39) Das Verlangen nach einem "absoluten Du", um die ontologische Bestimmtheit zum Ich-Sein zu begründen."(40) Diese und vielleicht noch andere Fragen und Wünsche wären es, die durch die religiöse Erfahrung "erfüllt" bzw. beantwortet werden müssten, wenn es stimmt, dass die religiöse Erfahrung die totale "Erfüllung" (Heil) für den Menschen darstellt.

---

(33) aaO, S 326
(34) Religion und Offenbarung, aaO, S 141
(35) aaO, S 153
(36) aaO, S 158
(37) aaO, S 165 f
(38) aaO, S 167 f
(39) aaO, S 169 f
(40) aaO, S 173

4) Die religiöse Erfahrung bewirkt eine <u>eigentümliche Art der Ueberzeugtheit</u>, die meistens als "Glaube" oder "Heilsgewissheit" bezeichnet wird, und die durch den "profanen Zweifel" nicht erschüttert werden kann.(41)

Diese These ergibt sich für Guardini aus der Unverwechselbarkeit und Bestimmtheit der religiösen Erfahrung: <u>das "Heilige" ist "durch sich selbst evident"</u>; es braucht sich "weder zu erklären, noch seinen Anspruch von irgend sonsther zu rechtfertigen".(42)

Nach dieser thesenhaften Darstellung der Position von Guardini gilt es zu prüfen, ob er tatsächlich mehr sagt oder zu sagen hat als Ayer, wenn man dessen neuere Stellungnahmen auch berücksichtigt.

Man muss Guardini zugestehen (was aus dieser kurzen Darstellung nicht hervorgeht), dass er - und überhaupt die ganze religionsphänomenologische Schule - das Phänomen der "religiösen Erfahrung" sorgfältiger angeht und genauer beschreibt als es die Vertreter der sprachanalytischen Religionsphilosophie tun. Aber es gelingt ihm nicht, "religiöse Erkenntnis" als Erkenntnis durch religiöse Erfahrung (im Sinn von "Unmittelbarkeit zum Heiligen") auszuweisen. Das kann auch nicht gelingen (wie schon oben S 17 angedeutet wurde), weil schon die <u>Klassifizierung</u> einer "Erschütterung" oder einer "Stimmung" oder auch eines "Gefühls" <u>als religiös</u> (und z.B. nicht krankhaft) <u>eine durch Kultur, Gesellschaft, Tradition und "Weltbild" geleitete Klassifizierung ist</u>. Wenn deshalb in einem eigentlichen Sinn von "religiöser Erkenntnis" ge-

---

(41) Unterscheidung des Christlichen, aaO, S 326
(42) Religion und Offenbarung, aaO, S 90; auch diesbezüglich ist W. James wieder etwas vorsichtiger, wenn er sagt: "The mystic is, in short, <u>invulnerable,</u> and must be left, whether we relish it or not, in undisturbed enjoyment of his creed. Faith, says Tolstoy, is that by which men live. And faith-state and mystic-state are practically convertible terms.." (aaO, S 424).

sprochen werden soll, muss dieser Interpretationshintergrund,
der Aussagen über das "Heilige" aufgrund einer "religiösen Erschütterung" als sinnvoll und objektiv zulässt, als vertretbar
und vernünftig ausgewiesen werden.[43]

Man kann vermuten, dass Guardini dieser Forderung mit
den Aeusserungen, die unter 3) zusammengefasst wurden, nachzukommen sucht, wo von den "Wahrheitskriterien" der "Gestaltung"
der religiösen Erfahrung gesprochen wird.[44] Zu diesem Punkt
ist kritisch anzumerken:

Erstens: Die Voraussetzung, die von Guardini gemacht wird, dass
es bezüglich der "Gestaltungs"-Kriterien des "Humanen","Vernünftigen" und "Guten" ein universales Einverständnis gebe, bzw. je
geben könne oder werde, ist eine Vermutung. Dass wir uns jetzt
auf dem Weg zu einer solchen Verständigung befänden, ist eher
unwahrscheinlich. Deshalb ist auch kaum auszumachen, was durch
diese Kriterien inhaltlich festgelegt werden soll.

Zweitens: Die isolierte Rede von "letzten Fragen, Wünschen und
Bedürfnissen" ist verwirrend; denn Fragen, Wünsche und Bedürfnisse stehen immer in einem Lebenszusammenhang. In einem naturwissenschaftlichen Zusammenhang stellt man naturwissenschaftliche
Fragen, und je nach dem Stand der Wissenschaft kann man bestimmte Fragen stellen und andere nicht oder nicht mehr. Im Kontext
des alltäglichen Lebens stellt man Fragen, die das unmittelbare
Leben angehen, und je nach dem Bildungsgrad und den jeweiligen

---

(43) Zu behaupten, die religiöse Erfahrung hätte ihre eigene unverwechselbare Qualität, reicht hier nicht aus. Daraus folgt
nur, dass es Sinneserfahrungen einer bestimmten Art gibt,
aber nicht, dass sich in ihnen das "Heilige" manifestiere.
Diese Deutung ist erst möglich, wenn vorausgehend schon vom
"Heiligen"gesprochen worden ist.
(44) Aus den betreffenden Ausführungen wird nicht ganz deutlich,
ob diese Kriterien nur zur Beurteilung der "wahren"Religion gedacht sind, oder ob sie auch zur Beurteilung der
grundsätzlicheren Frage religiöse vs nicht-religiöse "Deutung" von unmittelbaren Erfahrungen beigezogen werden können.

Interessen, sind die Fragen mehr praktischer oder theoretischer Art. So werden bei einem praktisch veranlagten Menschen "letzte" Fragen anders lauten als bei einem Theoretiker oder Metaphysiker vom Rang eines Whitehead. Und ein Sioux-Indianer wird andere "letzte" Fragen haben als ein Mitteleuropäer. Nun wird man kaum behaupten können: Wenn diese Leute "letzte" Fragen stellen, meinen sie jeweils das gleiche. Sinnvoller ist anzunehmen, dass der Anlass für das Stellen solcher "letzter" Fragen ein vergleichbarer ist, nämlich eine fundamentale "Erschütterung", die man mit Guardini "Erfahrung des Numinosen" nennen mag. Aber der kognitive Gehalt der Fragen ist verschieden, und ebenso sind auch die Antworten verschieden, die aufgrund der "religiösen Erfahrung" auf diese Fragen gefunden werden.(45) Wahrscheinlich würde Guardini dieser Folgerung nicht zustimmen wollen und eher behaupten, die Antworten seien mehr oder weniger vollständig, weil mehr oder weniger den Kriterien der Vernünftigkeit, Humanität und Sittlichkeit entsprechend. Aber sie lägen alle auf der gleichen Linie, denn es müsse ein universales menschliches "Wesen" eine menschliche "Natur" angenommen werden, und die hätte ihre bestimmten fundamentalen "Bedürfnisse" und Fragen. Aber diese Fragen könnten mehr oder weniger gut und umfassend formuliert sein. Und wenn eine Frage nur durch die religiöse Erfahrung "erfüllt" werden könne, dann sei das ein Zeichen, dass es eine "letzte" Frage sei und zwar bezogen auf das menschliche "Wesen" und nicht den einzelnen Menschen. - Gegen diesen Einwand muss festgehalten werden, dass die

---

(45) So kommt z.B. auch W. James zum Ergebnis: "The fact is that the mystical feeling of enlargement, union, and emancipation has no specific intellectual content whatever of its own. It is capable of forming matrimonial alliances with material furnished by the most diverse philosophies and theologies, provided only they can find a place in their framework for its peculiar emotional mood. We have no right, therefore, to invoke its prestige as distinctively in favour of any special belief..." (aaO, S 426).

Rede vom "Wesen" des Menschen nur in einer bestimmten Metaphysik einen genauern Sinn hat, und dass folglich das Argument abhängig bleibt von dieser metaphysischen Sicht, die nun auszuweisen wäre.

Drittens: Noch in einer andern Hinsicht ist die Rede von "letzten" Fragen, Wünschen usw. problematisch. Es gibt zwei Interpretationen von "letzte", nämlich "relativ letzte" und "absolut letzte". Eine relativ letzte Frage ist die letzte Frage in einer bestimmten Reihe von Fragen. Das verursacht kein Problem. Aber was ist eine absolut letzte Frage? - Sprachanalytiker weisen immer wieder darauf hin, dass man einen Begriff, der in einem bestimmten Redezusammenhang eingeführt wurde, nicht einfach aus seinem Kontext herauslösen und beliebig ausweiten könne. Es kommt der Moment, wo man nichts mehr sagt, wo die Worte zu "Worthülsen" werden, die das Denken verführen. - Absolut letzte Fragen kann man nicht stellen. Es sind immer - wenn überhaupt sinnvoll - Fragen in einem System, wobei das System selbstverständlich mehr oder weniger umfassend sein kann.

Im Zusammenhang mit der These von der Unerschütterlichkeit des religiösen "Glaubens" muss die Frage gestellt werden, ob die Deutung dieser Beobachtung stimme, dass nämlich diese Sicherheit durch die Erfahrung des Heiligen und nicht anderswie verursacht sei, und dass deshalb "profaner Zweifel" sie nicht zu erschüttern vermöchte. - Diese Interpretation wird kaum durch das Phänomen der Unerschütterlichkeit selber auszuweisen sein. Denn es gibt eine unerschütterliche "Ueberzeugtheit" aus Einsicht, aus Sturheit, aus Liebe, aus Verblendung, aus Treue, aus Angst, aus neurotischen Zwängen... Oft werden bei einer standhaft gehaltenen Ueberzeugung verschiedene dieser Motive mitschwingen. -

Ferner ist es so, dass Ueberzeugungen gar nicht individualistisch verstanden werden dürfen. Ueberzeugungen wachsen erst in einer Gemeinschaft. Sie bilden sich aus in der Konfrontation und im Gespräch mit andern. - M.E. hat die "religiöse Erfahrung" viel eher die Funktion, wenn sie einmal - aufgrund von Konventionen und allgemeinen Ueberzeugungen in einer Gesellschaft - als "religiöse Erfahrung" identifizierbar zu sein scheint, diese vorausgehenden Ueberzeugungen zu verstärken. Aber ohne vorausgehende Erwartungen und Glaubensüberzeugungen wird auch eine religiöse "Erschütterung" keine spezifische Ueberzeugtheit und Sicherheit bewirken.

Vergleicht man die Ueberlegungen von Guardini mit denen von Ayer, so enthalten sie - abgesehen von der präziseren Erfassung des Phänomens - nichts wesentlich Neues. Auch er kann nicht zeigen, dass die Wahl eines Interpretationshindergrundes von der religiösen Erfahrung bestimmt ist. Die einzige Forderung, die aufgrund der Erfahrung an den Deutungshorizont gestellt werden kann und muss, ist, dass der Horizont weit genug sei, um alle unmittelbaren Erfahrungen "deuten" zu können.

Betrachtet man die Positionen anderer Religionsphänomenologen, stösst man weitgehend auf Uebereinstimmung, was die Beschreibung der primären religiösen Erfahrung betrifft.[46] Bezüglich der "Gestaltung" dieser Erfahrung gehen die Meinungen jedoch auseinander. Windelband beispielsweise behauptet, das Heilige sei "inhaltlich nicht anders zu bestimmen als durch den Inbegriff der Normen, die das logische, ethische und ästhetische Leben beherrschen..." Es ist "das Norm(al)bewusstsein des Wahren, Guten und Schönen, erlebt als transzendentale Wirklichkeit".[47] Nach Rudolf Otto ist es das "religiöse Apriori",[48] das Vermögen der "Divina-

---

(46) Für einen Ueberblick über diese Thematik cf. Carsten Colpe (Hg), Die Diskussion um das "Heilige", Darmstadt 1977; ebenfalls Jörg Splett, Die Rede vom Heiligen, Freiburg i Br/ München 1971, bes. Teil I.
(47) W. Windelband, Präludien, Aufsätze und Reden zur Philosopie und ihrer Geschichte, Bd 2, Tübingen 1924 (9), S 305
(48) R. Otto, Das Heilige, Ueber das Irrationale in der Idee des Göttlichen und sein Verhältnis zum Rationalen, (1917) München 1963 (31-35), S 138 ff.

tion", das nur bestimmten Menschen gegeben ist - nämlich den Propheten -, welches die "Schematisierung" des Irrational-Numinosen durch rationale Begriffe leitet.[49] Bei Max Scheler hängt die Gestaltung der primären religiösen Erfahrung von seiner Erkenntnistheorie ab, nach welcher "die Liebe an erster Stelle das Erkennen und erst durch diese vermittelt das Streben und Wollen bewegt", was ihn zu einer Konzeption des Heiligen als "summum bonum" führt.[50] - Diese Verschiedenheit der Meinungen zeigt, dass eine Kritik der Deutungshorizonte vonnöten ist, um dem Vorwurf der Willkürlichkeit in der "Gestaltung" der primären religiösen Erfahrung, der durch Ayer erhoben wurde, entgehen zu können.

Im <u>zweiten Teil</u> der vorliegenden Arbeit soll ein erster Schritt in dieser Richtung getan werden, indem die <u>objektsprachliche "Gestaltung" dieser religiösen Primärerfahrung über verschiedene Stufen verfolgt und analysiert wird</u>. Wenn diese semiotische Tätigkeit sich ein Stück weit aufklären lässt, dann dürfte auch eher klar werden, wie eine Rechtfertigung des religiösen Glaubens geschehen könnte. Hinter dieser Arbeit steht die sprachanalytische These, dass Erfahrung nicht grundsätzlich von Sprache getrennt werden kann, und dass der objektivste Weg zur Bestimmung dessen, was jeweils erfahren wird, über die Analyse der betreffenden sprachlichen Aeusserungen führt.[51] - Doch bevor diese Aufgabe angegangen wird, sollen auch die weiteren Argumente Ayers gegen die Kognivität religiöser Rede analysiert, geprüft und einem Gegenvorschlag gegenübergestellt werden.

(49) aaO, S 173 f.
(50) Max Scheler, Gesammelte Werke, Bd 6, Bern/München 1963 (2), S 94
(51) Für weitergehende Ausführungen zu dieser These cf. z.B. E. Güttgemanns, "Sensus Historisticus und Sensus Plenior oder Ueber 'historische' und 'linguistische' Methode", in LB 43 (Sept 1978)

II. Kapitel

Alfred Jules Ayer und die Tradition des "ontologischen Arguments"

In der christlichen Tradition gibt es eine starke Strömung, welche versucht hat, die zentralsten Glaubensaussagen, besonders die Behauptung der Existenz Gottes, durch Beweise als Erkenntnis auszuweisen. Dabei wird im allgemeinen unterschieden zwischen apriorischen und aposteriorischen Gottesbeweisen. Gegen beide Gruppen von Beweisen hat Ayer ein metatheologisches Argument entwickelt, das zeigen soll, dass ein solches Unterfangen aus sprachlogischen Gründen nicht möglich sei. Diese beiden Argumente werden in diesem und im nächsten Kapitel vorgestellt und diskutiert. Es wird sich dabei zeigen, dass die Argumente einen wahren Kern enthalten, und dass die Antworten, die direkt oder indirekt gegen diese Argumente formuliert wurden, die Kognitivität[1] religiöser Rede nicht überzeugend einsichtig zu machen vermögen.

---

(1) Mit "Kognitivität" ist hier der Anspruch gemeint, ein Wissen zu vermitteln, das dem wissenschaftlichen Wissen irgendwie vergleichbar ist. Es wird eine der Thesen dieser Arbeit sein, dass dieser Anspruch mit religiöser Rede nicht verbunden werden kann, dass sie aber dennoch einen verstehbaren Gehalt vermittelt. - In seinen Angriffen ist Ayer allerdings wenig differenziert - für ihn ist eine Aussage entweder wissenschaftlich bedeutungsvoll oder sie hat nur eine emotionale Bedeutung. Die mehr oder weniger direkten Antworten an Ayer nehmen im grossen und ganzen dieses pauschale Verständnis auf und sind deshalb oft wenig überzeugend.

1. Abschnitt

Das Argument Ayers gegen die apriorischen Gottesbeweise

Es ist das Ziel eines apriorischen Gottesbeweises, die Behauptung "Gott existiert" als notwendige und gewisse Behauptung auszuweisen. Gegen ein solches Unternehmen wendet Ayer ein: "Nur apriorische Propositionen sind logisch gewiss. Wir können aber die Existenz eines Gottes nicht aus einer apriorischen Proposition folgern; denn wir wissen, dass der Grund, weshalb apriorische Propositionen gewiss sind, der ist, dass sie Tautologien sind. Aus einer Anzahl von Tautologien kann aber gültigerweise nichts als eine weitere Tautologie hergeleitet werden. Daraus folgt die Unmöglichkeit, die Existenz eines Gottes demonstrativ zu beweisen."[2]

Wird dieses Argument übersichtlich dargestellt und durch die stillschweigend gemachten Voraussetzungen ergänzt, dürfte es folgende Form annehmen:

(1) Wenn "Gott existiert" eine sichere Behauptung sein soll, dann muss es eine Behauptung apriori sein; denn nur apriorische Behauptungen sind in einem strengen Sinn sicher und gewiss - nämlich logisch gewiss.

(2) Nun lässt sich zeigen, dass alle apriorischen Behauptungen Tautologien sind.

(3) Daraus folgt: "Gott existiert" muss - wenn eine absolut sichere Behauptung - eine Tautologie sein.

(4) Tautologien sind wahr aufgrund der Bedeutung der konstitutiven Symbole.[3]

---

(2) Alfred Jules Ayer, Sprache, Wahrheit und Logik, aaO, S 152
(3) cf. aaO, S 24

[margin note: Existenz ist kein reales Prädikat.]

(5) "Existiert" ist kein reales Prädikat und kann daher nicht als Sinnbedeutung eines Symbols auftreten.[4]

(6) Folglich kann "Gott existiert" keine Tautologie und keine logisch gewisse Aussage sein.

Die problematischsten Thesen in diesem Argument sind die Identifikation von apriorischen Aussagen mit Tautologien (2) und die Analyse des "Existenzprädikates" (5).

Da die Diskussion um die analytisch-synthetische Unterscheidung bezüglich Propositionen bis heute nicht abgeschlossen ist, und der Fächer der vertretenen Meinungen ziemlich breit ist - er umfasst die authentische positivistische Position, derzufolge diese Unterscheidung eindeutig gemacht werden kann und eine vollständige Disjunktion darstellt[5], die relativistische Position von Quine, der diese Unterscheidung als prinzipiell unklar und auch unbegründet ablehnt,[6] und Zwischenpositionen, welche diese Unterscheidung zwar akzeptieren, sie aber nicht als vollständige Disjunktion verstehen[7] - dürfte es schwierig sein, bezüglich der

---

(4) cf. aaO, S 54
(5) Es ist das die Position von Ayer in seinem Frühwerk, aber z. B. auch von Moritz Schlick, wie er sie etwa in "Is there a factual a priori?", in H. Feigl/W. Sellars (Hg), Readings in Philosophical Analysis, New York 1949 (2), verteidigt; ebenfalls R. Carnap hat für diese Position argumentiert. - Einen guten Ueberblick mit vielen Argumenten aus der Diskussion um die analytisch-synthetische Unterscheidung bietet Arthur Pap, Semantics and Necessary Truth, New Haven/London 1969 (3) (1958)
(6) cf. besonders Willard van Orman Quine, "Two Dogmas of Empirism", in: ders. From a Logical Point of View, New York 1963 (1953), S 20 - 46, und ders. "Truth by Convention", in: ders. The Ways of Paradox and Other Essays, New York 1966
(7) z.B. Hilary Putnam, "The Analytic and the Synthetic", in: H. Feigl/G. Maxwell (Hg), Minnesota Studies in the Philosophy of Science, Bd III, Minneapolis 1962, S 358 - 397; ebenfalls H.P. Grice/P.F. Strawson, "On Defence of a Dogma", in: Philosophical Review, Vol. 65 (1956), S 141 - 158

These (2) zu einer abschliessenden Meinung zu kommen. Aus diesem Grund konzentrieren sich die Ueberlegungen in diesem Abschnitt auf Punkt (5) des Arguments, die Analyse des "Existenzprädikates".[8]

Mit seiner These, Existenzsätze könnten keine notwendigen Behauptungen sein, möchte Ayer vor allem die ontologischen Gottesbeweise treffen. Da er seine Argumentation nicht gegen eine bestimmte Formulierung dieses Arguments richtet, zitieren wir eine Version dieses Arguments - entnommen der 5. Meditation Descartes -, auf die seine Einwände am ehesten anwendbar sind.[9]
"...Wenngleich es nämlich nicht notwendig ist, dass ich jemals auf einen Gedanken an Gott verfalle, so ist es dennoch, sooft es mir beliebt, an ein erstes und höchstes Wesen zu denken, und seine Vorstellung gleichsam aus der Schatzkammer meines Denkens hervorzuholen, notwendig, ihm alle Vollkommenheiten zuzuschreiben, wenn ich sie auch dann nicht alle aufzähle oder auf sie einzeln achte. Und diese Notwendigkeit reicht vollständig aus, um später, wenn ich bemerke, dass das Dasein eine Vollkommenheit ist, richtig zu schliessen, dass ein erstes und höchstes Wesen existiert."[10]

Aus diesem Zitat zu schliessen scheint es eindeutig, dass Descartes "Existenz" wie andere Eigenschaften Gottes, etwa Güte, Macht... behandelt. Zwar sieht auch er, dass es in den gewöhnlichen Fällen notwendig ist, zu unterscheiden zwischen dem, was ein Ding ist, seinem "Wesen", und der Tatsache, ob es vorkomme oder nicht, seiner "Existenz". Aber bezüglich des Wesens "Gott"

---

(8) Der Einfachheit halber wird hier von "Existenzprädikat" gesprochen, ohne dass eine bestimmte Theorie bezüglich des Ausdrucks "existiert" damit verbunden wäre.
(9) Das ontologische Argument ist in sehr verschiedenen Formulierungen vorgestellt worden; und nach einigen Kritikern müssen einige Versionen als valabel anerkannt werden. Ein solches, von N. Malcolm als gültig vorgeschlagenes Argument wird im 2. Abschnitt diskutiert.
(10) René Descartes, Meditationes de prima philosophia, herg. von Lüder Gäbe, lateinisch und deutsch, Hamburg 1959, Meditatio V, 81, 15 - 22; S 122.

meint Descartes: "... Achte ich indessen sorgfältiger darauf, so wird deutlich, dass sich <u>das Dasein vom Wesen Gottes ebensowenig trennen lässt</u>, wie vom Wesen des Dreiecks, dass die Grösse seiner Winkel zwei rechte beträgt, oder von der Vorstellung des Berges die Vorstellung des Tales..."(11) - Um dem Einwand, es handle sich bei seinem "Gott" um eine ideelle Konstruktion, zu entgehen, fügt Descartes dem obigen Argument die Bemerkung bei: "Dagegen folgt daraus, dass ich Gott nur als existierend denken kann, dass das Dasein von Gott untrennbar ist und demnach, dass er in Wahrheit existiert, - nicht als ob mein Denken dies bewirkte, oder als ob es irgend einer Sache eine Notwendigkeit auferlegt, sondern im Gegenteil deshalb, weil die Notwendigkeit der Sache selbst, nämlich das Dasein Gottes, mich zu diesem Gedanken bestimmt. Denn es steht mir nicht frei, Gott ohne Dasein - d.h. das vollkommenste Wesen ohne höchste Vollkommenheit - zu denken..."(12) In diesem letzten Zitat scheint eine typische These des klassischen Rationalismus anzuklingen, die durch Kant als überwunden gelten kann und hier keiner weitern Erörterung bedarf.(13)

Gegen die Behauptung Descartes', man dürfe "Existenz" als eine "Vollkommenheit" (Eigenschaft) verstehen - wenigstens im Kontext der Rede von Gott - wendet Ayer ein: "Wenn wir einem Ding eine Eigenschaft zuschreiben, setzen wir stillschweigend seine Existenz voraus, sodass, wenn Existenz selbst eine Eigenschaft

---

(11) aaO, 79,14 - 17; S 118
(12) aaO, 80,17 - 81,6; S 120
(13) Diese These, etwas allgemein formuliert, besagt, dass unser Denken über das Seiende zwar dunkel und verworren sein mag, dass es aber dennoch das Seiende immer irgendwie darstelle, denn das Denken sei immer in Verbindung mit seinen Gegenständen. Daher brauche man, um zu sicherem Wissen über das Seiende zu gelangen, nur das Denken klar und deutlich zu machen. - Kant hat gegen diese Auffassung eingewandt, dass sich das Denken nur mittelbar, über sinnliche Wahrnehmungen, auf Gegenstände beziehen könne, da der menschliche Verstand nicht intuitiv, sondern diskursiv sei. cf. Kant, Kr.d.r.V. B 93.

wäre, daraus folgte, dass alle positiven Existenzaussagen Tautologien wären und alle negativen sich widersprächen. Das ist aber nicht der Fall..."[14] Aus dieser Beobachtung folgert Ayer: <u>Existenz kann keine Eigenschaft sein</u>. - Aber kann diese Folgerung wirklich so problemlos gezogen werden?

Zunächst wird man zu klären haben, wie der Ausdruck "die Existenz eines Dinges wird <u>stillschweigend</u> vorausgesetzt" interpretiert werden soll. Eine wahrscheinliche Deutung dürfte sein: "der Sprecher muss glauben, dass das Ding existiert, dem er eine Eigenschaft zuschreibt". Wenn man sich auf diese Interpretation einigen kann, ist das Argument von Ayer bereits nicht mehr schlüssig. Denn "Glauben, dass etwas der Fall ist" und "Wissen, dass es der Fall ist" liegen epistemologisch - wenn man es einmal so formulieren darf - nicht auf der gleichen Ebene. Die explizite Existenzbehauptung wäre dann auf der Ebene des Wissens anzusiedeln (wenn ich weiss, dass x F ist, ist eine anschliessende Existenzbehauptung redudant), während die "vorausgesetzte Existenz" auf der Ebene des Glaubens liegen würde (wenn ich glaube dass Fx, muss x nicht wirklich existieren, damit die Aussage sinnvoll ist, und dann ist eine anschliessende Existenzbehauptung nicht redudant). <u>Deshalb sind positive Existenzbehauptungen nicht einfach tautologisch und negative nicht unbedingt widersprüchlich, selbst wenn "Existenz" als Vollkommenheit genommen würde</u>.

Mit dieser Ueberlegung ist bezüglich des "Existenzprädikates" noch gar nichts entschieden. Es wird nur Ayers Argument als ungenügend zurückgewiesen, wenigstens in seiner oben zitierten Form. - Nun hat auch Ayer versucht, seine These irgendwie abzusichern; zur Stützung seines Arguments verweist er auf Kant.

Nach <u>Kant</u> ist "<u>Sein kein reales Prädikat, d.i. ein Begriff von irgend etwas, was zu dem Begriff eines Dinges hinzu-

---

(14) aaO, S 54

kommen könne."[15] Also eine logisch-semantische Besonderheit dient ihm als Unterscheidungskriterium zwischen "realen" Prädikaten und dem "Existenzprädikat": <u>"Reale" Prädikate können Inhalt eines Begriffes sein</u>. Wenn man ein solches Prädikat mit dem betreffenden Begriff zu einem prädikativen Satz verbindet, entsteht eine Tautologie; negiert man in einer Tautologie das Prädikat, entsteht ein Widerspruch. - Mit einfachen Existenzbehauptungen lassen sich nach Kant keine Tautologien bzw. Widersprüche konstruieren. Das erweise sich am offensichtlichsten, wenn man eine solche <u>Existenzaussage negiere</u>. Dann werde "<u>das Subjekt zusamt dem Prädikate</u>" <u>aufgehoben,</u> "so entspringt kein Widerspruch; denn es ist nichts mehr, welchem widersprochen werden könne."[16] Und mit einem positiven Existenzsatz werde "das Subjekt an sich selbst mit allen seinen Prädikaten" bzw. "der Gegenstand in Beziehung auf meinen Begriff" gesetzt[17] und behauptet, "dass die Erkenntnis jenes Objektes auch aposteriori möglich sei"[18]; aber dadurch werde dem Begriff des Subjekts keine neue prädikative Bestimmung beigefügt.[19] Aufgrund dieser Beobachtungen folgert Kant, dass das Existenzprädikat kein echtes Prädikat sein kann, denn es hat nicht die Funktion eines Prädikats, ein Subjekt zu spezifizieren oder zu charakterisieren.

Diese Ausführungen von Kant sind etwas dunkel und verlangen nach einer Verdeutlichung. Seit G. Frege, der in Anlehnung an Kants Ueberlegungen die Analyse des Existensprädikates durch-

---

(15) Immanuel Kant, Kritik der reinen Vernunft, herausgegeben von Wilhelm Weischedel, Wiesbaden 1956, B 626
(16) Kr d r V, B 622
(17) aaO, B 627
(18) aaO, B 628
(19) "... So kommt dadurch, dass ich noch hinzusetze, dieses Ding <u>ist,</u> nicht das mindeste zu dem Dinge hinzu. Denn sonst würde nicht eben dasselbe, sondern mehr existieren, als ich im Begriffe gedacht hatte, und ich könnte nicht sagen, dass gerade der Gegenstand meines Begriffs existiere." aaO, B 628

geführt hat,[20] ist es üblich geworden, Existenzsätze als partikulare Sätze zu verstehen. So ist die Behauptung "Tiger existieren" zu interpretieren als "Einige von allen Dingen sind Tiger" oder einfach "Einige Tiere sind Tiger". Diese Umschreibung lässt sich rechtfertigen, weil man eine Existenzbehauptung wie "Tiger existieren" auf die gleiche Art verifiziert wie den partikularen Satz "Einige Tiere sind Tiger": Man untersucht die Tiere darauf hin, ob bei einigen von ihnen das Prädikat "ein Tiger zu sein" erfüllt ist.[21] Negative Existenzsätze, die Kant etwas seltsam als "Aufheben des Subjekts zusamt dem Prädikate" beschreibt, sind dann gleichwertig mit einem generellen Satz, der von allen Objekten eines Bereichs behauptet, dass das betreffende Prädikat bei keinem dieser Objekte erfüllt sei. "Tiger existieren nicht" ist zu umschreiben als "Unter allen Tieren ist nicht ein Tiger" oder "Unter allen Dingen ist nicht eines, das sowohl ein Tier und zugleich ein Tiger ist". - Aus dieser Umformung des negativen Existenzsatzes, der nun eindeutig ein empirischer Satz ist, folgt auch - was Kant hervorgehoben hatte - dass er nicht kontradiktorisch sein kann.[22]

Mit dieser Interpretation des "Existenzprädikates" ist m.E. die kantsche Intention aber noch nicht ganz eingeholt. Der kognitive Gehalt eines Existenzsatzes kann zwar durch einen ent-

---

(20) Freges Analyse orientiert sich hauptsächlich an Kants Analysen in "Der einzig mögliche Beweisgrund zu einer Demonstration des Daseins Gottes", besonders A 1 - A 16. Aber die Aeusserungen Kants in seiner Kr d r V unterscheiden sich nicht wesentlich von denen in seinem frühern Werk, sodass man diese frühern Analysen zur Interpretation der Kritik wohl beiziehen kann.
(21) cf. Ernst Tugendhat, Vorlesungen zur Einführung in die sprachanalytische Philosophie, Frankfurt a M 1976, S 378
(22) In der formalen Schreibweise $(x)-(Fx \wedge Gx)$, wo 'F' und 'G' logisch voneinander unabhängige Prädikate sein müssen, zeigt sich das daran, dass das Prädikat 'G' nicht durch 'F' oder ein logisch von 'F' abhängiges Prädikat ersetzt werden darf und folglich nie der Fall eintreten kann, dass der Klammerausdruck eine Kontradiktion der Form $(Fx \wedge -Fx)$ ergibt.

sprechenden partikularen Satz widergegeben werden, und folglich ist das "Existenzprädikat" unter diesem Aspekt nicht informativ. Das heisst aber nicht, dass es redundant sei. Kant deutet dessen spezifische Funktion an, wenn er feststellt, dass durch das "existiert" der Begriff "als in dem Kontext der gesamten Erfahrung enthalten"[23] behauptet werde, sodass das Denken "eine mögliche Wahrnehmung mehr" bekomme.[24] Man könnte demnach versuchsweise sagen, das "Existenzprädikat" nennt den Objektbereich, für den oder bezüglich dessen eine Behauptung gilt. "Tiger existieren" wäre dann zu deuten als "Unter den wahrnehmbaren Gegenständen sind solche, auf welche das Prädikat 'ein Tiger zu sein' zutrifft". Wenn es aber nur einen einzigen Objektbereich gäbe (nämlich wahrnehmbare Gegenstände, wie Kants Zitate zu suggerieren scheinen), dann wäre das Existenzprädikat noch immer redundant, denn es bestünde kein Grund, diesen Bereich speziell zu nennen.

Nun hat William P. Alston in seinem anregenden Aufsatz "The Ontological Argument Revisited"[25] Kants Anregung weiter entfaltet. Er hat darauf aufmerksam gemacht, dass in der alltäglichen Kommunikation "existiert" meistens mit einer modalen Bestimmung verwendet wird, z.B. "existiert wirklich", "in der Literatur" oder "im Mythos" oder "auf dem Papier" usw, und dass es genau genommen keine absolute Verwendung des "Existenzprädikates" gibt.[26] Nach seiner Interpretation besteht die nicht redundante Funktion von "existiert" + modale Bestimmung darin, "den logischen Status von Aussagen, die über ein betreffendes Subjekt gemacht werden können" zu bestimmen.[27] D.h. im wesentlichen, dass die <u>Art der Beobachtungen</u>, die für die Verifikation bzw. Falsifikation einer Subjekt-Prädikat Aussage relevant sind, <u>und auch die Folgerungen</u>, die aus ihr gezogen werden können, <u>durch die Art der behaupteten Existenz</u>

---

(23) Kr d r V, B 629
(24) aaO, B 630
(25) in: The Philosophical Review, 1960, Vol LXIX, S 452 - 474
(26) cf. aaO, S 458
(27) aaO, 463

wenigstens teilweise bestimmt werden.[28] Aus dem Blickwinkel dieses Vorschlags erweist sich Kants Analyse von "existiert" als Analyse von "existiert wirklich".

M.E. sind die Ueberlegungen von Alston, soweit sie hier referiert wurden, richtig. Natürlich werfen sie neue Fragen auf wie: Stehen alle Existenzmodi auf gleicher Ebene oder gibt es fundamentalere und abgeleitete? Gibt es eventuell einen fundamentalsten Existenzmodus, welcher ist es und wie ist das Verhältnis zwischen ihm und den verschiedenen abgeleiteten Modi zu bestimmen usw. Diese Fragen werden hier nicht diskutiert.[29] Aber eine eingehende Analyse des "Existenzprädikates" könnte ihnen nicht ausweichen.[30]

Wichtig im Kontext dieser Arbeit ist Alstons Feststellung: auch wenn man verschiedene Existenzmodi anerkennt, folgt daraus nicht, dass "existiert" + mod. zu einem Prädikat würde, obwohl man es - oberflächlich betrachtet - fast wie ein Prädikat behanle. Die Modalisierung ändert nicht die Funktion, "ein Subjekt für die Prädikation bereitzustellen".[31]

Aufgrund dieser von Kant initiierten und in der analytischen Philosophie vertieften Analyse von "existiert" kann das oben (S 33) zitierte ontologische Argument von Descartes für die Existenz Gottes, das "Existenz" als eine Vollkommenheit begreift, als ungültig abgewiesen werden. Ferner, da Existenz in einem Modus Existenz in einem andern Modus nicht logisch implizieren kann (ohne dass die Unterscheidung in verschiedene Existenzmodi zusammenbrechen würde), kann auch das ontologische Argument des hl. Anselm nach der Darstellung im II. Kapitel des Proslogion nicht als gültig anerkannt werden. Dieses Argument macht zwar nicht die

---

(28) cf. aaO, 465
(29) Im zweiten Teil der Arbeit werden zu diesem Punkt einige weitere Ausführungen folgen.
(30) cf. hierzu die Ausführungen von R. Marten, Existieren, Wahrsein und Verstehen, Berlin 1972
(31) aaO, S 463; cf. besonders auch S 470 - 473

explizite Voraussetzung, dass "existiert" eine Vollkommenheit sei, aber es setzt voraus, dass etwas "grösser" sei, wenn es nicht nur im Denken, sondern auch in der Wirklichkeit existiere. Anselm anerkennt hier also verschiedene Existenzmodi, beachtet aber nicht deren gegenseitige logische Unabhängigkeit.[32]

---

(32) Alstons Ueberlegungen knüpfen bei dieser Version des ontologischen Arguments an und führen zu deren Zurückweisung aus dem eben genannten Grund. - Anselms Argument im II. Kap. des Proslogion hat die folgende Form:
Vorausgesetzt
(1) Gott existiert im Denken, aber nicht in der Wirklichkeit.
(2) Existenz in der Wirklichkeit ist grösser als Existenz im Denken allein.
(3) Gottes Existieren in der Wirklichkeit ist denkbar.
(4) Wenn Gott in der Wirklichkeit existierte, dann wäre er grösser als er sonst ist (aus (1) und (2)).
(5) Es ist denkbar, dass es ein Wesen gibt, das grösser ist als Gott ist (aus (3) und (4)).
(6) Es ist denkbar, dass es ein Seiendes gibt, das grösser ist als das Seiende, das grösser nicht gedacht werden kann (aus (5) und Definition von "Gott").
Aber sicher gilt:
(7) Es ist falsch, dass denkbar sei, es gebe ein Seiendes, das grösser sei als das Seiende, das grösser nicht gedacht werden könne.
Da (6) und (7) einander widersprechen, kann man folgern:
(8) Es ist falsch, dass Gott nur im Denken, nicht aber in Wirklichkeit existiere.
(9) Folglich: Wenn Gott im Denken existiert, existiert er auch in Wirklichkeit; da er im Denken sicher existiert, existiert er auch wirklich.
Diese Darstellung des Arguments folgt Alvin Plantinga, The Nature of Necessity, Oxford 1974, S 198

2. Abschnitt

Norman Malcolms Version des ontologischen Arguments

In neuester Zeit hat unter andern auch Norman Malcolm das ontologische Argument als genuines Argument für die Existenz Gottes zu verteidigen versucht.(33) Eine gültige Formulierung dieses Arguments scheint ihm Anselms Darstellung im III. Kapitel des Proslogion zu bieten.(34) Nach Malcolm wird in diesem Argument "existiert" nicht als Prädikat (Vollkommenheit) betrachtet, wohl aber "existiert notwendig".(35) Und hier Malcolms Version des ontologischen Arguments:

(I) Wenn Gott (der als Seiendes, das grösser nicht gedacht werden kann, definiert ist) nicht existiert, dann kann er nicht ins Dasein kommen.

---

(33) Norman Malcolm, "Anselm's Ontological Arguments", in: The Philosophical Review, 1960, Vol LXIX, S 41 - 62. Neben Malcolm gibt es auch andere neue Versionen des ontologischen Arguments, von denen ihre Autoren behaupten, sie seien gültig. Wenn hier die Auseinandersetzung mit Malcolm geführt wird, dann besonders deshalb, weil sein Vorschlag die Diskussion neu entfacht hat. - Neue Versionen des ontol. Arguments wurden u.a. vorgelegt von:
- Charles Hartshorne, The Logic of Perfection, La Salle, Ill. 1962, Kap. 2
- James F. Ross, Philosophical Theology, Indianapolis/New York 1969, Kap. 3 und 4
- Alvin Plantinga, aaO, S 213 - 221

(34) Anselms Version hat folgenden Wortlaut:
"Quod (quo maius cogitari non valet) utique vere est, ut nec cogitari possit non esse. Nam potest cogitari esse aliquid quod non possit cogitari non esse, quod maius est quam quod non esse cogitari potest. Quare si id quod maius nequit cogitari, potest cogitari non esse: idipsum quo maius cogitari nequit, non est id quo maius cogitari nequit, quod convenire non potest. Sic ergo vere est aliquid, quo maius cogitari non potest, ut nec cogitari possit non esse. Et hoc es tu domine Deus noster." Proslogion, Kap. III

(35) cf. aaO, S 46

- Begründung: Denn wenn er zu existieren anfinge, würde er zum Dasein verursacht worden sein, oder er hätte zufällig zu existieren angefangen. In beiden Fällen wäre er ein beschränktes Wesen, was nach obiger Definition nicht zutrifft.
- Folgerung: Da er nicht ins Dasein kommen kann, ist seine Existenz unmöglich, wenn er nicht existiert.

(II) Wenn Gott existiert, kann er nicht zu existieren angefangen haben, noch kann er aufhören zu existieren, auch nicht durch Zufall.
- Begründung: Denn es gibt nichts, das ihn verursachen könnte, noch etwas, das ihn am Existieren hindern könnte; auch dass er zufällig zu existieren aufhörte, ist mit seiner Vollkommenheit nicht vereinbar.
- Folgerung: Wenn Gott existiert, existiert er notwendigerweise.

(III) Also ist Gottes Existenz entweder unmöglich oder notwendig (aus (I) + (II))

(IV) Gottes Existenz ist nur möglich, wenn der Begriff eines solchen Wesens widersprüchlich oder sonstwie logisch absurd ist.

(V) Angenommen (IV) sei nicht der Fall, dann folgt, dass Gott notwendig existiert.[36]

(VI) Aus der Behauptung "Gott existiert notwendig" folgt logisch, dass "Gott existiert" eine notwendige wahre Behauptung ist.[37]

Es wird hier vorausgesetzt, dass Malcolm mit seiner Interpretation dem anselmschen Argument gerecht wird.

In diesem Argument ist zunächst die Verwendung von "notwendig" in "existiert notwendig" nicht geklärt. Ausgehend von (VI) könnte man mit A. Plantinga definieren: "Gott existiert notwendig"

---

(36) Diese Zusammenfassung des Arguments findet sich auf S 49 f, die übersichtliche Darstellung ist von E.B., ändert aber nicht das Argument

(37) cf. aaO, S 50

ist gleichbedeutend mit "Die Behauptung 'Gott existiert' ist logisch notwendig".[38] Unter dieser Interpretation würden die ersten Schritte in Malcolms Argument so darzustellen sein:

(I') Wenn Gott nicht existiert, ist seine Existenz logisch unmöglich

(II') Wenn Gott existiert, ist seine Existenz logisch notwendig

(III') Daraus folgt: Entweder ist Gottes Existenz logisch unmöglich oder logisch notwendig

Aber weder (I') noch (II') sind wahr. Denn aus der definitorischen Annahme "Es gilt notwendigerweise, dass Gott nie existiert hat und nie existieren wird" und der Prämisse "Gott existiert nicht", folgt nur "Gott wird nie existieren", aber nicht, dass seine Existenz logisch unmöglich sei. Analog gilt für (II'): Aufgrund der definitorischen Annahme - die notwendig gilt -, dass Gott nicht angefangen hat noch anfangen wird zu existieren und auch nicht aufgehört hat, noch aufhören wird zu existieren, zusammen mit der Prämisse "Gott existiert", folgt nur, dass Gott immer existiert hat und immer existieren wird, aber nicht die Notwendigkeit dieser Behauptung. Gültige Umformulierungen von (I') und (II') wären

(I'') Es ist notwendig wahr, dass, wenn es eine Zeit gibt, da Gott nicht existiert (hat), dann gibt es keine Folgezeit, zu der er existieren wird.

(II'') Es ist notwendig wahr, dass, wenn Gott zu irgend einer Zeit existiert, dann existiert er immer.

Aus (I'') und (II'') folgt aber nicht (III'). Damit erweist sich Malcolms Argument unter der Interpretation von "notwendig" als "logisch notwendig" als erfolglos für die Demonstration der Existenz Gottes, denn die faktische Existenz Gottes muss vorausgesetzt

---

(38) Alvin Plantinga, "A Reply by A. Plantinga: A Valid Ontological Argument?", in: ders. (Hg), The Ontological Argument, London 1968, S 162

werden, wenn das Argument gelingen soll. Das Argument könnte dann höchstens dazu dienen, die Logik der Verwendung eines zentralen Wortes in einem Sprachspiel zu verdeutlichen.[39]

Aber möglicherweise trifft obige Deutung von "notwendig existent" Malcolms Intention nicht; zumindest scheinen das die Zwischenüberlegungen in seinem Argument anzuzeigen, die bis jetzt ziemlich unbeachtet geblieben sind: Anselms sehr formale Definition des Gottesbegriffs "Etwas, das grösser (vollkommener) nicht gedacht werden könnte" impliziert nach Malcolm die drei folgenden Behauptungen, denen man intuitiv zustimmen mag:

- Das vollkommenste Wesen muss gedacht werden als unabhängig bezüglich seiner Existenz; d.h. es kann nicht von etwas Anderem hervorgebracht worden sein, noch von etwas am Dasein erhalten werden.[40]
- Es muss als absolut unbegrenzt in seiner Existenz und in seinem Handeln gedacht werden; das bedeutet, dass die Kategorien von Raum und Zeit auf dieses Wesen gar nicht anwendbar sind.[41]
- Dieses vollkommenste Wesen kann nicht zufällig sein, weil von Zufall nur im Rahmen von Zeit und Dauer gesprochen werden kann, was durch die Unbegrenztheit ausgeschlossen ist.[42]

Aufgrund dieser Analyse kann Malcolm die Bedeutung von "notwendig existent" durch "absolut unabhängig, unbegrenzt und nicht zufällig existent" wiedergeben. Damit ist aber nur "notwendig" anders definiert, bezüglich "existiert" hingegen gar nichts gewonnen. Man kann sehr wohl zugeben, dass die genannten Prädikate den jüdisch-christlichen Begriff von "Gott" spezifizieren. Aber dass diese Definition auf etwas Reales zutreffe, ist damit nicht erwiesen.

---

(39) Dieses Argument gegen Malcolm ist im wesentlichen das Argument von A. Plantinga, aaO, S 163 - 165
(40) cf. N. Malcolm, aaO, S 46
(41) cf. aaO, S 47
(42) cf. aaO, S 48

Malcolms Argument lässt noch eine dritte Interpretation
zu. An gewissen Stellen seines Arguments taucht die These auf,
dass das kontingente Existieren eines Gegenstandes gleichbedeutend sei mit "Verursacht-sein durch etwas Anderes" oder Fremdver-
ursachung logisch impliziere. Diese Vorstellung ist nahe verwandt
mit dem Vorschlag von Leibniz, der "existieren" extensional gleich-
setzte mit "begründet sein, entweder in sich selber oder in einem
andern". Nur dem vollkommensten Wesen gestand er das "esse a se"
zu, da es kein vollkommeneres Wesen geben kann, das es am Dasein
hinderte. Dass dieses vollkommenste Wesen existieren muss wird
dann durch das Prinzip begründet, dass alles existieren muss, was
nicht am Dasein gehindert wird.[43]

Aber selbst wenn Malcolm sein Argument in Anlehnung an
Leibniz formuliert haben sollte, wird es nicht überzeugender. Denn
nun sind die beiden apriorischen Prinzipien (a) Was existiert, ist
verursacht, und (b) Alles existiert, was nicht am Dasein gehindert
wird, als gültig darzutun. Sowohl Plantinga wie auch J.F. Ross
haben gezeigt, dass (a) in dieser starken Form falsch ist,[44]
und von (b) ist nicht recht zu sehen, wie es bewiesen werden

---

[43] siehe für weitere Klärungen Dieter Henrich, Der ontologische
Gottesbeweis. Sein Problem und seine Geschichte in der Neuzeit,
Tübingen 1967 (2), bes. S 49 - 52
[44] cf. A. Plantinga, aaO, S 170; J.F. Ross, aaO, S 290 - 303;
Ross bietet auch eine explizitere und verbesserte Form dieses Arguments (aaO, S 174 - 176). Statt des Prinzips (a)
stellt er ein schwächeres Prinzip (a') auf, das besagt:
"For any particular contingent state of affairs, it is
possible that there should be or should have been an expla-
nation (Hervorhebung von mir) of its being the case."(S 173)
- Im letzten Kapitel seines Buches wird dieses Prinzip ausführlicher diskutiert und verteidigt. Aber m.E. kann es
nicht als notwendig erwiesen werden, weil der Ausdruck "ex-
planation" nicht klar genug definiert werden kann. Allerdings mag man dem Prinzip eine gewisse Plausibilität zugestehen. - Aber auch wenn man das Argument von Ross gelten
lässt, dann wird Gott nur als Grund für "the accountability
of whatever is actual and contingent" (S 319) eingeführt.
Ob ein Theist damit zufrieden sein wird, dürfte eher zwei-
felhaft sein. - Für eine Kritik an Ross cf. auch John Hick,
Arguments for the Existence of God, London 1970

könnte. Auf jeden Fall kann kaum behauptet werden, dass diese Analyse von "existiert", die sich am Modell der Verben des Handels, vorzüglich der Selbstentfaltung, orientiert (X existiert = X verwirklicht sich entweder von sich aus oder aufgrund eines äussern Anlasses), dem kantschen Vorschlag überlegen sei, der das "Existenzprädikat" in Analogie zu den externen Relationsprädikaten von Raum und Zeit (X existiert = X ist irgendwann und irgendwo - für ein Subjekt, das der Wahrnehmung fähig ist) zu verstehen sucht.

Die Auseinandersetzung mit Malcolm beschränkte sich bis jetzt auf den ersten Teil seines Arguments. Sicher wäre auch die These (V) diskussionswürdig, nämlich dass der Begriff "Gott" konsistent gedacht werden könne. Leibniz hatte einen entsprechenden Beweis versucht. J.F. Findlay hat in neuerer Zeit eine Gegenposition bezogen und behauptet, dass die Existenz eines solchen Wesens, das grösser nicht gedacht werden könne, logisch unmöglich sei, weil nicht konsistent denkbar.[45] Malcolm lässt sich auf diese Versuche nicht eigentlich ein und erklärt: "..ich verstehe nicht, was es heissen sollte, allgemein - und nicht bloss inbezug auf einen bestimmten Gedankengang - zu beweisen, dass ein Begriff nicht selbstwidersprüchlich ist. Und so verhält es sich mit dem Begriff von Gott. Ich möchte meinen, dass es bezüglich dieses Begriffs keinen grössern Anlass gibt, ihn als selbstwidersprüchlich zu vermuten als bezüglich des Begriffs vom Sehen eines materiellen Dings. Beide Begriffe haben einen Platz im Denken und im Leben von menschlichen Wesen."[46] Auch diese Antwort müsste näher ge-

---

(45) J.N. Findlay, "Can God's Existence Be Disproved?", in: Flew und Alasdair McIntyre (Hg), New Essays in Philosophical Theology, London/New York 1955
(46) aaO, S 60; die kursorische Auseinandersetzung mit kritischen Einwänden, die dieser Feststellung vorausgeht, vermag nicht ganz zu überzeugen.

prüft werden, bevor man sie akzeptieren könnte. Da Malcolms Argument sich aber - unabhängig von dieser These - als erfolglos erwiesen hat, kann eine weitere Diskussion unterbleiben.

Zusammenfassend sei hier festgestellt: eine kritische Sichtung der Version des ontologischen Arguments, die Malcolm vorlegt, zeigt, dass dieses Argument auch unter den verschiedenen möglichen Interpretationen, die versucht wurden, nicht schlüssig zu machen ist. Für das Gelingen des Arguments muss in den Prämissen Gottes Existenz immer irgendwie vorausgesetzt werden, sodass "Gott existiert notwendig" nur wahr ist entweder aufgrund eines Glaubensentscheids, eines apriorischen Prinzips (z.B. einem Analogon zum Prinzip des hinreichenden Grundes) oder einer bestimmten Analyse des "Existenzprädikates", die noch besonders auszuweisen ist. Und so kann die Funktion eines solchen Arguments eben nur sein - in der Formulierung von Paul Henle - "to summarize and encapsulate what was proved before".[47]

---

(47) Paul Henle, "Uses of the Ontological Argument", in:
A. Plantinga (Hg), The Ontological Argument, aaO, S 180. -
Auch Verteidiger irgend einer andern Version des ontologischen Arguments sind sich darin einig, dass das Argument "cannot be said to prove or establish their conclusion" (A. Plantinga, The Nature of Necessity, aaO, S 221); im besten Fall gibt es dem, der die Konklusion annimmt, eine gewisse Sicherheit.

III. Kapitel

Ist "Gott existiert" eine empirische Hypothese?

Das "ontologische Argument" für die Existenz Gottes kann nicht als authentisches Argument betrachtet werden; zu dieser Schlussfolgerung führten die Ueberlegungen des II. Kapitels. Die rationale Theologie (nicht nur innerhalb des Christentums sondern z.B. auch im Islam[1]) kennt neben der apriorischen eine aposteriorische Argumentation für die Existenz Gottes. Auch gegen diese Tradition hat Ayer sein metatheologisches Argument gerichtet.

Ayers Argumentation in seinem Frühwerk

(1) Wenn "Gott existiert" eine empirische Hypothese ist, dann müssen sich aus ihr, verbunden mit anderen empirischen Hypothesen, Erfahrungssätze ableiten lassen, die ohne diese Hypothese nicht ableitbar wären - das aufgrund des Verifikationsprinzips.[2]

(2) Die Funktion einer empirischen Hypothese besteht ausschliesslich darin, "Regel für Erfahrungsantizipation zu sein" (S 52) - ihre Bedeutung kann vollständig in Wahrnehmungsaussagen widergegeben werden.

(3) Die Behauptung, "Gott existiert" wäre demnach gleichbedeutend mit der Behauptung, dass es bestimmte Regelmässigkeiten in der Natur gibt, die mit der theistischen Existenzaussage zusammengefasst werden.

---

(1) siehe für eine beginnende aposteriorische Argumentation im Koran z.B. Sure 3,191 f.
(2) cf. Sprache, Wahrheit und Logik, aaO, S 152

(4) Nun meint der Theist mit "Gott" aber ein transzendentes Wesen, das durch bestimmte "empirische Manifestationen" bekannt sein mag, jedoch nicht in Begriffen dieser Manifestationen definiert werden kann (cf. S 152)

(5) Unter dieser Voraussetzung ist "Gott" aber ein metaphysischer Begriff, und die Behauptung,"Gott existiert", eine metaphysische Behauptung.

(6) Daraus folgt: "Gott existiert" kann keine empirische Hypothese sein, da metaphysische Aussagen prinzipiell nicht in Wahrnehmungsaussagen übersetzbar sind (cf. S 153).

(7) Daraus folgt weiter, dass die Behauptung "Gott existiert" nicht durch Erfahrung ausweisbar ist und folglich keine Erkenntnis vermittelt (cf. S 153).

Die Pointe dieses Arguments besteht darin, dass der Theist etwas als Erkenntnis ausgebe, was er grundsätzlich nie vollständig durch Erfahrung ausweisen könne. Nachdem sich im I. Kapitel aber gezeigt hat, dass keine empirische Erkenntnis vollständig ausweisbar ist, und dass alle Rede über Gegenstände "proleptisch" genannt werden muss, wird diese Pointe hinfällig. Was Ayer hingegen noch verlangen kann, ist, dass der Theist seinen Schritt von den "Manifestationen in der Welt" zur Behauptung der Existenz Gottes nach anerkannten Erkenntnisstandards ausweise. Denn es ist denkbar, dass es verschiedene mögliche "Erklärungen" für solche "Manifestationen" geben könnte; und die Ueberlegenheit einer theistischen "Erklärung" über die andern müsste sich dartun lassen, wenn man mit einigem Recht von Erkenntnis sprechen will. - In diesem Kapitel wird ein Vorschlag von

Raeburne Seeley Heimbeck[3] vorgestellt und kritisiert, der beansprucht, diese Aufgabe gelöst zu haben. Seine Grundthese lautet: Es geht darum "zu zeigen, dass einige "Gott-Sätze"[4] dazu verwendet werden, um Gott-Behauptungen[5] zu machen, die im Prinzip schlüssig falsifizierbar und schlüssig verifizierbar sind, und zwar allein aufgrund empirischer Daten."[6]

Für seine Argumentation definiert Heimbeck "kognitiv bedeutungsvoll" wie folgt:

---

[3] Raeburne Seeley Heimbeck, Theology and Meaning. A Critic of Metatheological Scepticisme, London 1969.
Dieser Vorschlag mag von manch einem als zu naiv und kaum der Diskussion wert betrachtet werden. Wenn man aber einerseits am empirischen Sinnkriterium festhalten will und andererseits der Meinung ist, es gebe religiöse Aeusserungen mit einem kognitiven Gehalt, dann wird man gezwungen sein, irgendwie in der Art von R.S. Heimbeck zu argumentieren. Das zeigt sich ganz deutlich in der relativ neuen Arbeit von Hans-Peter Hasenfratz (Die Rede von der Auferstehung Jesu Christi. Ein methodologischer Versuch, Bonn 1975). Um "überempirische Sätze" (besser: Aeusserungen, E.B.) als sinnvoll anerkennen zu können, formuliert er folgendes "überempirisches Sinnkriterium": "Ein überempirischer Satz und ein ihm zugeordneter empirischer Satz haben den gleichen Sinn, sind äquisignifikant, wenn sie unter allen Bedingungen die gleiche Aktionsbasis liefern" (S 208). M.a.W. unter kognitivem Aspekt wird eine Reduktion der überempirischen Aussagen auf empirische vorgenommen: "Das angebliche kognitive Surplus der überempirischen Erhöhungsaussage entpuppt sich als rein analytischer Art - daher in Wahrheit als k e i n kognitives Surplus"(S 251). Diese Position ist der von R.B. Braithwaite (vertreten in "An Empiricist's View of the Nature of Religious Belief" in: Basil Mitchell (Hg), The Philosophy of Religion, Oxford 1971, S 72 - 91) sehr ähnlich, die u.a. von F. Ferré (Language, Logic and God, New York/Evanston/ London 1969, S 124 - 129) und James A. Martin (Philosophische Sprachprüfung der Theologie, München 1974, S 135 - 139) gewürdigt und kritisiert wurde. - Die Position von Heimbeck ist diesbezüglich weniger reduktionistisch und wird hier deshalb als Beispiel dieser betreffenden Argumentationsweise vorgestellt und diskutiert.
[4] von jetzt ab = "G-Sätze"
[5] von jetzt ab = "G-Behauptungen"
[6] aaO, S 37

Eine Behauptung p ist kognitiv bedeutungsvoll genau dann, wenn sich zeigen lässt, dass sie "Implikationen und/oder Unvereinbarkeiten" hat (S 56), d.h. wenn sich andere Behauptungen q, r, ... angeben lassen, welche aus p folgen oder mit p unvereinbar sind.[7] Eine Behauptung, die Implikationen und/oder Unvereinbarkeiten hat, ist deshalb kognitiv bedeutungsvoll, weil die semantischen Implikationen die Wahrheitsbedingungen und die Unvereinbarkeiten die Falschheitsbedingungen einer Behauptung widerspiegeln. Und normalerweise kann man sagen, dass einer die Bedeutung einer Behauptung kennt, wenn er angeben kann, unter welchen Bedingungen sie wahr und/oder falsch ist.

Eine Konsequenz aus Heimbeck's Definition von "kognitiv bedeutungsvoll" ist, dass er jede Art von Rede, in welcher es logische Uebergänge von Behauptungen auf andere Behauptungen gibt - gleichgültig, was inhaltlich gesagt wird - als kognitiv anerkennen muss. So sind z.B. Behauptungen in den Mythen kognitiv bedeutungsvoll, denn mythische Behauptungen haben Implikationen und Unvereinbarkeiten. Diese Konsequenz scheint Heimbeck nicht zu stören, im Gegenteil, aus verschiedenen Bemerkungen kann man schliessen, dass er F. Waismanns "Sprachstufentheorie" zur Beschreibung des kognitiven Teils der Umgangssprache akzeptiert und

---

(7) dabei gilt:
 - p ist unvereinbar mit q gdw non-q sich aus p ableiten lässt;
 - q folgt aus p oder p impliziert q semantisch gdw, aufgrund der Bedeutung von p und q in einer bestimmten Sprache, q als wahr angenommen werden muss, wenn p wahr ist
 (cf. aaO, S 53 f).

vor diesem Hintergrund seine These entfaltet.[8]

Gegen diese Theorie der Sprachebenen ist zwar verschie-

---

(8) Eine kurze Zusammenfassung dieser Theorie wird Heimbecks Argumentation etwas verständlicher erscheinen lassen: Waismann entwickelt seine "many-level-theory-of-language" in Auseinandersetzung mit der Theorie, welche das Verifikationsprinzip als Sinnkriterium postuliert. (cf. seinen Artikel "Verifiability", in: G.H.R. Parkinson (Hg), The Theory of Meaning, Oxford 1968, S 35 - 60). - Er geht von der Feststellung aus, dass es zwischen den Naturgesetzen und den sie begründenden empirischen Behauptungen, zwischen Aussagen über materielle Gegenstände und jenen über Sinnesdaten, zwischen psychologischen Behauptungen und den sie stützenden Behauptungen über das Verhalten einer Person usw. keine logische Implikationsbeziehung gibt. Eine solche Beziehung kann es nur zwischen Aussagen geben, die zu einem homogenen Bereich gehören: Also Wahrnehmungsaussagen können andere Wahrnehmungsaussagen implizieren, theoretische Aussagen andere theoretische Aussagen. Aber der deduktive Nexus überschreitet nicht die Grenzen eines solchen Bereichs. Folglich kann es auch nicht zu eigentlich logischen Konflikten kommen zwischen Behauptungen zweier verschiedener Sprachstufen. - Der Philosophie stellt Waismann nun die Aufgabe: "Accordingly we may set ourselves the task of arranging the statements of our language in distinct strata, grouping in the same stratum all those statements linked by clearly apprehended logical relations" (aaO, S 45). Die interessantesten philosophischen Probleme entstehen an den Uebergängen von einer Sprachebene zur andern. Man denke etwa an das Problem der Wahrnehmung, der Verifikation, der Induktion, das Leib-Seele-Problem usw. (cf. aaO, S 46). Diese Uebergänge, die nicht als strikte logische Uebergänge zu behandeln sind, nennt Waismann "poröse Schlüsse".

dentlich polemisiert worden.(9) Aber wenn man sie nicht überinterpretiert, klingt sie sehr plausibel. Verschiedene Rede-Bereiche oder Sprach-Ebenen lassen sich relativ einheitlich charakterisieren (z.B. aufgrund der Art der Verifikation ihrer Behauptungen oder durch die Angabe der gemachten Voraussetzungen). Man denke etwa an Behauptungen in Erzählungen oder im Theater, an Behauptungen über Erinnerungen oder Geschichte, an Behauptungen in der Tiefenpsychologie oder in der Physik ... Das Umgehen mit verschiedenen Behauptungsklassen ist uns geläufig, und es ist nicht einzusehen, warum man diese Theorie von Waismann ablehnen sollte.

Heimbeck setzt nun voraus, dass die religiösen Behauptungen so einer Sprachstufe angehören bzw. eine solche Sprachebene bilden. Demnach ergibt sich für die Religionsphilosophie u.a. die Aufgabe zu untersuchen, wie man die Uebergänge von der religiösen Sprachebene zu andern Sprachebenen, besonders der empirischen, beschreiben könnte. Nach Heimbecks Meinung sind einige G-Behauptungen verifizierbar bzw. falsifizierbar aufgrund von Empirie allein.(10) In den folgenden beiden Abschnitten wird diese These

---

(9) So meint z.B. D.M. High in seinem Buch "Language, Persons, and Belief" (Oxford/New York 1967) aus seiner wittgensteinschen Sicht der Sprache: "..I want to reject the view that language is something that can be devided up into autonomous language-games or strata" (S 87). Seine Argumente sind (1) Sprachspiele hätten nach der Theorie von Wittgenstein keine festen Grenzen, wie auch Spiele keine festen Grenzen haben. Wenn man z.B. im Fussball eine Regel ändert oder ausser Kraft setzt, spielt man dann noch Fussball? Und wieviele Regeln muss man verändern, bis man eindeutig sagen kann, dass nun ein anderes Spiel gespielt wird?.. (cf. aaO, S 88 f).
(2) Zwischen den einzelnen Sprachspielen bestehe eine gewisse Kontinuität, sodass es verfehlt sei, von autonomen Ebenen zu reden: So änderten Worte ihre Bedeutung nicht total von einem Sprachspiel zum andern; oder es gebe Sprechakte, die sich in verschiedenen Sprachspielen wiederholten.. (cf. aaO, S 90 f). M.E. treffen diese Einwände die Theorie von Waismann nicht, weil er gar keine umfassende Sprachtheorie vorlegen wollte, sondern sich lediglich um Behauptungen verschiedener Art und deren Beziehungen zueinander interessierte.
(10) R.S. Heimbeck, aaO, S 166

geprüft und kritisiert. Es wird sich zeigen, dass Heimbeck die Parallelisierung von G-Behauptungen mit theoretischen Behauptungen zu wenig reflektiert, und dass er wegen dieser Parallelisierung die G-Behauptungen zu wenig in ihrem eigenen Recht sieht.

1. Abschnitt

Die beiden Argumente von R.S. Heimbeck

1. Die Grundvoraussetzung der Argumentation:

In den Argumenten, die Heimbeck zum Ausweis der Kognivität von G-Behauptungen entwickelt, spielt die Annahme einer strukturellen Aehnlichkeit zwischen wissenschaftlichen und religiösen Behauptungen eine bedeutende Rolle. Soll die Argumentation einigen Wert haben, muss diese Aehnlichkeit ausgewiesen werden. Folgende Beobachtungen scheinen Heimbeck für seine These zu sprechen:

(1) Die empirische Verankerung:

Damit ein System von theologischen Behauptungen als Kandidat für den religiösen Glauben in Frage kommen kann, so Heimbeck, muss es entscheidbare empirische Konsequenzen aufweisen oder m.a.W. es muss empirische "entailments" und/oder "incompatibles" haben. Heimbeck meint, diese Beobachtung wenigstens am "klassischen christlichen Theismus" machen zu können.[11]

---

(11) Was hier als Beobachtung ausgegeben wird, ist eher eine These, die auszuweisen wäre. M.E. ist diese These, so wie sie von Heimbeck vertreten wird, zweideutig, wenn nicht gar falsch.
– Wir werden an späterer Stelle auf sie zurückkommen. Für die Darstellung des Arguments werde sei einmal angenommen.

(2) Aehnlichkeit im logischen Aufbau:
Im ganzen System der G-Behauptungen finden sich einzelne G-Behauptungen mit empirischen Implikationen (= G_1-Behauptungen) und andere G-Behauptungen ohne solche empirischen Implikationen (= G_2-Behauptungen). "Gott hat sein Volk durch das Rote Meer geführt" wäre ein Beispiel einer G_1-Behauptung, während "der Vater und ich sind eins" als trinitarische Aussage zu den G_2-Behauptungen gehörte. - Sowohl G_1- wie G_2-Behauptungen sind kognitiv bedeutungsvoll, insofern beide Klassen von G-Behauptungen Implikationen und/oder Unvereinbarkeiten aufweisen, wenigstens im religiösen Redekontext.

Ganz ähnlich unterteilt man die Aussagen wissenschaftlicher Theorien in theoretische Aussagen, deren Bedeutung nur durch den Zusammenhang mit andern Aussagen der Theorie bestimmt ist, in Beobachtungsaussagen, als Basis der Theorie und in gemischte Aussagen, welche als Korrespondenzregeln zwischen theoretischen und empirischen bzw. Basisaussagen fungieren.

2. Das Falsifikationsargument:
(1) Da die G_1-Behauptungen analog zu Korrespondenzregeln verstanden werden dürfen - nach Heimbeck aufgrund der semantischen Regeln der religiösen Rede -, nennen sie die empirischen

Implikationen von G-Behauptungen.[12]

(12) Korrespondenzregeln könnte man als "gemischte Sätze" (mixed sentences) beschreiben; sie enthalten nach der Meinung der betreffenden Wissenschaftstheoretiker (bes. Carnap und Hempel), wenigstens einen theoretischen und wenigstens einen nicht theoretischen Term. - Bezüglich ihres logischen Status gelten sie für einige Vertreter als analytische Definitionen, für andere als Sonderprämissen der Theorie mit dem gleichen empirischen Status wie die andern Prämissen. - Beispiele für Korrespondenzregeln sind etwa: "Kochsalz ist ein kubisches Kristallgitter von Natrium- und Chloratomen"; oder "Die Temperatur des Gases ist die durchschnittliche kinetische Energie der Moleküle". (Zur Problematik der Korrespondenzregeln siehe Peter Achinstein, Concepts of Science. A Philosophical Analysis, Baltimore/Maryland 1968, S 67 - 81)

Nach der wissenschaftstheoretischen Sicht des logischen Positivismus und seiner Nachfolger haben die Korrespondenzregeln folgende Funktionen:
(i) die theoretischen Terme wenigstens partiell zu definieren,
(ii) die empirische Signifikanz der theoretischen Terme zu garantieren,
(iii) die zulässigen experimentellen Prozeduren für die Prüfung einer Theorie an den Phänomenen zu spezifizieren (cf. F. Suppé (Hg), The Structure of Scientific Theories, Urbana/Chicago/London 1974, S 16 f).

Heimbeck meint, dass G_1-Behauptungen im Kontext der G-Behauptungen diese Funktionen (i)-(iii) erfüllten. Eine gewisse Plausibilität mag diese Meinung für sich beanspruchen. So könnte man versuchen, die Funktionen der G_1-Behauptung "Gott hat Jesus vom Tode erweckt, nahe bei Jerusalem" wie folgt darzustellen:
(i) "Gott" wird durch diese Aussage wenigstens partiell definiert als ein "Gott der Lebenden und nicht der Toten" oder als ein Gott, "der Tote erweckt".
(ii) Es wird angedeutet, welche praktischen Konsequenzen die Existenz eines solchen Gottes hat: dass das Leben über den Tod hinausgeht.
(iii) Es wird auch angedeutet, wie man diese Behauptung ev. prüfen könnte.

(2) Wenn nun empirische Implikationen solcher G_1-Behauptungen konklusiv falsifizierbar oder empirische Unvereinbarkeiten konklusiv verifizierbar sind, folgt, dass auch die sie enthaltenden G-Behauptungen empirisch entscheidbar sind.[13]

(3) Damit eine Behauptung p konklusiv entscheidbar sei, ist nicht verlangt, dass alle logischen Implikationen falsifizierbar oder die Unvereinbarkeiten verifizierbar seien. Da die Bedeutung einer Behauptung durch die Summe der logischen Implikationen angegeben werden kann, genügt für die konklusive Entscheidbarkeit, dass ein Glied der Summe falsifizierbar oder die Negation einer Implikation verifizierbar sei.

Zur Erläuterung des Arguments sei ein Beispiel von Heimbeck wiedergegeben: Eine der zentralsten Behauptungen des Christentums ist die G_1-Behauptung: "Gott hat Jesus von den Toten auferweckt". Nach Heimbeck muss der gläubige Christ mit dieser Behauptung wenigstens die folgenden empirischen Implikationen verbinden:
- Jesus war tot zu t_1
- Jesus war lebend zu t_3

Sollte nun eine dieser Implikationen sich als falsch erweisen, dann wäre nach Heimbeck die entsprechende G_1-Behauptung konklusiv falsifiziert aufgrund von Empirie.

3. Das Verifikationsargument:

Das Argument, das die Verifizierbarkeit einzelner G_1-Behauptungen einsichtig machen soll, läuft über eine Weise des

---

(13) Das Argument verläuft logisch analog zur Schlussregel "Modus tollens": Wenn p impliziert q und non-q der Fall ist, dann folgt daraus non-p. Setzt man nun im "Modus tollens"-Schema statt "non" "falsifizierbar" ein (was aufgrund der gleichen formalen Eigenschaften von "non" und "falsifizierbar" erlaubt ist), kommt man zum Ergebnis: Wenn p impliziert (semantisch) q und q konklusiv empirisch falsifizierbar, dann folgt daraus: p ist konklusiv empirisch falsifizierbar. (cf. aaO, S 187).

Denkens, die Heimbeck "Zeichendenken" nennt.[14] Etwas allgemein kann man dieses Denken so charakterisieren: Eine Gruppe von Erfahrungsdaten wird - aufgrund der innern Struktur und der äussern Situation, in welcher diese Daten begegnen - als Einheit betrachtet und als Zeichen (= Träger einer Aussage) verstanden. Z.B. die Gruppe der Bilder einer Filmsequenz intendiert in der Regel eine einheitliche Aussage; oder die Indizien eines Kriminalfalls zeugen in ihrer Gesamtheit für eine bestimmte Person Z als Täter. Formalisiert wäre dieser Sachverhalt durch das folgende Schema zu repräsentieren: $G \longrightarrow A$ (wobei G die durch die innere Struktur und die äussere Situation zusammengehaltene Gruppe von Daten, A eine bestimmte durch G gestützte Behauptung ist, und der Pfeil als "bezeichnet" interpretiert werden kann).

Die "bezeichnet"-Relation ist - gemäss Heimbeck - nach dem Modell der semantischen Implikation synthetischer Art zu begreifen, einer Implikation bei welcher die rechte Seite des Implikationsschemas das zusammenfassende Ergebnis der linken Seite darstellt. Formal: $(q \wedge r \wedge s \wedge t) \longrightarrow p$.[15] Wenn man weiss, dass q, r, s und t die erfüllten Wahrheitsbedingungen darstellen, dann ist man berechtigt, auch p als wahr zu akzeptieren. Z.B. Die Aussagenkonjunktion "die Person T wurde von Messerstichen getötet aufgefunden; bei M hat man einen Dolch mit Blutspuren gefunden; M identifiziert den Dolch als seinen Dolch; X, Y und Z, die zufällig Zeugen des Tathergangs geworden sind, identifizieren unabhängig voneinander M als Täter..." impliziert synthetisch: "M hat T erstochen." Aber, wie gesagt, dieses synthetische Schliessen ist nur möglich, wenn vorgängig die Schlussfolgerung schon einmal analysiert wurde und es sich gezeigt hatte, dass die Konjunktion von

---

(14) cf. aaO, S 206 f
(15) Bei der analytischen Implikation folgt die rechte Seite aufgrund der Bedeutung aus der linken; formal:
$p \longrightarrow (q \wedge r \wedge s \wedge t ..)$.

Aussagen aus denen die Synthese abgeleitet werden soll, in letzterer analytisch enthalten ist.[16] - In der Anwendung dieses Modells auf das "Zeichendenken" spricht Heimbeck statt von Synthese von "Muster" oder "Modellkonfiguration", die man sich aufgrund von langjähriger Erfahrung oder Schulung erworben hat, und die der geübte Fachmann in den Erfahrungsdaten realisiert findet oder eben nicht: Der erfahrene Menschenkenner weiss z.B. wie der extrovertierte Mensch in der Situation der Ueberforderung reagieren dürfte (er hat eine "Modellkonfiguration" gebildet) und wird dementsprechend seinen konkreten Partner beurteilen und mit ihm umgehen; der erfahrende Arzt versteht die Symptome einer Krankheit (aufgrund vorgängiger Erfahrung) von zufälligen Begleiterscheinungen zu unterscheiden; der geübte Detektiv kennt die Schliche der Verbrecher und wird entsprechend seine Fallen stellen und seine Schlüsse ziehen... Sie alle haben sehr bestimmte Modellvorstellungen entwickelt, mit denen sie an die Fakten herangehen und prüfen, ob sich in den Fakten diese Muster realisiert finden oder nicht.

Dieses "Zeichendenken" möchte Heimbeck fruchtbar machen für die Ueberwindung des "metatheologischen Skeptizismus". Zu diesem Zweck formuliert er ein hypothetisches Argument, das die folgenden drei Schritte umfasst:[17]

---

(16) Man kann bei der synthetischen Implikation nur dann von einer strengen Implikation reden, wenn die Konjunktion von Aussagen, aus der die "Synthese" folgt, alle von der Synthese analytisch implizierten Aussagen enthält und keine andern. Denn wenn nicht alle analytischen Implikationen der Synthese$_1$ in der vorausgehenden Konjunktion enthalten wären, dann könnte man sich eine Synthese$_2$ denken, welche genau aus der betreffenden Aussagenkonjunktion folgte. Dann würde Synthese$_2$ von der Aussagenkonjunktion impliziert und nicht Synthese$_1$. Nun ist es in den meisten Fällen unmöglich, eine vollständige Konjunktion der analytischen Implikationen einer Aussage aufzustellen (ausgenommen im Fall von Definitionen). Daraus ist zu ersehen, dass die synthetische Implikation relativ leicht zu Trugschlüssen führen kann.

(17) cf. aaO, S 215

Einzelne G_1-Behauptungen sind konklusiv verifizierbar, wenn
(1) sich Gruppen von Erfahrungsdaten finden lassen, die in ihrer Gesamtheit als ein 'Zeichenbündel' interpretiert werden könne, das eine G_1-Behauptung verifiziert.
Nun setzt das Auswählen und Ordnen von Erfahrungsdaten zu einem 'Zeichenbündel' - wegen der mehrfachen Ambiguität der Zeichenelemente - immer einen Vorgriff auf das Resultat voraus, und oft sind auch mehrere Deutungen von 'Zeichenbündeln' möglich. Z.B. wenn man feststellt, dass mathematische Modellvorstellungen in der Welt realisiert sind, könnte man daraus genauso gut folgern, dass man die Welt als einem selbstregulierenden System vergleichbar betrachten müsse, wie, dass - so das kosmologische Argument für die Existenz Gottes - es einen ordnenden Gott gebe. - Darum formuliert Heimbeck eine nächste Bedingung:
(2) es normative "Modell-G-Konfigurationen" oder "Modell-Gott-Vorstellungen" gibt, mit denen man an die empirischen Daten herangehen kann.[18]
In diesen "Modell-G-Konfigurationen" ist festgehalten, wie Gott in der Welt wirken muss, wenn es ihn gibt. Diese Erwartungen (Modell-G-Konfigurationen) werden aus dem ganzen System der G-Behauptungen abgeleitet, das um den zentralsten Begriff "Gott" angelegt ist.[19]
(3) die betreffenden normativen "Modell-G-Konfigurationen" in den empirischen Daten klar realisiert erscheinen.
Zur Erläuterung dieser letzten Bedingung seien zwei Beispiele angeführt:

---

[18] cf. aaO, S 200
[19] cf. aaO, S 224; die Frage, wie man überhaupt zu einem Gottesbegriff komme, tritt bei Heimbeck nicht in den Vordergrund.

(a) "Gott ist der Herrscher der Welt"
(b) "Gott hat Jesus vom Tode erweckt"
Es ist etwas schwierig, aus der Fülle der theologischen Aussagen die zu erwartenden empirischen Konsequenzen (Modell-G-Konfigurationen) abzuleiten, deren Eintreffen (a) verifizieren würde. Aber nehmen wir an, die Beschreibung einer solchen "Modell-G-Konfiguration" würde u.a. die folgenden Behauptungen enthalten:
- Es siegt das Böse nicht endgültig über das Gute, Bosheit nicht über Gerechtigkeit und Frieden.
- Vernünftige Hoffnungen werden nicht grundsätzlich enttäuscht.
- Das Ende wird nicht ein Untergang sein, sondern eine Neuschöpfung.

Wenn man mit diesen Erwartungen an die konkrete Geschichte herangeht, wird man bald entdecken, dass sich die Daten der Geschichte schwerlich so anordnen lassen, dass sich eine eindeutige Bestätigung der Erwartungen ergibt: Hie und da obsiegt das Gute; hie und da wird man nicht enttäuscht...
Demnach muss nach Heimbeck die Behauptung (a) als disverifiziert gelten.[20]

Für die Behauptung (b) müsste das sie rechtfertigende empirische Datenbündel - nach Heimbeck - der folgenden "Modellkonfiguration" entsprechen, die - nach Mt 16,21 - Jesus selber in den Mund gelegt wird: "Jesus begann seinen Jüngern zu sagen, er müsse nach Jerusalem gehen und von den Aeltesten, Hohen-Priestern und Schriftgelehrten vieles erleiden und getötet werden; am dritten Tag aber werde er auferweckt."
Wenn dieser Vers tatsächlich als "Modellkonfiguration" im Sinne Heimbecks zu verstehen wäre, könnte man mit einigem Recht sagen,

---

[20] cf. aaO, S 201

dass sie konkret und eindeutig genug sei, um mit den historischen Fakten konfrontiert werden zu können; und die Entdeckung des entsprechenden empirischen Datenbündels wäre eine vergleichsweise starke Stütze der Behauptung (b).

Auch wenn man zuzugeben bereit wäre, dass diese drei Bedingungen, wenn erfüllt, ausreichen, um Heimbecks Verifizierbarkeitsthese zu stützen, das ganze Argument ist ein hypothetisches Argument. Vorausgesetzt, dass die Bedingungen (1) - (3) erfüllt sind, ist auch die Schlussfolgerung gerechtfertigt. Aber dafür, dass diese Bedingungen wirklich gegeben sind, wird nicht ausdrücklich argumentiert. Offensichtlich ist Heimbeck der Meinung, das "klassische Christentum" vertrete eine seiner Theorie vergleichbare Theorie, und eigentlich hätte er nur diese alte Theorie in analytischer Sprechweise neu formuliert. Dass diese Annahme falsch ist, und dass das "klassische Christentum" keine solche Theorie vertreten hat, soll im nächsten Abschnitt deutlich werden.

Zuvor noch eine Bemerkung zur "konklusiven Verifizierbarkeit" von G_1-Behauptungen. Es wurde schon darauf hingewiesen, dass die "bezeichnet"-Relation im "Zeichendenken" keine strenge logische Implikationsbeziehung ist. Das wird auch von Heimbeck zugegeben, dennoch hält er an seiner These von der konklusiven Verifizierbarkeit von bestimmten G_1-Behauptungen fest mit der Begründung, dass auch in der Wissenschaft die empirische Verifikation von theoretischen Behauptungen nur über das "Zeichendenken" erfolgen könne. Und wenn man den wissenschaftlichen Verifikationsprozess als normativ betrachte und in diesem Zusammenhang von konklusiver Verifizierbarkeit rede, (obwohl auch da keine strenge Implikation vorliege), dann gelte Entsprechendes auch für die Verifikation von G-Behauptungen. - Auch hier muss gesagt werden: Wenn religiöse Rede bezüglich ihres kognitiven Gehalts wie wissenschaftliche Rede behandelt werden darf, dann mag man das Argument stehen lassen, wenn nicht, hat es seinen Wert verloren.

2. Abschnitt

Kritik der Argumente Heimbecks

Unter rein formalem Aspekt wird man gegen die Argumente von Heimbeck nicht viel einwenden können. Problematisch aber sind deren Voraussetzungen. Heimbeck beabsichtigt, mit seinen Ueberlegungen den Ausweis zu erbringen, dass G-Behauptungen genauso kognitiv bedeutungsvoll sind wie wissenschaftliche Aussagen, dass nämlich auch sie empirisch entscheidbar sind wie jene. Die Argumentation setzt voraus, dass (1) die strukturellen Aehnlichkeiten zwischen dem System der G-Behauptungen und einem System wissenschaftlicher Aussagen wesentlich und nicht zufällig oder gar konstruiert sind, und dass (2) im Verständnis des Gläubigen - oder vielleicht besser: im betreffenden religiösen Sprachspiel - die G_1-Behauptungen in einem strengen Sinn empirische Implikationen haben. Beide Voraussetzungen müssen näher geprüft werden.

1. Zur Strukturähnlichkeit zwischen wissenschaftlichen und theologischen Behauptungen:

    Heimbeck hat seine diesbezügliche These zu begründen versucht, indem er die beiden Aussagensysteme nebeneinanderstellte und auf äussere Aehnlichkeiten hinwies. Aber sind diese Aehnlichkeiten mehr als nur äusserlich?

(i) Unter formalem Aspekt ist eine Theorie eine geordnete Satzmenge; d.h. die Sätze sind untereinander kohärent[21] und widerspruchsfrei.[22]

(ii) Unter inhaltlichem Aspekt sind Theorien Aussagensysteme, welche empirische Behauptungen, empirische Hypothesen,

---

(21) d.h. sie lassen sich so durch eine deduktive Relation miteinander verbinden, dass keine isolierten Sätze vorkommen.
(22) d.h. es lassen sich im System nicht zwei Sätze ableiten, von denen der eine die Negation des andern ist.

nomologische Hypothesen und allgemeinste Axiome umfassen.
(iii) Unter dem Aspekt der Geltung oder Gültigkeit oder Wahrheit sind Theorien wesentlich hypothetische Aussagensysteme.
(iv) Unter pragmatischem Aspekt sind Theorien gedacht und konstruiert zur Erklärung von Phänomenen und/oder zur bessern technischen Bewältigung von Aufgaben.

Wir werden nun das theologische Aussagengebäude unter diesen vier - für eine wissenschaftliche Theorie relevanten - Aspekten zu betrachten haben. Dann wird sich zeigen, ob diese definierenden Merkmale auch im System der G-Behauptungen gegeben sind.

Zu (i): Kohärenz und Konsistenz als formale Bedingungen einer Theorie:
Im allgemeinen sieht die systematische Theologie ihre Aufgabe darin, die G-Aussagen so zu ordnen (und zu ergänzen),dass sie ein zusammenhängendes, widerspruchfreies System bilden. Es besteht kein Grund, daran zu zweifeln, dass dieses Unternehmen gelingen kann und bis zu einem guten Teil schon verschiedentlich geleistet worden ist.[23]

Zu (ii): Der inhaltliche Aspekt einer Theorie:
Um sagen zu können, mit welchen Teilklassen von Aussagen einer Theorie die verschiedenen G-Aussagen vergleichbar sind, muss man zuerst die religiöse Rede als solche analysiert haben, rein äusserliches Nebeneinanderstellen verhilft zu keiner begründeten Antwort. Wenn sich aber zeigen sollte, dass in den andern drei Punkten G-Behauptungen und wissenschaftliche Behauptungen sich gleichen sollten, dann wäre eine positive Antwort auch in diesem Punkt etwas plausibler als bei Heimbeck.

---

(23) cf. zu diesem Punkt Joseph M. Bocheński, Logik der Religion, Köln 1968, S 54 - 64

Zu (iii): Der hypothetische Charakter wissenschaftlicher Aussagen:
Sind auch G-Aussagen grundsätzlich hypothetisch? - Es scheint nicht, dass Glaubende ihre Glaubensbekenntnisse so verstehen. Glaubensaussagen werden normalerweise mit einem "Gewissheitspathos" vertreten und vorgetragen, das dem Vertreter einer Hypothese fremd ist. Dagegen könnte man präzisierend einwenden, es sei zu unterscheiden zwischen der Tatsache, dass eine Aussage hypothetisch sei, und der Tatsache, dass eine Meinung apodiktisch vertreten werde. So kann beispielsweise jemand das geozentrische Weltbild aufgrund von Sinnesevidenz gegen das heliozentrische apodiktisch verteidigen, obwohl letzteres objektiv wahrscheinlicher ist als ersteres. - Aber dieser Einwand, so richtig er sein mag im Fall des Planetensystems, ist bei G-Behauptungen nicht besonders effektiv. Denn im System der G-Aussagen findet sich u.a. das Axiom: Wenn S eine G-Behauptung ist, dann ist S geoffenbart und sicher wahr, weil Gott nicht täuschen kann. Und wenn es ein klares Kriterium für die Zuteilung von G-Behauptungen gibt, was - im klassischen Christentum weitgehend der Fall ist -, dann macht die Rede vom hypothetischen Charakter von G-Behauptungen keinen Sinn mehr.

Zu (iv): Die Erklärungsfunktion wissenschaftlicher Aussagen:
Lässt sich behaupten, dass G-Aussagen eine erklärende Funktion haben? - Als Kandidaten für erklärende Aussagen kämen wohl zuerst die kosmologischen und historischen G-Behauptungen in Frage wie "am Anfang erschuf Gott Himmel und Erde" oder "Gott (Jahwe) führte sein Volk durch die Wüste". Man könnte sich diese beiden Behauptungen als mögliche Antworten auf Fragen: "Warum gibt es unsere Erde?" bzw. "Warum lebten die Hebräer seit ca. dem 12. Jh.v.Chr. nicht mehr in Aegypten sondern in Palästina?" vorstellen. Die Frage ist nur, wollen sie so verstanden sein? Zur Beantwortung dieser Fragen hilft kein Vergleich mit wissenschaftlichen Aussagen, das

muss im Rahmen der religiösen Rede geklärt werden. Und hier gilt
- wenigstens für das Christentum - spätestens seit Augustinus die
Maxime: "Die Heilige Schrift lehrt keine Naturwissenschaft", (und
überhaupt keine Wissenschaft). Das braucht nicht zu bedeuten, dass
sie kein Wissen vermittelte, aber dieses "Wissen" ist - vor einem
Vergleich mit wissenschaftlichem Wissen - in seinem eigenen Recht
zu charakterisieren. Das wird die Aufgabe des zweiten Teils dieser Arbeit sein.

Dieser Vergleich zwischen dem, was eine Theorie sein will
und dem System der G-Behauptungen zeugt m.E. ziemlich deutlich
gegen das Unterfangen Heimbecks, die G-Behauptungen bezüglich ihres kognitiven Gehalts parallel mit wissenschaftlichen Aussagen
zu analysieren. Oberflächlich lassen sich zwar gewisse Strukturähnlichkeiten aufzeigen, aber die "Tiefenstruktur" scheint deutlich verschieden zu sein.

2. Die Voraussetzung strenger empirischer Implikationen für
   bestimmte G-Behauptungen:

Heimbeck ist der Ueberzeugung, dass es im religiösen Redekontext semantische Regeln gebe, welche eine strenge Implikation
zwischen bestimmten G-Behauptungen und empirischen Behauptungen
festlegten, Waismann und Ayer hatten beide auf die Unmöglichkeit
einer strengen logischen Implikation zwischen Wahrnehmungsaussagen und theoretischen Aussagen hingewiesen. Heimbeck beansprucht
also für die religiösen Behauptungen eine Sonderregelung und zwar,
wie er sagt, aufgrund des religiösen Sprachgebrauchs.[24] Aber
gerade eine solche These ist m.E. aus der religiösen Rede nicht
abzuleiten. Die Beispiele, die Heimbeck anführt, können nicht als
Stütze seiner These verstanden werden. Er stellt fest, dass Aussagen, welche die "mächtigen Taten Gottes" in der Geschichte fest-

---

(24) cf. aaO, S 186

halten, besonders als Kandidaten für G-Behauptungen mit empirischen Implikationen in Frage kämen,[25] und er nennt als eindeutigsten Fall einer solchen "Machttatenaussage" die G_1-Behauptung: "Gott hat Jesus vom Tode erweckt".[26] Die empirischen Implikationen, die nach Heimbeck mit dieser Behauptung verbunden sind, wurden schon genannt: Jesus war tot zu t_1 und lebend zu t_3. - Schwierigkeiten ergeben sich nun, wenn man nach den Verwendungskriterien dieser Implikationen sucht. Es ist noch relativ leicht zu entscheiden, wann man von jemandem sagen kann, er sei tot. Nicht so klar sind die Kriterien, für die zweite empirische Implikation. Welche empirischen Feststellungen würden die Behauptung rechtfertigen, dass jemand, der zu t_1 tot war, zu t_3 lebte? Am Beispiel der Auferstehungsbotschaft des Christentums seien diese Schwierigkeiten erläutert:

Man würde wohl sagen, dass jemand das Recht habe zu behaupten, Jesus sei vom Tode erweckt worden, wenn
- Das Grab leer ist, in das er gelegt wurde,
- Garantie besteht, dass der Leichnam nicht von jemandem weggenommen wurde,
- Genügend eindeutige Zeugnisse vorliegen, dass der ehemals Tote wieder lebt.[27]

---

(25) cf. aaO, S 174
(26) Eine sehr lesenswerte Situierung dieser Botschaft im Rahmen des NT versucht Hans-Peter Hasenfratz in "Die Rede von der Auferstehung Jesu Christi", aaO, wo er - im Gegensatz zur Annahme Heimbecks - zum Ergebnis kommt: "Die Erhöhungsvorstellung erweist sich so durch ihre räumliche und zeitliche Erstreckung als christologische Konstante, das Auferstehungskerygma als die Variable im Prozess der frühchristlichen Ueberlieferung" (S 199). Und: "Das Auferstehungskerygma fungiert im vorpaulinischen Traditionskreis neben dem Erhöhungskerygma als M o d u s (gesperrt von E.B.), Erhöhungschristologie auszudrücken" (ibid). Also, auch nach Hasenfratz hat Heimbeck die Auferstehungsbotschaft missverstanden.
(27) Eigentlich würde das dritte Kriterium allein schon genügen; aber die Evangelien versuchen in ihrer endgültigen Form, diesen drei Kriterien gerecht zu werden.

Aber - so die entscheidende und schwierige Frage - was kann als Zeugnis dafür gelten, dass der Tote lebt? Einige "normale" Kriterien für eine solche Behauptung wären:
- Er verkehrt in den gleichen Kreisen, mit den gleichen Leuten wie vorher.
- Er spricht über Erinnerungen, die vor seinen Tod zurückreichen.
- Er hat noch die gleichen Charakterzüge, gleichen Gewohnheiten wie vorher.
- Man erkennt ihn wieder, wenn er einem begegnet...

Kurz: Er ist der, der er immer war.

Aber würde man unter diesen Umständen - wenn er nachher genau der ist, der er vorher war - überhaupt zu Recht behaupten, dass Jesus je tot war? Würde man nicht vielleicht besser von einer seltsamen Absenz oder einfach von einem unerklärlichen Fall reden?

Nun kann man sich die Zeugnisse, dass Jesus lebt, nachdem er tot war, etwas modifiziert vorstellen:

(1) Nehmen wir an, der Erstandene würde vom Zeitpunkt der Erweckung ab nicht mehr älter und nicht mehr krank, und während alle andern sterben, lebte er weiter, so wie man als Mensch lebt. Wenn man einem solchen Menschen begegnete, wäre man wohl etwas ratlos und könnte kaum mehr sagen als "ein wirklich aussergewöhnlicher Mensch".

(2) Nun könnte man sich vorstellen, dass der Erweckte neben den unter (1) genannten Eigenschaften noch andere, seltsamere Eigenheiten zeigte: Er ist viel klüger geworden als er ehedem war, kennt Fakten der Vergangenheit, die ganz vergessen waren, redet über Zukünftiges, das sich später auch immer bewahrheitet, auch entwickelt er ganz ungewohnte physische Kräfte.

(3) Eine nächste Modifikation: Der Erweckte ist nicht mehr an die Bedingungen seiner materiellen Existenz gebunden, wie das vor seinem Tod der Fall war: Er kann zugleich an verschiedenen Orten gegenwärtig sein; er isst nichts; auf rätselhafte Weise

bewegt er sich durch feste Gegenstände hindurch; er kann sich unsichtbar machen; er kann Leute auf seltsame Art beeinflussen und ganz allgemein wundersame Dinge vollbringen.

(4) Der Erweckte würde noch verfremdeter erscheinen, wenn man ihm nur mehr episodisch begegnen könnte, einmal hier, einmal dort, während die zeitlichen Zwischenräume einfach nicht auszufüllen wären, wenn er bald diese, bald eine andere Gestalt annehmen würde, wenn er bald da, bald dort eine Tat vollbrächte, dann wieder verschwände und nur ein Merkzeichen seiner vorherigen Anwesenheit zurückliesse.

(5) Der Erweckte zeigte sich überhaupt nicht mehr in seiner Gestalt; aber einige der Aufgaben, die er ehemals erfüllt hatte, werden noch immer auf rätselhafte Weise verrichtet.

(6) Der Erweckte wirkt nurmehr auf Anrufung seines Namens hin, und auch dieses Wirken ist nicht systematisch und eindeutig, sondern "freiheitlich geprägt" (wenn es sein Wille ist).

(7) Der Erweckte wirkt überhaupt nicht mehr direkt; aber alle Welt redet von ihm, hat die Lebensgrundsätze von ihm übernommen und versucht sein Lebensprogramm zu verwirklichen. Ebenfalls erfüllen sich gewisse Voraussagen, die er zur Zeit vor dem Tode gemacht hatte, aber bezüglich gewisser anderer Voraussagen hat man eher einen gegenteiligen Eindruck...

Diese Liste von Modifikationen soll die Schwierigkeiten deutlich machen, die sich ergeben, wenn man Kriterien für die Verwendung des Ausdrucks "Y ist lebend zu t_3, nachdem er tot war zu t_1" sucht. In welchem Fall wäre die Verwendung dieses Ausdrucks gerechtfertigt? Von Fall zu Fall wird die Verwendung problematischer. Während man bei (1) und (2) aufgrund des normalen Sprachgebrauchs noch relativ unbedenklich sagen könnte, "Y lebt zu t_3", würde man bezüglich der Fälle (5) bis (7) nur sehr zögernd (wenn überhaupt) diese Behauptung als gerechtfertigt anerkennen.

Nun ist es so, dass die Zeugnisse des NT, aus denen sich die Behauptung ableitet "Jesus ist lebend zu t_3", eher den obigen Fällen (4) bis (7) gleichen. Das aber heisst: Die Bedeutung, die dieser Behauptung im Kontext der Heiligen Schrift gegeben wird, ist ziemlich verschieden von der Bedeutung, die diese Aeusserung im alltäglichen Sprachgebrauch hat. Man kann also nicht aufgrund einer Analyse der alltäglichen Bedeutung von "lebt zu t_3" die empirischen Implikationen dieses Ausdrucks eruieren. - Eine Analyse der biblischen Bedeutung von "Jesus lebt" muss auf die systematische Zweideutigkeit dieser Behauptung stossen. D.h. es gibt Situationen, in welchen die "Zeugen" meinen, gute Gründe zu haben für die Behauptung, dass Jesus wieder lebe, während es auch viele andere Situationen gibt, die gegen diese Behauptung sprechen.[28] Allein aufgrund dieser Beobachtung muss man gegen Heimbeck behaupten, dass die semantischen Regeln von "Jesus lebt zu t_3" im Kontext christlicher Rede nicht so sind, dass sich eindeutig bestimmte Beobachtungen mit dieser Aussage verbinden liessen; folglich ist diese Aussage auch nicht eindeutig empirisch entscheidbar. Damit soll nicht ausgeschlossen werden, dass die Behauptung "Gott hat Jesus vom Tode erweckt" in gewisser Weise "empirisch verankert" ist. Aber diese "Verankerung" kann nicht durch strenge semantische Implikation beschrieben werden.

Was am Beispiel der Auferstehungsbotschaft des Christentums gezeigt wurde, das könnte bei allen "Machttaten-Aussagen" wiederholt werden. Weil eine Analyse verschiedener anderer Aussagen zu weit führen würde, bleibe es bei der These, die immerhin an einem (nach Heimbeck am relevantesten) Beispiel ausgewiesen wurde.

---

(28) Während z.B. der Missionserfolg der Urkirche für viele ein klares Zeugnis für die Auferstehungsbotschaft war, führte die enttäuschte Naherwartung der Wiederkunft Christi bei vielen zu einer Glaubenskrise.

Als Konsequenz ergibt sich aus diesen Ueberlegungen:
Heimbecks These, die behauptet, dass einzelne G-Behauptungen
über die empirischen Implikationen dieser Behauptungen konklusiv falsifizierbar seien, ist zu stark. Es lassen sich in diesem strikten Sinne keine empirischen Implikationen von G-Behauptungen angeben.

Die Kritik an der Argumentation von Heimbeck zusammenfassend lässt sich feststellen: Der Autor übergeht die Frage, wie man zu religiösen Behauptungen komme und welche ureigene Bedeutung und Funktion sie hätten, um gleich deren "Konkurrenzfähigkeit" mit wissenschaftlichen Behauptungen zu belegen. Dadurch, dass er die religiösen Behauptungen in Anlehnung an die wissenschaftlichen Behauptungen zu verstehen sucht, missdeutet er die religiöse Rede. Eine Argumentation, welche den Erkenntnisgehalt religiöser Rede aufklären will, kann sich der Aufgabe einer Analyse religiöser Rede offensichtlich nicht entziehen.

Das Ergebnis aus der Auseinandersetzung mit Ayer:

Ayer weist den Erkenntnisanspruch, den Religionen in der Regel erheben, zurück, indem er zu zeigen versucht, dass die religiösen Behauptungen weder empirische noch analytische noch theoretische Behauptungen - er kennt nur diese drei Klassen von kognitiven Aeusserungen - sein können.

- Das Argument gegen die ontologischen Gottesbeweise scheint mir, wenn es entsprechend ergänzt wird, erfolgreich zu sein. Diese Art des Argumentierens kann eigentlich nur dazu verwendet werden, die "Logik des Begriffs 'Gott'" in einem Sprachspiel, das man schon "spielt", zu beschreiben, ganz im Sinn des Dictums von Anselm von Canterbury: "Fides quaerens intellectum."

- Das Argument gegen die Möglichkeit aposteriorischer Gottesbeweise lässt sich - rein theoretisch - zurückweisen, wie Heimbeck zeigt. Aber dabei wird Heimbeck zu einer Konzeption der religiösen Behauptungen gezwungen, die dem Selbstverständnis des Glaubenden widerspricht. Aufgrund dieser Auseinandersetzung zeigt sich die Notwendigkeit, das Vor- und Selbstverständnis religiöser Rede zunächst aufzuklären.

- Das Argument Ayers, das auch die religiöse Erfahrung als Basis für religiöse Erkenntnis ablehnt, erweist sich als das schwächste, weil es von Prämissen ausgeht, die nicht haltbar sind. - Die Verteidiger der religiösen Erfahrung weisen auf nicht zu bestreitende Erfahrungsphänomene hin, die sie als "Erfahrung des Heiligen oder Numinosen" bezeichnen. Aber in der Deutung dieser Erfahrung gehen sie auseinander, und es zeigt sich, dass eine Kritik der Deutungshorizonte erfordert ist, um dem Vorwurf der Willkürlichkeit in der "Gestaltung" der religiösen Primärerfahrung zu entgehen. Der erste Schritt einer solchen Kritik kann m.E. nur darin bestehen, dass man die sprachlichen Aeusserungen, in welchen die religiöse Erkenntnis formuliert wird, eingehend analysiert. - Im zweiten Teil dieser Arbeit sollen erste Schritte in dieser Richtung getan werden.

ZWEITER TEIL

Der kognitive Gehalt religiöser Rede
und die religiösen Erzählungen

Einleitung

Die Aporie, welche die sprachanalytische Religionsphilosophie lange Zeit lähmte, ist vor allem darauf zurückzuführen, dass man religiöse Rede häufig als etwas Anderes behandelte, als was sie eigentlich sein wollte. Ludwig Wittgenstein war einer der ersten, die sich gegen diese Tendenz stellten. In diesem Zusammenhang steht seine Bemerkung: "Nein... es bedeutet vielleicht überhaupt nicht dasselbe wie irgendetwas anderes. Es sagt, was es sagt."[1] Diesem Motto folgt der zweite Teil dieser Arbeit. - Die Frage des Erkenntnisanspruchs in religiöser Rede wird verbunden mit einer Analyse des "Sprachspiels" bzw. der "Sprachspiele", in welchen dieser Anspruch erhoben wird.

Da man wissen muss, von welchen Phänomenen man redet, wenn man sie sprachlich analysieren will, muss der entsprechende Phänomenbereich umgrenzt und ausgesondert werden. Zu diesem Zweck werden im nächsten Kapitel die von einem idealen Sprecher als wesentlich erachteten Merkmale religiöser Rede gesammelt und geordnet. Aufgrund dieser Merkmale ist es möglich, aus der Menge der sprachlichen Aeusserungen eine Teilmenge auszusondern, die ziemlich allgemein als religiöse Aeusserungen akzeptiert werden dürften. - Da es in dieser Arbeit aber primär um den kognitiven Gehalt religiöser Rede geht, werden die religiösen Aeusserungen nochmals unterteilt in solche, die vor allem darauf ausgerichtet sind, den kognitiven Gehalt festzuhalten bzw. weiterzugeben (zu denken wäre da besonders an Glaubenssymbola und Glaubensdogmen), und solche, die anderen Interessen dienen (wie Lobpreis, Dank Bitte, Beschwörung usw.) und nur sekundär einen kognitiven Gehalt vermitteln. Die Aufmerksamkeit gilt besonders den Aeusse-

---

(1) cf. Vorlesungen und Gespräche über Aesthetik, Psychologie und Religion, herg. von Cyril Barret, Göttingen 1971, S 109; engl. Oxford 1966

rungen der ersten Art. - Eine nähere Analyse der Glaubensymbola und -Dogmen ergibt, dass es sich bei diesen Texten immer um Zusammenfassungen von Erzählungen handelt. Wer ein solches Dogma verstehen will, ist auf die Erzählungen verwiesen, auf die in dieser "Kurzfassung" angespielt wird. Und wer den kognitiven Gehalt religiöser Rede verstehen will, der muss die Erzählungen zu verstehen suchen, die einen beachtlichen Teil religiöser Textkorpora ausmachen. - Nun gehören aber diese Erzähltexte nicht alle zu einem gleichen Genus, sondern realisieren ganz verschiedene Erzählformen, die zum Teil ziemlich einfache Formen sind (Augenzeugenberichte, Erlebnisberichte), zum Teil kompliziertere Formen darstellen (Legende, Sage, Mythos, religiöse Verheissung). M.E. kann man nur verstehen, welches der Gehalt religiöser Aeusserungen ist, wenn man diese Textformen mit in die Analyse einbezieht. Demnach stellen sich im weiteren Verlauf der Arbeit die folgenden Fragen: Was heisst es, einen "Text" zu äussern? (V. Kapitel) - Was ist das Charakteristische narrativer Texte? (VI. Kapitel) - Wie lassen sich Augenzeugenbericht und "fiktionaler Bericht" im religiösen Kontext verstehen? (VII. Kapitel) - Welche Funktion haben in den Religionen historische Berichte und besonders Heroensagen? (VIII. Kapitel) - Wie lassen sich Mythen beschreiben und verstehen? (IX. Kapitel) - Und was leistet für die religiöse Sinnkonstitution die religiöse Verheissung? (X. Kapitel) - In einem Schlussabschnitt wird die Ueberlegung nochmals kurz zusammengefasst, und es wird auf offene Fragen und problematische Punkte hingewiesen.

IV. Kapitel

Kleine Phänomenologie religiöser Rede unter besonderer
Berücksichtigung ihres Erkenntnisanspruchs

1. Abschnitt

Charakteristische Merkmale religiöser Rede

1. 'Situative' Merkmale religiöser Rede

Wenn man von "aussen" an die Aeusserungen und Texte herantritt,[1] die intuitiv als religiös taxiert und akzeptiert werden – wir halten uns primär an Aeusserungen in einem unmittelbaren Kommunikationskontext –, dann begegnet man zunächst gewissen Merkmalen, die man 'situativ' nennen kann. Gemeint sind Merkmale, die den Sprecher und Hörer betreffen, seine soziale Rolle, Ort, Zeit und geschichtliche Situation der Aeusserung. Diese Faktoren machen vor allem den ritualisierenden Charakter religiöser Rede aus.

a. Merkmale, den Sprecher und Hörer betreffend:

In fast allen Religionen gibt es religiöse Rollenträger, deren Auftreten jeder Kommunikationssituation eine religiöse Qualität verleiht, und deren Wort eine Autorität hat, der sich kaum jemand zu widersetzen wagt. Gedacht ist da besonders an die grossen Religionsstifter, wie Jesus oder Buddha, an die Propheten des alten

---

(1) Für das Aufsuchen und Ordnen der für religiöse Rede charakteristischen Merkmale werden die Texte von "aussen", d.h. von der Form der konkreten Aeusserung und von der Oberflächen- bzw. Manifestationsebene her angegangen, und erst allmählich treten die strukturellen Eigenheiten in den Blick. – Dieser Zugang empfiehlt sich, weil in der konkreten Kommunikation Texte auch in dieser Weise aufgenommen und interpretiert werden.

Judentums, an Mohammed, an den Dalai Lâma und seine Funktion in Tibet, an die Orakelverkünder, Totenbeschwörer, Wahrsager und Zauberer in weniger entwickelten Religionen. Aufgrund dieser Beobachtung lässt sich religiöse Rede einmal qualifizieren als Rede eines religiösen Rollenträgers. Allerdings ist damit nicht viel gesagt, solange wenigstens, als die Bedeutung der betreffenden Rolle im Sozialganzen nicht klar herausgestellt ist. Denn Autorität können Könige, Tyrannen oder auch sogenannte "Weise" haben, und deren Rede ist nicht unbedingt religiös. - Immerhin, nicht alles Reden von Menschen hat diese Qualität der "Macht".(2)

b. Merkmale, den Ort der Aeusserung betreffend:

Man kann nicht behaupten, dass für unser Empfinden der Ort die religiöse Qualität einer Aeusserung bewirken könnte. Aber immerhin stösst man auch bei uns auf Relikte einer solchen Auffassung, z.B. in der Vorstellung der Kirche als sakralem Raum, in der Institution des Wallfahrtens nach Gnadenorten, im Ausgrenzen von Friedhöfen usw. Andere, vor allem durch Magie geprägte Religionen, können wenigstens einen Teil ihrer religiösen Aeusserungen definieren als "Aeusserungen an einem heiligen Ort gemacht", was auch immer deren konkreter Inhalt sein mag. - Ein eingehenderes Verständnis solcher Aeusserungen wäre aber auch nur wieder möglich, wenn der Grund für die Heiligkeit des Ortes angegeben würde, und der müsste eben in etwas Anderem als der Heiligkeit des Ortes selber liegen - etwa darin, dass jemand oder ein Ereignis diesen Ort "geheiligt" hat. - Für den Moment reicht aber die Feststellung, dass es Aeusserungen gibt, die aufgrund eines "heiligen" Aeusserungsortes eine religiöse Qualität besitzen. - Uebrigens religiöse Aeusserungen teilen diese "Ortsgebundenheit" ein Stück weit mit andern Redeweisen, etwa Gerichtsentscheiden oder Gesetzesbeschlüssen.(3)

---

(2) cf. G. van der Leeuw, Phänomenologie der Religion, Tübingen 1956 (2), §§ 22 - 31
(3) cf. G. van der Leeuw, aaO, § 57; ebenfalls Mircea Eliade, Das Heilige und das Profane. Vom Wesen des Religiösen, Hamburg 1957, 1. Kapitel

c. Merkmale, die Zeit der Aeusserung betreffend:

Analog den "heiligen Orten" gibt es auch "heilige Zeiten", die einer Aeusserung mehr oder weniger explizit ein religiöses Gepräge geben. Die liturgischen Tageszeiten, das Kirchenjahr, Fastenzeiten, Festtage und Festzeiten erinnern noch an eine Zeit, wo bestimmte Zeiten oder Zeitpunkte absolut "heilig" waren und allem Tun, das in diese Zeit fiel, eben jene Qualität übertrugen. Auch wenn in den Hochreligionen diese Zeitgebundenheit religiöser Rede sich gelockert hat, sie wurde nie ganz aufgegeben; und das wird auch in Zukunft nicht geschehen, solange die ritualisierte Rede bleibt.[4]

d. Merkmale, die geschichtliche Situation der Aeusserung betreffend:

Keine Aeusserung ist ganz unabhängig von der geschichtlichen Situation, in der sie gemacht wird. Aber es gibt Situationen in der Geschichte eines Einzelnen, einer Familie oder einer Sozietät, die alles dominieren, was sonst noch getan wird oder geschieht: Z.B. ein verlorener Krieg für einen Staat, eine Katastrophe (Erdbeben) für eine Gegend, der unerwartete Tod der Mutter für eine Familie... Analoges gilt auch für positive Ereignisse wie Geburt, Reifung, Eheschliessung... oder auch für Tätigkeiten wie Jagen, Säen usw. Vieles von dem, was man "religiöse Aeusserung" nennt, hat eine Affinität zu solchen Lebenssituationen und ist teilweise aus ihnen hervorgegangen - man denke zur Exemplifizierung nur an die Sakramente des Christentums, besonders in der katholischen Ausfaltung. Aber alle Religionen kennen Aeusserungen, die ganz in solchen Lebenssituationen gründen: Initiationsfeiern, Hochzeitsfeiern, Totenfeiern, Jagdkulte, Fruchtbarkeitskulte u.a.[5]

---

[4] cf. G. van der Leeuw, aaO, §§ 55 f; ferner M. Eliade, aaO, 2. Kapitel; ders. Der Mythos der ewigen Wiederkehr, Jena 1953, bes. Kap. 2 und 3.

[5] cf. G. van der Leeuw, aaO, §§ 48 - 52; M. Eliade, Das Heilige... aaO, 4. Kapitel

2. Suprasegmentale Merkmale religiöser Rede

Es gibt noch eine andere Gruppe von Charakteristika der Rede, die für sich einen Signalwert haben, selbst dann noch, wenn man den weitern Inhalt der Rede nicht versteht: die sogenannten suprasegmentalen Faktoren wie Betonung, Intonation, vortragliche Gestaltung. Typisch für diese Merkmale ist, dass auch sie nicht anhand von Elementen der Rede greifbar sind, genausowenig wie die "situativen" Merkmale, die aber im Gegensatz zu letzteren in der Rede selber irgendwie repräsentiert werden.

M.W. gibt es keine Prosodik religiöser Aeusserungen, auf die man zurückgreifen könnte, um empirisch fundiert eine bestimmte These zu vertreten.[6] Aber rein intuitiv ist man geneigt, sich religiöse Aeusserungen als mit einer gewissen Getragenheit und Feierlichkeit verbunden vorzustellen. Man dürfte mit dem Votum von Herrn Melzer einig gehen, wenn er formuliert: "Man kann (nämlich) sakrale Texte profan, ehrfurchtslos, technisch sprechen und dadurch zerstören. Zu einem sakralen Text gehört ja die Ehrfurcht, die im Druck und in der Handschrift nicht erscheint.[7] - Also eine gewisse Getragenheit, Feierlichkeit, oft auch Bestimmtheit und Kompromisslosigkeit - besonders bei Bekenntnissen - wird als für religiöse Texte charakteristisch anzusehen sein.

---

(6) siehe dazu mehr nur andeutend: Interdisziplinäres Forschungsteam, "Theologie als sprachbezogene Wissenschaft," in: Linguistica Biblica (ab jetzt zit. als LB) 4/5, Bonn 1971, S 7 - 37, bes. 33.
(7) In einem Diskussionsbeitrag im Anschluss an das Referat von P. Hartmann, "Religiöse Texte als linguistisches Objekt", in: U. Gerber und E. Güttgemanns (Hg), Glauben und Grammatik. Theologisches 'Verstehen' als grammatischer Textprozess. Bonn 1973, S 129 - Aehnlich meint auch W. James: "It is precisely as being solemn experiences that I wish to interest you in religious experiences... The divine shall mean for us only such a primal reality as the individual feels impelled to respond to solemnly and gravely.." (The Varieties of Religious Experience, aaO, S 38).

3. Charakteristisches Vokabular religiöser Rede

Neben den suprasegmentalen Faktoren sind es auch Besonderheiten des Vokabulars und der Verbindungsweisen dieses Vokabulars (Syntax), welche oft die Identifizierung einer bestimmten Redeweise erlauben oder doch erleichtern.

So fällt religiöse Rede auf durch ein rekurrentes Vokabular, genauer durch bestimmte Prädikate, singuläre Termini und Eigennamen. Wer in der jüdisch-christlichen Tradition beheimatet ist, wird folgende Aeusserung wenigstens potentiell (abhängig vom Kontext) als religiös bezeichnen:

"Ihr werdet an jenem Tag sagen:
Danket Jahwe, ruft aus seinen Namen!
Verkündet den Völkern seine Grosstaten,
erinnert euch, dass sein Name erhaben ist!"[8]

Und ein im Hinduismus bewanderter wird keinen Moment zögern, folgende Strophe aus der Bhagavadgita als religiös zu akzeptieren:

"Das Unvergängliche heisst Brahm,
sein Wesen heisst das höh're Ich,
die Opferspende ist das Werk,
aus dem die Welt entfaltet sich."[9]

Das Vokabular (Jahwe, erhaben, verkündet, das Unvergängliche, Opferspende, Brahm) in diesen beiden Beispielen signalisiert einen bestimmten Verwendungskontext, der für den Eingeweihten nur jener der Religion sein kann. Der Nicht-Eingeweihte weiss nicht recht, was er mit einer solchen Aeusserung tun soll, auch wenn der grösste Teil der Termini ihm bekannt sein sollte. - Dieses, für ein bestimmtes sprachliches Handeln, spezifische Vokabular sagt allerdings noch nichts aus über die Bedeutung oder den Wert religiöser Rede. Es hat - für sich genommen - lediglich

---

[8] Jes 12,4
[9] H. von Glasenapp (Hg), Bhagavadgita. Das Lied der Gottheit, Stuttgart 1971, 8. Gesang, 3. Strophe.

eine Signalfunktion mit der Bedeutung: das hier Geäusserte soll in einer religiösen Weise verstanden werden, ohne aber angeben zu können, welche Gestalt oder Modalität dieses Verstehen haben würde. Damit ist die Frage nach der Klärung der Religiösität von Texten verschoben. Man muss nach andern Merkmalen suchen, mit denen zusammen diese "Signale" einen präziseren Aufschluss geben.

4. Für religiöse Sprache typische Sprechakten

Wenn man vom Phänotext ausgeht, trifft man - neben einem, für eine bestimmte Redeweise typischen Vokabular - auch auf bestimmte Zeichen, welche die Rolle angeben, die die Aeusserung im Textzusammenhang bzw. in der Kommunikationsgemeinschaft spielen soll, sogenannte "Indikatoren der illokutionären Rolle."[10] - Im Zusammenhang der Diskussion um die religiöse Rede ist des öftern die Vermutung geäussert worden, es könnte Sprechakte geben, die nur in einem religiösen Text vorkommen. So etwa Manfred Kaempfert: "Es gibt nun empirische Gründe für die Annahme, dass sich unter all den Sprechakten, die in einer Gesellschaft intersubjektive Geltung haben - und deren grosse Mannigfaltigkeit noch keineswegs taxonomisch beschrieben ist -, solche befinden, die spezifisch religiös sind. Als Beispiele wären zu nennen: Taufe, Bekenntnis, Gelübde, Schwur (Eid), Schuldbekenntnis (Beichte), Aufruf zur Bekehrung, Anbetung, Segen, Lästerung."[11] Auf eine genauere Analyse dieser Feststellung braucht man sich hier noch nicht einzulassen. Es reicht festzuhalten, dass sich auf der Textmanifestationsebene Indikatoren illokutionärer Rollen finden lassen, die in andern, profan genannten Texten, nicht anzutreffen sind. Selbstverständlich brauchen nicht alle Sprechakte explizit signalisiert zu sein, was in der alltäglichen Rede ja auch nicht der Fall ist.

---

[10] cf. J.R. Searle, Sprechakte. Ein sprachphilosophischer Essay, Frankfurt a M 1971, 2. und 3. Kapitel
[11] M. Kaempfert, "Religiösität als linguistische Kategorie?", in: LB 17/18 (Juni), Bonn 1972, S 42. Ebenfalls Wim A. de Pater, Theologische Sprachlogik, München 1971, S 171

Noch eine abschliessende Ergänzung: Auch wenn die Analyse der Sprechakte in den Bereich der Pragmatik (was tut man mit einer Aeusserung?) gehört, werden sie doch schon an dieser Stelle erwähnt, weil Sprechakte häufig explizit signalisiert sind und dem Hörer auffallen, bevor er den Text in all seinen Dimensionen verstanden hat.

5. Für religiöse Rede typische Textsorten

Genauso, wie die Rekurrenz oder überhaupt das Vorkommen bestimmter Sprechakte Religiösität signalisieren kann, genauso gibt es auch bestimmte Textsorten, die spezifisch sind für religiöse Rede, wie Predigt, Bittgebet, Hymnus, Glaubenssymbolum, Textsorte Evangelium, Prophezeiung... Es scheint nun sehr wahrscheinlich zu sein, dass ein kompetenter Sprecher seine Aeusserung als Manifestation eines Texttypus macht und dementsprechend auch verstanden werden will.[12] Die Textsorte oder der Texttypus wären dann so etwas wie ein oberstes Einheitsprinzip der Aeusserung. - Es dürfte schwierig sein anzugeben, aufgrund welcher Kriterien eine Textsorte auf der Phänotextebene erkannt werden kann. Bis jetzt gibt es keine vollständige Texttheorie bzw. Handlungstheorie, welche die Ableitung von Textsorten zu leisten vermöchte.[13] Soviel aber darf als ziemlich sicher gelten: Beim Sprechen realisieren wir nicht nur Sätze und deren Tiefenstruktur, sondern auch Muster von Satz- oder Handlungsverbindungen, welche man die Tiefenstruktur von Texten nennt. - Und wenn beispielsweise aufgrund bestimmter Merkmale klar geworden ist, dass es bei einem vorliegenden Text um eine "Meditation" geht, dann werden die einzelnen Teiläusserungen in Abhängigkeit von und dominiert durch die Textsorte "Meditation" vermittelt. Deshalb ist es nicht gleichgültig, als welche Textsorten religiöse Texte gegeben sind.

---
(12) Wie das genauer gemeint ist, wird im nächsten Kapitel klarer werden.
(13) Zum Stand der Forschung auf diesem Gebiet cf. die kurze Zusammenfassung in: Handbuch der Linguistik, München 1975, S 496 f. - Für die Textsorte "Evangelium" bemüht sich E. Güttgemanns, Bonn, um eine vollständige Textgrammatik, die aber erst in Ansätzen entwickelt ist, die jeweils im LB veröffentlicht werden.

6. Syntaktische Merkmale religiöser Rede

Syntax wird im allgemeinen definiert als Lehre der erlaubten Verbidnungen kleinerer und grösserer sprachlichen Einheiten. Das Resultat der Anwendung dieser Regeln auf ein entsprechendes Inventar ist ein akzeptierbarer Text relativ beliebiger Grösse. Man kann sich fragen, ob die Texte, die man zu den religiösen rechnet, möglicherweise syntaktische Eigenheiten aufweisen, die wesentlich sind für die religiöse Funktion - oder doch wenigstens sehr bedeutsam.(14)

a. Religiöse Texte als poetische Texte:

Jedem, der eine religiöse Textsammlung durchgeht, fällt auf, dass viele dieser Texte eine poetische Qualität haben. Unter syntaktischem Gesichtspunkt definiert man Poetizität durch deviante Formen der Syntagmenbildung (Erweiterungen durch Insertionen; Ellipsenbildungen; Permutationen wie Inversion; Substitutionen verschiedener Art) und durch verschiedene Formen des Parallelismus.(15) Als Faktum ist dieser Punkt nicht strittig. Die Kontroverse unter den Religionsphilosophen beginnt da, wo es gilt, das Faktum zu werten, zu interpretieren und in eine Theorie religiöser Rede einzubauen. - Wir zählen dieses Merkmal hier lediglich auf - ohne es schon einzuordnen - als eines der Charakteristika religiöser Rede.

b. Religiöse Texte als Erzähltexte:

Dass die Redeform der Erzählung in religiösen Texten einen breiten Raum einnimmt, ist ebenfalls kaum je in Zweifel gezogen

---

(14) Da zu diesem Punkt m.W. keine statistischen Ergebnisse vorliegen, welche Vergleichswerte lieferten zw. dominanten und auffälligen Verbindungsweisen in der religiösen und nichtreligiösen Rede, sind wir auf intuitive Schätzungen und Meinungen angewiesen.

(15) Zu diesen textästhetischen Fragen und Klassifizierungen cf. Heinrich F. Plett, Textwissenschaft und Textanalyse, Heidelberg 1975, bes. S 225 - 250

worden. Man braucht nur an die vielen narrativen Textsorten zu
erinnern, die im Zusammenhang religiöser Rede vorkommen, um eine
Stütze für diese These zu haben: Mythos, Legende, Fabel, Parabel,
Exemplum, Erlebnisbericht, Visionen- und Traumberichte... Es mag
höchstens überraschen, dass die Eigenschaft "ein Erzähltext zu
sein" zu den syntaktischen und nicht zu den pragmatischen Charakteristika gerechnet wird. Die Antwort ist: Man muss Narrativität
als Textqualität (genauso wie Poetizität) sowohl als zur Textsyntax, wie auch als zur Textsemantik und -Pragmatik gehörend zählen.
Nur wenn wir methodisch so vorgehen, dass wir vom Phänotext herkommend Charakteristika "sammeln", begegnet die Narrativität
schon auf der syntaktischen Ebene, insofern diese Rede in ihrer
reinen Form "se définit par l'absence de toute référence au narrateur",[16] sowie durch den Gebrauch der Tempora der "erzählten
Welt": Imperfekt, Plusquamperfekt, Konditional.[17] Welche Bedeutung diese - in unseren Augen sehr zentrale - Beobachtung für
eine Theorie religiöser Rede hat, wird später zu ermitteln sein.

7. Semantische Merkmale religiöser Rede

Bis jetzt war die Beschreibung der Besonderheiten religiöser Rede an der Oberfläche geblieben. Es wurden lediglich Zeichen registriert, über die der Sprecher einer religiösen Aeusserung verfügen kann, um seine religiöse Intention auszudrücken
und den Zuhörer auf die religiöse Qualität des Gemeinten aufmerksam zu machen. In einem nächsten Schritt geht es darum, einige
auffällige Besonderheiten der Bedeutungsgenerierung in religiösen Texten zu registrieren und kurz zu beschreiben. Wir treffen
dabei auf die bekannten und oft geäusserten Thesen, dass religiöse Rede paradoxe Rede, analoge und symbolische Rede, anthropomor-

---

(16) E. Benveniste, zit. nach Gérard Genette, "Frontières du récit", in: Communications 8 (1966), S 160
(17) Harald Weinrich, Tempus. Besprochene und erzählte Welt, Stuttgart 1964; völlig neu bearbeitete Auflage, 1971.

phe und metaphysische Rede sei. Da zu diesen Punkten eine reiche Literatur vorhanden ist, sind die hier registrierten Beobachtungen nicht mehr ganz "naiv" gemachte, sondern bereits verarbeitete und teilweise reflektierte Beobachtungen.

a. Religiöse Rede als paradoxe Rede:

Paradoxien sind dem Sprecher jeder Sprache geläufig. Sie erscheinen auf den verschiedenen Ebenen der Sprachrealisierung:
- auf der Ebene der Wortverbindungen als Summe (attributive Koordination) von semantischen Antonymen; d.h. für die Seme der beiden zusammengenommenen Lexeme lässt sich keine (oder doch keine primäre) Isotopieebene finden. Beispiel: beredtes Schweigen.
- auf der Ebene der Satzverbindungen als Widerspruch: p und non-p. Beispiel: Der Mensch ist ein Tier und der Mensch ist doch kein Tier.
- auf der Ebene von Textäusserungen als das Halten von nicht vereinbaren Positionen zweier Gesprächspartner, oder als Darstellung eines Konflikts in einer Erzählung oder auch als komplementäre Modellbildung im Bereich der Wissenschaft (z.B. Modell der Korpuskelmechanik und Modell der Wellenmechanik in der Atomtheorie).

Solche Paradoxien findet man auch im Bereich der Religionen und zwar auf allen drei genannten Ebenen. Beispiele:
- "Der unveränderliche Gott handelt in der Welt" (unveränderlich vs handeln)
- "Gott ist transzendent und Gott ist zugleich auch immanent". (transzendent vs immanent)
- Narrative Entfaltung des Themas der göttlichen Vorsehung und der Freiheit des Menschen (Determination vs Freiheit)

Aber allein das Vorkommen von Paradoxien in religiösen Aeusserungen rechtfertigt noch nicht die Behauptung, dass religiöse

Rede grundsätzlich paradoxe Rede sei.[18] Die Paradoxien müssten dann eine spezifische Funktion erfüllen und/oder dominant sein. Wenn man z.B. mit N. Kusanus den Begriff "Gott" einführt als "coincidentia oppositorum", dann wird man sich verpflichten, in paradoxen Aeusserungen über das so Gemeinte zu reden.

Aber warum sollte man den Begriff "Gott" überhaupt als paradoxen einführen wollen? Die traditionelle Antwort lautet meistens: Weil es keinen andern Weg gibt, um auszudrücken, was man meint oder ahnt. Etwas präziser und mit einer sich an Wittgenstein und Austin anlehnenden Sprachtheorie im Rücken formuliert van Buren: "The fact that religion consists linguistically in pushing at certain edges of language (= eine bildliche Umschreibung für den Gebrauch des Paradoxon und für das Verstummen in der Religion - cf. S 117) is the result of a longing, an intensity of concern, a passion for some aspect of our linguistic existence".[19] Die vorausgesetzte Sprachtheorie braucht hier nicht weiter erörtert zu werden, denn es geht vor allem um die Frage: Warum einen paradoxen Gottesbegriff? Van Burens Antwort nennt einen Motivkomplex (Sehnsucht, Betroffenheit, Leidenschaft), der nach dieser sonderbaren Art sprachlichen Handels verlange und deutet den Gebrauch des Paradoxons als Verschieben der und Stossen an die Grenzen der Sprache, "which means that it lies just at the limit of what can be said, approaching nonsense of falling off into silence" (ibid. S 120). Damit scheint etwas Spezifisches religiöser Paradoxien angedeutet: ihre Nicht-Auflösbarkeit, die durch eine seltsame "Erfahrung" oder Gefühlskonstellation motiviert ist.[20] Ohne die Ueberlegungen der folgenden Kapitel vorauszunehmen, seien noch einige Präzisierungen gegeben:

---

(18) so z.B. S Kierkegaard, Die Krankheit zum Tode, Regensburg 1954
(19) Paul van Buren, The Edges of Language, London 1972, S 115
(20) Ian T. Ramsay nennt sie "unvermeidbare Paradoxien" in "Religiöse Paradoxien", in: Dallas M. High (Hg), Sprachanalyse und religiöses Sprechen, Düsseldorf 1972, S 142 ff.

Als rhetorische Figur ist das Paradoxon eine Ellipse. Elliptische Aeusserungen dieser Art enthalten eine nicht ausgesprochene Aufforderung an den Leser/Hörer, die Aeusserung so zu ergänzen, dass die Widersprüche verschwinden. Ein "beredtes Schweigen" deutet an, dass der Sprecher, nach allem, was der Hörer über ihn weiss und aus dessen Verhalten und Benehmen erschliesst, noch Vieles zu sagen hätte, dass er aber aus Rücksicht oder Zorn oder was auch immer schweigt, was den Hörer nachdenklich machen muss. Religiöse Paradoxien sollen nicht so verstanden werden können. Ihre Funktion sollte es sein - immer nach der referierten Theorie -, das Denken nie zur Ruhe kommen zu lassen,[21] und deshalb dürften sie nicht auflösbar sein. Nach andern Interpretationen hätten sie die "Grenze" zu markieren, an welcher der "Sprung des Glaubens" (Kierkegaard, Barth) gewagt werden müsse. Wieder anders sieht I.T. Ramsay diese unauflösbaren Paradoxien, nämlich als komplementäre Modelle verbunden mit einem Operator, der den Konvergenzpunkt dieser beiden Modelle aufzusuchen gebietet und so eine Situation evozieren sollte, die einem "Aha-Erlebnis" vergleichbar ist, welche das "Sichtbare und MEHR" zu 'sehen' erlaubte (= "Entschlüsselungssituation" - "discernment").[22] - Es würden sich hier verschiedene Fragen anschliessen lassen, wie: Warum denn überhaupt etwas sagen wollen, wenn es doch letztlich unverständlich bleibt? Welche Paradoxien - nun inhaltlich verstanden - sind dem religiösen Gebrauch angemessen, und gibt es bestimmte Kriterien, welche die Auswahl leiten? Unter welchen ontologischen Bedingungen und Voraussetzungen (event. analogia entis?) sind Paradoxien überhaupt erhellend? Diese Fragen seien hier nur formuliert; die Antwort muss auf später

---

(21) Es sei hier etwa erinnert an das "deus semper maior" des hl. Ignatius von Loyola, oder auch an Anselms "aliquid quo nihil maius cogitari possit" als "Definition" des Gottesbegriffs im Proslogion, 2. Kap.
(22) Ian T. Ramsay, Religious Language, London 1973 (3) (1957), bes. S 11 - 90

verschoben werden. - Also "unvermeidbare, irreduzible Paradoxien" dürften zu den Erkennungsmerkmalen religiöser Rede gehören.

b. Religiöse Rede als symbolische Rede:

Auch wenn man etwa mit der Feststellung von R. Hepburn einig geht, "dass eine paradoxe bzw. eine nahezu paradoxe Sprache das Ergebnis einer jeden Darlegung der Natur Gottes ist und nicht nur auf rhetorische Extravaganzen zurückführbar",[23] heisst das noch immer nicht, dass alle bedeutenden religiösen Aeusserungen paradoxen Charakter hätten und religiöse Rede durch und durch paradox sei. Wenn dem so wäre, müsste man sich tatsächlich fragen, ob eine solche Rede überhaupt etwas Verstehbares zu vermitteln hätte. - Dagegen wird in vielen Analysen religiöser Rede auf die auffällige Verwendung von Symbolen aufmerksam gemacht, und nicht selten nennt man religiöse Rede grundsätzlich "symbolische Rede".[24] Da der Symbolbegriff sehr verschiedenartig verwendet wird - auch in den betreffenden religionsphilosophischen Untersuchungen -, ist es nicht ganz leicht anzugeben, was mit dieser These gemeint sein soll. Darum zunächst einige klärende Erläuterungen und Definitionen:

Wenn man das sprachliche Inventar, mittels dessen der Mensch einerseits Erkenntnisse über die Welt konstituiert und festhält, anderseits in Kommunikation mit andern etwas zu verstehen gibt, zu klassifizieren sucht, kann man drei deutlich verschiedene Kategorien unterscheiden: Signale, Zeichen, Symbole.

- Signal: Ein Beispiel für ein Signal: Ein dreifaches, kurzes Klingeln mit dem internen Telephon signalisiert mir, dass ich mich beim Vorgesetzten zu melden habe. - Also Signale wirken als Auslöser eines schon irgendwie programmierten Prozesses.

---

(23) Christianity and Paradox, London 1958, S 16
(24) z.B. Paul Tillich, Dynamics of Faith, New York 1957, S 41 ff. deutsch: Wesen und Wandel des Glaubens, Frankfurt a M/ Berlin 1961

Statt des Klingel-Zeichens könnte auch ein bestimmtes "Schlüsselwort" als Auslöser des Prozesses fungieren. Signale sind teils konventionell (wie im obigen Beispiel), teils können sie auch biologisch fixiert sein wie etwa bestimmte Exklamationen oder im aussersprachlichen Bereich die Schlüsselreize.

- Zeichen: Die sprachliche Aeusserung: "Geh', und melde dich beim Vorgesetzten!" möchten wir "Zeichen" nennen. Das Zeichen unterscheidet sich vom Signal durch seinen "deskriptiven Gehalt", wie man zu sagen pflegt. - Während Signale nur in einer bestimmten Situation eine Auslösewirkung haben, sind Zeichen relativ situationsunabhängig; das aufgrund ihrer Bedeutung (= differentiellen Position) innerhalb eines umfassenden Systems (z.B. Sprache), das zugleich ein reflexives System sein muss.[25]
- Symbol: Wenn man im thematischen Zusammenhang der obigen beiden Beispiele bleiben will, könnte man als Muster einer symbolischen Aeusserung formulieren: "Das Klingelzeichen ist für den Mönch ein beständiger Mahner." - Linguistisch gesehen ist diese Aeusserung eine Metapher, die dazu noch in einem weiteren Sinn elliptisch ist, insofern nicht gesagt wird, was der "Mahner" in Erinnerung rufen soll (mahnen ans Gebet, an den Gehorsam, an die allgemeine Disponibilität oder an die Begrenztheit des Lebens und die Kürze der verfügbaren Zeit...). Nun gilt allgemein von Metaphern, dass sie eine Instruktion an den Hörer enthalten, die durch sie gebildete 'komplexe Isotopie'[26] aufzulösen, indem vermittelnde Instanzen zwischen die nicht isotopen Termini eingefügt werden. Der zusätzlich elliptische Charakter des obigen Beispiels verstärkt den "appellativen" Charakter, der schon durch die Figur der Metapher gegeben ist. So ergibt sich als erstes und

---

(25) Das sind freilich nur wenige Andeutungen zu den Begriffen "Signal" und "Zeichen", die aber für unsern begrenzten Zweck genügen dürften.
(26) Dieser Begriff wurde eingeführt von A.J. Greimas, Strukturale Semantik, Braunschweig 1971, S 85 - 92; wir werden ihn später erklären, siehe unten S 231 f.

fundamentalstes Merkmal symbolischer Rede, dass sie keine abgeschlossenen, eindeutigen Mitteilungen macht (hierin vergleichbar der paradoxen Rede), sondern "zu denken gibt".[27] Die zu konstruierende "symbolische Bedeutung" ist aber nicht beliebig und nicht unabhängig von der Primärbedeutung (Zeichenbedeutung) der Aeusserung bzw. ihrer Elemente. Zwischen Primärbedeutung und symbolischer Bedeutung muss eine Relation der Aehnlichkeit bestehen, die W.M.Urban als "common rule of operation"[28] bestimmt und für welche H. Werner und B. Kaplan eine psychologische Interpretation vorschlagen, nämlich "ähnliche organismische Zustände" bei Reaktionen auf die literale und die symbolische Bedeutung.[29] - In genetischen Theorien der Sprachentwicklung wird die Symbolfunktion der Sprache oft als Zwischenstufe zwischen der Signalfunktion und der begrifflichen Darstellungsfunktion (Zeichenfunktion) der Sprache betrachtet. Es wäre das jene Stufe, wo Signale teilweise als Zeichen genommen werden, die Unterscheidung zwischen sprachlichem Ausdruck und dem Gemeinten jedoch nicht vollständig und konsequent gemacht wird, sodass zwischen beiden eine "magische" Relation erhalten bleibt.[30]

Religiöse Rede, so wie sie angetroffen wird, hat bestimmt symbolischen Charakter, jedoch nicht nur in dem Sinn, dass sie zu "denken geben" will, sondern so, dass hier Aeusserungen gemacht

---

(27) Paul Ricoeur, Hermeneutik und Psychoanalyse, München 1974, S 162 - 216, bes. 162 - 172.
(28) Willibur M. Urban, Language and Reality. The Philosophy of Language and the Principles of Symbolism, London/ New York 1951 (2), S 409
(29) Heinz Werner und Bernard Kaplan, Symbol Formation. An Organismic-Delevelopmental Approach to Language and the Expression of Thought, New York/London/Sydney 1967 (3) (Erstausgabe 1963), S 24.
(30) z.B. E.Cassirer, Philosophie der symbolischen Formen, Darmstadt 1964 (4). Wir werden auf diesen Gedanken an späterer Stelle zurückkommen müssen. Die Ergebnisse von Werner/Kaplan scheinen diese These wenigstens teilweise zu stützen (cf. aaO, S 36 ff):

Diese Idee bringt jedoch nicht allzuviel an Klärung, insofern das Wissen um die Entstehung eines Gegenstandes oder einer Fertigkeit wenig aussagen kann über deren spätere Verwendung und Verwendungsmöglichkeiten: Wenn man weiss, dass die Füsse der Landtiere genetisch verwandt sind mit den Flossen der Fische und aufgrund einer Adaption an Landverhältnisse ihre spezifische Form angenommen haben, dann weiss man noch längst nicht, was ein Tier mit seinen Füssen alles machen kann. -
Hingegen kann bezüglich der Motivation zur Symbolbildung einiges angedeutet werden: Wenn der geschlossene, programmierte Prozess von Reiz (Signal) - intermittierende Variable - Reaktion durchbrochen wird, bedeutet das zunächst nur, dass das reagierende Wesen freier wird in bezug auf das auslösende Signal, dass es also die Möglichkeit "entdeckt", reagieren zu können oder die Reaktion zu verschieben oder ganz bleiben zu lassen. Eine Bedingung der Möglichkeit von Freiheit in diesem Zusammenhang ist die, dass das ursprünglich zwingende Signal verfügbar und in gewissem Sinn abrufbar gemacht werden muss. Folglich muss der, welcher die "automatische" Reaktion auf Signale hinausschiebt, ein Konstrukt entwickeln, das die Fähigkeit hat, das Signal mit seiner Auslösevalenz über die Zeit zu erhalten, ohne aber die Freiheit des Reagierens zu gefährden. Solche Konstrukte wären Symbole, solange die vitale Kraft des Signals in ihnen mitschwingt (und wenn die Stufe des Zeichengebrauchs entwickelt ist, intendiert wird.) - Wie sprachliche Symbole das zu leisten vermögen, versuchen Werner/Kaplan darzustellen, indem sie "physiognomische Formen" postulieren, welche zwischen den onomatopoetischen und den konventionellen Formen zu lokalisieren wären, und die dafür verantwortlich wären, dass die "organismische Aktivität" in der konventionellen Symbolisierung (Zeichen) erhalten bleibt (cf. aaO. 14. Kapitel).
Symbole werden zu Zeichen, wenn der ursprüngliche, vitale Elan ausgeblendet wird, auch wenn er - wenigstens in den natürlichen Sprachen - nie ganz zu verschwinden scheint. - Demnach wäre das Motiv für die Symbolisierung der Wille zur Freiheit der Selbstentwicklung, und die Ursache (causa vs ratio) dazu wäre zu suchen in vitalen Signalen, die eine Reaktion auslösen, die nun aber nicht mehr programmiert ist. - Wenn einmal das Stadium des Zeichengebrauchs entwickelt ist, dann kann diese neue Fähigkeit in den Dienst der ursprünglichen Symbolisierungsfunktion treten und auf einer abstrakteren Ebene "Symbole" konstruieren, die in einem eigentlichen Sinn zu "denken geben". - Damit wäre ein Weg, wie man zu sprachlichen Symbolen kommen könnte, gezeichnet. Nur der Weg ist noch recht wenig ausgebaut!

werden, die grundsätzlich nicht eindeutig zu machen sind, oder
in der Terminologie von P. Ricoeur, die "einen Sinnüberschuss"
enthalten, "der von sich her - in einer primären Sinnstiftung -
auf die berichtigenden Intentionen theologischer und philosophischer Art, die sich auf diesen symbolischen Bodenschatz beziehen, einen ordnenden Einfluss ausübt", und "den sie immer neu der
Wiederaufnahme in andern Strukturen anbieten" kann.[31] Solche
primären "Sinnstiftungen" oder "Ursymbole", wie sie oft auch genannt werden, müssen - wenn sie diese ihnen zugeschriebene Funktion erfüllen sollen - in einem doppelten Sinn allgemein sein:
für alle Zeiten und für alle Menschen. Nur dann sind sie nie
"überholbar". Es gibt einzelne vitale Signale oder Reize, die in
diesem Sinne universal sind, weil in der biologischen Konstitution des Menschen verankert, und es gibt Symbolisierungen solcher
Signale, etwa Sexualsymbole, die beständig neue und höherstufige
Symbolisierungen evozieren. Aber was gilt hier als "primäre Sinnstiftung"? Und sind erste Sinnstiftungen denn überall gleich? Die
Völkerpsychologie will solche archetypischen Symbolisierungen entdeckt haben. Diese These hat allerdings viele Einwände hervorge-
rufen, auf die jetzt nicht näher eingegangen werden kann.

Man mag ferner Bedenken geltend machen gegen das spezifische Merkmal religiöser Symbolik, nämlich deren "Unabschliess-
barkeit". Wenn es archetypische Symbolisierungen geben sollte,
dann gilt von ihnen allen, dass sie immer neu "zu denken geben".
In diesem Fall ist man gezwungen, für religiöse Symbole ein inhalt-
liches Unterscheidungsmerkmal ausfindig zu machen. - Die religionsphänomenologische Schule möchte deshalb religiöse Ursymbole als
erste Sinnstiftungen des "Heiligen" betrachten, bzw. sie glaubt
eine Menge von Symbolen zu finden, die gleiche gestaltende Kraft
und ein gleiches Motiv zur Grundlage zu haben scheinen ("tremor"

---

[31] Paul Ricoeur, Hermeneutik und Strukturalismus
München 1973, S 62 f.

und "fascinatio"), und deren Funktion es wäre, "eine Eschatologie anzuzeigen"(32), bzw. eine nie einholbare Zukunft zu eröffnen.(33)

Das Referat der Positionen, die religiöse Rede als symbolische Rede verstehen möchten, muss hier abgebrochen werden, da in diesem Kapitel lediglich nach Merkmalen gesucht wird, die es erlauben sollten, religiöse Rede als Beschreibungsobjekt zu isolieren. - Es mag lediglich noch angemerkt werden, dass sowohl der symbolische wie der paradoxe Charakter religiöser Rede darauf angelegt zu sein scheinen, das grundsätzliche Ungenügen aller sprachlichen Formulierungen im religiösen Kontext zu dokumentieren.(34)

c. Religiöse Rede als anthropomorphe Rede:

Ein weiteres Merkmal, das man zu den semantischen Besonderheiten religiöser Rede zählen kann, ist ihr anthropomorpher Charakter, oder wie man auch formulieren könnte, deren anthropomorphes Grundinventar. Um deutlicher zu machen, was damit gemeint ist, stelle man ein physikalisch-wissenschaftliches neben ein religiöses "Weltbild". Während der Wissenschaftler auf der Basis von kleinsten Einheiten (Elementen, Partikeln, Atomen), die sich nach bestimmten Gesetzen verhalten, sich verbinden und so komplexere Einheiten bilden, eine "Welt" zu rekonstruieren versucht, sind für die Religionen die Grundprädikate Handlungsprädikate wie "erschaffen", "lieben", "erlösen", "strafen", "verzeihen" usw. und

---

(32) Paul Ricoeur, aaO, S 35
(33) In diesem Sinn definiert auch Franz Schupp das religiöse Symbol als "antizipierte Vermittlung der in Geschichte und Gesellschaft vorhandenen Differenz von fragmentarischer Erfahrungswirklichkeit (tremendum? E.B.) und realutopischer Sinnerfüllung (fascinosum? E.B.)"; Glaube - Kultur - Symbol. Versuch einer kritischen Theorie sakramentaler Praxis, Düsseldorf 1974, S 314.
(34) Weitere Literatur zu dieser Thematik:
- Thomas Fawcett, The Symbolic Language of Religion, London 1970
- Louis Dupré, The Other Dimension, New York 1972, bes. Kap. 4 und 5.

die Subjekte dieser Prädikate sind Handelnde. Das so entstehende "Weltbild" kann mit E. Topitsch "soziomorph" genannt werden,[35] insofern Natur und Welt nach dem Modell der Gesellschaft und menschlicher Interaktion dargestellt werden. Als anthropomorphe Rede ist religiöse Rede dann symbolisch und/oder paradox.

Als Gründe für den anthropomorphen Charakter dieser Rede werden etwa genannt:
- aus einem mehr genetischen Blickwinkel: der archaische Charakter religiöser Redeweise, welche noch die Situation widerspiegle, da der Mensch vom Kernbereich vitaler Schlüsselsituationen ausgehend, die weitere Umwelt deutete, "indem er dem Fernerliegenden und Unbekannten oft die Merkmale des Bekannten - eben der gesellschaftlichen Beziehungen" - zuschrieb.[36] Wie weit diese These richtig ist, wird sich später zeigen.
- aus einem mehr systematischen Blickwinkel: die bessere Angepasstheit solcher Redeweise an die Bedeutung, welche dieser Rede für das menschliche Leben und seine Gestaltung zukomme, sofern sie z.B. zur Grundlage einer Ethik werden soll.[37]

d. Religiöse Rede als ähnlich metaphysischer Rede:

Verschiedene neuere religionsphilosophische Ansätze vertreten die Meinung, dass religiöse Rede mit metaphysischer Rede in einen engen Zusammenhang gebracht werden könne und müsse.[38] Ueber die Art dieses Zusammenhangs braucht hier nicht enschieden zu werden.

---

(35) E. Topitsch, Mythos, Philosophie, Politik; Freiburg i Br 1969, bes. S 13 - 23 und 79 - 120.
(36) E. Topitsch, aaO, S 15
(37) cf. Frédérick Ferré, Basic Modern Philosophy of Religion, New York 1967, S 350, 358.
(38) Einige Werke, in denen dieser Anspruch vertreten wird, sind:
   - F.B. Dilley, Metaphysics and Religious Language, New York/London 1964
   - F. Ferré, Basic Modern Philosophy of Religion, aaO.
   - W.A. Luijpen, Myth and Metaphysics, The Hague 1976
   - J.T. Ramsey (Hg), Prospects for Metaphysics, London 1961
   - J. Richmond, Theology and Metaphysics, London 1970

- Bezüglich der Definition von Metaphysik halten wir uns an die Definition von Whitehead: "By metaphysics I understand the science which seeks to discover the general ideas or principls which are indispensably relevant to the analysis of 'everything' that happens".(39)

Zur allgemeinen These, dass Religionen unter anderem auch zur Bildung von Deutungssystemen anregten, gibt es wenig Meinungsverschiedenheiten. Diskutiert wird eher der Status, den solche religiöse Deutungssysteme haben. Konkret geht es dabei um die Frage: sind religiöse Deutungssysteme "sui generis" oder lassen sie sich in metaphysische Systeme integrieren so, dass die religiösen Aussagen gleichsam ein Interpretationsmodell abstrakter metaphysischer Sätze darstellten? Wenn ja, ergibt sich die weitere Frage nach dem Abhängigkeitsverhältnis: Wird das metaphysische System entwickelt durch weitere Abstraktion aus dem religiösen Deutungssystem, oder gilt umgekehrt das religiöse System als anthropomorphe Interpretation des abstrakteren metaphysischen Systems? - Während Kant wohl eher ein Vertreter der letzteren Richtung ist, wäre Thomas v A. als bedeutender Vertreter der ersten Richtung zu nennen.

In neuerer Zeit scheinen die Vertreter einer antireduktionistischen Richtung eher wieder zu dominieren; und da wo die Metaphysik als Ergebnis "einer Verhexung durch die Sprache" abgelehnt wird, gelangt diese Richtung zur These von der religiösen Sprache als isoliertem, selbständigem Sprachspiel.(40)

8. Pragmatische Merkmale religiöser Rede

Was unter dem Titel "semantische Merkmale" aufgeführt wurde, betraf die Art und Weise, wie religiöse Rede etwas bedeutet,

---

(39) Religion in the Making, New York 1926, S 84
(40) cf. Ingolf U. Dalferth (Hg), Sprachlogik des Glaubens, München 1974, bes. der Teil II, Sprachspiele und Grammatik des Glaubens, mit Beiträgen von W.D. Hudson, J. Hick, Humphrey Palmer und D.Z. Phillips.

nämlich auf symbolische, paradoxe, anthropomorphe event. auch mataphysische Art. Die Frage, was damit zu verstehen gegeben wird, wurde nur am Rande gestreift. Das deshalb, weil wir uns vorgenommen hatten, religiöse Aeusserungen kompetenter Sprecher/ Hörer von "aussen", von der Manifestationsebene her anzugehen, um so langsam zur Motivation und Intention hinter solchen Aeusserungen vorzustossen. - Wenn nun nach den pragmatischen Merkmalen religiöser Rede gesucht wird, dann liegt der Akzent auf der Frage nach dem Verhalten, das zusätzlich zum Verstehen der Aeusserung noch mitintendiert wird.

a. Religiöse Rede als "appellative" Rede:

Der symbolische und besonders auch der paradoxe Charakter religiöser Rede implizieren, wie schon angedeutet, eine Aufforderung an den Hörer (die sich der Sprecher wohl auch irgendwie zu eigen gemacht hat), die Aeusserung nicht wörtlich zu nehmen, sondern das Gemeinte aufgrund des literalen Sinns zu konstruieren. Wenn das nicht voll gelingen sollte - weil diese semantischen Figuren in religiöser Verwendung oft als nichtauflösbar betrachtet werden -, würde die Aufforderung wohl dahingehend zu verstehen sein, dass der Hörer in der Haltung der "Meditation" zu verharren hätte (das Wort in seinem ursprünglichen Sinn genommen von "in der Mitte verweilen"). Wer religiöse Rede verwendet, wird sich dieser Regelung unterwerfen müssen.

b. Religiöse Rede als "evokative" Rede:

In den meisten Fällen soll aber der "Appell" über die "Meditation" hinaus zu einer 'besonderen Einsicht' führen (odd discernment), vergleichbar einem "Aha-Erlebnis", der als Antwort ein "totales Engagement" zu entsprechen hätte (total commitment).[41] Insofern religiöse Rede das bewirkt, sei sie "evokativ" genannt. Aufgrund dessen, was man in Religionen an Texten findet, schlägt

---

(41) I.T. Ramsay, Religious Language, aaO, S 15 - 37

sich der Inhalt dieser "Einsichten" zumeist in Form von Erzählungen nieder, über deren Status noch zu reden sein wird. - Der "evokative" Charakter religiöser Rede zeigt sich auch an in der Wahl bestimmter Sprechakte wie "das Heil verheissen", "den Namen Gottes verkünden", "Sünden vergeben"... und in der Wahl bestimmter Textsorten wie Predigt, Lobpreis, Gottesurteil, Prophetenspruch... - Rein intuitiv geurteilt scheint für das Gelingen dieser Sprechakte bzw. Texte die Evokation einer "besonderen Einsicht" im Sinne Ramsays eine notwendige Voraussetzung zu sein.

c. Religiöse Rede als "selbst-involvierende" Rede:

Damit eine Evokation glaubwürdig ist, muss der Sprecher selber "betroffen" ("involviert") sein. Der Ausdruck "selbst-involvierende Rede" ("self-involving utterance") stammt von D. Evans[42] und wurde von ihm definiert als Sonderfall performativer Sprachverwendung. Nachdem er die performativen Aeusserungen klassifiziert hatte in "Feststellungen" (z.B. Das Haus ist tatsächlich zwei Meter hoch), "Verpflichtungen" (z.B. Ich versichere Sie meiner Treue), "Verfügungen" (z.B. Sie sollen "Thea" heissen), "Verhaltenssätze" (z.B. Ich gebe zu, dass ich Unrecht hatte) und "Urteilssprüche" (z.B. Ich halte diese These für plausibel),[43] stellte er fest, dass einige dieser performativen Aeusserungen einen biographischen Aspekt haben, nämlich die "Verpflichtungen" (sie sagen etwas über das intendiert, zukünftige Verhalten des Sprechers aus) und die "Verhaltenssätze" (die eine Einstellung bezüglich der Person voraussetzen und kundtun, mit welcher durch die Aeusserung ein neues Verhältnis konstituiert wird).[44] Solche Aeusserungen heissen "selbst-involvierend", weil der Sprecher durch sie selber betroffen ist, sie haben unmittelbare Auswirkungen auf sein weiteres Leben.

---

(42) The Logic of Self-Involvement. A philosophical Study of Everyday Language with Special Reference to the Christian Use of Language about God as Creator, London 1963
(43) aaO, S 30 - 40
(44) aaO, S 42 ff.

Im Kontext religiöser Rede kommt solchen Aeusserungen eine zentrale Bedeutung zu. Religiöse Kernäusserungen wie "Gott, ich anerkenne Dich als Herrn meines Lebens" stellen sogar eine Verbindung dar von "Verhaltenssätzen" und "Verpflichtungen". Denn diese Aeusserung bringt ein Verhältnis der Abhängigkeit zwischen Gott und dem Sprecher zum Ausdruck und festigt und vertieft es, und sie verpflichtet den Sprecher zugleich auf ein bestimmtes Verhalten gegenüber diesem Gott. - Weitere Differenzierungen sind hier nicht nötig. - In einer den Theologen etwas näher liegenden Sprache würde man statt von "selbst-involvierender Rede" im religiösen Kontext eher von "Glaubensäusserung" im biblischen Verständnis sprechen wollen.[45]

d. Religiöse Rede als "expressive" Rede:

Der Begriff "Glaubensäusserung", der eben eingeführt wurde als Interpretation von "selbstinvolvierend" im religiösen Kontext, sagt noch mehr als nur, dass der Sprecher von seiner Aeusserung mitbetroffen sei. Es wird zugleich der Grund (oder ist es vielleicht sogar die Ursache?) für die Aeusserung genannt: der Glaube. Religiöse Rede ist nach allgemeiner Meinung immer Ausdruck eines Glaubens im Sinn von Vertrauen, Hoffnung, Sicherheit, Gewissheit, wobei diese Haltungen oft eher Stimmungen oder Gemütszuständen ähnlich sind als etwa propositionalen Haltungen. Das Problem besteht nun darin zu beschreiben, wie der Uebergang vom spontanen Ausdruck eines solchen elementaren "Gestimmt-seins" zum artikulierten Sprechen vor sich gehen könnte. D. Evans schlägt eine Stufung für einen solchen Uebergang vor. Er unterscheidet vier Stufen von "feeling-refeeling behaviour", nämlich:
- Symptome: z.B. Das Erröten des Kindes, das der Lüge überführt wird.

---

(45) Dazu cf. Artikel "Foi" in:Xavier Léon-Dufour (Hg), Vocabulaire de Théologie Biblique, Paris 1966, Col 389 - 399

- Manifestationen: z.B. X ist erschöpft und zieht halb spontan halb absichtlich seine Füsse nach.
- Expressionen: z.B. X lächelt überlegen
- Informationen: z.B. "Ich fühle mich müde" als sprachliche Aeusserung.(46)

Aber diese Stufung, so informativ sie in gewisser Hinsicht sein mag, löst das schwierige Problem der sprachlichen Empfingungsäusserungen nicht, da gerade für den entscheidenden Uebergang von den "Expressionen" zu den "Informationen" keine Zwischenstufen angeboten werden.

Wenn man sich überlegt, aufgrund welcher sprachlicher Indizien man religiöse Rede als "expressiv" bezeichnen könne, dann sind zu nennen: die suprasegmentalen Charakteristika der Getragenheit und Feierlichkeit; das Vokabular mit den relativ häufig vorkommenden Affektwörtern (= Wörter, die einen Affekt andeuten) wie lieben, hoffen, fürchten, vertrauen; das semantische Charakteristikum der anthropomorphen Sprache; das syntaktisch-semantische Charakteristikum der Poetizität religiöser Rede.

e. Religiöse Rede als "konviktionale" Rede:

Dieser Aspekt religiöser Rede wurde am deutlichsten von Willem F. Zuurdeeg herausgearbeitet.[47] Für ihn ist der Grund dafür, dass ein Lebensengagement eingegangen wird (selbst-involvierender Charakter religiöser Rede) und überhaupt 'Glaube' zum Ausdruck gebracht wird und werden kann (Expressivität religiöser Rede), nicht einfach ein bestimmtes Gefühl (z.B. der Abhängigkeit) - das mag eventuell die Ursache dafür sein -, sondern ein Akt oder Prozess des Ueberzeugens bzw. Ueberzeugtworden-seins. Die Faktoren dieses Prozesses sind:

- der Zu-Ueberzeugende, der, sofern er voll Mensch sein will,

---

(46) aaO, S 94
(47) Willem F. Zuurdeeg, An Analytical Philosophy of Religion, London 1959

das nur als "homo convictus"[(48)] sein kann,
- der "Konviktor", der mit seiner moralischen Persönlichkeit auf den Zu-Ueberzeugenden einwirkt,
- die Zeugen mit ihrer menschlichen und moralischen Wirkung,
- die Güter (in einem sehr allgemeinen Sinn), die im Zusammenhang der Entscheidung auf dem Spiele stehen,
- die Aussichten, die aufgrund einer bestimmten Entscheidung sich eröffnen,
- die Bedrohungen und Nachteile, die aus einer Entscheidung sich ergeben oder ergeben könnten.

Religiöse Ueberzeugungen sind zu beschreiben als Resultat eines solchen Ueberzeugungsprozesses, in welchem es um die "Existenz als Ganzes" geht. Religiöse Rede formuliert solche letzten Ueberzeugungen.[(49)]

Hier soll nicht der ganze Beitrag von Zuurdeeg dargestellt, noch seine Position kritisiert werden. Durch das Einordnen in unsere Liste der Charakteristika wird die Einseitigkeit des Vorschlags automatisch etwas korrigiert. Sein positiver Beitrag liegt vor allem darin, dass er den oben genannten "metaphysischen" Charakter, den religiöse Systeme irgendwie doch haben, nicht zu eskamottieren versucht, sondern einbaut in eine - wenn auch fragmentarische - Theorie menschlicher Interaktionen. - Im übrigen kommt die "Konviktionalität" religiöser Rede auch zum Ausdruck in der Bestimmtheit, die im Tonfall religiöser Verkündigung sich anzeigt, und in der Wahl bestimmter Textformen wie Dogma oder Gerichtsspruch.

f. Religiöse Rede als "kommemorative" Rede:

Es ist auffällig, wie viele religiöse Texte die Form von Erzählungen haben oder auf Erzählungen anspielen. Erzählungen sind

---

(48) Zuurdeeg definiert den Menschen als "homo convictus" - man würde wohl besser sagen "animal convictum"
(49) Für eine detailliertere Auskunft cf. aaO, 1. Kapitel

in ihrer primitivsten und pragmatischsten (= lebensnächsten) Form sprachliche Fixierungen von Lebenserinnerungen. Das Gedächtnis wird in Form von Erzählungen aktualisiert, behauptet z.B. J. Piaget.[50] Durch das Gedächtnis und folglich durch Erinnerungen in Form von Erzählungen konstituiert sich die Einheit des Selbstbewusstseins über die Zeit hinweg, eines Selbstbewusstseins, das nach Lübbes These nur als "Bewusstsein in Geschichten"[51] verstanden werden kann. Ein solches Bewusstsein konstituiert sich nicht allein aus der Erinnerung von Selbsterfahrenem, sondern auch durch Geschichten von andern und durch ganze Geschichtentraditionen. Religiöse Erzählungen sind zumeist Nacherzählungen von Erzähltraditionen, oft angereichert und verwoben mit persönlichen Erfahrungen des Erzählers. Als Anfang und Ende, Heil und Unheil, Hoffnung und Verzweiflung, Rettung und Untergang umfassende Erzählungen sind sie geeignet, einen Rahmen abzugeben, innerhalb dessen Leben und Geschichte sich abspielen können. Aufs Ganze gesehen scheint religiös kommemorative Rede Einheit stiftende Rede zu sein. Bezüglich der fragmentarischen Erinnerung von Einzelnen, Gruppen und Gesellschaften ist sie als umfassende Rede, zugleich Zukunft eröffnende (eschatologische) Rede.[52]

Damit sei die Liste der Charakteristika religiöser Rede geschlossen. Das will nicht heissen, sie sei vollständig. Es wurden einfach mehr oder weniger allgemein anerkannte, spezifische

---

(50) cf. J. Piaget, Die Bildung des Zeitbegriffs beim Kinde, Zürich 1955, S 17, 347.
(51) H. Lübbe, ""Sprachspiele" und "Geschichten". Neopositivismus und Phänomenologie im Spätstadium," in: Bewusstsein in Geschichten, Freiburg i Br 1972.
(52) Hierzu cf. Joh.B. Metz, Artikel "Erinnerung" in: H. Krings, H.M. Baumgartner, Ch. Wild (Hg), Handbuch philosophischer Grundbegriffe, München 1973, B 1, S 386 - 396; ders. "Erlösung und Emanzipation", in: Stimmen der Zeit (98), 1973, S 171 - 184; ders., "Kleine Apologie des Erzählens", in: Concilium 1973, S 334 - 341; Harald Weinrich, "Narrative Theologie", in Concilium 1973, S 329 - 334.

Züge religiöser Rede zusammengetragen und nach halbwegs klaren
Kriterien geordnet. Mehr war an dieser Stelle der Untersuchung
nicht möglich. Die Frage, die hinter dieser Liste steht, war:
Woran erkennt man religiöse Rede? Und die Antwort, die bis jetzt
gegeben werden kann: Am Vorhandensein einer bestimmten Anzahl
dieser genannten Merkmale. Hingegen kann bis jetzt nicht sicher
gesagt werden, welche Merkmale oder Merkmalskombinationen notwendig, welche hinreichend sind, damit eine Aeusserung zu recht
als religiös taxiert wird. - Es wurde auch kaum nach einem eventuell gegebenen Implikationsverhältnis zwischen den verschiedenen Merkmalen gefragt. Für eine vollständige Beschreibung religiöser Rede müsste beides geschehen, ein gewaltiger empirischer
und analytischer Aufwand, der noch kaum in Ansätzen geleistet
ist. Für das Ziel dieser Arbeit, die ja der Frage nachgeht, wie
Kognitivität in religiöser Rede zu sehen sei, reicht es aus, wenn
religiöse Rede definiert wird als Rede, auf welche ein grosser
Teil der oben genannten Charakteristika zutrifft. Auch wenn diese
Definition sehr ungenau ist, so verhindert sie doch eine zu einseitige, zu enge oder gar gänzlich falsche Sicht religiösen Sprechens (was angesichts der vielen einseitigen Analysen schon nicht
wenig ist).

2. Abschnitt

Die primären kognitiven religiösen Aeusserungen

Die im obigen Abschnitt genannten Merkmale religiöser Rede
erlauben eine relativ genaue Umschreibung des Phänomenbereichs
"religiöse Rede". Aus dieser Menge von Aeusserungen lässt sich
eine Untermenge ausscheiden, die von den Vertretern von Religionen als "wahr" vorgestellt und auch entsprechend verteidigt wer-

den. In den Hochreligionen wurden solche Aeusserungen oft zu sogenannten Dogmen und/oder Glaubenssymbola zusammengefasst, welche die "Kernwahrheiten" der betreffenden Religion in prägnanter Form widergeben. So lautet z.B. eines der bekanntesten altjüdischen Glaubensbekenntnisse: "Da sprich feierlich zu dem Herrn Deinem Gott: Ein umherirrender Aramäer war mein Vater; der zog nach Aegypten und hielt sich dort als Fremdling mit wenig Leuten auf, aber er ward dort zu einem grossen, starken und zahlreichen Volk. Doch die Aegypter misshandelten uns; sie quälten uns und legten uns harten Frondienst auf. Wir schrien zum Herrn, dem Gott unserer Väter. Der Herr erhörte unser Rufen und sah unsere Qual, unsere Mühsal und Bedrängnis. Er brachte uns aus Aegypten mit starker Hand und ausgestrecktem Arm heraus, mit schauervoller Macht, mit Zeichen und Wundern. Er brachte uns an diese Stätte und gab uns dies Land, ein Land, das von Milch und Honig überfliesst. Nun bringe ich hier die Erstlingsfrüchte des Bodens, den Du, oh Herr, mir verliehen hast."[53]

Christliche Kernbekenntnisse sind etwa die ganz prägnante Formel: "Jesus Christus ist der Herr"[54] oder auch die Formel in der Einleitung zum Römerbrief:"Paulus,.. berufen zum Apostel, beauftragt mit der Verkündigung der Heilsbotschaft Gottes, die er durch seine Propheten in Heiligen Schriften hat vorausverkündigen lassen: (die Botschaft) von seinem Sohn, der nach seiner menschlichen Geburt aus Davids Geschlecht stammte, nach der Kraft des Heiligen Geistes aber in die Machtstellung des Sohnes Gottes eingesetzt ist, seit seiner Auferstehung von den Toten: = Jesus Christus unser Herr."[55] Solche anfängliche Formeln wurden im Verlauf der Geschichte weiter ausgebaut zum "apostolischen" und

---

(53) Dtn 25,5 - 10; cf. auch Dtn 6,20 - 24 oder Jos 24,2 - 13; für weitere Details siehe G. von Rad, Theologie des Alten Testaments, Bd I, München 1966, bes. S 135 - 140
(54) Phil 2,11
(55) Röm 1,1 - 4

später zum "nicaeno-konstantinopolitanischen" Glaubensbekenntnis.[56]

Das islamische Glaubensbekenntnis lautet: "Ich glaube an Allah und die Propheten und an seine Bücher und seine Engel und die Auferstehung nach dem Tode."[57]

Das buddhistische "Credo", wie H. Oldenburg es nennt, ist die Lehre von den vier heiligen Wahrheiten: vom Leiden, von der Entstehung des Leidens, von der Aufhebung des Leidens, vom Weg zur Aufhebung des Leidens, wie sie in der Rede von Benares festgehalten sind: "Dies, ihr Mönche, ist die heilige Wahrheit vom <u>Leiden:</u> Geburt ist Leiden, Alter ist Leiden, Krankheit ist Leiden, Tod ist Leiden, nicht erlangen, was man begehrt, ist Leiden; kurz die fünferlei Objekte des Ergreifens sind Leiden. - Dies, ihr Mönche, ist die Wahrheit von der <u>Entstehung des Leidens:</u> Es ist der Durst, der von der Wiedergeburt zur Wiedergeburt führt, samt Freude und Begier, der hier und dort eine Freude findet: Der Lüstedurst, der Werdedurst, der Vergänglichkeitsdurst. - Dies ihr Mönche, ist die heilige Wahrheit von der <u>Aufhebung des Leidens:</u> Die Aufhebung dieses Durstes durch gänzliche Vernichtung des Begehrens, ihn fahrenlassen, sich seiner entäussern, sich von ihm lösen, ihm keine Stätte gewähren. - Dies, ihr Mönche, ist die heilige Wahrheit von dem <u>Wege zur Aufhebung des Leidens:</u> Es ist dieser heilige, achtteilige Pfad, der da heisst: Rechtes Glauben, rechtes Entschliessen, rechtes Wort, rechte Tat, rechtes Leben, rechtes Streben, rechtes Gedenken, rechtes Sichversenken."[58]

---

(56) Für eine kurze Uebersicht siehe "Glaubensbekenntnis", in: Lexikon für Theologie und Kirche, Freiburg i Br 1960
(57) cf. A.J. Wensinck, The Muslim Creed. Its Genesis and Historical Development, Cambridge 1932.
(58) zit. nach Hermann Oldenburg, Buddha: Sein Leben, seine Lehre, seine Gemeinde, herausgegeben von H. von Glasenapp, München 1961, S 199 f. - Für eine gut lesbare Interpretation dieser zentralen Lehre des Buddhismus cf. André Bareau, "Die Erfahrung des Leidens und der menschlichen Lebensbedingungen im Buddhismus", in: Concilium (14) 1978, S 348 - 352; ebenfalls James W. Boyd, "Der Pfad der Befreiung vom Leid im Buddhismus", in: Concilium (14) 1978, S 352 - 358.

Auch in archaischen Religionen findet man Texte, die den Glaubensbekenntnissen der Hochreligionen irgendwie vergleichbar sind und erste Ansätze darstellen zu dem, was später ein "Credo" werden sollte. Es sind das vor allem die Erzählungen, die - im Zusammenhang mit den Initiationsriten - den Jünglingen (bzw. in matriarchalischen Kulturen den Mädchen) das geheime Wissen über den Vater und Herrn des Stammes und seine Vereinigung mit ihm mitteilen, ein Wissen, das einem "Uneingeweihten" zu vermitteln unter Todesstrafe verboten ist.[59]

Wenn man diese verschiedenen Glaubensbekenntnisse analysiert, wird man auf die Tatsache aufmerksam, dass die einzelnen

---

(59) Zur Illustration ein Beispiel aus: W. Schmidt, Der Ursprung der Gottesidee, Bd 1, Münster 1926 (2), S 128:
Initiation bei den Kurnai, einem archaischen Stamm in Australien:
"..Dann zeigt der Häuptling der Kurnai mit seinem Speerwerfer (= einem Instrument zum weiten und sichern Schleudern des Speeres) zum nächtlichen Sternenhimmel empor und ruft: "Schau dorthin, schau dorthin, schau dorthin!" Und nachdem den Jungen nochmals eingeschärft worden ist, dass sie nichts ihrer Mutter oder ihrer Schwester oder irgendeinem Uneingeweihten verraten dürfen, beginnt der Häuptling eindrucksvoll, ihnen die alten Ueberlieferungen über Mungan ngaua zu enthüllen: Vor alten Zeiten war ein grosses Wesen, genannt Mungan ngaua (= unser Vater), das auf Erden lebte und die Kurnai in allen Künsten und Fertigkeiten unterrichtete. Er hatte einen Sohn, Tundun, der sich verheiratete, und der Stammvater der Kurnai wurde. Mungan setzte die Einweihungszeremonien ein. Als jemand die Geheimnisse dieser Zeremonien den Frauen verriet, wurde Mungan zornig und sandte sein Feuer, die Morgenröte, die den ganzen Raum zwischen Himmel und Erde erfüllte. Die Menschen wurden wahnsinnig vor Furcht und spiessten sich gegenseitig auf, Männer ihre Kinder, Gatten ihre Frauen. Dann stürzte sich das Meer über das Land, und fast alle Menschen ertranken. Von den Uebriggebliebenen wurden einige die Vorfahren der Kurnai, andere wurden in Tiere verwandelt, auch Tundun und seine Frau. Mungan ngaua aber verliess die Erde und stieg zum Himmel empor, wo er noch wohnt, weshalb der Häuptling die Knaben nach oben weist." (zit. nach A. Anwander, Die Religionen der Menschheit, Freiburg i Br 1949 (2), S 309).

Sätze dieser "Kurzfassung des Glaubens" jeweils auf ganze Erzählungen und Erzählungskomplexe verweisen. Das altjüdische Bekenntnis spielt auf die Patriarchengeschichte und den "Exodus" an. Das neutestamentliche "Credo" wird nur verständlich, wenn man die Berichte von Jesu Wirken und Sterben, einige persönliche Erfahrungsberichte von Jüngern und die Deutung seiner Person im Licht der alttestamentlichen Erzählungen beizieht. Ganz analog verhält es sich mit dem Glaubensbekenntnis des Islam:Wer ist Allah, wer seine Propheten und Engel? Nur über Erzählungen, in welchen diese Figuren eine Rolle spielen, wird man mit ihnen vertraut. - Ziemlich verschieden von den vorausgegangenen Formen des Glaubensbekenntnisses ist das buddhistische "Credo". Es formuliert relativ allgemeine, mehr oder weniger plausible Wahrheiten über den Menschen, die zunächst nichts mit Erzählungen zu tun haben. Frägt man aber nach dem Anfang dieses Bekenntnisses, stösst man wieder auf Erzählungen, nämlich die Erzählungen von Buddha, besonders auf den Bericht über die Erleuchtung unter dem "Baum der Erkenntnis" am Ufer des Flusses Neranjarâ[60] und auf die vielen Erzählungen über hunderte von vergangenen Existenzen, in welchen Buddha all den Vollkommenheiten nachgetrachtet hat, die ihn der Buddhawürde näherführten, und in denen er in zahlosen Handlungen von grösster Willensstärke und Entsagung ein Vorbild für seine Gläubigen geschaffen hat.[61]

Aus diesen Beobachtungen folgt ziemlich eindeutig, dass der kognitive Gehalt von religiöser Aeusserung primär über eine Analyse der relevanten und die Religionen (bzw. Religion überhaupt) begründenden Erzählungen zu bestimmen ist. Da es in dieser Arbeit nicht in erster Linie um eine ganz bestimmte Religion und den spezifischen Gehalt ihrer Aussagen geht, sondern um allgemeinste re-

---
(60) cf. H. Oldenburg, aaO, S 108 f.
(61) cf. H. Oldenburg, aaO, S 268

ligiöse Gehalte, wird sich die Analyse besonders auf den Gehalt oder die "Bedeutung" der für Religion wesentlichen Erzählformen beschränken. - Aufgrund phänomenologischer Daten dürfte es sich besonders um religiöse Erfahrungsberichte, fiktionale Berichte (wie Gleichnis, Allegorie), um Legenden, Sagen, Mythen und religiöse Verheissung handeln.[62]

Bevor aber in die eigentliche Analyse eingetreten wird, sind zwei allgemeine Fragen zu klären. 1. Was heisst es, einen Text zu erzeugen? 2. Was bedeutet es, ganz allgemein, einen narrativen Text zu erzeugen? - Diesen beiden Fragen sind die zwei folgenden Kapitel gewidmet.

---

[62] cf. F. Heiler, Erscheinungsformen und Wesen der Religion, Stuttgart 1961, S 275 - 300.

V. Kapitel

Modellskizze eines Textgenerierungsprozesses

1. Abschnitt

Von der Satz- zur Textlinguistik und Texttheorie

Die Linguistik und mit ihr auch die sprachanalytische Philosophie gingen bis vor kurzem von der Annahme aus, dass die eigentlich bedeutungstragende sprachliche Einheit der Satz sei. Durch Segmentierung des Satzes versuchte man die kleineren sprachlichen Einheiten zu gewinnen, als Verknüpfung von Sätzen meinte man grössere Texte genügend analysiert und erklärt zu haben. Diese Annahme ist in den letzten Jahren mehr und mehr angezweifelt und in Frage gestellt worden. Gründe für diese Entwicklung sind u.a.:
- die sprachphänomenologische Feststellung, dass in der Kommunikation Sprache nicht in isolierten Bestandteilen (auch nicht einzelnen Sätzen) angetroffen wird, sondern in Form grösserer Komplexe, die meistens mehrere Sätze (wenn auch oft elliptische) umfassen.[1]
- die syntaktisch-semantische Feststellung, dass sich in einzelnen Sätzen oft Lexeme (für unsern Zusammenhang identisch mit 'Wörter') finden, die explizit oder implizit über den betreffenden Satz hinausweisen und durch Rück- oder Vorverweisung die Kohärenz des Textes konstituieren und garantieren. In der Linguistik

---

(1) cf. Peter Hartmann, "Texte als linguistisches Objekt," in: W.D.Stempel (Hg), Beiträge zur Textlinguistik, München 1971, S 17

ist dieses Phänomen unter recht verschiedenen Titeln beschrieben worden: Anaphora - Kataphora; Substituens - Substituendum; Thema - Rhema. Im Text wird dieser Sachverhalt signalisiert besonders durch den bestimmten bzw. unbestimmten Artikel und durch demonstrative bzw. relative Pro-Formen.[2]
- durch die sprachpragmatische Feststellung, dass z.B. die Ambiguität einer Aeusserung meist nur im Zusammenhang konkreter kommunikativer Akte und grösserer Texte aufgelöst werden kann, oder dass die Akzeptabilität (Grammatikalität) eines geäusserten Textes ebenfalls nur als "Kontextphänomen" und oft sogar nur unter Berücksichtigung der Kommunikationssituation bestimmt werden kann.[3]

Aufgrund solcher und ähnlicher Beobachtungen und daraus resultierender Probleme, ist man mehr und mehr vom Satz als Grundeinheit der Analyse abgekommen und hat den "Text" in die Mitte sprachanalytischer Bemühungen gerückt. Programmatisch formuliert P. Hartmann: "Der Text, verstanden als die grundsätzliche Möglichkeit des Vorkommens von Sprache in manifester Erscheinungsform, und folglich jeweils ein bestimmter Text als manifestierte Einzelerscheinung funktionsfähiger Sprache bildet das originäre sprachliche Zeichen. Dabei kann die materiale Komponente von jedem sprachmöglichen Zeichenträgermaterial gebildet werden."[4]

Also, für die Textlinguistik ist der Text Ausgangsgrösse der Analyse. Er ist definiert als sprachliches Makrozeichen, das

---

(2) Zu diesen Fragen siehe: H.F. Plett, Textwissenschaft und Textanalyse. Semiotik, Linguistik, Rhetorik, Heidelberg 1975, bes. S 53 - 70; ebenfalls W. Kallmeyer/W. Klein/R. Meyer-Hermann/K. Netzer/H.J. Siebert (Hg), Lektürekolleg zur Textlinguistik, Bd 1: Einführung, Frankfurt a M 1974, S 177 - 252.
(3) cf. S.J. Schmidt, Texttheorie, München 1973, S 28
(4) P. Hartmann, aaO, S 10

mindestens zwei 'Sprachzeichen' umfasst: eines, das eine beliebig lange Aeusserung repräsentiert, und eines, das die Einordnung der Aeusserung in einen sprachlichen und/oder aussersprachlichen Kontext beschreibt oder wenigstens signalisiert. Ohne diese beiden Komponenten kann eine eindeutige, akzeptierbare Mitteilung nicht zustande kommen.(5) Zwar sind Ein-Satz-Texte oder gar Ein-Wort-Texte möglich. Doch sind solche Texte als elliptisch zu betrachten und müssen für eine vollständige Analyse entsprechend ergänzt werden - eine Operation, die der Hörer automatisch vollzieht, wenn er einen entsprechenden Text verstehen will.

Aus dem Makrozeichen "Text" werden durch Segmentieren und Klassifizieren auf verschiedenen Ebenen, die kleineren Einheiten der Sprache gewonnen: Satz, Lexem, Phonem. Nach einer anregenden, plausiblen These von Ursula Oomen kann man Texte als Systeme im systemtheoretischen Sinn auffassen mit den definierenden Eigenschaften: "Ganzheit", "Zielgerichtetheit", "Interdependenz der Elemente".(6) Das führt zur Konsequenz, dass die Analyse eines Textes in isolierte Zeichenelemente nur mit dem Blick auf deren Funktion in einem Textganzen erfolgen kann und darf.(7)

Die Textlinguistik will beschreiben und erklären, was Texte eigentlich zu Texten macht: ihre "Textualität". Beschrieben wird dabei ein abstrakter Gegenstand, ein "Potentialtext",(8) der

---

(5) Für eine weitere Entfaltung dieses Punktes cf. U. Maas/D. Wunderlich, Pragmatik und sprachliches Handeln, Frankfurt a M 1972, bes S 122 f.
(6) "Systemtheorie der Texte", in: W. Kallmeyer et al., Lektürekolleg zur Textlinguistik, Bd 2: Reader, Frankfurt a M 1974, S 48 - 70. - Dass dieser Vorschlag die Texte stark idealisiert, dürfte klar sein. Diese Idealisierung hat auch zur Folge, dass für Fragen der Pragmatik in diesem Ansatz kein Platz bleibt.
(7) Das ist mit ein Grund, warum es nicht ausreichen kann, wenn man religiöse Rede als "Rede von Gott" bestimmen will, ohne die ursprüngliche Textform (und Redesituation) anzugeben, in welcher dieses Wort zunächst eingeführt wird.
(8) P. Hartmann, "Zum Begriff des sprachlichen Zeichens", in: Zeitschrift für Phonetik, Sprachwissenschaft und Kommunikationsforschung, 21 (1968), S 205 - 222

in einzelnen, konkreten Texten als realisiert gedacht wird, gleichsam als deren Strukturmuster. - Das hier Angedeutete wird im weitern Verlauf des Kapitels noch etwas deutlicher werden.

Unzufrieden mit der Restriktion der Textlinguistik, die sich vor allem auf die Beschreibung von Texten als komplexen Systemen - unter Ausblendung pragmatischer Fragen - beschränkt, schlagen S.J. Schmidt u.a. vor, Textlinguistik als "<u>soziologisch erweiterte Kommunikationstheorie</u>"(9) zu begreifen. Somit hätte diese erweiterte Textlinguistik, nun "Texttheorie" genannt, die <u>Aufgabe</u>, "<u>die Voraussetzungen und Bedingungen der menschlichen Kommunikation, sowie deren Organisation zu beschreiben</u>".(10) Man mag Bedenken haben, Linguistik unter einem so umfassenden Aspekt zu betreiben, weil sie sich ins Uferlose verlieren könnte. Auf der andern Seite gibt es Fragen, die nur unter einem solchen Blickwinkel einigermassen adäquat behandelt werden können. M.E. sind auch die Fragen der Semantik religiöser Rede nur im Rahmen einer Texttheorie darstellbar. Ein Blick auf die im vorigen Kapitel angeführten Charakteristika religiöser Rede macht das deutlich.

Man geht übrigens kaum fehl, wenn man diesen texttheoretischen Forschungsansatz als Aufnahme und Fortführung von Wittgensteins Vorschlag betrachtet, Sprache im Zusammenhang eines "Sprachspiels" und einer "Lebensform" zu sehen. - Wir werden deshalb im weitern Verlauf der Arbeit verschiedentlich auf Modellvorstellungen und Forschungsergebnisse der Textlinguistik als Texttheorie zurückgreifen, wenn es darum geht, uns an einem Modell zur Sprachbeschreibung zu orientieren.

---

(9) Texttheorie, aaO, S 9; cf. neulich auch E. Güttgemanns, Einführung in die Linguistik für Textwissenschaftler, Bonn 1978
(10) W. Kallmeyer et al., aaO, Bd 1, S 25

Reden als partnerbezogenes kommunikatives Handeln

Wenn man davon ausgeht, dass Sprache in der Kommunikationssituation ihren ursprünglichen Ort hat (was nicht gleichbedeutend ist mit der These, dass Sprache nur der kognitiven Informationsvermittlung diene), dann lässt sich in groben Zügen auch schon angeben, welche Faktoren bei der Sprachbeschreibung besonders zu beachten sind:

- Insofern Kommunikation p a r t n e r bezogenes Handeln ist, wird eine Sprachbeschreibung die Partner, also Sprecher und Hörer und ihr gegenseitiges Verhältnis (z.B. Auswahl des Hörers durch den Sprecher; Sicheinlassen bzw. Sich-nicht-Einlassen des Hörers auf das Gespräch...) beachten müssen.
- Insofern es um ein menschliches H a n d e l n geht, ist auf die Zielgerichtetheit dieses Verhaltens zu achten: der Sprecher will mit seiner Aeusserung beim Hörer ein Ziel erreichen, event. eine "Anschlusshandlung" hervorrufen; der Hörer will auf irgend eine Art reagieren - wenigstens verstehen, sonst lässt er sich nicht auf das Gespräch ein.
- Insofern es um K o m m u n i k a t i o n geht, ist dieses zwischenmenschliche Handeln charakterisiert durch die Verwendung von bedeutungsvollen Zeichen und/oder Symbolen, in unserem Zusammenhang vor allem durch die Verwendung von sprachlichen Zeichen, und d.h. von "Texten".

Dieser ganze Prozess einer Kommunikationshandlung steht des weitern in einem grösseren Rahmen, der mit den Stichworten Geschichte, Raum und Zeit angedeutet werden kann. Etwas konkreter ausgedrückt heisst das: Jeder der kommunizierenden Partner hat ein "Wirklichkeitsmodell" ("Weltbild"), kennt bestimmte Handlungsformen und Handlungsregeln und weiss teilweise auch um den "symbolischen" Wert solcher Verhaltens- bzw. Handlungsmuster. Kurz:

er kennt, was S.J. Schmidt die "Handlungsgrammatik" nennt.[11]
Er kommuniziert auch zu einem bestimmten Zeitpunkt seiner eigenen
Lebensgeschichte und der Geschichte seiner gesellschaftlichen Umgebung, ebenfalls an einem bestimmten Ort und in einer bestimmten
Situation.[12] - Zugegeben, es sind das alles sehr allgemeine
Feststellungen, aber sie müssen in Erinnerung gerufen werden,
wenn eine verengte Sicht der Sprache korrigiert werden soll. -
Die Funktion dieser Rahmenbemerkungen wird übrigens deutlicher
werden, wenn wir an die Beschreibung religiöser Texte gehen werden.

2. Abschnitt:

Ein generatives Textmodell

Neben einer integralen Sicht des Phänomens Sprache/Sprechen bietet die Textlinguistik/Texttheorie auch neue Beschreibungsmodelle für Texte. Zu den bekanntesten Modellen dieser Art gehören
das Modell, das unter dem Namen "Generative Poetik" bekannt gewor-

---

(11) Texttheorie, aaO, S 148 f
(12) cf. zum Ganzen E. Güttgemanns, aaO, S 3 - 60. -
Wenn man die Begriffe der traditionellen Sprachbeschreigung
(Syntax, Semantik, Pragmatik) hier einbringen will, könnte
man die Bereichzuteilung forgendermassen vornehmen:
- Die Syntax betrachtet in erster Linie die Texte für sich
  als potentielle Bedeutungsträger; sie sucht nach Regeln,
  welche die Verkettung der Textkonstituenten leiten.
- Die Semantik untersucht Fragen der Bedeutungskonstitution
  von Texten: z.B. wie wirken sich bestimmte syntaktische
  Verkettungen aus verglichen mit andern Syntagmen; wie
  kommen Referenzanweisungen zustande; was lässt sich aus
  einem Textsortenvergleich bezüglich der "Bedeutung" einer
  Textsorte ausmachen usw.
- Die Pragmatik endlich versucht Regeln zu formulieren,
  welche bestimmen, unter welchen Umständen, in welcher Rolle, mit welchen Syntagmen und illokutiven Akten ein Sprecher einem Hörer seine Intention am adäquatesten kundtun
  kann.

den ist,(13) wie auch das Modell von S.J. Schmidt, das er unter dem Titel "Texttheorie"(14) vorgestellt hat. Beide Modelle sind einander nahe verwandt: die kleinen Unterschiede, die zwischen den Modellen bestehen, sind hier nicht von Belang.

Beide genannten Modelle leben in ihrer Grundkonzeption von den theoretischen Vorstellungen Noam Chomskys und der von ihm begründeten "generativen Transformationsgrammatik". Damit das Folgende verständlich bleibt, müssen einige wesentliche Thesen der generativen Transformationsgrammatik hier genannt werden.

Angeregt wurde diese Sprachtheorie durch die Beobachtung, dass der Mensch fähig ist, eine unbegrenzte Menge verschiedenartiger sprachlicher Aeusserungen zu erzeugen und andererseits auch zu verstehen. Will man dieses Phänomen erklären, reicht es nicht aus, einfach aufgrund der schon in einer Sprache gemachten Aeusserungen, bestimmte Regelmässigkeiten zu identifizieren und daraus Sprachregeln abzuleiten. Denn es steht zu erwarten, dass neue Aeusserungen gemacht werden, die nicht mit den bisherigen Generalisierungen konform gehen, die aber als grammatisch korrekt akzeptiert werden. Das würde bedeuten, dass laufend neue Regeln formuliert werden müssten und folglich keine Wissenschaft möglich wäre, die den aktuellen Sprachgebrauch erklärte, höchstens den vergangenen. - Demgegenüber schlägt nun Chomsky vor, zwischen zwei Bereichen der linguistischen Forschung zu unterscheiden, dem Bereich der sprachlichen Realisation oder Sprechakte, den er "sprachliche Performanz" nennt, und dem Bereich der intuitiven Sprachfähigkeit des idealen Sprechers/(Hörers), des "native speaker" einer Sprache, den er "Sprachkompetenz" nennt. Diese Kompe-

---

(13) Zum ersten Mal thesenartig vorgestellt von Erhardt Güttgemanns, "Thesen zu einer "Generativen Poetik" des Neuen Testaments," in: LB, Nr 1 (1970) S 2 - 8; seither ist dieses Modell von E. Güttgemanns beachtlich verfeinert und ausgebaut worden. Viele seiner Arbeiten sind in den letzten Jahren in LB erschienen.
(14) Texttheorie, aaO, bes. S 144 - 165; ders. "Skizzen zu einer Texttheorie," in: W. Kallmeyer et al., aaO, Bd 2: S 30 - 46.

tenz ist zu sehen als ein Regelsystem, das der Sprecher teilweise gelernt hat, das ihm teilweise angeboren ist(?), und das ihn befähigt, "neue Sätze zu verstehen und in einer geeigneten Situation zu produzieren",(15) oft "internalisierte Grammatik" genannt. Für eine solche Grammatik ist charakteristisch, dass sie aufgrund beschränkter und teilweise auch defekter Daten erworben wurde und in ihren empirischen Konsequenzen weit über diese Daten hinausgeht,(16) nicht nur quantitativ, sondern vor allem qualitativ: es werden wirklich neue Aeusserungen generiert.

Um seine Grammatik adäquat formulieren zu können, führt Chomsky aufseiten des Textes bzw. der Aeusserungen eine weitere Unterscheidung ein: die zwischen "Oberflächenstruktur" und "Tiefenstruktur". Während die Oberflächenstruktur die "Organisation in Kategorien und Phrasen (ist), die direkt mit dem physikalischen Signal assoziiert werden", stellt die Tiefenstruktur ein System von "Phrasen und Kategorien von abstrakterem Charakter" dar.(17) Der Grund für diese Unterscheidung liegt - etwas allgemein gesagt - in der Feststellung, "dass die Oberflächenstruktur selbst meistens nur sehr wenige Hinweise auf die Bedeutung eines Satzes gibt."(18) So kann z.B. die Oberflächenstruktur von "Ich missbillige John's Trinken" nicht darüber Auskunft geben, ob die Missbilligung die Tatsache des Trinkens (dass John trinkt), oder die Art und Weise des Trinkens (wie er trinkt) betrifft. Die Kenntnis einer Sprache impliziert nach Chomsky die Fähigkeit, "einer unendlichen Anzahl von Sätzen Tiefen- und Oberflächenstrukturen zuzuordnen, diese Strukturen auf angemessene Art in Beziehung zu setzen und den gekoppelten Tiefen- und Oberflächenstrukturen eine semantische Interpretation und eine phonetische Interpretation zuzuordnen."(19) Dabei ist es die Oberflächenstruktur,

---

(15) Noam Chomsky, Sprache und Geist, Frankfurt a M 1972, S 48
(16) aaO, S 50
(17) aaO, S 52
(18) aaO, S 56
(19) aaO, S 54

welche die phonetische Interpretation determiniert, während die Tiefenstruktur vor allem für die semantische Interpretation eine Rolle spielt;[20] die Elemente der Tiefenstruktur werden als durch semantische Merkmalsbündel (Seme) charakterisiert betrachtet.

Die Grammatik, welche die Sprachkompetenz des idealen Sprechers beschreiben soll, ist zu denken als geordnete Menge von Regeln, die rekursiv angewandt werden können und so eine unendliche Klasse von Tiefenstrukturen zu erzeugen erlauben. Aus den Tiefenstrukturen werden, durch eine geordnete Menge von andersgearteten, ebenfalls iterierbaren Regeln, sogenannten Transformationsregeln, die Oberflächenstrukturen abgeleitet.[21]

Aus diesen Modellvorstellungen der generativen Transformationsgrammatik hat die "generative Poetik"/"Texttheorie" wichtige Punkte übernommen: so die Idee der "Generierung" von Texten aufgrund einer "Textkompetenz"; ferner die Idee der "Filterfunktion" der Regeln auf den hierarchisch höheren Analyseebenen; endlich auch die Unterscheidung zwischen "Tiefen- und Oberflächenstruktur" des Textes. - Nach Jiri Levỳ ist das Ziel einer "generativen Poetik": "ein ästhetisches Konstrukt (ein Text poetischer Art E.B.) so in seine Bestandteile und Kombinationsregeln zu entschlüsseln, dass es möglich wird, es durch Anwenden dieser Regeln auf das Inventar der Bestandteile zu rekonstruieren, zu erzeugen."[22]

Die "generative Poetik", wie sie E. Güttgemanns und S.J. Schmidt verstehen, geht noch über das hinaus, was J. Levỳ meint. Letzterer scheint nur nach Regelsystemen zu suchen, welche auf die Re-Generierung von schon existierenden Texten abzielen mit

---

(20) cf. Roderick A. Jakobs und Peter S. Rosenbaum, Transformation, Stil und Bedeutung, Frankfurt a M 1973, bes. S 21 - 28
(21) cf. Noam Chomsky, Aspekte der Syntaxtheorie, Frankfurt a M 1970, S 29 ff; ders. Sprache und Geist, aaO, S 56.
(22) "Generative Poetik" in: H. Blumensath (Hg), Strukturalismus in der Literaturwissenschaft, Köln 1972, S 113.

dem Ziel eines besseren Verständnisses dieser Text, während Güttgemanns/Schmidt Modelle der Texterzeugung in einem eigentlichen Sinn zu konstruieren sich bemühen. Ihr Theorievorschlag enthält die folgenden zentralen Gedanken:

1. Der Ausganspunkt der Analyse ist, wie schon angedeutet, der Text, und zwar nicht als abstraktes linguistisches Konstrukt, sondern als "Text in kommunikativer Funktion" bzw. als "kommunikatives Handeln".(23)

2. Es wird vorausgesetzt, dass die einzelnen Textvorkommen sich als Manifestationen von Textmustern verstehen lassen, und dass man sie demnach nach Textgattungen und Textsorten, die je ihre eigene semantisch-pragmatische Valenz hätten, klassifizieren könne.(24)

3. Weiter wird vorausgesetzt, dass die verschiedenen Textgattungen und -Sorten nach bestimmten, für einzelne Gattungen/Sorten spezifische Regeln erzeugt werden. Es ist die Aufgabe einer "generativen Poetik", den "innern Funktionsmechanismus bestimmter Textsorten... d.h. eine Grammatik der Textsorten zu entdecken."(25) Anders ausgedrückt: es geht darum die Textkompetenz zu beschreiben, welche die untersuchten Texte als Sorten und Gattungen erklärt und zugleich auch erklärt, wie neue Texte als zu einer bestimmten Gattung/Sorte gehörig taxiert werden. Diese Textkompetenz hätte auf der andern Seite auch zu erklären, wie Paraphrasen eines bestimmten Textes möglich und unter welchen Bedingungen akzeptierbar sind - ein Fragenkomplex, den man wohl

---

(23) cf. E. Güttgemanns, LB 1, S 1 - 8; ders. in : LB 4/5, S 31 ff; ders. in: LB 13/14, S 2 - 18; ebenfalls S.J. Schmidt, Skizzen... aaO, S 32

(24) cf. zu diesem Punkt auch E.Gülich/W. Raible, "Textsorten-Probleme", in: Linguistische Probleme der Textanalyse, Jahrbuch 1973, Düsseldorf 1975, bes. S 145 - 160, die allerdings kein generatives Modell der Textproduktion voraussetzen sondern eher Textoberflächenbeschreibung betreiben.

(25) Im Diskussionsbeitrag im Anschluss an den Vortrag von P. Hartmann, Religiöse Texte... aaO, S 132

sieht, wo aber nur schwer Antworten zu finden sind. - Bei der Beschreibung der Textkompetenz sind sowohl sprachliche, wie aussersprachliche Faktoren zu berücksichtigen.
4. Die generative Transformationsgrammatik, welche vor allem die "Satz-Kompetenz" beschreibt, wird in dieses Programm integriert als Teil einer "Text-Sorten-Grammatik".[26]
5. Den Prozess der Textkonstitution oder Textgenerierung hat man sich dann folgendermassen vorzustellen: In einer Kommunikationssituation, die - wie oben dargestellt - charakterisiert ist durch die Faktoren "Sprecher", "Hörer", "Intention", "Reaktion", "Wirklichkeitsmodell", "zeitlich-räumliche Situation", "Geschichte", ein zur Verfügung stehendes System sprachlicher Art (Kenntnis von Lexikon und Grammatik; Wissen um Regeln für das Glücken von Sprechakten und Textsorten) versucht ein Sprecher bei einem Hörer durch die Aeusserung eines "Textes" eine bestimmte Wirkung zu erreichen. Diese Wirkungsabsicht wird sprachlich entfaltet durch die Wahl einer bestimmten Redeweise, einer entsprechenden Textgattung, einer passenden Textsorte und bestimmter illokutiver Interaktionsformen, wie Befehl, Behauptung, Frage, Versprechen, Vertrag..., und mittels Sachverhaltsaussagen, welche die Mitteilungsabsicht, dem kognitiven Inhalt nach, symbolisch darstellen. Dabei wird die Wirkungsabsicht die Mitteilungsabsicht in der Regel dominieren und steuern, denn die Mitteilungsabsicht ist nur eine Komponente der gesamten Wirkungsabsicht. - Die Konstitution und Realisierung der Wirkungs- und Mitteilungsabsicht kann man unter diesen Voraussetzungen wie folgt rekonstruieren:
(1) Auf einer Texttiefenstrukturebene lässt sich die Mitteilungsabsicht repräsentieren als eine logisch verknüpfte Folge von thematischen Merkmalen. Da die Mitteilungsabsicht nicht ohne Wirkungsabsicht gedacht werden kann, sind auf dieser Ebene

---
(26) P. Hartmann, Religiöse Texte... aaO, S 112

bereits auch Vorentscheidungen zu repräsentieren, welche
das "illokutive Potential" im weiten Sinne betreffen; also
es sind auf dieser Ebene bereits Vorentscheidungen zu repräsentieren bezüglich
a) des Diskurstypus, der für die konkrete Aeusserung dann zu
wählen sein wird. Gedacht ist an die in einer Kommunikationsgemeinschaft üblichen Diskursweisen, wie wissenschaftliche Rede, literarische Rede, pragmatische Rede.[27]
b) des Redetypus, der die Partnertaktik betrifft: wird die
Mitteilung in Monolog- oder Dialog-Form stattfinden?
c) des Texttypus: wird die Aeusserung berichtenden, argu-
mentativen, ritualisierten Charakter haben?
d) einzelner zentraler Satztypen, wie Behauptung, Frage, Befehl: Wenn z.B. eine wissenschaftliche Darlegung intendiert
ist, wird die Behauptung eine dominierende Rolle spielen;
diese Vorentscheidung ist wahrscheinlich schon auf dieser
Tiefenebene zu repräsentieren.
Für die weitere Texterzeugung dient eine solche Texttiefenstruktur als "Steuerungs- bzw. Selektions- und Kombinations-
programm". Hypothetisch kann man sich den weitern Verlauf der
Textkonstitution etwa so vorstellen:

(2) Die Texttiefenstruktur wird entfaltet in einer Folge zusammenhängender "Satzbegriffe". Das sind ebenfalls theoretische Konstrukte (wie die Repräsentationen der Tiefenstrukturebene),
darstellbar als Prädikatfunktionen, deren Argumente semantisch
durch Angabe geordneter Merkmalsbündel interpretiert sind.
Aber diese Merkmalsbündel geben noch nicht die Bedeutung in
der Verwendung des Textes an, sondern eine Art Bedeutungspo-
tential, die system-immanente Bedeutung, oder wie Schmidt es
nennt, "die kanonische Instruktion".

---

(27) Für eine Definition von "Diskurstypus" siehe S.J. Schmidt,
    Texttheorie, aao, S 126

(3) In einem nächsten Schritt werden diese "Satzbegriffe näher bestimmt, indem die Merkmalsbündel der verschiedenen Satzbegriffe aufeinander abgestimmt (Monosemierung), die Modalitäten wie Assertion, Negation, Quantifikation festgelegt, die Temporalauszeichnungen eingeführt und die Partnerorientierung vollzogen werden.

(4) Der Schritt zum "Phänotext" oder "Textformular" ist dann getan, wenn an die Stelle der Merkmalsbündel Lexeme (Wörter) getreten sind (ausgewählt aus den Paradigmen, welche durch diese jeweiligen "Bündel" definiert sind), und die Anordnung der Lexeme nach syntaktischen Regeln vollzogen ist.

(5) Ein Phänotext, stilistisch von der Wirkungsabsicht her noch etwas arrangiert, wird, unter Einbeziehung suprasegmentaler Faktoren (Tonfall, Akzent, Gestik), als Textäusserung in einer bestimmten Situation realisiert.[28]

Nun einige zusätzliche Bemerkungen zu dem eben skizzierten Texterzeugungsmodell:

- Einmal handelt es sich bei diesem Modell um eine rationale Rekonstruktion für die texttheoretische Diskussion. Es wird damit nicht der Anspruch verbunden, auch der psychologischen Textkonstitution gerecht werden zu wollen, denn dazu liegen noch zuwenige Daten vor.[29]

- Ferner ist dieses Modell - nach den Worten Schmidts - "ein elementares Orientierungsmodell im Sinn einer im strengen Sinne vorwissenschaftlichen spekulativen Arbeitshypothese über die generellen Ebenen und die Schritte der Erzeugung beliebiger Texte".[30]

---

(28) Dieses Modell einer Texterzeugung orientiert sich ziemlich stark an S.J. Schmidt und seinem Modell, das er in "Skizzen zu einer Texttheorie", aaO und "Texttheorie", aaO, S 161 - 165 vorgelegt hat.
(29) S.J. Schmidt, Skizzen, aaO, S 39
(30) aaO, S 38

Begründet wird diese Wahl eines generativen Modells einerseits durch die relative Fruchtbarkeit des generativen Modells im Falle der Satzgrammatik, anderseits durch eine ganze Reihe von psycholinguistischen Argumenten.[31]

- Drittens: Das Modell sieht die Generation eines Textes als einen fortlaufenden Entscheidungsprozess über verschiedene Ebenen. Diese verschiedenen Analyseebenen wirken dabei wie Filter, welche die Anschluss- bzw. Wirkungsmöglichkeiten von Elementen und Verfahren reduzieren und präzisieren, indem nur diejenigen Valenzen aktiviert werden, die sich im jeweils reicheren Verband der höheren Ebene aneinander anschliessen lassen.[32] - Gesteuert wird die jeweilige Selektion von Elementen und Verfahren aus dem Textelement- und Textbildungsrepertoire durch die komplexe Voraussetzungssituation und die Kommunikationssituation.
- Viertens: Dieses Texterzeugunsmodell ist "textsorten-neutral". Einzelne Textsorten können als spezifizierte Realisierungen der im Modell postulierten Prinzipien, Regeln und Verfahren charak-

---

(31) 1. Es scheint ziemlich sicher zu sein, dass Bedeutung und Form einer Aeusserung unabhängig voneinander gespeichert werden, und dass die Bedeutung länger im Gedächtnis haften bleibt als die sie ausdrückende Oberflächenstruktur. Die Bedeutung wird in einer "Tiefenstrukturform" gespeichert, die bedeutend einfacher ist als die entsprechende Oberflächenstruktur.
2. Formelemente, die nicht bedeutungsrelevant sind, werden schneller vergessen.
3. Der Sprachbenützer besitzt nicht nur die Fähigkeit, Texte zu generieren und zu verstehen und zu erinnern; er kann auch andere Aufgaben erfüllen, die allein mit der Annahme einer Oberflächenstruktur nicht zu erklären sind, wie
   - Texte paraphrasieren oder mit einigen Worten zusammenfassen,
   - Texte von beachtlicher Länge verarbeiten,
   - Synonymität oder Aehnlichkeit von Texten feststellen..
4. Ein weiteres, ebenfalls für eine thematische Tiefenstruktur zeugendes Moment ist das Phänomen des "Ringens um den passenden Ausdruck".
Zu diesen Fragen cf. Dan J. Slobin, Einführung in die Psycholinguistik, Kronberg - Taunus 1974, bes S 34 - 41
(32) cf. S.J. Schmidt, ""Text" und "Geschichte" als Fundierungskategorien", in: Wolf-Dieter Stempel (Hg)', Beiträge zur Textlinguistik, aaO, S 48

terisiert werden. Einzelne Texte sind dann individuelle Realisierungen von Textsorten.

- Fünftens: Das hier vorgestellte Texterzeugungsmodell wirkt in einem doppelten Sinn abstrakt: Einmal wurde es entwickelt, ohne dass die einzelnen Schritte jeweils mit Beispielen anschaulich gemacht wurden. Das geschah lediglich der Kürze halber.[33] Teilweise wird dieser Mangel wieder wettgemacht, wenn wir uns für die Darstellung der religiösen Rede an dieses Modell halten werden. - Abstrakt wirkt dieser Abschnitt ebenfalls, weil die ganze Theorie der Texterzeugung noch weithin ein Postulat ist. Die sehr komplexen Zusammenhänge zwischen den textexternen Motivationen und den textinternen Selektionen und Kombinationen sind noch wenig durchschaut, obwohl das Modell wesentlich mit diesen Korrelationen arbeiten muss.[34]

Angesichts dieser eben genannten Schwierigkeiten wird mancher sich fragen, ob es denn überhaupt einen Sinn hätte, ein so unfertiges Modell als Basis für eine zu skizzierende Theorie religiöser Rede zu wählen.
Darauf sei folgende Antwort gegeben: Wer Sprachanalyse betreibt und Texte auf ihren Aussagewert hin untersucht, hat <u>immer irgend eine Vorstellung</u> von Sprache, Rede und Text. <u>Nur</u> wird diese Hintergrundtheorie <u>nicht immer ausdrücklich genannt</u> und erläutert. <u>Werden die Voraussetzungen aber formuliert, dann lässt sich sehr bald feststellen, dass sie nicht begründeter sind als das Modell, auf welches wir uns beziehen.</u> Im Gegenteil, sehr oft werden gerade die Probleme nicht berücksichtigt, deretwegen das Texterzeugungsmodell geschaffen wurde, wie etwa Probleme der Bestimmung

---

(33) Für den interessierten Leser sei verwiesen auf die schon ziemlich umfangreich gewordene Literatur zur generativen Texterzeugung, besonders auf Güttgemanns und Schmidt, die beide reiche Literaturangaben machen.
(34) S.J. Schmidt, Skizzen... aaO, S 42; ders.""Text" und "Geschichte"..." aaO, S 50

der Textkohärenz, Fragen der Akzeptabilität und Polysemie; Funktion der Textgattungen und Textsorten; Probleme der deiktischen Ausdrücke und der Redeerwähnung; Bestimmung des Redens als spezielle Form des sozialen Handelns, u.a.[35]

Zum Schluss sei noch zugegeben, dass wir das Texterzeugungsmodell nicht kritisch geprüft haben. Das kann aber auch nicht Aufgabe dieses Kapitels sein, das vor allem Informationen aus dem Bereich der Linguistik zusammenfasst, um nachher die religiöse Rede besser einordnen zu können. - Wir betrachten das vorgestellte Texterzeugungsmodell als gutes, anregendes, hypothetisches Modell zur Textgenerierung.

---

(35) cf. oben S 109 f; ebenfalls S.J. Schmidt, Texttheorie
 aaO, S 22 - 31

VI. Kapitel

Eine allgemeine Beschreibung der Sprachweise "Erzählen".

Wie sich im IV. Kapitel (2. Abschnitt) gezeigt hatte, verweisen Glaubenssymbola und -dogmen auf Erzählungen verschiedenster Art, in welchen der kognitive Gehalt, der in religiösen Aeusserungen immer irgendwie mitgemeint ist, auf die ursprünglichste Weise vermittelt wird. Die verschiedenen Erzählgenera, die realisiert erscheinen (Augenzeugenbericht, fiktionaler Bericht, historischer Bericht, Sage, mythischer Bericht, "religiöser" Bericht) sind nun keine voneinander gänzlich unabhängigen Textformen. Sie lassen sich begreifen als Ausfaltungen und Spezifikationen einer allgemeinen Aeusserungsform, nämlich des "Erzählens". - Aus diesem Grunde ist es angezeigt, in diesem Kapitel einige Ueberlegungen zur "Bedeutung" dieser allgemeinen sprachlichen Vorkommensweise anzustellen.

1. Abschnitt

"Erzählen" als eine Grundform sprachlicher Vorkommensweisen

Harald Weinrich hat in seinem vielbeachteten Buch "Tempus. Besprochene und erzählte Welt" explizit die These vertreten, dass man die "Texte" (im schon definierten Sinn)[1] grundsätzlich in zwei Grundtypen aufteilen könne, nämlich - nach seiner Terminologie - in "besprechende" und "erzählende" Texte.[2] Weinrich kommt zu seiner These über eine Analyse des Tempusgebrauchs in Texten,

---

(1) "Texte" sind für Weinrich "Aeusserungen in der Kommunikation" - siehe auch oben Kapitel V.
(2) H. Weinrich, Tempus. Besprochene und erzählte Welt (1964), zweite vollständig überarbeitete Auflage, Stuttgart 1971

den er zunächst als "obstinat" charakterisiert, d.h. hochgradig rekurrent. Jeder Satz weist mindestens eine Tempusform auf, während andere Charakterisierungen wie z.B. Ortsangaben oft für ganze Textabschnitte gelten, ohne wieder erinnert zu werden.[3]

Eine zweite Feststellung geht dahin, dass die verschiedenen Tempusformen in gewissem Sinn geordnet sind, insoweit wenigstens, als es "Ballungen eines und desselben Tempus" bzw. verwandter Tempora in Textabschnitten gibt.[4] Aufgrund rein statistischer Feststellungen kommt man dabei - wenigstens im Deutschen (aber ähnlich auch in andern Sprachen) - zu zwei "Leit-Tempora": Präsens und Präteritum.[5] Ein Vergleich mit den Regeln für Zeitadverbien, (die nicht obstinat verwendet werden) und die Berücksichtigung des Oekonomieprinzips, das für alle funktionierenden Kommunikationssysteme Geltung hat (ein Kommunikationssystem kann es sich nicht leisten, für einen bestimmten Kommunikationszweck unverhältnismässig viele Mittel einzusetzen, wenn es noch funktionstüchtig bleiben soll),[6] führen zur Vermutung, dass die Tempora Signalfunktionen haben, "die sich als Informationen über die Zeit nicht adäquat beschreiben lassen".[7] Die Parallelisierung mit andern syntaktischen Signalen von hohem Rekurrenzwert wie Person des Verbums[8] und vor allem bestimmter und unbestimmter Artikel,[9] die sich vorab als hörersteuernde Signale erwiesen haben, führt Weinrich zur Hypothese, dass auch die Tempusformen, gruppiert um die beiden "Leit-Tempora", "den Hörer in der Rezeption eines Textes in bestimmter Weise beeinflussen".[10] Und zwar gilt für die "besprechenden Tempora", also Indikativ Präsens und seine sekundären Formen Perfekt und Futur, sowie der Imperativ, dass der Sprecher beim Hörer "für den

---

(3) aaO, S 11 ff
(4) aaO, S 16 f
(5) aaO, S 17
(6) aaO, S 37; Dieses Prinzip ist ausführlich behandelt bei André Martinet, Economie des changements phonétiques, Bern 1955
(7) H. Weinrich, aaO, S 27
(8) aaO, S 28
(9) aaO, S 30 f
(10) aaO, S 33

laufenden Text eine Rezeption in der Haltung der Gespanntheit
für angebracht hält" (ibid.), während er mit den "erzählenden
Tempora", also Indikativ Imperfekt und Plusquamperfekt sowie
dem Konditional, eine Haltung der "Entspanntheit" für die Rezeption eines Textes evozieren will (ibid.). Obwohl das Evozieren
einer entspannten Rezeptionshaltung kaum die einzige "Bedeutung"
der erzählenden Redeform sein dürfte, eröffnet diese Analyse von
Weinrich neue Perspektiven für eine integrale Erzähltextforschung.

Es gibt noch andere Signale, welche diese "Distanz" der
erzählenden Rede signalisieren und so dem Hörer "Entspanntheit"
in der Rezeption erlauben:
- Die Einleitung in eine Erzählung: Erzählt kann nicht werden,
  ohne dass der Sprecher durch bestimmte Signale den Bruch mit
  dem unmittelbaren pragmatischen Zusammenhang, den kommunikative Rede zunächst immer hat, vollzieht und andeutet, etwa in
  der Form: "Hierzu noch eine kleine Episode, Erinnerung oder
  Erzählung"; oder einfach: "Damals als..." o.ä.
- Analoges gilt vom Ende der Erzählung: Es muss irgendwie signalisiert werden, bevor man zur "besprechenden" Redeweise übergehen kann, sonst entstehen Missverständnisse. Es steht die
  "erzählende" Rede offensichtlich in einem andern Verhältnis
  zum konkreten Leben als die "besprechende".
- Bezüglich des Pronomengebrauchs und auch der Verwendung demon-
  strativer Adverbien gilt, dass ihre Verweis- bzw. Stellvertre-
  terfunktion nicht - oder wenigstens zunächst nicht - aus dem
  Text hinaus verweist. So wird mit "ich" nicht der Erzähler hier
  und jetzt gemeint, sondern die Person, die in der Erzählung als
  Sprecher eingeführt wurde (Augenzeugenberichte dürften einen
  Grenzfall darstellen); oder mit "gestern" wird auch nicht auf
  den dem wirklichen "Heute" vorausgehenden Tag verwiesen, sondern auf das "Gestern" des erzählten "Heute".

Diese Merkmale bewirken, dass "erzählende" Rede einen "objektiven" Charakter bekommt, in dem Sinn, dass es bei einer Erzählung für den Hörer gar nicht wichtig ist zu wissen, wer eigentlich erzählt. Die Bedeutung der Erzählung kann er auch so erfassen. Erzählende Rede konstituiert eine eigene "Welt" der Erzählung,[11] die von der "Welt" der pragmatischen Rede weitgehend unabhängig bleibt. Benveniste beschreibt diese Objektivität der erzählenden Rede, wenn er feststellt:"A vrai dire, il n'y a même plus de narrateur. Les événements sont posés comme ils se sont produits à mesure qu'ils apparaissent à l'horizont de l'histoire. Personne ne parle ici; les événements semblent se raconter eux-mêmes."[12]

Mit diesem letzten Zitat haben wir uns aber ziemlich weit von dem entfernt, was Weinrich wohl gemeint haben dürfte, als er die Unterscheidung von "erzählender" und besprechender" Rede einführte. Weinrich will zwei fundamentale kommunikative Handlungsmodi unterscheiden, die im Medium Sprache - und wohl auch in anderen semiotischen Systemen - sich manifestieren können, nämlich direkt "angehende Rede" (Kommunikation) und zurückgenommene, Entspanntheit erlaubende Rede. In der ersten Redeweise geht es unmittelbar um die "Welt hier und jetzt", in der zweiten zunächst um eine "Welt damals, dort". Benveniste dagegen entwickelt auf abstraktivem Weg eine idealtypische Form der Erzählung, die "reine" Erzählung. Dennoch kann sein Beitrag - wie auch jener der neuern Erzählforschung - zur Aufklärung der "Bedeutung" der "erzählenden Rede" beigezogen werden.

Weinrich versteht seine Disjunktion der Redemodi als vollständige Disjunktion, insofern nach seiner Vorstellung alle Textäusserungen unter eine der beiden Redeweisen fallen. Zwar stellen grössere Texte oft Mischformen dar. Die Analyse aber wird solche

---

(11) cf. Gérard Genette, "Frontières du récit", in: Communications 8 (1966), S 152 - 163; bes. S 160 - 163
(12) zit. nach G. Genette, aaO, S 160

Texte als zusammengesetzt aus Teiltexten, die jeweils eine Sprechweise realisieren, betrachten. Für die Aufteilung in Teiltexte gibt es eine unterste Grenze: Nach der Minimaldefinition von "Text" muss ein Text wenigstens zwei Sätze umfassen. Kleinere Texte sind elliptisch und nur aus der Sicht des vollständigen Textes zu verstehen.[13] Von ihnen, den Minimaltexten, gilt nach Weinrich uneingeschränkt, sie realisieren einen der beiden Redemodi.

An dieser Stelle sei noch folgende Ueberlegung eingeflochten: "Erzählen" gleicht, sofern es sich auf eine besimmte Menge von Handlungen bezieht, die nur mittels eines semiotischen Systems - häufig sprachlicher Art - ausgeführt werden können, verschieden andern Verben, wie "befehlen", "fragen" usw., die man performative Verben nennt. Aber im Gegensatz zu den eigentlichen Performativa, die einen einfachen Sprechakt signalisieren und explizieren, deutet das Verbum "erzählen" (meist zu Beginn eines Textes) an, dass ein grösseres Textstück als Erzählung gemeint ist und dementsprechend auch verstanden werden will. Das "komplexe Performativ" - wenn man textsteuernde Verben so nennen kann - dominiert also Sprechakte verschiedener Art und leistet eine umfassendere und fundamentalere Kategorisierung von Aeusserungen als die einfachen Indikatoren illokutiver Rollen es tun. Dass die Kategorisierung so universal ist, wie Weinrich meint und vorschlägt, ist damit nicht behauptet und noch weniger bewiesen.[14]

Der Hypothese von Weinrich kann man eine gewisse Plausibilität nicht absprechen, auch wenn die Analyse der Tempusverwendung in Texten kaum das hergibt, was Weinrich aus ihr folgert. Um begründet so weitreichende Folgerungen ziehen zu können, müsste eine zusammenhängende und umfassende Texttheorie zur Verfügung

---

(13) cf. H. Plett, aaO, S 57 f
(14) Zur Theorie der Sprechakte siehe John R. Searle, aaO; ferner Dieter Wunderlich, Grundlagen der Linguistik Hamburg 1974, S 335 - 352.

stehen, die es erlauben würde, einzelne Signalkomplexe wie Tempusformen in Bezug auf andere Formen einzuordnen und zu werten. Da eine solche Theorie bis jetzt aber nicht verfügbar ist, bleibt man auf intuitive Einschätzungen angewiesen.[15]

Nach den Ausführungen von Weinrich und Benveniste ist ein hervorstechender Bedeutungsaspekt der Aeusserungsform "Erzählen", dass es eine "Distanz erlaubende" Redeweise sei. - Im nächsten Abschnitt sollen weitere Aspekte und Spezifika erzählender Rede gewonnen werden durch einige gezielte Vergleiche mit andern Textäusserungsweisen, die Weinrich "besprechend" nennt: Erzählen vs Beschreiben - Erzählen vs Registrieren - Erzählen vs dramatische Aeusserungen - Erzählen vs lyrische Aeusserungen. - Diese Gegenüberstellungen werden uns mehr in Richtung auf eine idealtypische Form des Erzählens führen, wie sie Benveniste vor Augen hatte und die allgemeine "Bedeutung" dieser Idealform zu spezifizieren gestatten.

2. Abschnitt

Phänomenologische Beschreibung der Redeweise "Erzählen"

a) Erzählen vs Beschreiben:[16]

Ein relativ äusseres Unterscheidungsmerkmal zwischen diesen beiden Textäusserungsarten ist, dass beim Erzählen, um mit Weinrich

---

(15) Für eine weitere Auseinandersetzung mit Weinrichs Theorie siehe die Bibliographie zu den Rezensionen der Erstauflage im Anhang der Zweitauflage von "Tempus" aaO, S 340 - 343

(16) Dass "Erzählen" und "Beschreiben" auch in Verbindung auftreten können (was sogar die Regel darstellt), und dann spezielle Sinneffekte erzeugen, lassen wir hier ausser acht, da es ja um eine gegenseitige Abgrenzung geht. cf. Wolf-Dieter Stempel, "Erzählung, Beschreibung und der hist. Diskurs" in: Reinhard Konselleck und W.-D. Stempel (Hg), Geschichte - Ereignis u. Erzählung, München 1973, S 325 - 346, bes. 327 - 330

zu reden, die "Tempora der erzählten Welt" realisiert werden, während beim Beschreiben die "besprechenden" Tempora zum Tragen kommen. Weinrichs Interpretation dieser Feststellung, nämlich dass im einen Fall eine distanziertere Haltung zum Gemeinten möglich sei als im andern, mag gerade im Fall der Beschreibung bezweifelt werden; denn "Beschreiben" setzt auch eine distanzierte Haltung zum Beschriebenen voraus. Dennoch lässt sich ein diesbezüglicher Unterschied ausmachen: Während in einer wahren Beschreibung das Beschriebene zur Zeit der Textäusserung noch so sein kann, wie es die Beschreibung festhält (es muss allerdings nicht), ist der Inhalt einer wahren Erzählung immer vergangen (obwohl natürlich die Wirkungen des Erzählten noch andauern können). Und in diesem Sinn könnte man die Rede von mehr oder weniger "Distanz ermöglichender" Rede aufrecht erhalten. Aber auch diese Unterscheidung bleibt solange peripher, als der Grund für diese Verschiedenheit nicht aufgedeckt ist. Dieser Grund liegt, etwas allgemein ausgedrückt, darin, dass Erzählungen Ereignisse zum Gegenstand haben, die wesentlich einmalig und vergangen sind. Zwar kann man auch Vorgänge und Prozesse - nicht nur Zustände, Konstellationen und Strukturen - beschreiben.[17] Aber eine beschreibende Darstellung unterscheidet sich von einer erzählenden dadurch, dass sie nicht individuelle, einmalige Vorgänge festhält, sondern Verlaufsmuster, Gewohnheiten, Fertigkeiten, Entwicklunsschemata. Die irreduzierbare Leistung einer Erzählung liegt darin, dass sie die individuelle Realisierung eines Geschehensablaufs vorzustellen vermag, was der Beschreibung nicht gelingt.

---

(17) Die geläufige Ausdrucksweise dafür ist heute "Algorithmus". Als "Algorithmus" bezeichnet man eine feste Folge von Arbeitsschritten, die, hintereinander ausgeführt, eine Aufgabe lösen; ein solches Aufgabenlösen kann grundsätzlich von einer Maschine erledigt werden, vorausgesetzt, man hat eine Maschine von entsprechender Komplexität zur Verfügung.

Für das Gewinnen einer solchen individuellen Verlaufsbedeutung ist entscheidend, dass diejenigen Geschehensmomente erwähnt und hervorgehoben werden, die für einen bestimmten "Fall" spezifisch sind und ihn von andern zu unterscheiden erlauben. Als Konsequenz ergibt sich daraus, dass die "Welt", die durch eine Erzählung gestaltet wird, eine vergangene (oder fiktive oder fremde) und partikulare "Welt" ist, die nur die "erzählten" Personen direkt angeht, den aktuellen Erzähler und Hörer aber nur indirekt betrifft.[18] Allgemeine Verhaltensmuster, die beschrieben werden, haben dagegen von vornherein eine allgemeinere Bedeutsamkeit und "betreffen" Erzähler und Hörer in einem direkteren Sinn. - Also, als Gewinnen von individuellen Verlaufsbedeutungen unterscheidet sich "Erzählen" von "Beschreiben", und insofern nur einzelne Akteure und nur zu einer bestimmten Zeit und/oder in einer bestimmten "Welt" betroffen sind, erlaubt die erzählende Rede eine gewisse Distanz und Entspanntheit, die sie von der "besprechenden Rede" der Beschreibung unterscheidet.

b) Erzählen vs Registrieren

Während das "Erzählen" zum "Beschreiben" zu werden droht, wenn es zu <u>allgemein</u> wird, so entartet es zum "<u>Registrieren</u>", wenn es sich ausschliesslich auf das Erfassen von nur Individuellem verlegt. Unter "Registrieren" sei hier das möglichst <u>vollständige Festhalten von Geschehensmomenten aus einem bestimmten "Geschehensfeld"</u> verstanden, sei es sprachlich, sei es durch ein anderes Kommunikationsmedium (wie Film oder Cartoon). Ein solches Registrieren führt nur zu einer Materialsammlung von chaotischer Vielfalt, nicht jedoch zu einer Erzählung. Etwas zu erzählen bedeutet demgegenüber, Geschehensmomente so auszuwählen und zu strukturieren, dass eine "resultative Beziehung" entsteht zwischen dem Ausgangspunkt eines

---

(18) Dieses "nicht so direkt Betroffen-Sein" lässt aber auch wieder Stufungen zu: beim autobiographischen Erzähler geht es noch um ein relativ direktes Betroffen-sein, beim Märchenerzähler ist die Distanz offensichtlich gross.

bestimmten Verlaufes und seinem Endpunkt. Man könnte den Sachverhalt auch so formulieren: Während das "Registrieren" ganz wahllos Geschehensmomente festhält, bedeutet das "Erzählen" die individualisierende Realisierung eines Verlaufsplans. Und vom registrierten Material wird für die Erzählung besonders verwendet, was zur Verwirklichung dieses Planes einen unterscheidbaren Beitrag leistet. Alles übrige, was an Information dem Text sonst noch beigegeben werden soll, wird nicht erzählend, sondern als Erklärung oder Begründung oder Kommentar, auf jeden Fall "besprechend" vorgestellt.

Die sprachliche Minimalform einer Erzählung stellt sich dar als eine Folge von drei Aeusserungen mit dem allgemeinen Inhalt: 1. Augangspunkt einer Verlaufsbewegung, 2. Verlaufsbewegung selber, 3. Resultat der Verlaufsbewegung. Damit zwischen 1. und 3. eine resultative Beziehung entsteht, muss die sprachliche Darstellung bestimmten Regeln folgen, die im nächsten Abschnitt weiter entfaltet werden.[19] Die Verwendung eines solchen Erzähl-

---

(19) Für eine sehr einfache Erzählung gelten nach Stempel die folgenden Kohärenzregeln:
1) Der Wandel muss als Uebergehen eines Zustandes eines Gegenstandes in einen neuen Zustand desselben Gegenstandes dargestellt werden, d.h. die Referenzidentität der Subjekte der 1. und 3. Aeusserung muss garantiert bleiben.
2) Die Prädikate, welche Anfangs- und Endzustand einer Verlaufsbewegung beschreiben, müssen semantisch auf der gleichen Oppositionsachse liegen, z.B. Achse "Alter": jung vs alt; oder Achse "Lebensgefühl": unglücklich vs glücklich..
3) Die entsprechenden Prädikate dürfen aber auch nicht synonym sein, sondern sie müssen eine Kontrastierung zwischen Anfang und Ende erlauben.
4) Die Zustandsfolge muss als chronologisches Nacheinander erkennbar sein, wobei dieses zeitliche Nacheinander durch verschiedene Relationen interpretierbar ist, je nach Kontext: kausal, putativ, wahrscheinlich, ideologisch notwendig (cf. W.-D. Stempel, "Erzählung, Beschreibung und der historische Diskurs", in: Konselleck/Stempel (Hg), aaO, S 329 f).

schemas zur Kategorisierung von Geschehen führt zur Konstitution von Ereignissen. Die ein Ereignis konstituierende Rede hat einen andern Status als die eine Erzählung vorbereitende Rede (wie etwa das Registrieren) oder die auf Ereignisse bezugnehmende Rede (wie z.B. das Beschreiben). Man könnte diesen Unterschied - in der Terminologie von Weinrich - als "besprechende" vs "erzählende" Rede fassen.

Gegenüber dem "Registrieren" erzeugt das Erzählen also abgeschlossene Sinneseinheiten. Als abgeschlossene sind die "erzählten Welten" auch überblickbar, was mit dem Stichwort vom "allwissenden Erzähler" gut getroffen wird.[20] Der Erzähler ist eben nicht mehr in das Geschehen verwickelt. Es kann nichts mehr passieren, was dem ganzen Verlauf eine unerwartete Wendung geben könnte.

Im Zusammenhang mit der Ereigniskonstitution durch die narrative Aneignung des registrierten Geschehens, muss auch kurz das sogenannte "Subjekt der Geschichte" erwähnt werden. F. Fellmann schreibt: "... jede einzelne Geschichte läuft darauf hinaus, sich ein eigenes Subjekt als Bezugspunkt ihrer Synthesen zu schaffen".[21] Dieses "Subjekt der Geschichte" ist nicht zu verwechseln mit den Akteuren einer Erzählung. Es wird damit auf die Tatsache

---

(20) Ueber dieses Phänomen reflektiert F. Schiller in seinem Brief vom 26.XII.1797 an W. Goethe, wo man lesen kann: "... Beweg ich mich um die Begebenheit, die mir nicht entlaufen kann, so kann ich einen ungleichen Schritt halten, ich kann nach meinem subjektiven Bedürfnis mich länger oder kürzer verweilen, kann Rückschritte machen oder Vorgriffe tun usf. Es stimmt dies auch schon sehr gut mit dem Begriff des Vergangenseins, welcher als stille stehend gedacht werden kann, und mit dem Begriff des Erzählens, denn der Erzähler weiss schon am Anfang und in der Mitte das Ende, und ihm ist folglich jeder Moment der Handlung gleichgeltend, und so behält er durchaus eine ruhige Freiheit." (Fritz Jonas (Hg), Schillers Briefe, Bd 5, S 309, Berlin/Wien 1895).
(21) F. Fellmann, "Das Ende des Laplaceschen Dämons", in: R. Konselleck/W.-D. Stempel (Hg), aaO, S 129; cf. auch Hermann Lübbe, "Was heisst: 'Das kann man nur historisch erklären?'", in: R. Konselleck/W.-D. Stempel(Hg), aaO, S 542 - 554.

angespielt, dass man nicht erzählen kann, ohne von vornherein
eine Entität - reale oder ideale - zu setzen bzw. anzunehmen,
um welche das Geschehen - und in einer komplexen Erzählung auch
die Untergeschichten - angeordnet wird.[22] Der Begriff des
"Subjekts" ist hier vielleicht verwirrend; aber das gemeinte Faktum ist kaum zu bestreiten.[23] Im Prozess der Generierung eines
Erzähltextes schlägt sich dieser Sachverhalt in der Formulierung
des Themas der Erzählung nieder, die der Erzählung vorausgeht
und gleichsam deren "Kern" enthält, der erzählend dann entfaltet wird.

c) Erzählen vs dramatische Rede

Bei Plato findet man, im Zusammenhang mit der Behandlung und
Einstufung der Dichter im Staatswesen, eine Ueberlegung zur Gegenüberstellung von Erzählung und dramatischer Rede, die hier
sinnvoll eingebracht werden kann. - Bezüglich des "logos", der
Rede, also dessen, was gesagt wird, kann zwischen Erzählung und
Drama keine begründete Unterscheidung gemacht werden - beide haben ein Geschehen zum Thema. Aber bezüglich der "lexis", der Art
des Sprechens, ergeben sich Differenzen. Die dramatische Rede
ist "mimesis", Darstellung in einem direkten Sinn, nach Weinrich

---

[22] A.C. Danto schreibt dazu: "Now to speak of a change is implicitly to suppose some continuous identity in the subject of change. Traditionally, indeed, it was felt to be a metaphysical necessity that some unchanging substance must undure through a change... It is this implicit reference to a continuous subject which gives a measure of unity to a historical narrative." (Analytical Philosophy of History, Cambridge 1968, S 235 f)

[23] H.M. Baumgartner interpretiert diese Beobachtung wie folgt: "Was hier als identisch über die Zeit hinweg gedacht wird, ist mit Sicherheit nicht das eine oder andere Subjekt, oder eine Mehrzahl von Subjekten, es ist ein spezifischer Sinnzusammenhang, der als Intention im jeweiligen Thema der Geschichte festgehalten ist." (Kontinuität und Geschichte, Frankfurt a M 1972, S 298). - Diese Interpretation dürfte eher auf grossräumige Ereignisfolgen zutreffen, weniger auf kleine, überschaubare Geschichten.

"besprechende" Rede. Der Dichter ist darauf aus, "unser Gemüt anderwärts hinzuwenden, als ob ein anderer der Redende wäre als er selbst..." So gibt sich z.B. Homer am Anfang der "Ilias" alle Mühe, "uns dahin zu bewegen, dass uns nicht Homeros scheine der Redende zu sein, sondern der alte Priester."[24] Diese "darstellende", nachahmende Redeweise hat für Plato eine eigentlich erzieherische Funktion, wenn sie richtig eingesetzt wird,[25] denn nach ihm geschieht Erziehung zu einem grossen Teil durch Nachahmung. Die "Mimesis" gibt Gelegenheit, fremdes Handeln und Verhalten in das Leben dessen hineinzunehmen, der solche Rede vorträgt, denn der Vortragende wird durch die Struktur der Rede gezwungen, die Rolle des andern zu spielen, und so übt er "spielend" ein bestimmtes Verhalten ein.[26]

Eine Erzählung dagegen ist - Plato zufolge - Rede, wo "der Dichter sich nirgends verbergen" will,[27] sondern gleichsam als kritischer Zuschauer das Geschehen festhält, mit der Wirkung, dass seine Rede weniger direkt angeht und weniger tief berührt. Demnach kann man "Erzählung" in Gegenüberstellung zur dramatischer Rede mit Plato definieren als abgeschwächter Modus "imitierender

---

(24) Plato, Politeia, 393 a b; Uebersetzung von F. Schleiermacher
(25) aaO, 395 c d
(26) Zur Illustration das folgende Zitat: "Mich dünkt nämlich.., der verständige Mann, wenn er in der Erzählung auf eine Rede oder Handlung eines wackeren Mannes kommt, wird er sie wohl als selbst jener seiend vortragen wollen und sich einer solchen Nachahmung nicht schämen, und zwar vorzüglich den wackeren Mann nachahmend, wenn er sicher und besonnen handelt, minder aber schon und weniger, wenn er durch Krankheit oder Liebe unsicher gemacht oder durch einen Rausch oder sonst ein Missgeschick; kommt er aber an einen seiner Unwürdigen, so wird er nicht ernsthafterweise sich dem Schlechtern nachbilden wollen, es müsste denn sein in wenigem, wenn auch ein solcher einmal etwas Gutes ausrichtet; sondern er wird sich schämen, sowohl weil er ungeübt ist, solche nachzuahmen, als auch, weil er unwillig ist, sich in die Formen Schlechterer einzuzwängen...es müsste denn ganz zum Scherz geschehen." (aaO, 396 c d)
(27) aaO, 393 d

(mimischer) Rede", weniger geeignet für pädagogische (in einem
sehr allgemeinen Sinn) Wirkung, aber eher geschaffen für Denkanregungen oder auch zur Unterhaltung. - Weinrichs Vorschlag, dramatische Rede zur "besprechenden Rede" zu zählen, wird durch die
Analyse Platos gestützt.
Wenn erzählende Rede mit Plato als derivative Form der
dramatisch-mimischen Darstellungsweise verstanden werden kann,
erklärt sich daraus auch der anthropomorphe Charakter erzählender Rede. Erzählt wird - wenigstens zunächst - was dramatisch
dargestellt werden kann, ein Geschehen, in das Menschen verwickelt
sind, und soweit sie darin verstrickt sind; nur ist die Darstellungsweise rein sprachlich (und nicht gestisch). Erst nachträglich
mag eine erzählende Darstellungsweise auch auf Vorgänge in der Natur angewandt werden. Daraus ergibt sich der seltsam anthropomorphe Charakter, den erzählte Naturereignisse haben.

d) Erzählen vs lyrische Rede

Die erzählend-berichtende Sprache hat zunächst und vor allem
eine informative Funktion. Die expressive Funktion der Sprache
- und lyrische Rede ist in ihrem Kern und Ursprung expressive
Rede - leitet sich aus einem andern Fundament, einer andern Bedürfnislage und, wenn man so sagen kann, einer andern "Intention"
ab. Expressive Laute und Gebärden haben zunächst eine organismische Funktion, nämlich das Lösen einer innern Spannung, um für
neue Reaktionen und Verhaltensweisen frei zu werden.[28] Das
schliesst nicht aus, dass Ausdrucksgebärden in einem entwickelten Sprachstadium kognitiv-kommunikative Funktionen übernehmen
können, oder präziser gesagt, dass spontane Ausdrucksgebärden
durch sprachliche Aeusserungen ersetzt werden. Durch diese Indienstnahme der ursprünglichen pragmatischen Rede durch die expressive Funktion wird eine differenziertere Gefühls-, Empfin-

---

(28) cf. G. Révész, Ursprung und Vorgeschichte der Sprache,
Bern 1946, S 34 - 45.

dungs- und Stimmungsdarstellung möglich, und es kann eine Kommunikation über diese Zustände einsetzen. So ist denn die lyrische Rede, aus dem Blickwinkel unserer Betrachtung, irgendwo in der Mitte anzusetzen zwischen der reinen expressiven Gebärde und der berichtend-erzählenden Rede. Dabei kann die erzählende Rede verwendet werden, um der Expression von Emotionen und Stimmungen zu dienen, wenn nur die text- und rezeptionssteuernden Signale eindeutig genug sind. An einem Beispiel sei das kurz erläutert:

"Irgendwo erbebte ein Gebirg
bis in seine starren Gletscher,
und der erste Tropfen, der sich löste,
eine Träne zu Tal,
war das erste Lächeln Gottes."[29]

Wenn man vom Kontext und von der Anordnung in Versform abstrahiert, haben wir einen narrativen Text vor uns, der aufgrund seiner Metaphern zwar etwas schwieriger zu verstehen ist, der aber die Merkmale narrativer Texte aufweist. Aufgrund der textgrammatischen Merkmale wird aber deutlich, dass diese Erzählung von der expressiven Funktion vereinnahmt ist, und dass Fragen, die man sonst an Erzählungen etwa richten mag, deplaziert sind, Fragen wie: Hat es einen Augenzeugen gegeben? Wann ist das passiert? Wie kam es soweit? usf. - Aber warum bedient sich die Expression der Erzählung, wenn sie sie doch nicht zu Worte kommen lässt, sondern ihr einen "Operator" vorschaltet? - Nun, der Beitrag der Erzählung wird nicht ganz neutralisiert, sondern verhilft dem Sprecher, ein bestimmtes Stimmungsbild zu konstruieren und entsprechend beim Hörer zu evozieren. Ausformuliert würde uns der Dichter obiger Verse etwa sagen wollen: Lass dich von dieser seltsamen Geschichte in eine Welt versetzen, in welcher diese Geschichte sich abspielen könnte, und versuche die dieser Welt adäquate emotionale Haltung zu erreichen. Eventuell würde er auch noch beifügen wollen: Versuche

---

[29] aus Ivan Goll, Schöpfung des Menschen I, zit. nach Curt Hohoff, Flügel der Zeit. Deutsche Gedichte 1900-1950, Frankfurt a M 1956, S 51

deine Welt aus diesem Blickwinkel zu sehen und ordne deine Stimmungen im Sinne dieser Erzählung zu einer Haltung, getragen von Ehrfurcht und zugleich von einem Urvertrauen.[30]

Nach diesem Vergleich der erzählenden Redeweise mit andern sehr allgemeinen Textäusserungsformen, der zu einer mehr äusserlichen Charakterisierung des "Erzählens" führte und einige allgemeine Aussagen bezüglich der "Bedeutung" der Redeform "Erzählen" erlaubte, nun eine Analyse der innern Struktur jener Handlungsweise, die mit "Erzählen" gemeint ist.

3. Abschnitt

Eine allgemeine "Grammatik" des "Erzählens"

Wenn es richtig ist, dass im Prozess der Texterzeugung die Intention des Sprechers sich zuerst in einer Verknüpfung thematischer Merkmale repräsentieren lässt, und wenn es weiter richtig ist, dass es für diese Verknüpfung zwei fundamentale Verknüpfungsweisen gibt, nämlich eine "besprechende" und eine "erzählende", dann stellt sich nun die Aufgabe, die Verknüpfungsweise der "erzählenden Rede" zu eruieren, um so einen tieferen Einblick in das Erzählen und in die "Bedeutung" dieser Textform zu gewinnen. Diese Aufgabe werden wir zwar nicht befriedigend lösen können. Aber es ist immer noch besser, die Aufgabe zu sehen und die geleisteten Beiträge zu sichten und soweit wie möglich zu verarbeiten, als den ganzen Fragenkomplex einfach zu übergehen.

Die Erzähltextanalyse der letzten Jahre, betrieben vor allem in der Textlinguistik und Literaturwissenschaft, hat zu

---

(30) Von besonderer Bedeutung ist dieser Punkt für die religiöse Rede, weil die "religiöse Erfahrung" oft als Stimmung oder Gefühl erlebt wird, die nachträglich in eine Erzählung umgesetzt werden muss.

diesem Fragenkomplex einige Hypothesen und Antworten ausgearbeitet, auf welche hier, wenigstens in Stichworten, eingegangen werden soll.(31)

Bestimmend und von entscheidendem Einfluss für die Entwicklung der neuern Erzählforschung ist der russische Formalismus gewesen.(32) Vor allem V.J. Propp hatte mit seinen Untersuchungen zur Morphologie des russischen Zaubermärchens sehr anregende Hypothesen über Narrativität allgemein verbunden, die in neuester Zeit fortgeführt und weiter verfeinert wurden.(33) - Seinen Arbeiten legte er das methodische Prinzip zugrunde: Die Handelnden ("dramatis personae") in einer Erzählung sind den Handlungen untergeordnet, d.h. ein Agent lässt sich durch eine Menge von be-

---

(31) Einige ausgewählte Literatur zu diesem Themenkreis:
- Roland Bathes, "Introduction à l'analyse structurale des récits", in: Communications 8 (1966), S 1 - 27
- Claude Bremond, "Le message narratif", in: Communications 4 (1964), S 4 - 32; deutsch: "Die Erzählnachricht", in: Jens Ihwe (Hg), Literaturwissenschaft und Linguistik, Frankfurt a M 1972, Bd 3, S 177 - 217
- ders. "La logique des possibles narratifs", in: Communications 8 (1966), S 60 - 76
- T.A. van Dijk, J. Ihwe, J. Petöfi, Hannes Rieser (Hg), Zur Bestimmung narrativer Strukturen auf der Grundlage von Textgrammatiken, Hamburg 1972
- A.J. Greimas, "Elemente einer narrativen Grammatik", in: H. Blumensath (Hg), Strukturalismus in der Literaturwissenschaft, Köln 1970, S 47 - 67
- E. Güttgemanns, "Einleitende Bemerkungen zur strukturalen Erzählforschung", in LB 23/24 (Mai 1973), S 2 - 47
- Tzvetan Todorov, "Les catégories du récit littéraire", in: Communications 8 (1966), S 125 - 151; deutsch: "Die Kategorien der literarischen Erzählung", in: H. Blumensath (Hg), aaO, S 263 - 292
(32) cf. hierzu, Jurij Striedter (Hg), Russischer Formalismus, Texte zur allgemeinen Literaturtheorie und zur Theorie der Prosa, München 1971
(33) cf. Reinhard Breymayer, "Vladimir Jakovlevic Propp (1895 - 1970). Leben, Wirken und Bedeutsamkeit", in: LB 15/16 (April 1972), S 36 - 66;
- Das klassisch gewordene Werk von Propp ist: Morphology of the Folktale, Indiana 1958; deutsch: Morphologie des Märchens, München 1972

stimmten Handlungen definieren.(34) In Anwendung dieses Prinzips hat er aus einem Repertoire von 100 russischen Zaubermärchen 31 verschiedene Handlungstypen bzw. Handlungsmuster, die er "Funktionen" nannte,(35) isoliert. Die Reihenfolge dieser 31 Funktionen stellte sich für das russische Märchen als konstant heraus,(36) wobei nicht in jedem Märchen alle "Funktionen" realisiert sein müssen;(37) die Erzählung gilt dann als elliptisch. Einige Beispiele für solche Funktionen sind: "Schädigung", "Beseitigung des Mangels", "Bestrafung", "Inthronisation und Hochzeit", "Prüfungen" verschiedenster Art...usw. Diese "Funktionen" bilden zusammen ein System, und der Wert einer "Funktion" wird bestimmt durch Gegenüberstellung und Vergleich mit allen andern "Funktionen" des Systems.

Zu beachten ist, dass diese "Funktionen" als Konstrukte zu verstehen sind, in welchen sowohl von den Handelnden wie von der konkreteren Form der Handlung abstrahiert wird. - In einer generativ orientierten Textlinguistik muss man diese "Funktionen" der Tiefenstruktur zuordnen; auch sind sie zur Textkompetenz des Erzählers zu rechnen, (was bei Schmidts Modell berücksichtigt ist.)

---

(34) "The question of what folktale dramatis personae do is an important one for the study of the folktale; the question of who performs various roles in folktale, and how, falls within the province of accessory study." aaO, S 19
(35) Eine "Funktion" ist definiert als Handlung, die im Prozess der Erzählung einen bestimmten, festen Platz hat. cf. aaO, S 19
(36) In diesem Punkt ist Propp von Cl. Bremond kritisiert worden, der ihm Zirkularität in der Argumentation vorwirft: Da Propp die Funktionen vom Ziel (oder Ende der Erzählung) her einführe (damit das Ziel erreicht werden kann, muss D gesetzt werden; damit es zu D kommt, muss C erfolgt sein usw.) schalte er die Möglichkeit von Alternativen von vornherein aus und schliesse dann auf die notwendig konstante Sequenz der Funktionen. Bremond versucht in seinem Vorschlag diesen Mangel zu beheben. cf. "Die Erzählnachricht", aaO, S 188 ff.
(37) cf. V.J. Propp, aaO S 21

Propp hat weiter festgestellt, dass das Verhältnis von Anfangs- und Endsituation im Märchen immer "aufsteigend" ist: Aus der Notsituation[38] zur Beseitigung der Not.[39] Demnach wäre ein Märchen auf der Texttiefenstruktur zu repräsentieren als positiv, bez. euphorisch verlaufende Verknüpfung von "Funktionen".

Ueber das System der "Funktionen" wird von Propp, der vor dem Problem steht, die "Funktionen" unter die "dramatis personae" zu verteilen, ein zweites System gelegt, ein System von "spheres of action", die jeweils eine bestimmte Rolle definieren.[40] Propp kommt auf sieben verschiedene Aktionsbereiche im russischen Märchen. Die so definierten Rollen sind Platzhalter für bestimmte typische Akteure wie König, Prinz, Riese, Zwerg, Zauberer, Hexe, Fee usw., wobei eine Rolle oft unter mehrere Charaktere verteilt werden kann.[41]

Desweitern macht Propp die Feststellung, dass - abgesehen vom "Rollen-Filter" - die Generierung eines russischen Märchens auch durch einen "handlungslogischen Filter" gesteuert wird. D.h. die Handlungslogik lässt nur eine bestimmte Kombination von "Funktionen" zu. Z.B. "Diebstahl" setzt "Einbruch" logisch voraus; ähnlich ist das auch für die Funktionspaare "Verbot" und "Uebertretung"; "Erkundung" und "Auskunft"; "Erkennung" und anschliessende "Entlarvung"; "Kampf" und "Sieg" bzw. "Niederlage" u.a.[42] Auch grössere Funktionssequenzen können als handlungslogisch verbunden gedacht werden, z.B. der Beginn eines Handlungsverlaufs: "Mangel" - "Erkennen des Mangels und Wille zur Ueberwindung" - "Entscheid zur Gegenaktion" - "Abreise von Zuhause" (ibid.).

---

(38) aaO, S 29
(39) "The narrative reaches its peak in this function", aaO, S 48
(40) z.B. "The sphere of action of the villain. - Constituents: villainy; a fight or other forms of struggle with the hero; pursuit", aaO, S 72
(41) aaO, S 73 ff
(42) cf. aaO, S 58

Um die Generierung eines bestimmten Märchens aus dem Inventar der "Funktionen" und "Rollen" klären zu können, führte Propp auch eine Menge von 20 Transformationsregeln ein, welche den Einfluss und die steuernde Funktion der Kommunikationssituation repräsentieren und im Prozess der Textgenerierung zur Wirkung bringen sollten.[43]

Die weitere Entwicklung der strukturalen Erzählforschung sucht die Ergebnisse und Thesen Propps zu vertiefen, nuancieren und zu universalisieren mit dem Ziel, eine "Universalgrammatik der Erzählung" zu bilden.[44] Diese Geschichte kann hier nicht nachgezeichnet werden; lediglich ein Vorschlag von E. Güttgemanns, der als Zusammenfassung strukturaler Anstrengungen auf dem Gebiet der Erzählforschung zu werten ist, soll etwas ausführlicher referiert werden.

In seinem Vorschlag geht Güttgemanns zunächst so vor, dass er die Menge der 31 "Funktionen", die Propp entdeckt hatte, zu reduzieren versucht, indem er immer zwei einander logisch-semantisch entsprechende "Funktionen" zu einer "zwei-Motifem-Sequenz"[45] zusammennimmt, was eine Reduktion der zu ordnenden Elemente auf die Hälfte bedeutet. In den so erhaltenen Motifem-Sequenzen findet er drei verschiedene logische Relationen verwirklicht:

---

(43) cf. hierzu die Erläuterungen von R. Breymayer, aaO, S 55 - 57
(44) E. Güttgemanns, "Einleitende Bemerkungen", aaO, S 19; für den weitern Verlauf dieses Abschnitts beziehen wir viele Informationen aus diesem Artikel, der einen guten Ueberblick bietet über den gegenwärtigen Stand der strukturalen Erzählforschung.
Eine ausführliche Bibliographie zu diesem Themenkomplex hat R. Breymayer zusammengestellt: "Bibliographie zum Werk Vladimir Jakovlevic Propps und zur strukturalen Erzählforschung", in: LB 15/16 (April 1972), S 67 - 77
(45) cf. "Einleitende Bemerkungen..", aaO, S 20 f

(1) Es gibt "kontradiktorische" Motifem-Sequenzen: d.h. die zwei Motifeme der Sequenzen können nicht gleichzeitig in einer Erzählung verwirklicht sein, wohl aber nacheinander; ja es ist eine notwendige Bedingung dafür, dass eine Erzählung zustande kommt, dass eine kontradiktorische Motifem-Sequenz im Erzählkern angegeben sei. - So steht z.B. "Mangel" in einer kontradiktorischen Relation zu "Beseitigung des Mangels" (formal: A)—(B), wobei die Erzählung die gelungene bzw. misslungene Vermittlung zwischen beiden zum Thema hat.[46]

(2) Es gibt "konträre" Motifem-Paare in dem Sinn, dass nicht zugleich beide zusammengehörigen Motifeme in der Erzählung realisiert sein können, wohl aber das eine oder das andere oder auch gar keines (formal: A/B).[47] Als Beispiel einer konträren Motifem-Sequenz kann gelten: "Bestrafung"/"Inthronisation". Wer bestraft wird, kann nicht zugleich inthronisiert (z.B. zum König gemacht)werden; wer aber nicht bestraft wird, dem wird aufgrund dieses negativen Faktums allein noch keine Inthronisation zuteil; man kann von jemandem erzählen, er sei weder bestraft noch inthronisiert worden.

(3) Der grösste Teil der zwei Motifem-Squenzen lässt sich unter die "implikativen" ("replikativen") Motifem-Paare einordnen. Es sind das jene Sequenzen, bei denen das zweite Motifem das erste voraussetzt, wenn es in der Erzählung verwirklicht ist, das erste aber nicht notwendig die Realisierung des zweiten verlangt (formal: A←—B). Ein Beispiel eines implikativen Motifem-Paares ist "Verfolgung"←—"Rettung": Wer verfolgt wird, muss nicht unbedingt gerettet werden, er kann auch untergehen; von wem aber berichtet wird, er sei gerettet worden, der muss zuvor in Bedrängnis geraten sein. Hingegen muss nicht in jeder Erzählung ein "implikatives" Motifem-Paar realisiert sein.[48]

---

(46) cf. aaO, S 27
(47) aaO, S 28
(48) aaO, S 28

Durch diese Kategorisierung der "Funktionen" scheint ihre
Reduktion auf drei bzw. sechs (wenn man die Operationen in beiden
Richtungen betrachtet und damit auch die logisch zu ergänzenden
Konträrmotifeme berücksichtigt) formale Operationen (Relationen)
geleistet, die als Vektoren im logischen Quadrat graphisch darstellbar sind: Exklusion (/), Kontravalenz (⟩———⟨), Disjunktion
(v), Konjunktion (∧), Implikation (———→), Replikation (←———).$^{(49)}$
Die Operationen, die in der Wahrheitstabelle beim Einsetzen von
Wahrheitswerte den Wert "wahr" ergeben, wären dann die grammatisch
möglichen Operationen zur Generierung der Tiefenstruktur einer Erzählung. - Dieser Schritt der Abbildung der narrativen Relationen
auf die formalen Relationen im logischen Quadrat ist wissenschafts-
theoretisch bedeutungsvoll, insofern das von der Erzählanalyse
unabhängige Modell des logischen Quadrats zur Erklärung narrativer Verbindungsmöglichkeiten verwendet wird. Und wenn die Ableitungen aus diesem Modell "Erzählungen" ergeben würden, wäre das
Modell ein verheissungsvoller Fortschritt. Um aber den Schritt von
der rein syntaktischen Ebene der logischen Operationen auf die semantische Ebene der Motifem-Verknüpfungen wieder zurückmachen zu
können, darf nie gänzlich auf die Interpretationen der "Ecken des
logischen Quadrats" (Knotenpunkte) verzichtet werden (sonst bekommt
man nur logische Ableitungen). Das bedeutet: Es kann keine rein logische Grammatik des Erzählens geben, sondern immer nur eine sehr
allgemein interpretierte. Das hat zur Folge, dass, wer immer etwas
erzählt, nicht nur rein formale Regeln anwendet, sondern auch gezwungen ist, bestimmte, ganz allgemeine Inhalte zu realisieren.
    Um eine etwas differenziertere Verteilung der Motifeme zu
bekommen, vertauscht nun Güttgemanns das "logische Viereck" mit
dem "logischen Sechseck", das er von R. Blanché übernimmt.$^{(50)}$

---
(49) aaO, S 31 f; für eine ausführliche Information cf. I.Bocheński-
Menne, Grundriss der Logistik, Paderborn 1965, bes. S 25-32.
- Ebenfalls E. Güttgemanns, Einführung in die Linguistik für
Textwissenschaftler, aaO, S 95 - 113
(50) Robert Blanché, Structures intellectuelles, Paris 1966

Das ergibt zwei leere Knotenpunkte, die mit Motifemen besetzt werden können, was eine Umverteilung und damit eine semantische Nuancierung der die logische Struktur interpretierenden Motifeme mit sich bringt.[51] - Auf weitere Details bezüglich des logischen Sechsecks und des Interpretationsvorschlags von Güttgemanns kann hier verzichtet werden, da es nur um das Prinzip einer Erzählgrammatik geht.

Analog den Motifemen werden auch die Rollen (die sechs "Aktanten" von A.J. Greimas)[52] also "Adressant", "Protagonist", "Antiprotagonist", "Adressat", "falscher Adressat", "Objekt" als Interpretationen des logischen Sechsecks eingesetzt, was die Deduktion einer "Grammatik des Rollenzusammenspiels" erlaubt.[53] Um der logischen Konsistenz zu genügen, wird das logische Sechseck zu einem "Aktanten-Oktogon" erweitert[54] und schliesslich in einen "semiotischen Kubus der Aktanten" transformiert.

Das "Funktionenmodell" und das "Aktantenmodell" erlauben zusammengenommen aber bloss die Formulierung einer "Basisgrammatik" (wenn überhaupt!) des Erzählens, oder - wie man in der Terminologie der Transformationsgrammatik auch zu sagen pflegt - des "Formationsteils" einer Erzählgrammatik. Um aus den Basisrepräsentationen (den Produkten einer Basisgrammatik) eine Erzählung zu bekommen, müssen noch andere Regeln (Transformationsregeln) zur Anwendung kommen, welche die Umformung der Basisstruktur in einen Oberflächentext ermöglichen und steuern. Beim Referat von Propps Vorschlag wurde kurz auf diesen Sachverhalt verwiesen. Er hatte

---

(51) cf. Güttgemanns, aaO, S 34 - 37
(52) E. Güttgemanns versucht die sechs "Aktanten" abzuleiten aus der Kommunikation mittels erzählender Texte; genauer gesagt, er deduziert aus einer solchen Kommunikation sechs syntaktische Kategorien, die er in Anlehnung an die "Aktionsbereiche" bei Propp interpretiert, cf. LB 11/12 (Januar 1972), S 29 - 36; cf. auch A.J. Greimas, Strukturale Semantik, Braunschweig 1971
(53) Güttgemanns, Bemerkungen, aaO, S 37 f
(54) aaO, S 39

eine Menge solcher Regeln genannt, ohne eine geregelte Verwendung für sie angeben zu können. Es steht zu erwarten, dass diese Transformationen auf mehreren Ebenen zu wiederholen sind, also Zwischenebenen zwischen Basisstruktur und Phänotext konstituieren, wie das etwa im Modell von S.J. Schmidt vorgesehen ist.

Eine "Logik der aktantiellen Transformationen" versucht Pham h'u Lai zu entwickeln. "Aktantielle Transformationen" stellen einen Teilbereich aller möglichen Transformationen dar, die zur Konstitution einer Erzählung beitragen. Unter diesem Titel wird das Phänomen erfasst, dass die erzählten Figuren im Verlauf einer Erzählung ihre "semiotischen Rollen" wechseln: Der Freund, der eine Zeit lang als Adjuvant fungiert hatte, wird als falscher Freund entlarvt und zum Opponenten. Lai ist der Meinung, dass erzählte Akteure eine Art "dialektischen Algorithmus" durchlaufen, der durch Transformationsregeln gesteuert wird, und die er teilweise gefunden zu haben meint.[55] - Bei diesen Andeutungen kann es bleiben, weil hier keine Auseinandersetzung mit der Erzählforschung beabsichtigt ist, sondern ein Auf- und Einarbeiten ihrer sichersten Ergebnisse. Aber gerade was die Transformationsregeln angeht, bleibt noch fast alles zu tun.[56]

Diese Darstellung der Suche nach einer Erzählgrammatik wirkt möglicherweise etwas zu optimistisch und apodiktisch. Aus diesem Grund sollen zum Schluss des Abschnitts einige kritische

---

(55) Pham h'u Lai, "Eine Analyse von Mt 27,57 ff", in: Recherches des sciences religieuses, 61 (1973), S 83 f.
(56) So urteilt etwa Vilmos Voigt: "We cannot boast with the results as to the phenomena of general transformations either. There was no successful attempt to point out different sort of proper textual transformations specifically characteristic of various narrative genres (perhaps Propps transformational ideas of tales are still the best), and consequently a comprehensive transformational description of the genres in narrative folktale is still missing..." ("Some Problems of Narrative Structure Universals in Folklore", in: LB 15/16 (April 1972), S 85

Bemerkungen zur referierten Position angefügt werden.
- Da ist zunächst das Problem der Segmentierung einer Erzählung in "Funktionen", das bei weitem nicht gelöst ist. Der Vorschlag von E. Güttgemanns stützt sich fast ausschliesslich auf die "Funktionen" die Propp aufgezählt hatte. Er beachtet dabei nicht, das Propp in seiner Arbeit ziemlich intuitiv vorgeht, und dass dessen Definition von "Funktion" zu wenig operabel ist, um eine eindeutige Segmentierung eines Textes zu erlauben.[57] Die Reduktion der "Funktionen" Propps bei Güttgemanns auf die sechs formalen Operationen ist - so wie ich den Vorschlag verstehe - nur scheinbar eine Reduktion, da Propps "Funktionen" noch immer zur Interpretation der "Ecken" des logischen Vier- bzw. Sechsecks beigezogen werden, denn Güttgemanns hat keine anderen Interpretationen anzubieten. Er behauptet zwar: "Die 'generative Poetik' verwendet keineswegs die Elemente Propps und die von Dundes, sondern konstruiert mittels logischer Operationen ihr eigenes, gesondert definiertes Motifem-Repertoire".[58] Aber hier handelt es sich um eine Behauptung, von der man m.E. bis

---

(57) cf. Vilmos Voigt, aaO, S 85; ebenfalls Götz Wienold, Semiotik der Literatur, Frankfurt a M 1972, S 79 - 82; - Wienold meint sogar: "Wenn als Primitive eines Erzähltextes oder eines dramatischen Textes nicht Funktionen, d.h. handlungsstrukturell definierte Einheiten angenommen werden, sondern Einheiten, die erst in bestimmten Verknüpfungen mit andern Einheiten in handlungsstrukturelle (narrative) Komplexionen übergehen, liegt die Hypothese nahe, die Semantik von Erzähltexten nicht im Narrativen zu begründen, sondern in den Primitiven und in den Konjunktionen, für deren Arrangement Spannung, Horror usw. entscheidend sind." (S 137). Aber diese These bleibt vorerst ein Postulat, denn die Analysen und Vorschläge von Wienold kommen ohne den proppschen Funktionsbegriff auch nicht aus (z.B. S 90) - und da, wo er Textrekonstruktionen ohne Verwendung des Funktionsbegriffs anbietet, wird seine Methode so umständlich, dass sie schlicht unpraktikabel ist; cf. S 82 - 87.
(58) E. Güttgemanns, ""Semeia" - ein Zeichen der Zeit", in: LB 35 (Sept. 1975), S 98

jetzt nicht sehen konnte, wie sie von der "generativen Poetik" eingelöst wurde. Wenn jeweils das logische Modell interpretiert werden soll, werden die Motifem-Sequenzen von Propp beigezogen und gerade nicht konstruiert.

- Man kann diesen Bemühungen um eine Erzählgrammatik auch vorwerfen, dass Vieles von dem, was behauptet wird, noch reine Spekulation sei, zu wenig präzise, um empirisch überprüfbar zu sein. - Dieser Vorwurf ist nicht so gravierend, insofern jede Wissenschaft zunächst mit spekulativen Modellen arbeiten muss, wenn sie sich nicht zum Verkünder von Trivialitäten machen will.

- Eher ernst zu nehmen ist der Einwand, dass die Erzählforschung sich bis jetzt auf ein zu einseitiges empirisches Material stützte, und dass ihre Ergebnisse deshalb nicht universal anwendbar seien.[59] Dieser Einwand ist zu einem Teil berechtigt, insofern die Erzählforschung anfänglich mit recht einfachen Erzählungen arbeitete. Allerdings bemühen sich neueste Forschungen um komplexere Erzählungen, so z.B. E. Güttgemanns um die Evangelien, die bestimmt nicht zu den einfachen Erzählungen zu rechnen sind.

- Endlich wird auch bemängelt, dass die Erzähltextanalyse bis jetzt zu sehr von Seiten des Textproduzenten her ihre Modelle konstruiere und zu wenig die Leistung des Textrezipienten im Prozess der Textkonstitution berücksichtige.[60] Auch der Einwand ist richtig. Aber solange die Rezeptionstheoretiker keine bessern Vorschläge anzubieten haben, bleibt kein anderer Weg, als sich an das zu halten, was schon vorliegt.

Also, trotz dieser teilweise berechtigten Einwände bleibt der Beitrag der strukturalen Erzählforschung beachtenswert und erhellend.

---

(59) Vilmos Voigt, aaO, S 86
(60) cf. z.B. S.J. Schmidt, "Ist 'Fiktionalität' eine linguistische oder eine texttheoretische Kategorie?", in: E. Gülich/W. Raible (Hg), Textsorten. Differenzierungskriterien aus linguistischer Sicht, Frankfurt a M 1972, S 59-71: ebenfalls G.Wienod, aaO.

4. Abschnitt

"Erzählen" als "intentionale Einheitsform"

In der Analyse des "Erzählens" ist mehrfach ein Gedanke aufgetaucht, den man unter den Titel "ontologische Konsequenzen der semiotischen Form 'Erzählen'" stellen könnte. Gemeint ist der Gedanke, den Karlheinz Stierle so formuliert: ".. dass nicht der Gegenstand es ist, der seine Organisationsform bedingt, sondern dass vielmehr die Organisationsform selbst den Gegenstand als solchen konstituiert."[61] Diese These ist eine semiotisch-sprachanalytische Version der kantschen Gegenstandstheorie. Allerdings, wer eher zu einer Widerspiegelungstheorie der Erkenntnis neigt,[62] könnte hier einwenden, das narrative Schema und die fundamentalen Motifem-Sequenzen liessen sich doch als derivativ denken zu der Art, wie menschlich belangvolle biographische Ereignisse sich abspielten. Aber was sich abspielt, das ist zunächst "Geschehen", in das Menschen verwickelt sind. Solches "Geschehen" kann "registrierend" festgehalten werden. Aber erst eine Selektionierung und Strukturierung dieses Geschehens - vor allem nach handlungslogischen Prinzipien - führt zu einer Erzählung und zur Möglichkeit, von "Ereignissen" zu sprechen. - In diesem Abschnitt geht es darum, ausdrücklich zu machen, welche Art der "Gegenstandskonstitution" durch die narrative semiotische Form,[63] wie sie in den obigen Abschnitten beschrieben wurde, geleistet werden kann.

U. Eco definiert die "semiotische Arbeit" folgendermassen: "Ein System wird auf die Gleichwahrscheinlichkeit einer Informa-

---

(61) Karlheinz Stierle, Text als Handlung, München 1975, S 20
(62) Wie sie z.B. von Friedrich Schneider vertreten wird: Kennen und Erkennen, Ein Lehrbuch der Erkenntnistheorie, Bonn 1967 (2)
(63) Wir sprechen hier bewusst nicht nur von der sprachlichen Erzählform, weil das, was hier gesagt wird, grundsätzlich auch Geltung hat für die filmische, graphische und gestische Erzählung. Darum der Begriff "semiotisch", der alle 'symbolischen' Repräsentationen abdeckt, nicht nur die sprachlichen.

tionsquelle gelegt, um aufgrund bestimmter Regeln die Möglichkeit, dass alles geschehen kann, einzuschränken... Z.B. ein phonologisches System wählt ein paar Dutzend Laute aus, lässt sie in Opposition erstarren und verleiht ihnen eine differenzielle Bedeutung."[64] Ganz analog könnte man nun auch formulieren: Wenn ein System narrativer Strukturen und Transformationen auf eine Informationsquelle gelegt wird, nämlich beliebiges Geschehen, dann wird dadurch das Geschehen als "Feld von Darstellbarkeiten"[65] in einer bestimmten Weise kategorisiert, und es werden bestimmte "Gegenstände", wie etwa "Ereignis", "Subjekt eines Wandels", "Veränderung" konstituiert. Allerdings sind diese Gegenstände sehr allgemeiner Art und auf der Tiefenstrukturebene im Prozess der Textgenerierung zu repräsentieren. Zu konkreten Inhalten gelangt man im Verlauf der Textgenerierung dadurch, dass, erstens, Anfang und Ende eines Verlaufes durch entsprechende thematische Oppositionen interpretiert werden, und, zweitens, im Verlauf der Transformationen, die von der Tiefenstruktur des Textes zum Phänotext führen, eine "Anthropomorphisierung" der abstrakten Elemente der Erzählung stattfindet.[66]

Um die allgemeinsten Erzählstrukturen als nicht willkürlich erscheinen zu lassen, hatten einzelne Forscher sich bemüht, (so z.B. Güttgemanns), sie aus dem Kommunikationsvorgang abzuleiten, was ihnen m.E. bis jetzt nicht überzeugend gelungen ist. (cf. 3. Abschnitt). Aus diesem Grund ist auch die folgende Behauptung von Güttgemanns eher ein Desiderat: "Vereinfachend könnte

---

(64) Einführung in die Semiotik, München 1972, S 406
(65) Karlheinz Stierle, aaO, S 49-55
(66) Die Beschreibung dieses Uebergangs von der achronen Tiefenstruktur zum Phänotext ist erst in Ansätzen geleistet; cf. z.B. A.J. Greimas, "Elemente einer narrativen Grammatik", in: H. Blumensath (Hg), aaO, bes. S 66.
Für weitere Ausführungen und Argumentationen zu der in diesem Abschnitt vertretenen These siehe: E. Güttgemanns, "'Text' und 'Geschichte' als Grundkategorien der Generativen Poetik", in: LB 11/12 (1972), S 2 - 12; ebenfalls: S.J. Schmidt, "'Text' und 'Geschichte' als Fundierungskategorien", in: W.-D. Stempel (Hg), Beiträge zur Textlinguistik, aaO, S 31 - 52; weitere Literaturangaben siehe da.

man sagen: Anhand der oben dargestellten logischen Operationen ist der Nachweis möglich, weshalb dort, wo "erzählt" wird, s o "erzählt" werden m u s s , w i e "erzählt" wird, und auch w a s überhaupt Inhalt einer "Erzählung" sein k a n n , und zwar völlig unabhängig von der Frage, zu welchem "historischen" Zeitpunkt und in welchem kulturellen Kontext die betreffende "Erzählung" e n t s t a n d e n ist; denn der "historisch"-kulturellen "Entstehung" liegt bereits die "grammatische"Generation des möglichen "Sinns" zugrunde, so dass "Erzählungen" erst einmal der "Grammatik der Erzählung" gehorchen müssen, ehe sie einen "historischen" A n l a s s als zwar notwendigen, aber nicht hinreichenden Grund ihrer Erscheinung erhalten."[67] Wie schon gesagt, ist diese These, wenn ich sie richtig verstanden habe, zu stark. Aber wenn auch keine abgeschlossene Theorie der narrativen Strukturen zur Verfügung steht, so erlauben die phänomenologischen und strukturalen Analysen, die in den obigen Abschnitten zusammengafasst wurden, einige Feststellungen bezüglich der "Gegenstandkonstitution" mittels der semiotischen Form "erzählen". Die folgenden Thesen formulieren dazu die wesentlichen Punkte.

(1) Wer in einer Kommunikationssituation als Sprecher eine Intention in erzählender Weise formuliert, bezieht von vornherein eine eher distanzierte Position bezüglich dessen, was er äussern wird. - Wie diese Distanz durch den Hörer zu interpretieren ist, bleibt anfänglich offen und wird erst im Verlauf oder nach Beendigung der Erzählung klar. Diese Distanz wird erreicht, zuerst rein verhaltensmässig, durch bestimmte Gebärden des Auftretens, des Sich-Einführens und der Stimmführung. Bestimmte, z.T. rekurrent bis obstinat auftretende sprachliche (bzw. medienspezifische)Signale unterstützen und vertiefen diese Hörersteuerung.

---

(67) E. Güttgemanns, "Bemerkungen..", aaO, S 41

(2) Diese Distanz wird inhaltlich dadurch ermöglicht, dass, was erzählt wird, immer ein individuelles Geschehen ist und keine "Verlaufsgesetzlichkeit" darstellt. Um etwas als individuelles Ereignis vorstellen zu können, muss es als abgeschlossen dargestellt werden, als zu einer "Welt" gehörig, welche nicht die "hier und jetzt" unmittelbar angehende "Welt" ist. Erzählt wird daher immer im Zeitmodus der Vergangenheit.

(3) Die Abgeschlossenheit dieser erzählten "Welt" erlaubt - neben der Distanz ihr gegenüber - auch einen Ueberblick über sie, der bei einer "Welt", einem Geschehen, in das man verwickelt ist, nicht möglich ist. Also im Gegensatz zur "Welt", in die einer "verstrickt" ist, stellt die erzählte "Welt" eine durchschaute "Welt" dar. Ein typisches Phänomen, das diese Beobachtung stützt, ist das des "allwissenden Erzählers", wobei nicht alle Erzählungen explizit von dieser Möglichkeit Gebrauch machen.

(4) Erzählt wird immer eine "Welt in Bewegung", bzw. wenn etwas erzählend dargestellt wird, dann ist es immer ein "Werden", das durch diese Form vorgestellt wird. Wenn man sich erinnert, dass die erzählende Rede als derivativ zur mimetischen Darstellungsweise des Dramas verständlich gemacht wurde, denn leuchtet ein, warum dem so sein muss: Dramatische Darstellung hat eben immer ein Handeln (= Veränderung, = Werden) zum Gegenstand.

(5) Die in einer Erzählung konstituierte "Welt" wird jeweils dadurch zu einer einheitlichen Welt, dass die Erzählung einen spezifischen "Sinnzusammenhang" konstituiert, der im Thema der Geschichte formuliert ist. Aus diesem Grund ist die Konstitution eines "Subjekts der Erzählung" (wie diese Einheitlichkeit oft auch genannt wird) eine der wesentlichen Aufgaben, die eine Erzählung zu erfüllen hat, bevor sie andern Zielen dienen kann.

(6) Die "erzählte Welt" ist eine in ganz bestimmter Weise geordnete Welt, die - vom Phänotext her - als eine Mischung von chronologischer und handlungslogischer Ordnung beschrieben werden kann: Bestimmte Ereignisse folgen sich in einer Erzählung aufgrund einer praktischen Notwendigkeit, während andere aufgrund des zeitlichen Ablaufs an bestimmter Stelle eingeordnet werden, ohne dass eine logische Notwendigkeit dazu bestanden hätte. Man kann nicht "erzählen", ohne sich bis zu einem gewissen Grad an diese Ordnung zu halten.[68]

(7) Die erzählende Anordnung von Ereignissen lässt sich erklären als Realisierung eines "theoretischen Modells" (im Sinn von M. Bunge),[69] das die Verbindungsmöglichkeiten ganz allgemeiner Motifeme repräsentiert. Dieses "theoretische Modell" ist seinerseits verstehbar als eine sehr allgemeine Interpretation der sechs logischen Operationen, darstellbar mittels des logischen Vier- bzw. Sechsecks.[70]

(8) Das Ziel der "Bewegungs-" bzw. Handlungsanordnung in einer Erzählung ist die "Vermittlung". Vermittelt wird immer zwischen achronen Gegensätzen (Oppositionen) allgemeiner Art, z.B. jung vs alt; unerfahren vs erfahren; unfertig vs fertig; unglücklich vs glücklich; unrecht vs recht usw. (oder auch umgekehrt),

---

(68) cf. R. Kermode, The Sense of an Ending, Studies in the Theory of Fiction, New York/Oxford 1967, S 137 - 139; ebenfalls Wolfgang Iser, "Die Appellstruktur der Texte", in: Rainer Warning (Hg), Rezeptionsästhetik, München 1975, S 228 - 252
(69) cf. Mario Bunge, "Concepts of Model", in: ders: Method, Model, and Matter, Dortrecht/Boston 1973
(70) Der Status dieser Motifeme ist nicht geklärt. Man ist unsicher, ob man sie als "narrative Universalien" ansetzen dürfe oder nicht. Wir neigen dazu, narrative Universalien dieser Art anzunehmen, auch wenn sie bis jetzt nicht eindeutig bestimmt sind. In diesem Sinn bleibt diese 7.These unbestimmt.

indem das System in einen Prozess überführt wird.(71) Was also in einer achronen Beschreibung nicht möglich ist, wird in einer diachronen Erzählung möglich: Die Vermittlung von Gegensätzen.(72)

Es ist das Ziel dieser acht Thesen, anzudeuten, welche Art von Gegenständlichkeit durch die Wahl der semiotischen Form "Erzählung" konstituiert wird. Da nur allgemein von "Erzählen" gesprochen wurde, konnten auch die Thesen nur allgemein formuliert werden. - Mit diesen allgemeinen Vorstellungen treten wir nun an die religiösen Erzählungen heran, um deren "Bedeutung" zu bestimmen und fundamentalste Gehalte zu eruieren.

---

(71) Zur Unterscheidung zwischen System (als charakterisiert durch die Relation des "entweder - oder") und Prozess (als bestimmt durch die Relation des "sowohl - als - auch") siehe L. Hjelmslev, Prolegomena to a Theory of Language, Madison 1963, S 36

(72) cf. dazu Claude Lévi-Strauss, Strukturale Anthropologie, Frankfurt a M 1967, bes. 243 - 254; ebenfalls A.J. Greimas, Elemente, aaO, - Frédéric Nef (Hg), Structures élémentaires de la signification, Bruxelles 1976

VII. Kapitel

Die einfachen Formen religiöser Erzählungen: Religiöser
"Augenzeugenbericht" und religiöser "fiktionaler Bericht"

Nach den fast ausschliesslich texttheoretischen Ueberlegungen in den vorausgehenden beiden Kapiteln gilt die Aufmerksamheit im weitern Verlauf der Arbeit ganz der Analyse und dem Verstehen der hauptsächlichsten narrativen Textformen in religiösen Textkorpora und in religiöser Kommunikation.

Methodisch wird so vorgegangen, dass zunächst jeweils - aufgrund eines allgemeinen Vorverständnisses verschiedener Erzählgenera - bestimmte Erzähltexte ausgewählt werden, um anschliessend die allgemeine "Bedeutung" der so realisierten Erzähl_form_ zu eruieren. Die verschiedenen Genera werden als je verschieden komplexe Realisierungen des Diskurstyps "Erzählen" betrachtet, und ihre "Bedeutung" ist als Spezifikation der allgemeinen "Bedeutung" von "Erzählen" zu beschreiben.

1. Abschnitt

Der religiöse Erfahrungsbericht als "Augenzeugenbericht"

Ueberblickt man das Feld religiöser Erzählungen, findet man darin einige Erzählungen, die sich nur gering von einfachen, profanen Augenzeugenberichten unterscheiden. Bekannteste Beispiele solcher Erzählungen sind - wenigstens in unserem Kulturkreis - gewisse Begegnungsberichte zwischen Jesus und seiner menschlichen Umgebung, wie etwa der folgende Text, der Schlussteil einer Heilungserzählung: "Dann sagte Jesus zu dem Gelähmten: 'Ich sage dir, steh auf, hebe dein Bett auf und geh in dein Haus!' Und er stand auf,

hob alsbald sein Bett auf und ging vor aller Augen hinaus, so dass
sie alle staunten, Gott priesen und sagten: Solches haben wir noch
nie gesehen."[1] Oder der Bericht einer Stummenheilung: "Als sie
aber hinausgingen, siehe, da brachte man einen Stummen zu ihm,
der besessen war. Und nachdem der Dämon ausgetrieben war, redete
der Stumme. Die Volksmenge verwunderte sich und sagte: Noch nie
ist solches in Israel geschehen."[2]

Ein religiöser "Augenzeugenbericht" steht ebenfalls im
Hintergrund der alttestamentlichen Erzählung von der "Gottesbegegnung am Sinai": "Am dritten Tag, als es Morgen geworden war,
brachen Donner los und Blitze zuckten, Gewitterwolken hingen über
dem Berg, und überaus stark schmetternder Posaunenschall war zu
hören... Der Berg Sinai war ganz mit Rauch bedeckt... Der Rauch
stieg wie der Rauch eines Schmelzofens auf. Der ganze Berg zit-
terte gewaltig. Der Posaunenschall ward stärker und stärker..
Das ganze Volk im Lager bebte.."[3] Ganz analog findet man in
der Erzählung des "Durchzugs durch das Rote Meer" einen "Augenzeugenbericht", wenn man den Text wie folgt liest: "Der Pharao
kam näher und näher; die Kinder Israels erhoben ihre Augen und
erblickten die Aegypter, die hinter ihnen her waren. Da erschra-

---

(1) Mk 2,11 f
(2) Mt 9,32 f. - Ein grosser Teil der Exegeten ist zwar der Meinung, solche und ähnliche Erzählungen seien nicht als Augenzeugenberichte zu nehmen, sondern gäben lediglich den Eindruck
wider, den Jesus auf seine Umgebung machte; andere vertreten
die These, solche Erzählungen illustrierten einfach die theologische Behauptung, dass Jesus der "Heiland" (Heilbringer)
sei, der integrales Heil vermittle. Wie diese Interpretations-
versuche zu werten sind, braucht hier nicht entschieden zu
werden. Der Form nach haben wir es auf jeden Fall mit Augenzeugenberichten zu tun, die möglicherweise - im Kontext der
Evangelien - in sekundärer Verwendung erscheinen.
Wenn im Folgenden von "Augenzeugenbericht", "fiktionaler Bericht", "mythischem Bericht" usw. (also mit Anführungs- und
Schlusszeichen) gesprochen wird, dann ist jeweils das Berichts-
schema und nicht der einzelne Bericht gemeint.
(3) Ex 19,16 und 18

ken die Kinder Israels gar sehr... Da entstand dichter Nebel zwischen dem Heer der Aegypter und dem Heer der Israeliten...; niemand konnte während der ganzen Nacht an den andern herankommen... Da blies ein starker Ostwind das Meer hinweg... Die Kinder Israels schritten inmitten des Meeres auf trockenem Boden hindurch... Die Aegypter rückten ihnen nach mitten in das Meer hinein... Gegen Morgen entstand im aegyptischen Heer ein Wirrwarr, denn die Räder waren teilweise von ihren Kriegswagen abgefallen, was bewirkte, dass sie nur unter schwierigen Umständen vorankamen. Eine Panik brach im aegyptischen Heer aus, und es begann zu fliehen. Da flutete auch das Wasser zurück und bedeckte die Streitwagen samt den Mannschaften der gesamten Heeresmacht des Pharao... So wurde Israel gerettet."[4]

Auch die Analyse zentraler Gottesnamen verschiedener Religionen führt zurück auf ähnliche Erzählungen individueller oder kollektiver Erfahrungen: Das zentrale Wort der aegyptischen Religion "netsjer" spielt wahrscheinlich auf die Erfahrung spontaner, schöpferischer Kraft an;[5] der semitische Gottesbegriff "el" scheint mit der Erfahrung des gewaltigen Sternenhimmels zusammenzuhängen;[6] hinter dem jüdischen Gottesname "Jahwe" steckt wahrscheinlich die Erfahrung von Gewittersturm oder eventuell auch die der Fruchtbarkeit;[7] der iranische Gottesname "Ahura Mazda" ist vermutlich zu deuten als jene Macht oder Kraft, die gegen Unwahrheit kämpft und die Ordnung der Welt gegen das Chaos aufrecht erhält;[8] hinter dem lateinischen Wort "deus" dürfte die Vorstellung einer Macht stehen, die irgendwie unkontrollierbar und übermächtig wirkt;[9] und das Wort "Gott" steht vermutlich im Zusam-

---

(4) cf. Ex 14,10 - 31
(5) cf. C.J. Bleeker, "The Key Word of Religion", in: ders., The Sacred Bridge, Leiden 1963, S 47
(6) cf. aaO, S 47
(7) cf. aaO, S 48; siehe ebenfalls den Bericht der Jahwe-Offenbarung am Sinai (Ex 19,16 - 25).
(8) cf. aaO, S 49
(9) cf. aaO, S 50

menhang mit dem Kult, als Bezeichnung für die Macht, die Opfergaben annimmt.[10] Diese Erfahrungen, auf welche die Götternamen anspielen, wurden vermutlich beständig neu gemacht und verloren nicht ihre erregende, erschütternde Qualität, wie das bei sich wiederholenden Erfahrungen sonst geschieht. Denn "eine lage, in der es sich um sein (des menschen) dasein, um sein wohl und wehe handelt, ist dem menschen immer neu."[11]

Diese sprachgeschichtlichen Beobachtungen weisen auf die Bedeutsamkeit und Wichtigkeit des religiösen Erfahrungsberichts als "Augenzeugenbericht" hin, insofern diese Berichte im Rahmen der Religionen eine Fundierungsfunktion übernehmen. D.h. zunächst einmal, dass Religionen erst da als eigene Phänomene fassbar zu werden beginnen (und wahrscheinlich auch ins Bewusstsein der betreffenden Leute treten), wo solche religiösen Augenzeugenberichte erscheinen. Die Religionsphänomenologie stützt diese These, indem sie darauf hinweist, dass die Erfahrung des "Unheimlichen" oder "Heiligen" oder "Göttlichen" oder einer "übermenschlichen Macht"[12] sich anfänglich immer im Zusammenhang mit Naturphänomenen abzuspielen scheine, denn die ersten Gegenstände des reli-

---

(10) cf. aaO, S 50; Eine eingehende Studie zur Entwicklung bes. der griechisch-römischen Götternamen ist die klassisch gewordene Arbeit von Hermann Usener, Götternamen: Versuch einer Lehre von der religiösen Begriffsbildung, Frankfurt a M 1948 (3) (1896). - Seine philologisch kompetenten Analysen führen ihn zum Ergebnis: "Nur endliche, begrenzte erscheinungen und verhältnisse sind es, in und an denen das gefühl des unendlichen in das bewusstsein tritt. Nie ist es ursprünglich das unendliche an sich, zu dem sich das gefühl und der gedanke erhebt. Nicht das unendliche, sondern etwas unendliches, göttliches stellt sich dem menschen dar und wird im geiste aufgefasst, in der sprache ausgeprägt. (S 276)

(11) H. Usener, aaO, S 56; zur Verifikation verweist Usener auf Texte, die den Mond oder die Sonne nach jedem Umlauf als ein neues Wesen begreifen. (aaO, S 288) - N.B. Das Werk praktiziert konsequente Kleinschreibung!

(12) Zur Problematik um diese Begriffe siehe den oben zitierten Aufsatz von C.J. Bleeker, "The Key Word of Religion", in: aaO

giösen Kults seien Naturgegenstände wie Steine (Meteoriten), Berge, die Erde, das Wasser, das Feuer, der Blitz, die Sonne, der Mond, die Sterne, der Himmel, das Licht, Bäume, bestimmte Pflanzen und Tiere, und später auch vom Menschen gefertigte Gegenstände; Zeiten und Orte aber sind "heilig", sofern sie in Verbindung mit heiligen Gegenständen stehen.[13] Die Fundierungsfunktion solcher Augenzeugenberichte besteht dann auch und besonders darin, dass Religionen auf diese Berichte zurückgreifen (oft noch vor jeder entfalteten Theologie), wenn sie sich zu rechtfertigen oder zu verteidigen haben.[14]

Unter sprachlogischem Aspekt erweist sich der "Augenzeugenbericht" als die unterste Stufe bzw. die einfachste Form der Realisierung der narrativen Textkompetenz. Er ist zu beschreiben als narrative Organisation und Repräsentation zeitlich und örtlich durch einen Menschen überschaubaren Geschehens, in welches der Sprecher selber irgendwie "verwickelt" war, und zwar unter einem bestimmten thematischen Aspekt. - Jede andere erzählende Redeweise setzt die Augenzeugenberichtkompetenz voraus, logisch und wahrscheinlich auch genetisch.

Für die "Bedeutung" der Textform "Augenzeugenbericht" ist wesentlich, dass er - der Möglichkeit nach - als wahre Erzählung kat'exochen gilt und in dieser Eigenschaft z.B. als Verifikationsinstanz für "historische" Erzählungen häufig in Anspruch genommen wird. Ein Augenzeugenbericht gilt in der Regel als wahr, (a) wenn seine Elementarsätze wahr sind;[15] d.h. von andern Zeugen in

---

(13) cf. Friedrich Heiler, Erscheinungsformen und Wesen der Religion, Stuttgart 1961, S 34 - 122
(14) Ein klassischer Text als Beleg für diese Praxis ist Job 38 und 39
(15) Unter "Elementarsatz" wird hier Folgendes verstanden: Das Texterzeugungsmodell, das oben (V. Kapitel) vorgestellt wurde, nennt als Stufe 3 der Textgenerierung die Ausfaltung des Themas in eine (für unsern Fall narrative) Folge zusammenhängender "Satzbegriffe" (= Prädikatsfunktionen), die thematisch aufeinander abgestimmt sind. Wird diese Stufe möglichst direkt, d.h. ohne bedeutende Transformationen, als Oberflächentext reprä-

einer gleichen Beobachtungssituation bestätigt werden, und/oder Indizien gefunden werden, die mit dem Geschehensverlauf, den der Bericht festhält, verträglich sind, und (b) wenn er mit andern wahren (im Sinn von (a)) Augenzeugenbreichten bezüglich des gleichen thematischen Geschehensfeldes in eine zusammenhängende Erzählung integriert werden kann, und (c) wenn keine für den Geschehensverlauf wesentlichen Momente weggelassen werden.

Aufgrund dieser Charakterisierung des "Augenzeugenberichts" lässt sich auch das genuine Interesse an dieser Textform bestimmen: Insofern der "Augenzeugenbericht" auf "Wahrheit" aus ist, verbindet sich mit ihm ein kognitives Interesse. Als Realisierung der "erzählenden Rede" bekundet der Sprecher ein besonderes Interesse am Geschehen, das vergangen ist (= anamnetisches Interesse) und in welches er selber verwickelt war (= existenzielles Interesse.[16] Unter ontologischem Aspekt führt die Verwendung des Augenzeugenbericht zu einer fundamentalen Unterscheidung bezüglich der Dinge der Welt: Es gibt welche, die erzählt werden können und andere, die man nicht erzählend vostellen kann, also zur Unterscheidung zwischen "Geschehen" und "Zuständen".[17]

---

sentiert, ergibt sich ein Text aus lauter einfachen Sätzen, etwa der Form: "Das Auto fuhr schnell. Es geriet ins Schleudern. Es streifte einen Baum. Es überschlug sich usw." Ein solcher Text wird in Anlehnung an G. Wienold "Text in Normalform" genannt (cf. Semiotik der Literatur, Frankfurt a M 1972, S 74-79). Ein einzelner Satz der "Normalform eines Textes" heisse "Elementarsatz". Es wird angenommen, dass jeder narrative Text in eine solche "Normalform" gebracht werden könnte.

(16) Es scheint, dass menschliches Gedächtnis und damit verbunden die Möglichkeit des Identitätsbewusstseins der Einzelnen nur denkbar sind, wenn und soweit vergangenes Geschehen in Form von Berichten rekonstruiert werden kann und wird. Wenn das Gedächtnis Vergangenes speichert, dann in einer Tiefenstrukturform des Berichts (cf. Jean Piaget, Die Bildung des Zeitbegriffs beim Kind, Zürich 1955, S 345 - 357)

(17) Es handelt sich bei dieser Beschreibung des Interesses am "Augenzeugenbericht" um das primäre oder genuine Interesse. Dieses Interesse kann durch andere Interessen überlagert werden, wie "sich einfach unterhalten wollen", "sich interessant machen wollen", "jemanden belasten", "jemanden warnen", jemanden für ein bestimmtes Tun motivieren" usw. Aber diese Wirkungsabsichten können nur erfüllt werden, wenn das genuine Interesse als gegeben vorausgesetzt wird.

Das Unterscheidende des religiösen "Augenzeugenberichts" gegenüber dem profanen Bericht ist nicht das Auftreten eines Gottesnamen wie etwa im Exodusbericht, wo die Erklärung des gewaltigen Geschehens am Sinai lautet: "Der Herr war auf den Sinaiberg herabgestiegen und zwar auf seine Spitze".[18] Denn eine solche Erklärung ist auf der Ebene und mittels des "Augenzeugenberichts" gar nicht möglich; dieser "Herr" wurde ja gerade nicht gesehen und auch sonst nicht so erlebt, dass ein "Augenzeugenbericht" über sein Kommen möglich wäre. Das Aeusserste, was ein Augenzeuge noch berichten könnte, wäre etwa: "Es ging ganz und gar nicht mit rechten Dingen zu", oder "der Untergang der Welt schien gekommen", oder "wir waren dem Geschehen völlig ausgeliefert und hielten unser Leben für verloren", oder - wie es im Exodusbericht heisst - "das ganze Volk im Lager bebte",[19] oder - wie man im Neuen Testament etwa lesen kann - "so etwas hat man noch nie gesehen." - Ganz ähnlich kann auch die Erfahrung des "mysterium fascinans" (oder wie immer man eine konkrete Heilserfahrung bezeichnen will) auf Augenzeugenberichtsebene nicht als "Heimsuchung Gottes",[20] als "Rettung durch den Herrn"[21] gedeutet werden, sondern muss eher als "Ausser-sich-sein vor Freude" oder ähnlich[22] beschrieben werden.

Ein solches, einen Bericht abschliessendes, Urteil ist zwar sehr allgemein, ungenau und wenig informativ. Aber es ist nicht zu sehen, wie auf der Ebene des "Augenzeugenberichts" über eine primäre religiöse Erfahrung mehr erzählt werden könnte. Diese Erzählform erlaubt keine genauen Spezifikationen. - Demnach lässt sich zusammenfassend feststellen: Mit den Mitteln des "Augenzeugenberichts" kann eine religiöse Erfahrung nur als eine Art "Grenzerfahrung" erzählt werden, als ein Erlebnis, das (1) mit keinem andern verglichen werden kann und in diesem Sinn die Grenze des Er-

---
(18) Ex 19,20
(19) Ex 19,16 b
(20) wie etwa in Jer 32,5 und öfters
(21) Ex 14,30
(22) cf. z.B. Mt 2,10

fahrbaren markiert, und das (2) die Grenzen des Erfahrenden hervortreten lässt, negativ als Ohnmacht, positiv als unverdiente Begünstigung (Gnade). - Die Emotionen wie Schrecken, Scham, Erschütterung, Ohnmachtsgefühl oder Glücksgefühl, Freude, Seligkeit, die eine solche Erfahrung begleiten, sind nur über die Erzählung selber zu explizieren, indem gesagt wird, was einem passiert ist, auch wenn diese Erzählung auf der Ebene des "Augenzeugenberichts" noch sehr dürftig ausfällt. Zwar besteht immer auch die Möglichkeit - die faktisch sehr ausgiebig benutzt wurde -, dieses Erlebnis und Gefühl des "totalen Ueberwältigt-seins" durch suprasegmentale Faktoren wie Gestik und Intonation irgendwie zu signalisieren (durch Feierlichkeit und Getragenheit im Ausdruck, durch bestimmte Formen des Gesangs oder durch Flüstern und Murmeln),[23] oder das praktische Verhalten im Alltag dieser Erfahrung entsprechend zu modifizieren. Die Religionsphänomenologie unterscheidet zwei grundsätzlich mögliche Verhaltensweisen als Reaktion auf diese Erfahrung: Die des positiven Sicheinlassens auf das "Unheimliche" und die eher negative Verhaltensweise des Versuchs zur Eingrenzung, Bannung und Neutralisierung dieses "Unheimlichen".

Die Integration des "Unheimlichen" im positiven Sinn des Sicheinlassens-auf zeigt sich u.a. in den folgenden Phänomenen:
- Im Fixieren von "heiligen" Orten, Zeiten und Ereignissen als eigentlich bedeutsamen Fixpunkten und Orientierungsangeln des Lebens. Dadurch wird das"Unheimliche" in die Mitte des Lebens gerückt, das sich nun von diesen "Machtzentren" steuern und durchdringen lässt; und zugleich erfährt dieses "Unvorhersehbare" eine erste feste Gestalt. "Das Verlangen des religiösen Menschen, ein Leben im Heiligen zu führen", so interpretiert M. Eliade, "ist das Verlangen in der objektiven Realität zu leben, nicht in der endlosen Relativität subjektiver Ereignisse

---

(23) cf. F. Heiler, aaO, S 266 - 274

gefangen zu bleiben, in einer wirklichen und wirkungskräftigen
- und nicht in einer illusorischen - Welt zu stehen."(24)
- Im Aufbauen eines ganzen Systems ritueller Begehungen und Handlungen als Wiederholungen von "unheimlichen" Ereignissen, Vorkommnissen und Handlungen, um so die Macht dieses "Unheimlichen" festzuhalten und dem weitern Leben zu bewahren. Hier sind besonders zu nennen Initiationsriten, Fruchtbarkeitsriten, Sonnenwend- und Neujahrsfeste, Tänze in rituweller Form.(25)
- Im Vollzug von Opfern als Darbringen von Gaben, um so eine Gemeinschaft mit dem "Unheimlichen" als segensreicher Quelle zu begründen, und um dadurch in den machtvollen Lebensfluss einsteigen zu können.(26)

Die Integration des "Unheimlichen" als Neutralisieren und Eindämmen seiner Macht lässt sich phänomenologisch an folgenden Verhaltensweisen ablesen:
- An der Praxis der Divination, die nicht primär zu beschreiben ist als Erraten zukünftiger Ereignisse, sondern als Erforschen des günstigen Augenblicks für ein bestimmtes Unterfangen, das der Mensch schon geplant hat. Die Divination soll helfen, die Macht des"Unheimlichen" zu kontrollieren und für menschliches Tun zu "zähmen". "Der Befrager will nicht wissen, was sich ereignen wird, er will wissen, dass geschehen wird, was er sich wünscht", formuliert etwas verkürzend Lévy-Bruhl.(27) Dem "Unheimlichen" soll so etwas von seiner Unberechenbarkeit genommen werden.

---

(24) Mircea Eliade, Das Heilige und das Profane, aaO, S 17
(25) Mircea Eliade, aaO, 4. Kapitel; ders. "La terre-mère et les hiérogamies cosmiques". Eranos-Jahrbuch XXII, 1954, S 57-95; G. van der Leeuw, Phänomenologie der Religion, aaO, § 48; Romano Guardini, Von heiligen Zeichen, Mainz 1936
(26) cf. hierzu bes. die Arbeit von G. van der Leeuw, "Die Do-ut-des-Formel in der Opfertheorie", in: Archiv für Religionswissenschaft 20, 1920/21, S 241 ff
(27) Lucien Lévy-Bruhl, Les fonctions mentales dans les sociétés inférieures, S 143; deutsch: Das Denken der Naturvölker, Wien/Leipzig 1926 (2)

- An den vielen Tabu-Vorschriften und Tabuisierungspraktiken,
die neben der Anerkennung und Respektierung des "Unheimlich-
Heiligen" das Bemühen um Distanz gegenüber dieser Macht verraten. Tabu-Vorschriften trifft man praktisch in allen Bereichen des Lebens, wo immer es um etwas Wichtiges geht: Sprech-
und Worttabus die Namen und Beschreibungen des "Unheimlichen"
betreffend: Platz- und Zutrittsverbote an heiligen Orten;
Tabuisierung bestimmter lebenswichtiger Vollzüge wie Geschlechts-
leben, Jagd, Kriegsführung, Krankenheilung; Tabuisierung auch bestimmter sozial und "charismatisch" ausgezeichneter Personen wie
König, Priester, Prophet, Zauberer. - Man soll sich dem "Unheimlichen" nicht leichtfertig ausliefern, das ist der Grundsatz,
der hinter solchen Entwicklungen steht.[28]

Für die explizitere Entfaltung der sprachlichen Ausgestal-
tung der religiösen Erfahrung sind diese Verhaltensweisen insofern
von Bedeutung, als sie zu Bildern werden für das in der religiösen
Erfahrung Gemeinte, wofür der Begriff "Gott" als die Macht, die
Opfergaben annimmt, bzw. mit Opfergaben geehrt wird, ein gutes
Beispiel darstellt.

Das Interesse an sprachlicher Explikation eines religiösen
Erlebnisses durch einen Augenzeugenbericht lässt sich begründen
durch die Bedeutsamkeit bzw. Aufdringlichkeit dieses Erlebnisses,
das als so erschütternd erfahren wird, dass es allen andern mitge-
teilt werden muss, sonst wartet ihnen das Verderben bzw. verpassen
sie wesentliche Lebensmöglichkeiten. - Daraus folgt, dass das Interesse an "Wahrheit" - an wahrer Information - zunächst im Vordergrund steht. "Wahr" heisst einfach: Es ist etwas "Unerhörtes"
passiert, ich oder wir waren Zeugen; Zweifel sind so wenig angebracht wie bei andern (nicht-religiösen) Augenzeugenberichten. -
Dem schliesst sich unmittelbar ein "ontologisches" Interesse an

---

(28) cf. G. van der Leeuw, Phänomenologie, aaO, § 4

als Interesse an der Unterscheidung zwischen "unheimlich/heiligem" Geschehen und alltäglich/profanem Geschehen. Diese Unterscheidung hat besondere Auswirkungen auf das Verhalten und Handeln, wie die oben referierten religionsphänomenologischen Beobachtungen belegen. - In bestimmten Fällen mag auch das existenzielle Interesse von besonderer Bedeutung sein, etwa wenn sich ein Prophet oder Religionsstifter legitimieren muss. Das trifft zu auf Buddha, Mohammed, die Propheten des Alten Testaments, auf Jesus und auf verschiedene Reformer des Christentums wie Franziskus von Assisi oder Ignatius von Loyola. - Ein anamnetisches Interesse liegt vor, wenn z.B. eine Sozietät bestimmte soziale Normen, die auf primären religiösen Erfahrungen zu gründen scheinen, rechtfertigen muss.

Aber wie schon hervorgehoben, der religiöse Bericht als "Augenzeugenbericht" enthält wenig explizite religiöse Momente. - Es ist auch keine Religion bekannt, die auf der Stufe des "Augenzeugenberichts" stehengeblieben wäre.[29] In allen bekannten Religionen sind die Erzählungen, die keine Augenzeugenberichte sind, in der grossen Ueberzahl und haben auch eine weit grössere Bedeutung als die Augenzeugenberichte, die man meistens aufgrund von Indizien rekonstruieren muss.

---

(29) H. Usener verweist auf einen altgriechischen Text, in welchem behauptet wird, die Ureinwohner von Hellas hätten zwar Opfer dargebracht, aber keine Eigennamen und Beinamen für die Adressaten ihres Kults besessen. Usener folgert daraus, dieses Volk hätte eben nur adjektivisch bezeichnete Sondergötter gekannt (cf. aaO, S 279). Im Kontext einer Sprachtheorie, die vom Text als Grundeinheit ausgeht, ist die gleiche Beobachtung so zu deuten, dass es sich bei diesen Pelasgern um ein Volk handelte, das im wesentlichen auf der Stufe des religiösen "Augenzeugenberichts" stand.

2. Abschnitt

Der religiöse "fiktionale Bericht" als Erweiterung des "Augenzeugenberichts" durch Fiktionalisierung

Der religiöse "Augenzeugenbericht" zeichnet sich vor andern Berichten vergleichbarer Art dadurch aus, dass er "Unerhörtes" berichtet, von Ereignissen erzählt "wo es nicht mit rechten Dingen zugeht". Der Hörer bzw. Leser eines solchen Berichts verbleibt aber letztlich in abwartender Spannung; denn ihm scheint, dass die Erzählung nicht vollständig sei, da sie keinen eigentlichen Adressanten[30] hat, der dieses äusserst beunruhigende Geschehen ausgelöst hat. In der deutschen Sprache kommt das durch die unpersönlichen Konstruktionen "es donnerte und blitzte"; "es dröhnte gewaltig.." zum Ausdruck. Auf der Ebene des "Augenzeugenberichts" kann die Erzählung aber nicht weiter vervollständigt werden, da in diesem direkten Sinne kein Adressant erfahren wird. - Auf dem Weg unserer Suche nach komplexeren Formen religiöser Erzählungen begegnen uns Berichte, welche einen Adressanten in die offenen Stellen des religiösen "Augenzeugenberichts" eingesetzt haben. Wendungen, die diese Stufe religiöser Textkompetenz noch verraten, sind etwa das bekannte "Zeus hyei" für "es regnet" oder "der Gott der Herrlichkeit donnert".[31] Etwas expliziter findet sich die gleiche sprachliche Transformation im Theophaniebericht, der die "Gottesbegegnung von Mose" erzählt: "Mose weidete das Kleinvieh seines Schwiegervaters Jetro, des Priesters von Midian. Er trieb die Herde durch die Steppe und kam zum Gottesberg Horeb... Er schaute und siehe da, ein Dornbusch brannte zwar im Feuer, wurde aber dabei nicht verzehrt. Mose sprach:

---

(30) "Adressant" ist ein Terminus der allgemeinen Erzählforschung und meint jenen allgemeinen Agenten einer Erzählung, der als auslösender Faktor im Hintergrund des Geschehens steht.
(31) Ps 29,3

'Ich will näher hingehen und dieses grossartige Schauspiel ansehen, wie es kommt, dass der Dornbusch nicht verbrennt.' Der Engel des Herrn erschien ihm in einer Feuerflamme, die aus dem Dornbusch hervorloderte. Der Herr sah, wie jener herankam, um nachzusehen. Da rief Gott mitten aus dem Dornbusch und sprach: Mose! Mose! Da antwortete er: Hier bin ich! Und er sprach: 'Tritt nicht näher hier heran! Ziehe deine Schuhe von deinen Füssen; denn der Ort, auf dem du stehst, ist heiliger Boden!"[32] Ungeachtet der mehrfachen Ueberarbeitung, die das Alte Testament im Laufe der Zeit aus verschiedenen theologisch relevanten Gesichtspunkten erfahren hat,[33] erkennt man in diesem Text noch die Spuren eines "Augenblicksgottes",[34] der als Adressant in die Erzählung eines verwirrenden bzw. grossartigen Ereignisses eingeflochten wurde.

Da, wie sich im vorausgehenden Abschnitt gezeigt hat, jedes Ereignis, das für einen Augenblick den Menschen mit totalem Beschlag belegt, eine religiöse Primärerfahrung auslösen kann, ist die Bildung dieser "Augenblicksgötter" nicht an Naturereignisse gebunden. Sehr viele religiöse Erzählungen bringen sie auch mit Personenbegegnungen in Zusammenhang. Z.B. der folgende Bericht aus dem Richterbuch: "Simson ging nun mit seinem Vater und seiner Mutter hinab nach Timna. Als sie an die Weingärten kamen, sprang ihnen ein junger Löwe brüllend entgegen. Da überkam Simson der

---

(32) Ex 3,1 - 5
(33) cf. hierzu die allgemeinen Einleitungen ins "Alte Testament"
(34) H. Usener definiert die "Augenblicksgötter" eher in einer Terminologie, welche der Psychologie und weniger der Textwissenschaft entnommen ist: "Wenn die augenblickliche empfindung dem dinge vor uns, das uns die unmittelbare nähe einer gottheit zu bewusstsein bringt, dem zustand, in dem wir uns befinden, der kraftwirkung, die uns überrascht, den wert und das vermögen einer gottheit zumisst, dann ist der a u g e n b l i c k s g o t t empfungen und geschaffen. In voller unmittelbarkeit wird die einzelne erscheinung vergöttlicht, ohne dass ein noch so begrenzter gattungsbegriff hereinspielte..." (aaO, S 280).

Geist des Herrn; er zerriss den Löwen, wie man ein Böckchen zerreisst; dabei hatte der keiner einzigen Gegenstand in seiner Hand..."[35] Aehnliche Erzählungen von Besitzergreifen eines Geistes oder Dämons in einem Menschen finden sich auch in andern Religionen. Die Religionsgeschichte und -psychologie hat dieses Phänomen unter dem Titel "Besessenheit" zusammengefasst und bietet eine reiche Auswahl von Zeugnissen, auf die hier verwiesen sei.[36] Das Typische dieser zweiten Art religiöser "fiktionaler Berichte" ist, dass der Adressant gleichsam als "Verdoppelung" des Protagonisten der Erzählung eingeführt wird, um das Aussergewöhnliche des Ereignisses irgendwie zu "erklären".

Eine dritte Gruppe solcher Erzählungen betrifft die rein "innern" religiösen Primärerfahrungen, die sehr eingehend von W. James beschrieben und analysiert worden sind.[37] Es folgt hier als Beispieltext ein Bericht aus der neuesten Zeit, ein Erlebnisbericht von André Frossard: "Zuallererst werden mir die Worte "geistliches Leben" eingegeben... Kaum hat die letzte Silbe dieses leisen Vorspiels die Schwelle meines Bewusstseins erreicht, da bricht von neuem die Lawine los. Ich sage nicht: Der Himmel öffnet sich; er öffnet sich nicht, er stürzt auf mich zu, schiesst plötzlich wie ein stummes Wetterleuchten aus der Kapelle hervor, wo er - wie hätte ich es ahnen können - auf geheimnisvolle Weise eingeschlossen war. Wie soll ich's schildern, mit diesen abgedankten Worte, die mir den Dienst versagen...
(Dieser) überwältigende Eindruck ist begleitet von einer Freude,

---

(35) Ri 14,5 - 6
(36) siehe z.B. M. Eliade, Le Chamanisme et les techniques archaiques de l'exstase, Paris 1951; Heinrich Schlier, Mächte und Gewalten im NT, Freiburg i Br 1963 (3) (1958); M. Summers, The History of Witchcraft and Demonology, London 1926; J. de Tonquédec, Les maladies nerveuses ou mentales et les manifestations diaboliques, Paris 1938 (3)
(37) cf. Varieties of Religious Experience, aaO; in diesem Werk findet sich eine grosse Auswahl solcher religiöser Berichte.

die nichts anderes ist als der Jubel des vom Tod Erretteten, des
gerade noch zur rechten Zeit aufgefischten Schiffsbrüchigen...,
(wobei mir) zum Bewusstsein kommt, in welchem Schlamm ich, ohne
es zu wissen versunken war..."[38]

Was diesen Bericht von den vorausgehenden unterscheidet, ist die
Tatsache, dass nicht nur ein "Subjekt" der Erzählung eingeführt
bzw. fingiert wird, sondern die ganze Erzählung erfunden werden
muss;denn äusserlich hat sich gar nichts abgespielt. Der Erzähler
sieht sich gezwungen, wenn er überhaupt von dem reden will, was
ihn getroffen hat, Gefühlszustände auf eine Erzählung abzubilden,
die ihrerseits nochmals phantastische Züge trägt, um die Einzigartigkeit
des Erlebnisses zu dokumentieren.

Zum Schluss der lediglich exemplarischen Beispielsreihe
sei noch auf einen Text verwiesen, der Elemente der Erzählungen
der Gruppe 2 und 3 enthält. Entnommen ist er dem Neuen Testament:
"Danach ging Jesus an das andere Ufer des galiläischen Meeres...
Eine grosse Menge folgte ihm, weil sie die Zeichen sahen, die er
an den Kranken tat. Jesus ging auf den Berg und setzte sich dort
mit seinen Jüngern nieder."[39]

Soweit stellt der Text einen "Augenzeugenbericht" dar über einen
Menschen, der aussergewöhnlich ist und die Leute in Staunen versetzt,
so dass sie ihm spontan nachfolgen. Im weiteren Verlauf
nimmt der Text eindeutig fiktionale Züge an: "Als es aber spät
geworden war, gingen seine Jünger zum See hinab, bestiegen ein
Boot und fuhren über den See auf Kafarnaum zu. Es war schon dunkel
geworden, aber Jesus war noch nicht zu ihnen gekommen, und
der See wurde durch einen heftigen Wind aufgewühlt. Als sie etwa
25 bis 30 Stadien gefahren waren, sahen sie, wie Jesus über den
See ging und sich dem Boot näherte; da gerieten sie in Furcht.
Er aber rief ihnen zu: 'Ich bin es; fürchtet euch nicht!' Sie

---

(38) A. Frossard, Gott existiert. Ich bin ihm begegnet,
    Freiburg i Br 1975 (4) (1970), S 136 f
(39) Jo 6,1 - 3

wollten ihn ist Boot nehmen, und sogleich war das Boot am Ufer, auf das sie zufuhren."(40)

Das Gehen auf dem See, der plötzliche, überraschende Erfolg beim Rudern, die gespenstische Gestalt Jesu... das alles sind Züge, die nicht mehr auf die wirkliche Welt als Ort des Geschehens verweisen, sondern eine fiktive(41) "Welt" meinen, die noch näherhin spezifiziert werden könnte als "Welt des Unheimlichen" und des "Wunderbaren". Die Aussage beinhaltet fürs erste: Die Begegnung mit dieser Person kann nicht durch einen gewöhnlichen Begegnungsbericht (Augenzeugenbericht) widergegeben werden - darum die Wahl der Fiktion. Dem konkreten Inhalt nach stattet die Erzählung diesen Jesus mit übermenschlicher Macht aus, so, dass er auch der Naturgewalt zu befehlen vermag und dadurch seine Jünger retten kann. Die Intention des Textes geht - wenigstens teilweise - dahin zu erklären, warum die Leute diesem Manne folgen, warum er sie fasziniert - eben weil er so machtvoll ist, dass "Meer und Wellen ihm gehorchen"; bzw. durch sein ganzes Gehabe und Reden verbreitet er eine solche Atmosphäre, dass man zu Recht in dieser Weise von ihm spricht.(42)

---

(40) Jo 6,16 - 21
(41) Das Wort "fiktiv" an dieser Stelle mag den einen oder andern stören, denn es hat den Beigeschmack von "fabulierend", "entlastend", "ohne jede Bedeutung für das konkrete Leben". - Wenn in dieser Arbeit "fiktiv" in Verbindung mit "religiösen Erzählungen" auftritt, dann sind diese auch möglichen Konnotationen von "fiktiv" nicht mitgemeint, sondern dann wird ausschliesslich auf das Faktum angespielt, dass der Erzähler eine Geschichte (oder Teile davon) erfindet, fingiert (darum die Wortwahl), um einem sonst nicht ausdrückbaren Erlebnis eine narrative Gestalt zu geben, und um nachher dieser Erzählung entsprechend das Leben gestalten zu können. Also die Kompetenz zur fiktionalen Erzählung wird in den Dienst der Gestaltung der religiösen Primärerfahrung gestellt. Dieser Gedanke wird in den folgenden Ausführungen noch deutlicher hervortreten; diese Anmerkung sollte nur Missverständnissen vorbeugen.
(42) Es dürfte Leute geben, die der Meinung sind, der zweite Teil dieses Berichts aus Jo sei gar nicht fiktional, sondern als gewöhnlicher Augenzeugenbericht zu lesen: es passierte alles gerade so, wie es geschrieben steht. - Aber was würde mit einer solchen

Gemeinsam ist allen diesen Beispielen, dass
(1) sie eine relativ primitive Stufe der narrativen Textkompetenz realisieren; es werden keine grössern Ereigniszusammenhänge sondern nur einzelne Ereignisse und kurze Ereignisfolgen erzählt; rein strukturell wird das Schema des "Augenzeugenberichts" realisiert.
(2) sie über den "Augenzeugenbericht" hinausgehen, indem in mehr oder weniger grossem Ausmass, fiktive Elemente in die Erzählung hineingenommen werden.
(3) die Konnotationen der fiktiven Elemente immer etwas Geheimnisvolles, Wunderbares oder Erschreckendes, auf jeden Fall aber nicht etwas Greifbares und Verfügbares meinen.

Um den kognitiven Gehalt der hier betrachteten Klasse von Erzählungen näher bestimmen zu können, müssen einige grundsätzliche Ueberlegungen zur so erweiterten Textkompetenz angestellt werden. Die Ueberlegungen gelten einer idealisierten (reinen) Form der fiktionalen Textkompetenz, dem "fiktionalen Bericht".

Ausgehend vom "Augenzeugenbericht" gewinnt man den "fiktionalen Bericht" dadurch, dass man das Schema des "Augenzeugenberichts" "frei" interpretiert oder besetzt,[43] d.h. man erzählt

---

Interpretationen erreicht? Doch gerade nichts anderes als mit jedem andern Augenzeugenbericht einer verwirrenden Erfahrung, er gestattete die Feststellung: "Das Geschehen war ganz unerhört!" Wenn diese Feststellung aber weiter expliziert werden soll, dann kann das nur geschehen durch das Einführen neuer Konnotationsachsen über den "fiktionalen Bericht".

(43) Als allgemeinstes Schema eines narrativen Textes erwies sich das Schema:Anfang - Mitte - Ende. Dieses Schema geht auf Aristoteles zurück: "Ein Eingangsstück ist dasjenige Element, das nicht notwendig aus einem andern Element folgt, sondern nach dem ein anderes Element existiert oder als natürliche Folge resultiert. Ein Schlussstück ist dagegen dasjenige Element, das unausweichlich oder gesetzmässig das natürliche Resultat eines andern Elements ist, aus dem sich jedoch kein weiteres Element ergibt. Das Mittelstück folgt auf ein Element, und ein anderes Element folgt auf es." (Poetik, VII, 4 - 6; 1450 b).

etwas so, als ob man einen "Augenzeugenbericht" widergäbe, signalisiert aber explizit oder implizit (z.B. durch Verfremdungen verschiedenster Art), dass man die Aeusserung nicht als "Augenzeugenbericht" verstehe, und dass sie vor allem nicht als wahr (im Sinne des Augenzeugenberichts) zu nehmen sei. "Frei besetzt" heisst demanch: frei von einer raumzeitlichen Situation, die als Verifikationssituation für die Erzählung in Frage kommen könnte. Der so erzeugte Text erweist sich als semantisch offen. Das bedeutet: der Hörer eines solchen Textes wird zu Interpretationen herausgefordert. Denn der denotativ "situationslos" gewordene "Augenzeugenbericht" verlangt von seiner Struktur her nach einer Situation als Ort der Handlung, um überhaupt verstanden werden zu können. Da es keine Situation der wirklichen Welt sein darf, erfordert das Verstehen die Konstruktion einer "erfundenen" Situation.[44] Genauer: "Nicht in der Welt des wirklichen Geschehens antreffbar" kann vom Hörer gedeutet werden entweder als "anderswo" (in einer möglichen oder wahrscheinlichen, in einer unwahrscheinlichen, phantastischen oder Traumwelt) sich abspielend oder auch als "In keiner wirklichen Situation vollständig

---

Nach der Darstellung von A.C. Danto stellt sich dieses Schema wie folgt dar: (1) x is F at t_1; (2) H happens to x at t_2; (3) x is G at t_3 (cf. Arthur C. Danto, Analytical Philosophy of History, Cambridge 1968, S 236) - Ohne auf weitere Spezifikationen der Erzähltextanalyse zurückzugreifen liesse sich dieses dreier-Schema zu einem fünfer-Schema erweitern, indem (2), das Mittelstück, differenzierter repräsentiert würde, sodass sich als "kanonische Form" eines narrativen Textes ergeben würde: (1) Einführung; (2) Komplikation; (3) Konfrontation; (4) Auflösung; (5) Konklusion (cf. T.A. van Dijk, J. Ihwe, S.J. Petöfi, H. Rieser (Hg), aaO, S 17). Die Kohärenz zwischen den verschiedenen Elementen eines narrativen Schemas wird garantiert durch Kohärenzregeln, wie sie oben (S 133, Anm (19) formuliert wurden)

(44) cf. hierzu Wolfgang Iser, "Die Wirklichkeit der Fiktion", in: Rainer Warning (Hg), Rezeptionsästhetik, München 1975, bes. S 288 - 298; ders. "Die Appellstruktur der Texte", in: Rainer Warning, aaO, S 228 - 252; ebenfalls Roland Barthes, Mythen des Alltags, Frankfurt a M 1974 (3), S 106 f.

realisiert" aber noch andeutungsweise oder versteckt oder verdrängt irgendwie anzutreffen.[45] - Fiktionale Erzählungen sind in der Regel mehrdeutig, man kann das gemeinte Geschehen in verschiedenen "Welten" lokalisieren.[46] Der Bezug eines fiktionalen Berichts zur realen Welt bleibt aber immer irgendwie erhalten und zwar dadurch, dass die "kanonische Bedeutung" (s. oben S 120) der Elemente der Erzählung zum Tragen kommt, während die "situative Bedeutung" durch die Fiktionalisierung suspendiert wird. So wird das Typische, das "Abstrakt-Besondere" des wirklichen Geschehens thematisiert.[47] Die Leistung des "fiktionalen Berichts" liegt darin, ein weiteres Feld neuer Mitteilungsmöglichkeiten zu eröffnen und so dem Sprecher zur differenzierteren Darstellung seiner Intention zu verhelfen.[48]

Die Frage nach der <u>Wahrheit</u> lässt sich im "fiktionalen Bericht" direkt nicht mehr stellen. Dagegen gibt es in diesem Zusammenhang eine der Wahrheitsfrage verwandte Frage, nämlich die nach der Adäquatheit des "fiktionalen Berichts". Sie stellt sich auf zwei verschiedenen Ebenen: Einmal auf der Ebene der Verwendung der Textform "fiktionaler Bericht". Hier besteht die Adäquatheitsforderung darin, dass der semantischen Offenheit - einem

---

(45) Ein Beispiel für diesen letzten Fall ist die bekannte Floskel, die etwa literarischen Berichten (Romanen oder Erzählungen oder Dramen) beigefügt wird: "Namen, Personen, Orte und Ereignisse sind frei erfunden; allfällige Aehnlichkeiten mit wirklichen Vorkommnissen sind nicht gewollt und rein zufällig."
(46) In der Textwissenschaft spricht man in diesem Zusammenhang von den verschiedenen vertikalen Konnotationsachsen, die durch den Text erzeugt werden. Für eine ausführliche Erörterung dieses Sachverhalts siehe Karlheinz Stierle, "Versuch zur Semiotik der Konnotation", in: ders. Text als Handlung, München 1975, S 139 - 149; ebenfalls Michael Arrivé, "Zu einer Theorie der poly - isotopen Texte", in: Richard Brütting/Bernhard Zimmermann (Hg), Theorie - Literatur - Praxis, Frankfurt a M 1975, S 108 - 122.
(47) cf. die Begriffsklärungen bei Gottfried Gabriel, Fiktion und Wahrheit. Eine semantische Theorie der Literatur, Stuttgart-Bad Cannstatt 1975, S 99 - 111.
(48) Er verhilft, wie K. Stierle sagt, "zu einer Befreiung von der Begrenzung der Donotation", aaO, S 134

wesentlichen Charakteristikum dieser Textform - Rechnung getragen werden muss. D.h. das Berichtete darf nicht so wahrscheinlich klingen,allgemeine Vorurteile und Erwartungen nicht derart stützen, dass der "appellative" Charakter dieser Berichtform untergeht, und sie stattdessen zur "verdeckenden", "täuschenden", "demagogisch-persuasiven" Rede entartet.[49]

Sofern der fiktionale Bericht das Typische konnotiert[50] - in seinen einfacheren Ausgestaltungen das typisch Menschliche (Einstellungen, Gewohnheiten, Schwächen...), - kann man ferner die Frage nach dem Zutreffen solcher Darstellungen stellen; je nachdem wird man die Erzählung als gelungen (adäquat der Intention des Sprechers) oder misslungen (inadäquat) beurteilen, ganz im Sinne des italientischen Sprichworts: "Se non è ver' è ben' trovato". Das ist die zweite Art, wie fiktionale Berichte adäquat sein können.[51]

Das Interesse am fiktionalen Bericht ist im Anschluss an das Vorausgegangene zu bestimmen als Interesse an differenzierterer semiotischer Repräsentation, ein Interesse, das durch be-

---

(49) Diese inadäquate Verwendungsweise fiktionaler Rede hat besonders Roland Barthes aufgedeckt und als "Mythos" angeprangert; cf. bes. Mythen des Alltags, Frankfurt a M 1974 (3). Da heisst es zusammenfassend: "...jedes semiotische System ist ein System von Werten. Der Verbraucher des "Mythos" fasst die Bedeutung als ein System von Fakten auf" (gemeint, nicht aufgrund eines bestimmten Interesses konstituiert) (S 115).

(50) Die Umgangssprache würde statt von "konnotieren" von "Anspielungen machen" o.ä. reden. Da sich aber die Redeweise "konnotieren" bzw. "denotieren" in der Textwissenschaft eingebürgert hat, übernehmen wir an dieser Stelle deren Terminologie. Nach dieser technischen Ausdrucksweise "denotiert" ein fiktionaler Bericht das fiktive Geschehen und konnotiert dadurch Typisches in der wirklichen Welt.

(51) Auf einen Grenzfall der fiktionalen Rede macht G. Gabriel aufmerksam, wenn er darauf hinweist, dass mit solcher Rede auch eine Art "Wahrheitsanspruch" vertreten werden könne und zwar dadurch, dass der Text z.B. durch eine Zwischenbemerkung wie "was ganz allgemein unter den Menschen der Fall zu sein scheint" o.ä. den Hörer explizit zu einer Stellungnahme bezüglich der Gültigkeit der Adäquatheit des erzählten Typischen provoziere. cf. G. Gabriel, aaO, S 82 - 86.

stimmte eindrückliche Erfahrungen (wie z.B. religiöse Erfahrungen, die aber nicht die einzigen sind) besonders motiviert sein dürfte.[52] Die "Erkenntnis", die über den fiktionalen Bericht intendiert und vermittelt wird, ist eine - verglichen mit dem "Augenzeugenbericht" - "komplementäre Erkenntnis", zu beschreiben als ein Gewinnen von neuen Perspektiven bezüglich der menschlichen Wirklichkeit.[53] - Unter "ontologischem"[54] Aspekt bringt die differenziertere Darstellung, die der "fiktionale Bericht" ermöglicht, die Einführung von "ontischen Modalitäten" als Referenten der verschiedenen Konnotationsachsen (möglich, erwartbar, erhofft, gefürchtet, vermutet usw.). Dadurch wird die Realität des "Augenzeugenberichts" als die allein ausschlaggebende relativiert. Sie bleibt zwar die fundierende, sowohl methodisch wie als Verifikationsinstanz. Aber für das Leben bedeutsamer erweist sich mehr und mehr das allgemein erwartete oder gefürchtete oder ersehnte usw. Geschehen, das nur mittels des "fiktionalen Berichts" fassbar

---

(52) Professor Abraham H. Maslow, ein bekannter Religionspsychologe, unterscheidet zwei Gruppen solcher Erfahrungen:
(a) Erfahrungen der "Fülle", die er "peak-experiences" nennt (Beispiele hierfür: intellektuelle Intuitionen, künstlerische Schöpfungen, geglücktes eheliches Zusammenleben, mystische Emotionen, sportliche Spitzenerfolge u.a.), und (b) Erfahrungen der Leere, die er "nadir-experiences" nennt, und die verbunden sind mit menschlichem Scheitern, mit Angst, mit dem Altern, dem Tod oder auch mit der unpersönlichen Kälte und Widerständlichkeit der Natur. (A.H. Maslow, Toward a Psychology of Being, New York 1962, S 67 - 96).

(53) Ganz im Sinn des folgenden Zitats von Bennison Gray: "The uniqueness of every fictional event is one more, slightly different, point of view from which to focus on the human condition, a condition that is ultimately unknowable but better and better understood with the achievement of each new perspective". (The Phenomenon of Literature, The Hague/Paris 1975, S 549.

(54) "ontologisch" wird in dieser Arbeit sehr allgemein verstanden und bezieht sich auf Vorstellungen und Aussagen einerseits über die Art der "Welt", die jeweils über eine bestimmte Weise des Erzählens gemeint bzw. konstituiert wird, andererseits über das Verhältnis dieser "Welten" zueinander.

und artikulierbar ist.[55]

Ist einmal die Kompetenz zum "fiktionalen Bericht" entwickelt, dürfte auch die sprachliche Artikulierung einer religiösen Primärerfahrung eine differenziertere Form annehmen. Die allgemeinen Feststellungen "es war ganz unerhört", "es ging nicht mit rechten Dingen zu" usw., die wie ein Refrain den religiösen "Augenzeugenbericht" begleiten, können nun ausgestaltet werden. Dem Erfahrenden ist ein Mittel an die Hand gegeben, um deutlich zu machen, worin die empfundene Einzigartigkeit des religiösen Erlebnisses liegt.

Wie die Beispiele zu Beginn dieses Abschnitts zeigen, sind die wichtigsten religiösen Erzählungen, welche für die hier betrachtete Stufe der religiösen Textkompetenz in Frage kommen, selten rein fiktionale Erzählungen. Meistens hat man es mit Mischformen von "Augenzeugenbericht" und "fiktionalem Bericht" zu tun, wobei die Augenzeugenberichtelemente den äussern Anlass der religiösen Erfahrung festhalten (das Naturereignis oder die Begegnung mit einer Person), und die fiktionalen Elemente die "Art" der Betroffenheit narrativ entfalten. - Die rein innern religiösen Erfahrungen dürften sekundäre und relativ späte Formen religiöser Erfahrung sein. - Zugleich kann man auch feststellen, dass die fiktional eingeführten Subjekte (Adressanten, "Augenblicksgötter") - und das dürfte für den religiösen "fiktionalen Bericht" die wichtigste (wenn auch nicht einzige) Erweiterung sein - die letzte "Erklärung" für die erschütternde Erfahrung sind, wenigstens

---

(55) Es gibt allerdings auch eine Verwendungsweise fiktionaler Rede, bei welcher sich die Frage der Adäquatheit nicht mehr stellt, nämlich in den Fällen, wo mittels der Sprache "gespielt" wird ohne eine explizite Kommunikationsintention damit zu verbinden - es sei denn, sich irgendwie zu unterhalten. In diesem Fall handelt es sich aber um eine abgeleitete Form fiktionaler Sprachverwendung.

aus der Sicht des Erfahrenden selber.$^{(56)}$ Damit ist auch schon gesagt, dass die fiktionalen Züge der Erzählungen für den Betroffenen viel bedeutender sind als die nicht-fiktionalen: "Es ist... eine Welt, eine andere Welt, von einem Glanz und einer Dichte, dass unsere Welt vor ihr zu den verwehenden Schatten der nicht ausgeträumten Träume zurück sinkt,"schreibt A. Frossard$^{(57)}$ und fährt dann fort: "Es ist die Wirklichkeit, es ist die Wahrheit..."

Aber was heisst hier "wahr"? das ist die Frage. Eine erste Interpretation wäre die subjektive, die bei Frossard oder Trevor und vielen andern im Vordergrund steht. "Die Erzählung ist wahr" würde danach heissen: Das erzählte Erlebnis ist für den Erfahrenden zum Wende- und Angelpunkt des Lebens geworden, bedeutsamer als jede andere Erfahrung, die man sonst macht. - Wie aber die grosse Zahl der sogenannten "Augenblicksgötter" zeigt, gibt es viele "Gestaltungsmöglichkeiten" für solche "numinosen Erfahrungen", sodass einzelne Erzählungen im besten Fall für einen Einzelnen diese dominierende Bedeutung gewinnen können, nicht aber für andere oder gar für alle. Also "wahr" bedeutet unter dieser Interpretation: "Zuverlässig für den Erfahrenden selber."

Eine zweite, objektivere Interpretation dieses "wahr" wäre gegeben, wenn man den angeblichen Wahrheitsanspruch als Adäquatheitsanspruch versteht. Adäquat gestaltet wäre eine religiöse

---

(56) cf. hierzu die religionspsychologischen Beobachtungen von W. James, aaO; bes. S 393 - 406. - Hier ein Ausschnitt aus einem diesbezüglich recht deutlichen Zeugnis: "... These highest experiences that I have had of God's presence have been rare and brief-flashes of consciousness which have compelled me to exclaim with surprise - God is here! - or conditions of exaltation and insight, less intense, and only gradually passing away. I have severely questioned the worth of these moments. To no soul have I named them, less I should be building my life and work on mere phantasies of the brain. But I find that, after every questioning and test, they stand out today as the most real experiences of my life..." (Zeugnis von I. Trevor, My Quest for God, London 1897, S 269; zit. nach W. James, aaO, S 397)

(57) A. Frossard, aaO, S 137

Erfahrung dann, wenn der Hörer aufgrund der Erzählung zu einer ähnlichen Verhaltensweise (oder Einstellung) käme wie der Erzähler, der die primäre Erfahrung gemacht hat. Dass eine solche Kommunikation äusserst schwierig ist, meistens nicht auf den ersten Anhieb gelingt, sondern nach verschiedenen, sich ergänzenden fiktionalen Erzählungen verlangt und dann noch immer ungewiss bleibt, bedeutet nur, dass es sich hier um eine äusserste Möglichkeit menschlicher Kommunikation handelt. Aber wie sollte der einzelne Sprecher die Adäquatheit seiner Aeusserung auch für sich selber beurteilen können, wenn nicht über die Reaktionsweise anderer auf seine Erzählung? Das ist ja gerade der Unterschied zum "Zungenreden" (Glossolalie), dass diese fiktionalen Berichte verstanden werden sollen und dem "Aufbau der Gemeinde"[58] zu dienen haben. - Der Hörer wird einen solchen Bericht u.a. auch als Anleitung verstehen können, die ihm den Weg weist zu möglichen ähnlichen Erfahrungen (die dann eintreten können oder nicht), die er seinerseits als Verifikation der Erzählung werten könnte.[59]

Ein Vergleich zwischen religiösen fiktionalen Berichten aus verschiedenen Religionen zeigt, dass bestimmte Erzählmotive

---

(58) Dieses Moment spielt beim Apostel Paulus eine besondere Rolle; cf. 1 Kor 14.
(59) Siehe hierzu das exemplarische Zeugnis der Bewohner einer Stadt in Samaria, welche durch das Zeugnis einer Frau auf Jesus aufmerksam wurden: "...und sie sagten zur Frau: 'Nicht mehr um deiner Rede willen glauben wir jetzt; wir haben ja selber gehört und wissen nun: Dieser ist wahrhaftig der Heiland der Welt.'" (Jo 4,42) - Ganz ähnlich meint auch Joachim Track: "Auch wenn es keine berechenbar wahrscheinlichen Möglichkeiten zur Herbeiführung der religiösen Erfahrung gibt (aufgrund des Widerfahrnischarakters), so ist es doch möglich, den Gesprächspartner zu einem Leben aufzufordern, bei dem es zumindest die Chance gibt, dass solche Grunderfahrungen gemacht werden. Für die Lehr- und Lernsituation religiöser Erfahrungen bedeutet dies, dass zu dem ersten Schritt der Einführung über das Erzählen von Geschichten als ein zweiter Schritt die Einführung über die Praxis...kommen muss." (Sprachkritische Untersuchungen zum christlichen Reden von Gott, Göttingen 1977, S 290)

immer wieder auftreten, um die religiöse Erfahrung darzustellen, z. B. das Einstürzen des Himmels, das Versinken in Wasser oder Schlamm, das Gehobenwerden in den Himmel, das Entrissen werden der Todesgefahr... Mit Erzählungen über religiöse Persönlichkeiten verbinden sich oft Berichte über eine wunderbare Geburt,[60] über das Menschenmass überschreitende Machttaten (Wunder), über selbstlosen Lebenseinsatz u.a. Diese Motive sind zum gossen Teil kulturunabhängig. Auch die "Augenblicksgötter" haben in den verschiedensten Religionen eine ganz ähnliche Gestalt. Daraus ist zu schliessen, dass man diese Gestaltungen in verschiedenen Kulturen als adäquat für die Erfüllung der ihnen zugedachten Funktion betrachtet hat. Offensichtlich liess sich die Frage der Adäquatheit doch irgendwie lösen, wenn es auch schwierig sein dürfte, die Dialektik dieses Entscheids genauer zu beschreiben.

Das <u>Interesse</u> am religiösen "fiktionalen Bericht" kann nicht durch "Freude am Erzählen" (wie das für die fiktionale Erzählung allgemein noch irgendwie gelten könnte) begründet werden. Es gründet vielmehr im gleichen Zwang zur Mitteilung aufgrund des"Ueberwältigtseins" durch das "Unheimliche", der schon den religiösen "Augenzeugenbericht" motivierte. Anders wäre die in religiösen Berichten so häufig wiederkehrende Bemerkung über mangelnde Ausdrucksmöglichkeit kaum zu verstehen.[61] Warum haben die Be-

---

(60) Bei Mohammed: Wunderbare Ereignisse verkünden der Menschheit den Augenblick der Geburt; Engel öffnen die Brust des Kindes, um alles Böse von ihm zu entfernen. (cf. H. von Glasenapp, Die fünf Weltreligionen, aaO, S 320 f). Bei Jesus: Seine Geburt wird als Jungfrauengeburt dargestellt; ein Stern kündet seine Geburt der Welt (cf. Mt 1 + 2, Lk 1 + 2). Bei Buddha: Nach der Legende soll seine Mutter Mâyâ nach Ablegen eines Keuschheitsgelübdes im Traum gesehen haben, wie ein weisser Elephant in ihre Seite eingegangen sei, und nach 10-monatiger Schwangerschaft habe sie ihren Sohn, den späteren Buddha, geboren (cf. H. von Glasenapp, aaO, S 70).
(61) z.B. A. Frossard: "Wie soll ich's schildern mit diesen abgedankten Worten, die mir den Dienst versagen und mir die Gedanken abzuschneiden drohen.."? (aaO, S 136).
Weitere Zeugnisse siehe bei W. James, aaO.

troffenen angesichts ihrer Ausdrucksschwierigkeiten nicht einfach geschwiegen? "Wovon man nicht sprechen kann, darüber muss man schweigen", hatte apodiktisch Wittgenstein formuliert.[62] Die Antwort des Apostels Paulus dürfte allgemeine Geltung haben:"Es liegt ein Zwang auf mir." "Wehe mir, wenn ich die Frohe Botschaft nicht bezeuge!"[63]

Wegen der Bedeutsamkeit des erzählten Erlebnisses ist das tragende Interesse (Zwang) genauer zu bestimmen als Interesse an zuverlässiger und verstehbarer Information (= kognitives Interesse) mit einem praktischen Ziel, nämlich bestimmte Verhaltensweisen auszulösen, (wie Verehrung, Opfer, bestimmte Gebräuche usw.), bzw. eine bestimmte Haltung zu evozieren z.B. Ehrfurcht oder Vertrauen, welche einer religiösen Erfahrung etwa entsprechen könnte. Dieser Zwang zur Adäquatheit erfordert vom Erzählenden das Ausschöpfen der semiotischen Möglichkeiten. Und da der "fiktionale Bericht" eine differenziertere Darstellung des Erlebnisses gestattet, drängt sich - wenigstens für diese bestimmte Stufe der geistigen Verarbeitung des Erlebnisses - die Wahl dieses semiotischen Mittels auf. - Unter "ontologischem" Aspekt bringen diese Berichte eine ganz deutliche Verschiebung der Gewichte mit sich, insofern das "Heilige" oder "Göttliche" oder "Geheimnisvolle" in der Erzählung nicht nur genannt wird, sondern - obwohl fiktional eingeführt - auch die entscheidende Rolle spielt, die Rolle des Adressanten. Dadurch wird die Wirklichkeit des "Augenzeugenberichts" verglichen mit der durch den "fiktionalen Bericht" artikulierten "religiösen Wirklichkeit" zur "abgeleiteten" Wirklichkeit. - Unter psychologischem Aspekt ist mit diesen Berichten oft ein Interesse an Sicherheit und eigenem "Machtgewinn" verbunden, die durch das "Wissen" um das "übernatürliche" Geschehen vermittelt werden und in Magie und Zauber eine bedeutende Rolle spielen.

---

(62) Tractatus logico-philosophicus, Frankfurt a M 1969 (7), Satz Nr 7.
(63) 1 Kor 9,16; cf. auch Friedrich Heiler, aaO, S 550 ff.

Die Gestaltung der religiösen Erfahrung durch den religiösen "fiktionalen Bericht" stösst aber relativ schnell auf Grenzen, die durch die beiden Stichworte "Fiktionalität" und "Kürze des Berichts" angegeben werden. Am folgenden Beispiel sei das Gemeinte kurz erläutert: Paulus erzählt eines seiner religiösen Erlebnisse in folgenden Worten: "Ich weiss von einem Menschen...der vor 14 Jahren - ob im Leib oder ausserhalb des Leibes, ich weiss es nicht - entrückt wurde bis in den dritten Himmel. Und ich weiss, dass dieser Mensch...in das Paradies entrückt wurde und unsagbare Worte hörte, die ein Mensch nicht auszusprechen vermag ..."[64] Dieser Text aus 2 Kor könnte aber auch einem Verliebten in den Mund gelegt werden, der darauf beharrte, es handle sich hierbei nicht um eine Uebertreibung, sondern um eine adäquate Darstellung seines Erlebnisses. Soll man demnach auch dieses Erlebnis religiös nennen? - Viele würden zögern, vor allem Paulus selber. Er würde betonen, dass kein mitmenschliches Erlebnis die Qualität seiner Erfahrung haben könne, dass ihm aber die Worte für eine nuanciertere Gestaltung fehlten. - Dass die beiden Erfahrungen nicht die gleiche Qualität haben, dürfte sich erweisen, wenn man die daraus resultierenden Verhaltensweisen vergleicht. Die religiöse Erfahrung bedeutet ein totales "Erfasstwerden", sodass z.B. Paulus alles verlässt, um nur noch dem Dienst seiner Botschaft zu leben, während die Liebeserfahrung den Verliebten in die Arme seiner Frau treibt, um mit ihr das Leben zu teilen. Also, es kann sehr wohl der Fall sein, dass verschiedene Arten der Betroffenheit in einem gleichen fiktionalen Bericht ihren adäquaten Ausdruck finden; und erst die sich anschliessende Lebensgestaltung offenbart die entscheidenden Unterschiede.[65] Aber mittels der

---

(64) 2 Kor 12,2 - 4
(65) Auf diesen Punkt macht bes. André Godin aufmerksam, wenn er schreibt: "Elles (les expériences intenses) doivent être acceptées selon leur signification religieuse dans une attitude qui appelle un engagement, seul moyen pour que cette valeur s'inscrive <u>durablement</u> dans l'existence du sujet. Pas d'expérience mystique sans une réaction de la liberté

Textform "fiktionaler Bericht" kann keine faktische Praxis dargestellt werden; denn er ist fiktional und dient wesentlich der "Ausgestaltung" bzw. narrativen Artikulation der Betroffenheit. - Auch erlaubt diese Textform nicht die Konstitution grösserer Geschehenssequenzen; denn der "fiktionale Bericht", abgeleitet aus dem "Augenzeugenbericht", ist ein Kurzbericht, der wesentlich der Konstitution eines einzelnen Ereignisses bzw. einer kurzen Ereignisfolge dient. So muss die Erfahrung der "grossen Dimension" im Rahmen einer solchen Kurzgeschichte zu sehr beschränkt werden, als dass der religiöse Sprecher sich mit dieser Art der Erzählung auf die Dauer abfinden könnte.[66] Eine ausdrücklichere Gestaltung der religiösen Erfahrung wird möglich, wenn diese beiden Grenzen sich aufbrechen lassen. Unsere Suche muss sich demnach auf Erzähltexte richten, welche grössere Verlaufsbedeutungen vorstellen und auch die Lebensrelevanz religiöser Erfahrungen ausdrücklich machen.

---

pour dépasser l'instant fugitif et en inscrire la promesse dans les conduites de la vie quotidienne". ("L'expérience en religion", in: Charlotte Hörgl/Kurt Krenn/Fritz Rauh (Hg), Wesen und Weisen der Religion, München 1969, S 109).

[66] Ein religionsgeschichtlicher Beleg für das Ungenügen dieser Textform im Kontext der Religion ist das Vorfinden einer fast unendlichen Anzahl von "Augenblicksgöttern" in archaischen Religionen (cf. H. Usener, aaO, S 301): auf der einen Seite gab es verschiedenste, aufdringliche religiöse Erfahrungen, die man nicht einfach übersehen konnte, auf der andern Seite fehlte die sprachliche Möglichkeit, diese verschiedenen Erlebnisse zu einer grössern Erzählung mit einem einzelnen Gott als "Hauptperson" zu verbinden. Also behalf man sich mit der Vermehrung der "Augenblicksgötter".

VIII . K a p i t e l

Die Gewinnung von grössern "Verlaufsbedeutungen":
Der religiöse "historische Bericht" und die "Heroensage"

Die Darstellung des "Göttlichen" oder "Heiligen" ist bedeutend reicher in Berichten, die das Schema des "historischen Berichts" realisieren, sei es in reiner Form oder in Formen, die mit fiktionalen Elemente durchwirkt sind. Charakteristisch für diese Berichte ist, dass sie längere Episoden bzw. zeitlich aufeinanderfolgende Ereignisse in die Einheit einer Erzählung zu integrieren vermögen. Texttheoretisch ursprünglichste Formen solch grösserer Erzählungen sind jene Berichte, die hier "historische Berichte"genannt werden.

1. Abschnitt

Der religiöse "historische Bericht"[1]

Zur Einführung dieser Textsorte werden exemplarisch einige Textbeispiele zitiert. Als einfachste Erzählungen dieser Art haben Berichte zu gelten, welche die Lebensrelevanz eines religiösen Erlebnisses für einen einzelnen Erzähler festhalten.

Da ist zunächst das Zeugnis des alttestamentlichen Propheten Jeremia: "Du hast mich betört, oh Herr, und ich liess es zu, du packtest mich und überwältigtest mich! Zum Gelächter ward ich allezeit, jedermann höhnt über mich! Ja, sooft ich rede, muss ich aufschreien; "Gewalt und Druck" muss ich rufen, denn des Herrn

---
(1) "historisch" meint im Zusammenhang mit religiösen Erzählungen (analog der Verwendung von "fiktiv" im vorausgehenden Kapitel) nur, dass das historische Erzählschema für eine religiöse Intention vereinnahmt wird, im Sinn einer konnotativen Sprache.

Wort wurde für mich zum Schmähen und Spott allezeit. Dachte ich: Ich will nicht mehr denken an ihn und nicht mehr reden in seinem Namen, so ward es in meinem Innern wie brennendes Feuer, zurückgehalten in meinem Gebein, müde bin ich, es zu ertragen, ich kann es nicht mehr..."[2]

Dieser autobiographische Text ist ein Musterbeispiel für die lebensverändernde Wirkung einer religiösen Primärerfahrung. Das "Heilige" erscheint hier nicht nur als erschütternd und mit Beschlag belegend, sondern auch als eine verfügende richtende Macht, die sich gleich bleibt über die Zeit und immer wieder "eingreift".

Ganz ähnlich verhält es sich auch mit dem folgenden Text aus dem Philipperbrief des Apostels Paulus: "Doch, was mir als Vorteil galt, das habe ich um Christi Willen als Unwert erachtet. Ja, ich erachte auch wirklich alles als Unwert angesichts der alles übertreffenden Erkenntnis Christi Jesu, meines Herrn; um dessetwillen habe ich alles aufgegeben und betrachte es als Unrat, um Christus zu gewinnen und in ihm gefunden zu werden..."[3]

Ein dritter Text der gleichen Gattung entstammt dem "Testament" des hl. Franz von Assisi: "...Da ich in Sünden war, erschien es mir unerträglich bitter, Aussätzige anzublicken. Und der Herr selbst hat mich unter sie geführt, und ich habe ihnen Barmherzigkeit erwiesen. Und während ich fortging von ihnen, wurde mir gerade das, was mir bitter schien, in Süssigkeit der Seele und des Leibes verwandelt. Und darnach verweilte ich nur kurze Zeit und verliess die Welt. Und der Herr gab mir einen solchen Glauben, ...dass ich betete... Er gab mir ein solch grosses Vertrauen in die Prieser... (Er lehrte mich), dass ich nach der Form des Evangeliums leben sollte... Und jene, die zu mir kamen, dieses Leben anzunehmen, gaben alles, was sie haben mochten, den Armen..."[4]

---

(2) Jer 20,7 - 9
(3) Phil 3,7 - 9
(4) Kajetan Esser ofm/Lothar Hardick ofm (Hg), Die Schriften des hl. Franziskus von Assisi, Werl/Westf. 1963 (3), S 94 f

In all diesen Beispieltexten zeigt sich, wie eine ursprüngliche religiöse Erfahrung eine Wende des Lebens bewirkt und Schritt für Schritt dieses Leben begleitet. Genauer gesagt, die Technik des "historischen Berichts" gestattet erst, verschiedene religiöse Erlebnisse zu einer grössern Erzählung zusammenzunehmen und sie einem einzigen Adressanten zuzuschreiben, der nun als der gleiche zu verschiedenen Zeiten erscheint oder eingreift. - Zugleich machen solche Berichte deutlich, was die ursprüngliche Erfahrung eigentlich "wert" ist: Das erfahrene "Heilige" bringt das Leben nicht nur für Momente der Exstase, sondern auf Dauer "durcheinander" und gibt ihm eine neue Ausrichtung.

Das Schema des "historischen Berichts" findet sich nicht nur in autobiographischen Texten realisiert sondern auch im Kontext von Stammesgeschichten. Am bekanntesten - unter den älteren Zeugnissen - sind die entsprechenden altjüdischen Zeugnisse dieser Art: "Da antwortete das Volk und sprach: 'Ferne sei es von uns, den Herrn zu verlassen und andern Göttern zu dienen. Der Herr ist ja doch unser Gott; er war es, der uns und unsere Väter aus dem Aegypterland herausführte, aus dem Haus der Sklaverei, der vor unseren Blicken jene grossen Wunderzeichen tat, und der uns auf allen unseren Wegen und unter allen Völkern, durch die wir mitten hindurchgezogen sind, behütete. Der Herr vertrieb vor uns alle Völker..."[5]

Auch an diesem Text lässt sich die Funktion, die das historische Erzählschema erfüllt, gut ablesen: Es dient der Konstitution eines Adressanten, der sich über die Zeit gleichbleibt und verschiedene Einzelereignisse (festgehalten in religiösen "Augenzeugenberichten" und religiösen "fiktionalen Berichten") dominiert.

---

(5) Jos 24,16 - 18; die Art von Berichten begegnet im AT recht oft, meist an entscheidenden Wendepunkten der Geschichte, in Momenten, wo ein Entscheid gefällt werden muss.

Anhand dieser Beispiele[6] dürfte etwas deutlicher geworden sein, was mit dem religiösen "historischen Bericht" gemeint sein soll. - Zur Vertiefung der Analyse wird nun in einem ersten Schritt das Erzählschema "historischer Bericht" genauer beschrieben. In einem zweiten Schritt wird auf die spezifische Verwendungsart dieses Schemas im religiösen Kontext näher eingegangen.

Zur Einführung des "historischen Berichts"

Der "historische Bericht" lässt sich, wenn die Beherrschung des "Augenzeugenberichts" und des "fiktionalen Berichts" vorausgesetzt wird, über die folgenden Schritte einführen:
a) Gegeben sind mehrere verschiedene Augenzeugenberichte zu einem einheitlichen thematischen Geschehenskomplex $\{A_1, A_2, \ldots A_n\}$, die alle gleichwertig (bezüglich Glaubwürdigkeit) sind und als "wahr" (augenzeugenwahr) zu gelten haben. Das Verhältnis der Augenzeugenberichte untereinander ist so, dass mindestens eine Aussage der jeweiligen "Normalform" in keinem der andern Augenzeugenberichte vorkommt. Aber bei entsprechender Anordnung sind alle Berichte miteinander widerspruchsfrei harmonisierbar. In einem solchen Fall wird der Hörer die jeweils neuen Aussagen in Uebereinstimmung mit der Erzähllogik additiv in die "Normalform" der Erzählung einfügen. Das Ergebnis ist ein detaillierter Bericht,

---

(6) Sie sind einseitig der jüdisch-christlichen Tradition entnommen, weil diese Textform in der Tradition am deutlichsten erhalten geblieben ist. Aber man begegnet ähnlichen Texten auch in andern Religionen, z.B. in Erzählungen über Mohammed und seine Offenbarungen oder auch über Zoroaster. Aber die jüdisch-christliche Tradition hat einen besonderen Wert auf diese Art der Berichte gelegt, weil ihr Gottesbegriff besonders über historische Erfahrungen seine unverwechselbare Prägung erfahren hat. In andern Religionen wird den fiktionalen Elementen mehr Raum gewährt. Dazu aber später, wenn die entsprechenden Berichtformen näher betrachtet werden.

der nur dadurch den Rahmen eines "Augenzeugenberichts" sprengt, als mehr Aspekte berücksichtigt werden als je von einem einzelnen Augenzeugen überblickt werden könnten. - Während beim einfachen "Augenzeugenbericht" in der "Normalform" das Nacheinander der Aussagen in der Regel das zeitliche Nacheinander von Geschehensmomenten abbildet, gibt es bei diesem "zusammenfassenden" Bericht keinen möglichen Zeugen, der ein so erzähltes Geschehen hätte wahrnehmen können und für die Richtigkeit der Gesamtanordnung bürgte. - Schon in diesem einfachen Fall und bei den idealsten Bedingungen schleicht sich ein "ungedecktes" Moment in die Erzählung ein, das insofern einen apriorischen Charakter hat, als es auf einer vorausgesetzten Erzähllogik aufruht: Ein allgemeines Schema von "Funktions"-folgen wird durch die konkreten Geschehensmomente, die den Augenzeugenberichten entnommen wurden, interpretiert.

b) Eine leichte Komplizierung der Situation wird erreicht, wenn einzelne Augenzeugenberichte der Menge $\{A_1, A_2, \ldots A_n\}$ mit den übrigen unvereinbar sind, sodass sie nicht in eine "zusammenfassende" Erzählung eingebaut werden können ohne Inkonsistenzen zu verursachen. Ist die Zahl der so unvereinbaren Berichte relativ gering, werden sie - wenigstens in der Praxis - unberücksichtigt gelassen und als falsch taxiert. Ist ihre Zahl aber relativ hoch und lassen sie sich untereinander wieder zu einem einheitlichen Bericht verbinden, dann wird dieser zweite Bericht als Gegenzeugnis zum ersten verstanden werden. Das bedeutet im einfachsten Fall, dass es sich bei den Augenzeugenberichten $\{A_1 \ldots A_n\}$ um Berichte zweier verschiedener Ereignisse handelte, die man fälschlicherweise als identisch betrachtet hatte. - Andere mögliche Erklärungen wären, dass man die Wahrnehmungsfähigkeit (in einem sehr weiten Sinn verstanden) der Augenzeugen für diese Verschiedenheit verantwortlich machte und etwa erklärte: Die eine Gruppe war ermüdet oder überrascht oder mit der Umgebung nicht vertraut usw., Erklärungen, die selbstverständlich ihrerseits wieder zu überprüfen wären. - Dieses Vorgehen markiert bereits eine erste Stufe der Quellenkritik. - Beachtenswert ist auch hier, dass der "zusammenfassende" Bericht "fiktionale" Momente (z.B. Vermutungen) enthält, und dass der konstruierte Bericht zum Kriterium wird für die Annahme bzw. Ablehnung von Augenzeugenberichten als wahr oder falsch bzw. glaubwürdig oder unglaubwürdig.[7]

c) Noch komplizierter und schwieriger wird es für einen Hörer, wenn ihm nur fragmentarische Augenzeugenberichte - von denen angenommen wird, sie seien alle wahr - zu einem zwar offensichtlich einzig möglichen Ereignis vermittelt werden. Diese Fragmente können ihm nur dann etwas bedeuten, wenn es ihm gelingt, eine Erzählung zu finden (bzw. zu erfinden), in welche diese Augenzeugenberichte als verifizierende Instanzen eingehen. Die Geschichte als Ganze ist nicht abgesichert, und es ist auch nicht auszuschliessen, dass ganz verschiedene "integrierende Erzählungen" durch die betreffenden Augenzeugenberichtfragmente bestätigt werden könnten.

d) Die faktische Situation des Geschichtswissenschaftlers heute
   ist noch um Einiges komplizierter, als es der Fall c) darstellte. R.G. Collingwood bringt hierzu den folgenden Vergleich: "Der Held eines Kriminalromans denkt genau gleich wie ein Historiker, wenn er, ausgehend von Indizien ganz verschiedener Art, ein imaginäres Bild dessen entwirft, wie und durch wen ein Verbrechen begangen wurde. Zunächst handelt es sich um eine reine Theorie,

---

(7) Ganz explizit stellt das R.G. Collingwood heraus: "It is thus the historian's picture of the past, the product of his own apriori imagination, that has to justify the sources used in its constructions". (The Idea of History, London/Oxford/New York 1970 (1946), S 245

die einer Verifikation wartet, die von aussen kommen muss."[8]

Diese Einführung des "historischen Berichts" zusammenfassend ergibt sich folgende Definition: Der "historische Bericht" ist eine spezielle Realisierung der narrativen Redeweise, und zwar so, das (1) das narrative Schema nicht - wie beim fiktionalen Bericht - "frei", sondern im Hinblick auf Verifikationsmöglichkeiten belegt wird, und (2) es nicht durch Textelemente (Augenzeugenberichtelemente wie beim "fiktionalen Bericht"), sondern durch ganze, selbständige Texte interpretiert wird; diese Texte sind im einfachsten Fall Augenzeugenberichte.

Aufgrund dieser Definition ergibt sich: Während der"Augenzeugenbericht", wie er oben definiert wurde, einzelne Ereignisse

---

[8] aaO, S 243. -
Etwas expliziter lässt sich die Situation des Historikers wie folgt beschreiben:
- Die Verifikationsinstanzen (meist 'Quellen' genannt) sind nicht nur Augenzeugenberichte oder Fragmente davon, sondern "the whole perceptible world..is potentially and in principle evidence to the historian." (aaO, S 247)
- Es ist nicht von vornherein ausgemacht, welche Indizien als Evidenzen zu welchen "Geschichten" gehören: Der Fund eines zertrümmerten Schädels kann in eine Geschichte eines Bruderzwists, von Menschenopfern oder eines Unfalls integriert werden.
- Die Wahrheit der wahrheitsfähigen Zeugnisse ist nicht von vornherein als gesichert anzunehmen, sondern muss einer "Quellenkritik" unterzogen werden.
- Die Zeugnisse der Vergangenheit sind stumm oder zumindest vieldeutig. Sie drängen sich nicht auf, wenn sie nicht von einem Fragenden ins "Kreuzverhör" genommen werden, von einem oder verschiedenen Fragestellern, die aus der Perspektive verschiedener Geschichten ihre Fragen stellen und mehr oder weniger aufschlussreiche Antworten erhalten, je nach der Adäquatheit der Fragen, die eine Funktion des historischen Vorwissens ist, das wiederum u.a. abhängig ist vom zeitlichen Standpunkt des Fragers. (cf. A.C. Danto, aaO, S 143).
- Die Zahl der möglichen Geschichten über vergangenes Geschehen ist unbegrenzt.
- Für das Erzählen von Historie gilt folgende Proportion: Je umfassender - zeitlich wie örtlich - ein historischer Bericht sein will, umso mehr Details müssen übergangen werden; je detaillierter eine Erzählung ist, desto beschränkter - zeitlich wie örtlich - wird sie notwendig sein.
(zum Ganzen cf. auch die abschliessende Stellungnahme von Adam Schaff, Geschichte und Wahrheit, Wien/Frankfurt/Zürich 1970,S 258)

konstituiert, erlaubt der "historische Bericht" die Konstitution von Ereignisfolgen, also die Gewinnung von grösseren Verlaufsbedeutungen.[9]

Wenn sich einmal die Kompetenz zum "historischen Bericht" gebildet hat, dann ist der Weg offen zur Konstruktion von "epochalen Berichten" oder "epochaler Geschichte", indem das narrative Schema nun durch historische Berichte verschiedenen Umfangs (und nicht mehr nur durch Augenzeugenberichte) interpretiert oder besetzt wird.[10] Für eine eingehendere Erörterung der historischen Rede sei verwiesen auf neuere einschlägige Arbeiten.[11]

---

(9) In der Terminologie von "denotieren" und "konnotieren", die sich in der Textwissenschaft durchgesetzt hat, wäre der "historische Bericht" wie folgt zu charakterisieren: Er konnotiert horizontal eine Erzählung (Erzählschema), vertikal Einheit und Kontinuität vergangener Ereignisse; er denotiert Augenzeugenberichte und Zeugnisse, die sich in Augenzeugenberichte übersetzen liessen und über sie (also indirekt) einzelne Ereignisse der Vergangenheit.

(10) Es ist hier interessant zu bemerken, dass die aus humanistischen Vorstellungen um 1500 entstandene Dreiteilung der europäischen Geschichte in "Altertum" und "Neuzeit" und ein dazwischenliegendes "Mittelalter" das narrative Grundschema des Aristoteles auf den Gesamtbereich europäischer Geschichte überträgt.

(11) Hier die Titel einiger wichtiger Arbeiten:
- H.M. Baumgartner, Kontinuität und Geschichte, Frankfurt a M 1972
- H.M Baumgartner und Jörg Rüsen (Hg), Seminar: Geschichte und Theorie, Frankfurt a M 1976
- R.G. Collingwood, The Idea of History, aaO
- Arthur C. Danto, Analytical Philosophy of History, Cambridge 1968, deutsch: Analytische Philosophie der Geschichte, Frankfurt a M 1974
- Karl-Georg Faber, Theorie der Geschichtswissenschaft, München 1974, 3. erw. Aufl.
- R. Koselleck und W.D. Stempel (Hg), Geschichte - Ereignis und Erzählung, aaO
- H.-I. Marrou, De la connaissance historique, Paris 1964 deutsch: Ueber die historische Erkenntnis. Welches ist der richtige Gebrauch der Vernunft, wenn sie sich historisch betätigt? Freiburg i Br. 1974
- Paul Veyne, Comment on écrit l'histoire, Essai d'épistémologie, Paris 1971

Wahrheit und Interesse im "historischen Bericht"

Die Frage der Wahrheit spielt im "historischen Bericht" eine entscheidende Rolle, denn durch den expliziten Wahrheitsanspruch unterscheidet er sich von den verschiedenen Gattungen der literarischen Erzählung. Aber wie die Einführung des "historischen Berichts" zeigte, stellt die Wahrheitsfrage den "Historiker" vor Probleme, die immer komplexer werden, je umfassender die Berichte sind. Allgemein lässt sich feststellen: "Historische Wahrheit" ist "relative" Wahrheit.[12] Abhängig ist sie (a) von der Quellenlage (gibt es viele, wenige, keine authentischen Zeugnisse? Sind sie glaubwürdig? In welchem Sinn sind sie interessegebunden usw.). (b) von der Wahl des Aspekts unter dem Quellen betrachtet werden, (c) von der Wahl des Wichtigkeitskriteriums, unter dem die Quellenselektion stattfindet, (d) von der Länge des Zeitraumes, der erzählend vorgestellt werden soll, (e) vom Zeitpunkt der Erzählung (zukünftige Wirkungen vergangener Ereignisse können nicht berücksichtigt werden), (f) von der Persönlichkeit des Erzählers selber (der bestimmte Sehweisen, Vorurteile, Neigungen, Fähigkeiten usw. nicht verleugnen kann). - Aus diesem Grund ist die Wahrheit des "historischen Berichts" - verglichen mit der Wahrheit beim "Augenzeugenbericht" - eine "prekäre" Wahrheit, mehr oder weniger gesichert, mehr oder weniger vollständig, mehr oder weniger einseitig. Die Suche nach dieser Wahrheit muss über das gegenseitig korrigierende und ergänzende Gespräch geführt werden, ein Prozess, "der sich ins Unendliche ausdehnt", wie A. Schaff meint.[13] - Als Minimaldefinition für "historische Wahrheit" dürfte gelten, was R. Koselleck wie folgt festhält: "Jedes historisch eruierte und dargebotene Ereignis lebt von der Fiktion des Faktischen, die Wirklichkeit selber ist vergangen. Damit wird ein geschichtliches

---

(12) Zum ganzen Fragenkomplex cf. A. Schaff, Geschichte und Wahrheit aaO; Paul Ricoeur, Histoire et vérité, Paris 1964 (3. erw. Aufl.)
(13) aaO, S 239 f

193

Ereignis aber nicht beliebig oder willkürlich setzbar. Denn die Quellenkontrolle schliesst aus, was nicht gesagt werden darf. Nicht aber schreibt sie vor, was gesagt werden kann. Negativ bleibt der Historiker den Zeugnissen vergangener Wirklichkeit verpflichtet. Positiv nähert er sich, wenn er ein Ereignis deutend aus den Quellen herauspräpariert, jenem literarischen Geschichtenschreiber, der ebenfalls der Fiktion des Faktischen huldigen mag, wenn er seine Geschichte glaubwürdig machen will."[14] - Obwohl weniger sicher als Augenzeugenberichte bezüglich ihrer Wahrheit, sind historische Berichte doch interessanter und aufs Ganze gesehen bedeutsamer als jene.

Damit ist die Frage des Interesses am "historischen Bericht" angesprochen.[15] Das unterscheidend Neue des "historischen Berichts" liegt in der Möglichkeit der Gewinnung von grösseren, nicht mehr direkt erlebbaren und überschaubaren Ereignisfolgen. Demnach lässt sich das gesuchte Interesse vorläufig und allgemein bestimmen als Interesse an längerfristigen und grösseren Geschehenszusammenhängen. Praktisch motiviert ist dieses Interesse wohl in Erfahrungen, welche die Grenzen der vorausgegangenen Textformen aufdecken. Z.B. wenn ein Sprecher, der nur über die narrative Kompetenz der "einfachen Formen" verfügt, zum Augenzeugen eines Ereignisses wird, das zwei voneinander unabhängige Vorgeschichten hat (etwa der Zusammenstoss zweier Autos), wird er sich gezwungen sehen, zwei Geschichten (im einfachsten Fall Augenzeugenberichte) so zu organisieren, dass sie auf einer neuen Stufe ein Ganzes ergeben. - Eine andere Erfahrung, die genauso den Rahmen der einfachen narrativen Formen sprengt, wäre die Erfahrung der Selbst-

---

(14) R. Koselleck, "Ereignis und Struktur", in R. Koselleck/W.-D. Stempel (Hg), Geschichte - Ereignis und Erzählung, aaO, S 567
(15) dazu cf. Thomas Nipperdey, "Wozu noch Geschichte?" in: Gerd Klaus Kaltenbrunner (Hg), Die Zukunft der Vergangenheit, München 1975, S 34 - 57; Hellmut Diwald, "Geschichtsbewusstsein und Selbstbehauptung", in: Kaltenbrunner (Hg), aaO, S 15 - 33; weitere Literatur siehe da, S 175 - 186

identität, die im Spielen-können von verschiedenen Rollen verhaltensmässig angelegt ist, sprachlich aber nur in einer einheitlichen Erzählung mit mehreren Episoden repräsentiert werden kann. Analoges gilt für einen Bericht über Begegnungen mit andern Menschen, über Abschiede usw. All diese relativ einfachen Lebensvollzüge lassen sich nicht mit den einfachsten narrativen Formen sprachlich darstellen. - Es ist diese praktische Notwendigkeit, mit bestimmten Erfahrungen umgehen zu müssen, die zur Ausweitung des Systems der narrativen Formen den Anstoss gibt. Und deshalb stimmen wir H.M.Baumgartner zu, wenn er das Interesse am "historischen Bericht" als Interesse an narrativer Sinnkonstitution in praktischer Absicht beschreibt.[16]

Dieses allgemeine Interesse lässt sich nach verschiedener Hinsicht näher beschreiben:
- Unter kognitivem Aspekt: Als Interesse an Erweiterung des eigenen Vorstellungsraumes um die grosse Zahl fremder, aber menschlich möglicher Entscheide und Lebensweisen; an Gewinnung von längerfristigen Verlaufs-, Verhaltens- und Handlungsmustern als relativen Konstanten (gegenüber den schnell wechselnden Einzelereignissen und -handlungen) zur Lebensausrichtung;[17] an Be-

---

(16) cf. Kontinuität und Geschichte, aaO, bes. S 265 - 269
(17) Allerdings besteht keine so direkte Beziehung zwischen Bericht und Anschlusshandlung wie beim "Augenzeugenbericht", da der "historische Bericht" - auch der einfachste - um eine Stufe abstrakter bzw. praxisferner ist als jener. Das bedeutet weiter, dass es keine unmittelbaren "Lehren" aus der Geschichte geben kann, und dass der "historische Bericht" eigenständiger und nicht unmittelbar "verzweckbar" ist. Nicht mehr das Einzelereignis, sondern die Struktur, die den Ereignisfolgen zugrundeliegt und sie zusammenhält, enthält nun die Orientierung. Vor allem die weniger umfassenden "historischen Berichte" stellen "typische" Verlaufsmuster vor, die dem Handelnden relativ allgemeine Anhaltspunkte liefern können. cf. hierzu R. Koselleck, "Struktur und Ereignis", aaO; ebenfalls Karlheinz Stierle, "Geschichte als Exemplum - Exemplum als Geschichte. Zur Pragmatik und Poetik narrativer Texte", in: Text als Handlung, aaO, S 14 - 48.

rücksichtigung der konkreten Vielfalt und des Eigengewichts
von Details und damit verbunden des Individuellen und Persönlichen zur Kritik an jeder Art von Totalitarismus.
- In anamnetischer Hinsicht: Als Interesse am Vergangenen, das in der Gegenwart virulent ist, sei es als Erinnerung an Glück, Erfolg, Vertrauen, hervorragende Leistungen; sei es als Erinnerung verlorener Freiheit, durchgestandenen Leidens, verziehenen oder unverziehenen Unrechts; sei es als Verdrängung von Schuld, Abhängigkeiten, Misserfolgen usw. So leistet der "historische Bericht" eine Situierung der Gegenwart, in der gehandelt werden muss.
- Unter ontologischem Aspekt ermöglicht der "historische Bericht" weitere Präzisierungen des durch den "fiktionalen Bericht" beinahe gänzlich "modalisierten" Realitätsbegriffs.[18] Einmal erlaubt er die Gewinnung von grösseren zeitlichen Kontinuitäten, die als "historisch wahre" semiotische Konstrukte in spezifischer Weise wirksam werden, sofern aufgrund solcher Konstrukte in ganz bestimmter Weise gehandelt wird. Das ist wohl das Wesen dessen, was mit "historischer Wirklichkeit" gemeint sein kann.[19] Dieser Bereich des "historisch Wirklichen" lässt sich nun seinerseits hierarchisieren in verschiedene Ebenen oder Stufen, je nach längerfristig-umfassender oder kurzfristig-spezifischer Wirksamkeit.

Nach einer andern Richtung geschieht mittels des "historischen Berichts" eine Kategorisierung des Geschehens in Vergangenes (als Bereich dessen, was erzählt werden kann) und Zukünftiges

---

(18) Einen ähnlich "modalisierten" Realitätsbegriff hat das Kind im sog. "Märchenalter", wo für es das praktisch Wirkliche, das Mögliche, das Erwünschte, das Geträumte, das nur Vorgestellte nahezu gleichwertig sind.

(19) "Realistischere" Interpretationen dieses Ausdrucks fallen hinter die kritische Position zurück, die durch die Sprachanalyse bezogen wurde.

(als Bereich dessen, was als Rahmen möglichen Wandels miterzählt oder wenigstens konnotiert werden muss). Vergangenheit und Zukunft lassen sich dann näherhin spezifizieren als nahe/ferne, eigene/fremde Vergangenheit bzw. intendierte/rein mögliche, erhoffte/gefürchtete usw. Zukunft.

- Als von besonderer Bedeutung erweist sich auch das existenziellsoziale Interesse am "historischen Bericht", insofern das Identitätsbewusstsein sowohl des Einzelnen, wie von Gruppe nicht möglich ist ohne die Konstitution von zeitlicher Kontinuität durch den "historischen Bericht".[20] Aber auch Kommunikation und tiefer gehendes gegenseitiges Verständnis erweisen sich als unmöglich da, wo nicht ein gewisses Mass von erinnerter gemeinsamer Geschichte oder Kenntnis der Geschichte des andern vorausgesetzt werden können.[21]

---

(20) cf. hierzu H. Lübbe, "Bewusstsein in Geschichten", aaO; ebenfalls Sydney Shoemaker, Self-Knowledge and Self-Identity, Ithaca 1963: "Involved in being a person is having a memory, and this involves having the ability to make, without evidence, true statements about one's own past.." (S 250) "For something to lack altogether the ability to have this kind of knowledge of itself would be for it to lack a kind of memory the possession of which seems essential to being a person, namely the ability to remember particular events and actions in the past..." (S 258)

(21) Dazu ein Zitat vom bekannten Soziologen N. Luhmann: "Gemeinsam erlebte und erinnerbare Systemgeschichte ist eine wesentliche Verständigungsvoraussetzung, die durch eine objektiv feststehende Weltgeschichte nicht ersetzt werden kann. Bei divergierender Tiefenschärfe der Erinnerungen können Erfahrungen und Kommunikationsprämissen nicht mehr vermittelt werden. Daraus entstehen Verständigungsbarrieren zwischen den Generationen, aber auch in der Zusammenarbeit in organisatorischen Gremien mit häufig wechselnden Teilnehmern, in denen das soziale System selbst nur ein extrem kurzes Gedächtnis haben kann und die Beteiligten darüber hinaus nur noch die gemeinsam-bekannte Weltgeschichte voraussetzen können. Es können dann allenfalls noch aus feststellbaren vergangenen Fakten, nicht aber aus der Selektivität dieser Fakten gemeinsame Schlüsse gezogen werden, sodass vergangene Selektionen nicht fortgeführt, sondern wiederholt und durchkreuzt werden." Niklas Luhmann,"Weltzeit und Systemgeschichte", in: H.M. Baumgartner und J. Rüsen (Hg), aaO, S 344

- Endlich legt sich das Interesse am "historischen Bericht" aus
als "psychologisches" Interesse. Das Erzählen von historischen
Berichten erlaubt, Distanz zu beziehen zu vergangenen Ereignissen. Im Erzählen löst sich das "in Geschichten verstickte
Bewusstsein"[22] aus dieser "Verstrickung", indem es sich als
Beobachter (Erzähler) gegenüber der erzählten Geschichte (und
dem Gemeinten) konstituiert.[23] Diese geänderte Einstellung
erzeugt die bekannten Effekte der psychologischen Entlastung,
eine Erkenntnis auf der z.B. die "Gesprächspsychotherapie" aufbaut.[24]

Das Spezifische des religiösen "historischen Berichts"

In religiöser Rede findet man Texte, die das Schema des
"historischen Berichts" realisieren, wie die eingangs dieses Abschnitts zitierten Beispiele zeigen. Es handelt sich da um Texte,
die das historische Berichtschema besonders deutlich erkennen
liessen. Aber die Texte sind einseitig der jüdisch-christlichen
Tradition entnommen. Auch werden sie in sekundärer Funktion verwendet, entweder zur Anklage (Jeremia) oder zur Rechtfertigung
(Paulus, Franz von Assisi) oder als Herausforderung zu einer Entscheidung (Josua-Text). Die eigentlich neue Möglichkeit, die
durch den "historischen Bericht" eröffnet wird, nämlich das Gewinnen von grösseren Verlaufsbedeutungen und die Konstitution
eines einheitlichen Adressanten, der oft zugleich als Protagonist

---

(22) Ausdrücklich entfaltet bei Wilhelm Schapp, Philosophie der Geschichten, Leer 1959
(23) "Erzählen bedeutet, sich aus der Faktizität der Lebenswirklichkeit lösen.. Erzählen..erfordert vom Subjekt eine geänderte Einstellung gegenüber den konkreten Erlebnissen der Lebenswirklichkeit.." vergleichbar dem "uninteressierten Zuschauer" der Phänomenologie. (F. Fellmann, "Das Ende des laplaceschen Dämons", in: R. Koselleck/W.-D. Stempel (Hg), aaO, S 136 f.
(24) cf. R. Tausch, Gesprächspsychotherapie, Göttingen 1970 (4): Wolf-Rüdiger Minsel, Praxis der Gesprächspsychotherapie, Böhlaus Wissenschaftliche Bibliothek, 1975

des Berichts fungiert, wird nicht direkt intendiert, sondern als selbstverständlich vorausgesetzt.

Aber die Religionsgeschichte kennt ein Stadium, wo die Verwendung des "historischen Berichts" im religiösen Kontext als grosse Entdeckung galt. Es ist die Stufe - um mit Usener zu reden - des Uebergangs von den "Augenblicksgöttern" (ev. auch "Sondergöttern") zu den polytheistischen Göttern. Usener meint, diese Stufe bei den Griechen da zu erreichen, wo ehemalige "Sondergötter" zu Beinamen eines höheren Gottes werden oder auch da, wo sie in späteren Erzählungen als "Heroen" noch eine Rolle spielen.[25] So stellt er beispielsweise fest: "Von den Makedoniern ist Keraunos (= donnerkeil) an und für sich ohne sichtbaren zusammenhang mit Zeus, göttlich verehrt worden...Bronzemünzen der Julia Domna und des jüngeren Philippus von Diokaisareia zeigen auf der rückseite einen perspektivisch gezeichneten thronsessel mit rücklehne, auf welchem der Keraunos stehend dargestellt ist; andere geben den einfachen donnerkeil. In diesen fällen behauptet Keraunos offenbar den rang eines sondergottes...Aber neben diesem sondergott und neben der persönlichen gestalt des blitzenden Zeus ist die älteste und roheste vorstellungsform das ganze altertum hindurch in geltung geblieben. Der einzelne blitz, der zur erde fährt, ist selbst die gottheit..."[26] Der Weg aber, um über diese enge Sicht der "Gottheit" hinauszukommen, führt über die Textform "historischer Bericht", die erst die Konstitution eines Subjekts für verschiedene Blitzereignisse eröffnet.

Im Unterschied zu profanen "historischen Berichten", die wesentlich auf Augenzeugenberichten aufbauen, sind die Elemente eines religiösen "historischen Berichts" in der Regel religiöse "fiktionale Berichte". Verschiedene als "numinos" oder "heilig" erfahrene Ereignisse aus einem thematisch verwandten Bereich, die in Berichten mit fiktionalen Elementen (z.B. "Augenblicks-

---

(25) cf. H. Usener, aaO, S 216 - 273
(26) aaO, S 286 f

götter" und "Sondergötter" aus dem Bereich des Himmels) eine erste narrative Gestaltung erfahren haben, werden zu einem grösseren Bericht zusammengenommen. Der Adressant einer solchen Erzählung (z.B. der Himmelsgott oder Zeus oder sonst einer der "Sondergötter", dem andere "Augenblicksgötter" untergeordnet werden), gewinnt dadurch eine zentrale Stellung, wenigstens für eine bestimmte Gruppe oder - im Fall des Propheten oder Sehers - auch für einen Einzelnen.

Diese Art der narrativen Sinnkonstitution hat Konsequenzen besonders bezüglich der Frage der "Wahrheit". Historische Berichte können im besten Fall - also bei entsprechender Bestätigung - als "relativ wahr" betrachtet werden. Religiöse historische Berichte sind in dieser Hinsicht noch bedeutend komplexer. Bezüglich ihrer "Wahrheit" sind sie auch noch abhängig von der Adäquatheit der integrierten religiösen fiktionalen Berichte und von der Art, wie sie zu einem einheitlichen Bericht verschmolzen werden. Z.B. wenn im AT "El Schaddaj" (= Gott des Berges, der sich auf dem Berg manifestiert hat)[27] und "El Olam" (= Gott, der sich in Beer-Seba offenbart hat und da verehrt wurde)[28] und "El Bethel" (= der sich in Bethel offenbarende Gott)[29] mit Jahwe gleichgesetzt bzw. als dessen einzelne Offenbarungen begriffen und geschildert werden, dann ist die "Wahrheit" einer solchen Erzählung streng genommen abhängig von der Zuverlässigkeit bzw. Adäquatheit der jeweiligen Ortstraditionen, wie von der Frage nach der Berechtigung zu einer Harmonisierung, wie das AT sie vornimmt. - Oder wenn der Prophet Jeremia seine verschiedenen Unheilsprophetien gegen sein Volk als "Wort des Herrn" ankündigt, der ihn "verführt" habe, dann ist die "Wahrheit" dieser Interpretation nur erhärtet, wenn gezeigt werden kann, dass es sich jedes Mal um ein numinos-religiöses Erlebnis handelte und,

---

(27) cf. Gen 49,25
(28) cf. Gen 21,33
(29) cf. Gen 12,8; 35,8

dass eine gleiche "Macht" hinter diesen verschiedenen Erlebnissen stand und z.B. nicht das eine Mal ein "Lügengeist"[30] das andere Mal die Verbitterung über sein eigenes Volk. - Also, wenn mit religiösen historischen Berichten ein Wahrheitsanspruch verbunden wird, dann kann das nur heissen, dass die betreffende Erzählung beansprucht, mit den Mitteln des "historischen Berichts" die bestmögliche narrative Darstellung einer Reihe von numinosen Ereignissen gegeben zu haben.

Der Erweis der Wahrheit hat zunächst, wie schon angedeutet, die Rechtfertigung der Wahl des beherrschenden Adressanten zu erbringen. - Ganz allgemein darf man wohl annehmen, dass die "Augenblicks-" und "Sondergötter" nicht alle als gleichwertig betrachtet wurden. Der Leben und Segen spendende lichte Himmelsgott oder der Krankheit und Uebel abwehrende Schutzgott dürften von vornherein immer ein grössere Bedeutung gehabt haben, als etwa ein Gott der das Eggen begünstigend begleitet (z.B. der lateinische Gott "Occator"). So steht zu erwarten, dass solche bedeutenden "Sondergötter" für die Rolle von höheren Göttern prädestiniert sind, und dass die Adäquatheit eines entsprechenden religiösen historischen Berichts an dieser Erwartung gemessen wird. In andern Fällen mag ein bestimmtes Ereignis für ein Volk so bedeutungsvoll werden, dass der Gott dieses Ereignisses zur zentralen Figur religiöser Erzählungen wird. Ein anderer Anlass für das Ueberordnen bestimmter "Sondergötter" über andere ist oft auch im Sieg über Feinde und deren Götter zu sehen.[31] Ein Blick in die Religionsgeschichte dürfte noch andere entsprechende "Wahrheitskriterien" aufdecken, auf die jetzt aber nicht näher eingegangen werden muss.

Das zweite Kriterium beim "Erweis der "Wahrheit" (im eben relativierten Sinn) eines religiösen historischen Berichts

---

(30) cf. Jer 14,14
(31) In den semitischen Religionen trifft man das relativ häufig an; bes. in den älteren Schriften des AT finden sich noch Relikte einer solchen Haltung.

besteht darin, dass die historischen Komponenten "wahr" sein müssen. Für den Propheten des AT z.B. bedeutete das konkret, dass er sich durch ein persönliches Berufungserlebnis auszuweisen hatte,[32] dass seine Worte eintreffen mussten,[33] dass sein Leben vom Jahwe-Kult geprägt sein musste.[34] - Der Apostel Paulus, der seine Botschaft als glaubwürdig dartun will, weist auf sein Leben hin, das in der Tat aussergewöhnlich war, und fasst dann zusammen: "Die Kennzeichen des Apostels wurden ja erbracht unter euch in aller Geduld, durch Zeichen, durch Wunder und Machttaten."[35] Zarathustra kennt, wenigstens formell, ein ähnliches Kriterium: "Da ihr doch in Wahrheit so herrschgewaltig seid, oh Mazda, Asha, Vohumano, so werde mir das als Zeichen gegeben: Der vollständige Wandel der Dinge schon in diesem Leben, auf dass ich froher mit Preis und Lob wieder vor Euch trete."[36] M.a.W. die "Früchte", die lebensrelevanten Konsequenzen der religiösen Erzählung müssen überzeugen, wenn die Erzählung als "wahr" erwiesen werden soll.

Aufgrund dieser Analyse lässt sich auch das Interesse näher bestimmen, das hinter dem religiösen "historischen Bericht" steht. Dominant bleibt - wie schon bei früher besprochenen religiösen Berichten - das Interesse am möglichst richtigen Verhalten angesichts des "Heiligen" oder "Ueberweltlichen". Damit diesem Interesse entsprochen werden kann, muss diese Macht sprachlich verstehbar und zuverlässig artikuliert und gefasst werden. Das Erzählschema "historischer Bericht", das die Darstellung von grösseren Ereignisfolgen erlaubt und damit das Begreifen von Kontinuität des Geschehens ermöglicht (dadurch wird Geschehen auch erst als sinnvoll erfahren), bietet eine offene Stelle für einen

---

(32) cf. z.B. Ez 13,6 f.
(33) cf. Dtn 18,22
(34) cf. Dtn 13,2 - 5
(35) 2 Kor 12,12; cf. auch die beiden Kap. 11 und 12 aus 2 Kor.
(36) zit. nach A. Anwander, Die Religionen der Menschheit, Freiburg 1949 (2), S 329.

Adressanten, der dieses Geschehen auslöst und beeinflusst. Das spezifische Interesse hinter dem religiösen Bericht ist demnach ein Interesse an durch das "Ueberweltliche" garantiertem Sinn dieses Geschehens (durch die Einführung eines dominanten Adressanten), auch wenn diese Garantie noch nicht als absolut, sondern nur als gültig für den Bereich des durch den Bericht umfassten Geschehens dargetan werden kann. - Unter ontologischem Aspekt wäre dieses Interesse wohl zu charakterisieren als Interesse an "Gründung" des Geschehens, die allerdings nur in beschränktem Ausmass gegeben werden kann. - Mit dieser Suche nach ontologischem "Halt" ist auch ein gewisses Interesse an psychologischer Sicherheit und Geborgenheit in der Hand des Mächtigen verbunden. - Zugleich gewährt der religiöse "historische Bericht" dem Menschen einen grösseren Raum der Freiheit im Umgang mit der Welt, insofern die "Götter" der Einzelereignisse den "Göttern" grösserer Ereignisfolgen weichen müssen, die nicht mehr im Baum oder Stein oder Feld anzutreffen sind, sondern auf dem "Gottesberg" oder auf dem "Olymp" oder in der "Walhalla" wohnen. Man muss Annelise Bodensohn wohl recht geben, wenn sie feststellt: "Wer, wie der Bauer, die mannigfaltigen Naturvorgänge wachen Gemüts erfährt, vermag nirgends Halt zu finden, wenn er sie einzeln beobachtet und so vor sich hinstellt. Vor allem der Fromme wird dann dazu neigen, das Singuläre auf absolute Urbestimmungen durchzutasten. Ohne die geistige Spitze der Einheit landet er aber im Widerstreit. Wo die Harmonie des ewigen Sinnausgleichs fehlt, wird der Mensch bis in seinen Glauben hinein im Elend des Zwiespalts den Dämonen ausgeliefert und von ihnen umgetrieben. Eingepfercht zwischen Natur und Unnatur, lebt er zwischen Glaube und Verhängnis..."[37]

Mit dem religiösen "historischen Bericht" lassen sich selbstverständlich auch sekundäre Interessen verbinden, wie

---

(37) Annelise Bodensohn, Zwischen Glaube und Verhängnis. Zur Gattungs- und Wesenbestimmung der europäischen Volkssage mit einem didaktischen Ausblick, Frankfurt a M 1969, S 67

Rechtfertigung eines Propheten oder Königs, Intensivierung der Bitte im Gebet und ähnliche. Aber diese Verwendungsweisen der religiösen "historischen Berichte" sind hier weniger von Belang, wo es zunächst um das grunsätzliche Verstehen von Erzählformen in der Religion geht.

2. Abschnitt

Der religiöse "historische Bericht" und seine Fiktionalisierung in der "Heroensage"

Der trockene, historische Bericht hat in den Religionen wenig dauerhaften Bestand. Die fiktionalen Elemente, die zur sprachlichen Gestaltung und Interpretation der "numinosen" oder "heiligen" Sphäre im religiösen "historischen Bericht" verwendet werden müssen, beginnen bald ihre "appellative Funktion" (W. Iser) auszuüben. Am auffälligsten erkennt man das bei Erzählungen über Religionsstifter wie Buddha, Mohammed oder auch Jesus.

Die historische Forschung zeichnet z.B. folgendes Lebensbild von Mohammed: Der spätere Prophet wurde 570 nach Christus in Mekka geboren; er entstammte einer verarmten Seitenlinie des berühmten Geschlechts der Koraishiten. Nach dem frühen Tod der Eltern wurde er vom Bruder des Vaters erzogen. Nach verschiedenen Anstellungen als Hirte wurde er Kameltreiber in den Diensten der begüterten Kaufmannswitwe Khadîja, die ihn später heiratete. Auf erfolgreichen Geschäftsreisen kam er in Kontakt mit der christlichen Verkündigung, besonders der christlichen Eschatologie, die ihn tiefgreifend wandelte. Er zog sich zurück und suchte in Fasten- und Andachtsübungen nach Erkenntnis, die ihm in einem visionären Erlebnis in einer Höhle, nahe bei Mekka, zuteil wurde. Das Resultat dieser Vision war, dass sich Mohammed von nun an als Gesandten Gottes verstand. In der Folgezeit erlebte er noch verschiedene solcher Offenbarungen, die ihn in seiner Sendung bestätigten. Diese Offenbarungen schrieb er in den einzelnen Suren des Koran nieder und verbreitete sie klug berechnend und taktierend in seinem Volk. Noch zu seinen Lebzeiten erlebte er den grossen Erfolg seiner Verkündigung.[38] - Für den gläubigen Moslem aber hat die Lebenserzählung des Propheten ganz andere als die oben genannten Züge. C.H. Becker fasst sie so zusammen: "In seiner weitschauenden Heilsabsicht hatte Gott das Licht des Propheten Mohammed als das erste aller Dinge geschaffen... Durch die Generationen wanderte das Licht des Prophetentums, bis es in dem besten Geschöpfe, dem vornehmsten Spross des vornehmsten Geschlechts des ersten Volkes der Erde, am Mittelpunkt der Welt, zu Mekka, in Erscheinung trat... Wunderbare Ereignisse verkündeten der ganzen Menschheit den bedeutungsvollen Augenblick der Geburt Mohammeds; Engel öffneten die Brust des Kindes, um ihm alles Böse zu entnehmen. - Wie alle Propheten hat auch er in seiner Jugend die Bitternisse des Lebens durchgemacht. Auch er hütete Schafe. Dann wird er Handelsmann. Gottes Segen ruht auf all seinem Tun... überall huldigen ihm erleuchtete Gottesmänner, Juden und Christen, als dem künftigen Propheten. Auf der Höhe des Mannesalters naht sich ihm Gott durch den Engel Gabriel, und er beginnt seine Mission, die, erschwert durch die Sündhaftigkeit der Menschen, doch schliesslich zu einem religiösen und mit Hilfe der himmlischen Heerscharen auch zu einem politischen Erfolge führt. Um Mohammed vor Gefahren zu schützen, geschehen die merkwürdigsten Wunder, er selbst vermag Kranke zu heilen, vollzieht Speisewunder, ja erweckt sogar Tote... Auch die künftigen Geschicke seiner Gemeinde hat er mit Prophetenblick in den wesentlichen Zügen vorherverkündet. Er selbst wird am Jüngsten Tag seine Frommen im Paradies um sich versammeln, nachdem er im Gericht für oder wider sie gezeugt hat.."[39]

---

(38) cf. H. von Glasenapp, Die fünf Weltreligionen, Zürich 1972 (1963), S 320 ff.
(39) zit. nach H. von Glasenapp, aaO, S 321

Einen ähnlichen Vorgang fiktionaler Ueberlagerung und Ausfaltung kann man auch bei der Entstehung der neutestamentlichen Evangelien antreffen. Die Antwort der Emmausjünger auf die Frage: Was ist der Grund euer Betrübnis? dürfte den historischen Kern des Geschehens um Jesus widergeben: "Das mit Jesus von Nazareth, der ein Prophet war, mächtig in Tat und Wort vor Gott und vor dem ganzen Volke, und wie ihn unsere Hohenpriester und Ratsherren der Strafe zum Tode überlieferten und ihn kreuzigten. Wir aber hofften, dass er es sei, der Israel erlösen würde."[40] Dieser Kern wurde durch Wunderberichte - zum Teil in Anlehnung an alttestamentliche Berichte - erweitert, durch eine Kindheitsgeschichte und Begegnungsberichte mit dem Auferstandenen vervollständigt und endlich mit protologischen ("Im Anfang war das Wort")[41] und eschatologischen Berichten ("Dieser Jesus...wird ebenso wiederkommen..)[42] versehen.[43]

Auch in der Buddha-Forschung stellt man verschiedene Stufen der "Legendenbildung" fest: Eine erste Stufe, welche die historisch wahrscheinlichen Ereignisse schildert, die zur Erleuchtung führten, und die die Geschehnisse um das Lebensende Buddhas enthält. Eine zweite Stufe, welche die öffentliche Wirksamkeit Buddhas entfaltet. Eine dritte Stufe, welche Berichte über die Jugendgeschichte Buddhas enthält. Eine vierte Stufe, zu welcher die vollständigen Lebensbeschreibungen Buddhas gehören, vom Herabstieg aus dem Tushita-Himmel bis zur Erreichung des Nirvana, mit vielen Wunderberichten und Legenden und Erzählungen aus früheren Existenzen.[44]

Bei diesen zitierten Beispielen handelt es sich um deutliche und für die heutigen Weltreligionen sehr wichtige aber religionsgeschichtlich relativ späte Zeugnisse von Fiktionalisierung

---

(40) Lk 24,19 - 21
(41) Jo 1,1 ff
(42) Apg 1,11
(43) cf. die allg. Einführungen ins NT und spez. in die Evangelien
(44) cf. E. Lamotte, "La légende du Buddha", in: Revue de l'histoire des Religions, Bd 134 (1947/48), S 37 - 71

religiöser historischer Berichte. Auffällig an diesen Texten ist, dass die Erzählungen die historischen Persönlichkeiten, die zunächst als Vermittler von Gottes Offenbarungen bzw. Heilserkenntnissen (Buddha) auftreten, allmählich auf die Stufe eines bzw. des zentralen Gottes erheben (explizit bei Jesus und bei Buddha im Mahâyâna, weniger bei Mohammed). So erkennt man in diesen Beispielstexten ein Modell, das religionsgeschichtlich viel früher angetroffen wird und in den sogenannten "Heroensagen" durchwegs realisiert wurde. Diese Textgattung erzählt - so könnte man etwas allgemein formulieren - die Geschichte des Adressanten, der zunächst über einen religiösen "historischen Bericht" als der dominante Akteur eingeführt wurde und lässt ihn so zum Protagonisten einer Erzählung werden: So werden durch den religiösen "historischen Bericht" Wesen eingeführt, welche die Mühle erfunden haben (Mylanteioi theoi), welche die Saat wachsen lassen (Phytios), welche einzelne Uebel abwenden (Eudanemos = gegen den ungünstigen Wind; Myiakorhes = "Mückenfeger"; Sminthios = Fledermäusevertreiber u.a.), welche bei bestimmten Aufgaben das Gelingen geben (z.B. Teichophylax = Stadtmauerbewacher), welche das richtige Wort, den richtigen Entschluss vermitteln (Kledontes) usw.[45] Die "Heroensage" versucht, diesen Wesen eine konkretere Gestalt zu geben, indem sie deren "Geschichte" erzählt. Und wie sollte sie es anders bewerkstelligen als durch die Uebernahme der volkstümlichen Heldenerzählung, die als Fiktionalisierung des "historischen Berichts" verstanden werden kann,[46] in dem Bereich der Religion. So erscheinen diese Heroen denn als die Wesen, welche die grössten und für bestimmte Kulturen bzw. Städte bedeutendsten Taten vollbringen. Sie vermitteln den Menschen das Feuer, das Wild, die Waffe; sie lehren sie den Ackerbau, die Jagd, das Fischen

---

(45) cf. hierzu ausführlicher H. Usener, aaO, S 255 - 273
(46) Diese Stufe der Textkompetenz wurde hier nicht näher beschrieben, weil ihre Einführung ganz analog zur Einführung des "fiktionalen Berichts" zu denken ist - natürlich mutatis mutandis.

die Sprache; sie entreissen das Land dem Wasser; sie finden die Sonne irgendwo in einer Höhle oder in einem fremden Land und setzen sie an den Himmel; sie beherrschen die Winde, den Regen, den Blitz; überlisten das Böse, den Tod usw...

Durch ihre historischen und geographischen Bindungen, die durch die zugrunde liegenden religiösen historischen Berichte festgehalten sind, werden solche Heroen auch leicht zu Objekten legendärer, volkstümlicher Ausgestaltungen, ganz analog den Volkshelden, nur sind deren Widersacher weniger menschliche Feinde als vielmehr Sonne, Mond, Himmel und Erde, Geister und Dämonen. - Ihre Nähe zur Volkssage verraten diese Heroenerzählungen oft auch dadurch, dass die Heroen wenig anders reagieren und handeln als ein trickreicher Held. Besonders auffällig ist das in den Heroenerzählungen der Indianer[47] und der Polynesier.[48]

In den Hochreligionen, welche das gleiche Erzählschema noch immer verwenden, sind diese Erzählungen nach sittlichen Normen "gereinigt"; denn diese Erzählungen sollen nun den idealen Menschen vorstellen, der zur Nachfolge auffordert. Die Heiligenlegenden entfalten diese Richtung des Interesses bis zum Ausschluss aller anderen Interessen.[49] Aber auf entwicklungsmässig archaischerer Stufe spielte die Frage der Sittlichkeit offenbar keine Rolle, weil ein anderes Interesse vorherrschte, das Interesse an der narrativen Gestaltung der numinosen Wirklichkeit. Das Numinose, das direkt angeht, erschüttert und ergreift, das einen nicht gleichgültig lassen kann, drängt - entsprechend der wachsenden Erzählkompetenz - nach adäquateren Formen semiotischer Repräsentation und zwingt so zur Einbeziehung der Kompetenz zur Volks- und Heldensage mit entsprechenden Umgestaltungen.

---

(47) Darauf macht zum ersten Mal aufmerksam D. Brinton, The Myths of the New World (1896), bes. S 194 f; ebenfalls Cl. Lévi-Strauss, Mythologica I - IV, Frankfurt a M 1976.
(48) cf. Martha Beckwith, Hawaiian Mythology, New Haven 1940, bes. S 220 ff.
(49) cf. A. Jolles, Einfache Formen, Tübingen 1972 (4) (1930), S 34 - 59; E. Dorn, Der sündige Heilige in der Legende des Mittelalters, München 1967

Wahrheit in und Interesse an der "Heroensage"

Die "Heroensagen" werden ernst genommen, da wo sie als letzte mögliche Gestaltungsweisen der überweltlichen Sphäre erscheinen.[50] Die Griechen z.B. (aber nicht nur sie) haben in früherer Zeit den Heroen geopfert.[51] - Aber sind diese Erzählungen nun "wahr"? Für die Geistesart, die sie direkt angehen, sind sie zuverlässig. Man lebt mit diesen Erzählungen und zwar anders als mit den Volks- und Heldensagen, auch wenn man letztere noch in ihrer authentischen Funktion erlebt und sie als "ursprungshaftes Zeugnis" wertet;[52] denn die Volkssage gibt eine "Anekdote" weiter, "die die Welt aus ihrer eigenen Biographie erzählt",[53] nicht so die Heroenerzählung. - Noch weiter entfernt ist die Heroensage vom Märchen, das als reines Produkt des Wunschdenkens und der Phantasie zu betrachten ist und in der Regel ohne Auswirkungen auf das Leben bleibt. In der "Heroensage" geht es wesentlich um die Frage des Ueberlegens angesichts der numinosen Wirklichkeit, die in ihr dargestellt und gleichsam narrativ "reflektiert" wird. Aber von "Wahrheit" in einem landläufigen Sinn der "adaequatio rei et intellectus" lässt sich hier nicht reden, da man die "Sache" nicht unabhängig von deren semiotischer Gestaltung hat, und folglich kein unabhängiger "Massstab" zur Verfügung steht. Nur dadurch, dass man das Erzählschema in bestimmter Weise anwendet, "entstehen" Wesen, die man "Heroen" nennt, und denen gegenüber bestimmte, symbolische (eventuell auch magische) Verhaltensweisen möglich werden. - "Unwahre" Heroensagen aber sind jene Erzählungen - sie mögen den echten ("wahren") sehr ähnlich sein, was ihre Struktur angeht - nach welchen man nicht lebt bzw. die

---

(50) Es wird sich im nächsten Kapitel zeigen, dass der "mythische Bericht" noch eine differenziertere Gestaltungsweise darstellt und die Heroenerzählungen relativiert
(51) cf. E. Rohde, Psyche, Tübingen 1925 (10), S 161 ff
(52) A. Bodensohn, aaO, S 38
(53) C.G. Jung/K. Kerényi, Einführung in das Wesen der Mythologie. Gottkindmythos. Eleusinische Mysterien, Amsterdam/Leipzig 1941, S 71

in einer sozialen Gruppe keine Lebensrelavanz erhalten haben
oder ihrer verlustig gegangen sind. Häufig sind das die Erzählungen der Fremden, der Gegner und Feinde, die "falschen Göttern und Heroen opfern". - Die Entscheidung über Gültigkeit bzw. Ungültigkeit fällt - soviel lässt sich wohl noch behaupten - in einem kollektiven Entscheidungsprozess über längere Zeit, der aber kaum näher beschrieben werden kann. Bestimmte Gestaltungen und Motive setzen sich durch, weil sie aufgrund vieler Erfahrungen oder Erwartungen als adäquat erscheinen.

Neben dem Interesse am "Sichern" (im Sinn des Platzgewährens) des Numinosen einerseits und am Verfügbarmachen dieser Wirklichkeit andererseits - beide Komponenten stehen hinter den religiösen Berichten auf allen Stufen - und dem Interesse an entsprechender adäquater Lebenspraxis, steht hinter der "Heroensage" auch ein ausgeprägtes Interesse an "Gründung" bzw. "Begründung" von Wirklichkeit, und zwar ontologisch wie psychologisch interpretiert: Heroen sind die Garanten für das Weiterbestehen der von ihnen hervorgebrachten bzw. erstellten Wirklichkeit, und sie vermitteln so dem Menschen eine gewisse Sicherheit und Selbständigkeit, die umso grösser ist, je mächtiger die Erzählung den Heroen zu gestalten vermag: Der Mensch braucht nicht beständig um die Weiterexistenz dieser Wirklichkeit zu bangen, da der Held der Heroenerzählung diese Aufgabe ihm abnimmt. - Es zeigt sich hier wieder: Die Entdeckung einer neuen semiotischen Form zur Darstellung des Numinosen ist eine Leistung (Geschenk?), die jede andere technische oder humane Entdeckung und Entwicklung an Bedeutung weit übertrifft, da der Mensch von dieser "Wirklichkeit" ganzheitlich betroffen ist.

Sagen und besonders Heroensagen haben auch die Tendenz, Zyklen zu bilden mit einem besonders eindrücklichen Heroen als Protagonisten, der dann auch zum Hauptadressanten wird, etwa Prometheus oder Herakles bei den Griechen, Maui bei den Polynesiern, Manabozho oder Michabo bei den Indianern. Als treibende Kraft in diesem Prozess der Vereinheitlichung darf man das Interesse an grösserer Kontinuität und an Sinnhaftigkeit allen Geschehens vermuten, wie auch das Bestreben, dem Heroen eine möglichst überlegene Souveränität zu garantieren.

Betrachtet man allerdings die zu Anfang des Abschnitts vorgestellten Berichte über Jesus, Buddha und Mohammed etwas genauer, dann stellt man fest, dass sie noch nicht vollständig beschrieben sind, wenn man sie als "Heroensagen" eingestuft hat. In diesen Erzählungen wird eine Erzähltradition und Erzählkompetenz vorausgesetzt, welche die Heroen nicht mehr als die letzten Verantwortlichen des wirklichen Geschehens sieht - was bei den ursprünglichen Heroensagen aber der Fall gewesen sein muss - sondern sie als Mittelwesen und Vermittler zwischen den Menschen und den "Hochgöttern" betrachtet. Die Rede von "Hochgöttern" setzt aber eine erweiterte Erzählkompetenz voraus, die wir "mythische Erzählkompetenz" nennen wollen. Das folgende Kapitel wendet sich diesem Themenkreis zu.

IX. Kapitel

Der "mythische Bericht"
_____

Die "Heroensage" bleibt, auch wenn ihre Helden bisweilen eine grosse Unabhängigkeit und Souveränität erreichen - wie etwa im Fall des Kulturheroen Prometheus -, episodenhaft: Einzelne Gegenden und Stämme haben ihre Heroen, und andere Stämme haben wieder andere; auch Berufsgattungen und Stände berufen sich auf ihre Ahnherren und Begründer oder auf ihre exemplarischen Vertreter, was schliesslich zu einer beachtlich grossen Zahl von Heroen führt. Und die Konflikte, welche erfahrungsgemäss auf Erden zwischen diesen verschiedenen Gruppen entstehen, werden als in Konflikten der Heroen begründet betrachtet. Versucht man aber die Auseinandersetzungen der Heroen ihrerseits wieder narrativ darzustellen, sieht man sich gezwungen, neue Adressanten in die Erzählung einzuführen, die im Hintergrund dieser neuen (hierarchisch höherstufigen) Erzählungen stehen: Hinter der Argonautenerzählung (einer Heroenerzählung) steht z.B. eine Auseinandersetzung zwischen Hera und Zeus; die Irrfahrten des Odysseus (eine andere Heroensage) werden verursacht durch den Zorn des Poseidon, der den Griechen gram war; in den Krieg um Troja greift sogar der ganze Götterhimmel ein, indem sich die Götter auf beide Heere verteilen, um nicht einen Sieg, der gegen das Schicksal wäre, zulassen zu müssen. Es scheint, dass man - wenigstens in einer ersten Annäherung - den "mythischen Bericht" als Erzählung der Konflikte und überhaupt der "Geschichte" der Heroen, die ihrerseits mit der Wirklichkeit der Menschen in Verbindung stehen, beschreiben kann. Mythen wären dann gleichsam "Hintergrunderzählungen" zu den "Heroensagen", die aufgrund einer geistigen Entwicklung und, damit verbunden, einer Erweiterung der Erzählkompetenz möglich geworden sind.[1] Diese neuen Erzählungen erlauben, wie schon gesagt, die Konstitution neuer Adressanten (Götter) auf einer souveräneren Ebene, die letztlich einem einzigen Adressanten (= Schicksal, Weltordnung) unterworfen sind. Aber diese letzte Macht wird - mindestens im Mythos - nicht weiter in die Erzählung integriert.

Dementsprechend werden auch neue Fragen formulierbar, wie die Frage nach dem Anfang, nicht nur des Stammes, sondern der Menschen allgemein und der Erde oder die Frage nach dem Ende in einem absoluteren Sinn; auch die Frage nach dem Ursprung des Bösen und nach dessen Ueberwindung erfährt eine umfassendere Antwort.

Aus einer solchen thematischen Perspektive versucht F. Heiler folgende Klassifizierung der Mythen:
1. Theogonische Mythen, welche die Entstehung der Götter erzählen, z.B. die Entstehung der Athene aus dem Haupt des Zeus oder das Hervorgehen des Gottes Brahma aus dem Nabel des Vishnu.
2. Kosmogonische Mythen, die von der Entstehung der Welt berichten, etwa nach dem Schema des Kampfes eines Schöpfergottes mit dem Weltungeheuer (z.B. Tiamat im babylonischen Schöpfungsmythos Enuma Eliš) oder ähnlich.
3. Kosmologische Mythen, die das Entstehen und Vergehen in der Natur zum Thema haben: z.B. Sonnenmythen, Mondmythen, Astralmythen, Jahreslaufmythen.
4. Anthropologische Mythen mit den Themen: Entstehung des Bösen und des Todes: Paradies-, Sündenfall-, Sintflutmythen.

---

(1) Eine ähnliche Feststellung macht auch W.F. Otto in seiner Analyse der Orestes-Erzählung: Orestes soll auf Geheiss des Apollo seinen Vater Agamemnon rächen, indem er seine eigene Mutter, die Mörderin des Vaters, umbringt; dafür wird er von den Erinnyen verfolgt und angeklagt. - W.F. Otto interpretiert: "..so treffen hier die alten und neuen Götter aufeinander. Das uralte göttliche Erdrecht protestiert gegen den neuen olympischen Geist..", der sich endlich aber doch durchsetzt. (Die Götter Griechenlands, Frankfurt a M 1947 (3), S 22 ff)

5. Stammvatermythen, welche von den Ursprüngen eines Volkes erzählen.
6. Kultmythen, in welchen es vor allem um die ätiologische Begründung eines Kultes oder einer Kultstätte geht.
7. Heilandsmythen, welche von neuen Möglichkeiten des Ueberlebens in einer widerständigen und bösen Welt Kunde geben.
8. Jenseitsmythen, denen vor allem die Suche nach dem ewigen Leben zugrunde liegt (z.B. das Gilgameš Epos)
9. Endzeitmythen, die eine dramatische Erzählung des Weltuntergangs bieten.[2]

Aus dieser Klassifizierung geht allerdings nicht hervor, aufgrund welcher Kriterien diese verschiedenen Erzählungen unter den Oberbegriff "Mythos" subsumiert werden. Besonders die Stammvatermythen und Heilandsmythen und teilweise auch die kosmologischen Mythen und Jenseitsmythen scheinen den Heroensagen näherzuliegen als etwa den kosmogonischen oder theogonischen Mythen. Die Hypothese, die sich aus der Logik der hier vorgelegten Betrachtung ergeben hatte, nämlich, dass die Mythen als "Hintergrunderzählungen" von Heroensagen verstanden werden könnten, würde ein plausibles Unterscheidungskriterium abgeben. Die Verwendbarkeit dieser Hypothese ist im Folgenden zu erweisen.

Die Auseinandersetzung mit den Mythen hat eine lange Geschichte, die hier nicht nachgezeichnet werden kann, und deren Ergebnisse vielfältig und einander oft widersprechend sind. Aus diesem Grund rechtfertigt sich hier eine gründlichere Betrachtung dieser Berichtform. Bei der Gelegenheit wird es auch möglich sein, die Heroenerzählung, die im vorausgehenden Abschnitt relativ kurz behandelt wurde, in Absetzung zum Mythos noch näher zu charakterisieren.

---

(2) cf. F. Heiler, aaO, S 283 - 287

1. Abschnitt

Die Form des "mythischen Berichts"

In Uebereinstimmung mit Cl. Lévi-Strauss, H. Weinrich, O. Marquard, G.S. Kirk u.a.[3] gehen wir davon aus, dass Mythen, was immer sie sonst noch sein mögen, zunächst als traditionelle Erzählungen erscheinen mit einer nicht trivialen Funktion. Mit einer solchen These ist allerdings zu wenig Spezifisches gesagt, um die Untersuchung weiterzubringen. - Nun haben verschiedene Mythos-Theorien sich zum Ziel gesetzt, den Charakter dieser bedeutsamen traditionellen Erzählungen zu verdeutlichen und/oder zu erklären. Ein Blick in einige dieser Theorien, wird eine Klärung des Begriffs des "Mythos" gestatten.

1. Mythen als Erzeugnisse einer "primitiven Geistesart"

L. Lévy-Bruhl, der diese Theorie am explizitesten vertreten hat, geht davon aus, dass Einrichtungen, Sitten, Glaubensmeinungen und Mythen fremder und besonders archaischer Völker nicht von "aussen" (bei Lévy-Bruhl ist besonders der Blickwinkel des "logischen Bewusstseins" gemeint - als ob damit das westliche, aufgeklärte Bewusstsein schon beschrieben wäre) interpretiert

---

(3) Lévi-Strauss: "La substance du myth ne se trouve ni dans le style, ni dans le mode de narration, ni dans la syntaxe, mais dans l'histoire qui y est racontée.." (Mythologiques IV, Paris 1971, S 577)
Harald Weinrich: "...die ältesten Mythen, von denen wir Kenntnis haben, ebenso wie die exotischen...(sind) prinzipiell Erzählungen.." ("Erzählstrukturen des Mythos", in: ders. Literatur für Leser. Essays und Aufsätze zur Literaturwissenschaft, Suttgart 1971, S 139)
Odo Marquard: Mythen "sind - sie mögen im übrigen sein, was sie wollen - jedenfalls eines: bedeutsame Geschichten von Akteuren, die nicht wir selber sind und von Handlungen, die nicht wir selber handeln.." ("Zur Funktion der Mythologiephilosophie bei Schelling", in: Manfred Fuhrmann (Hg), Terror und Spiel, München 1971, S 259)

und verstanden werden können (und es auch nicht dürfen), sondern nur aus der Geistesart der sie erzeugenden Völker.[4] In dieser Allgemeinheit kann man dieses hermeneutische Prinzip akzeptieren. Kritisch wird die Position von Lévy-Bruhl, wenn er die archaische Geistesart als "mystisch" und "prälogisch"[5] beschreibt. Nach seiner Meinung leben die "Primitiven" in einer Welt normativer Kollektivvorstellungen, die nicht einfach als intellektuelle Begriffe zu beschreiben sind, sondern als durch Riten und andere soziale Praktiken "emotional und motorisch" aufgeladene Begriffe (S 22); d.h. dass der "Primitive" etwas von "ihnen erhofft, befürchtet, und dass er meint, eine bestimmte Wirkung müsste von ihnen ausgehen" (S 23). Die Wahrnehmung wäre demnach gar nicht auf das Erfassen der objektiven Wirklichkeit ausgerichtet, sondern auf das Erfassen solcher "mystischer Eigenschaften" (S 30 f). - Das Denken wäre auf dieser archaischen Stufe, nach Lévy-Bruhl, zu charakterisieren als "prälogisch" (nicht a-logisch), weil das Gesetz des Widerspruchs noch nicht beachtet werde (S 59), sondern das "Gesetz der Partizipation" das dominierende Denkgesetz sei. Dieses Gesetz sei zu beschreiben als "universale Kausalität": Die "Primitive Mentalität" sehe "überall Mitteilung von Eigenschaften durch Uebertragung, Berührung, Fernwirkung, Ansteckung, Beschmutzung, Besessenheit usw." (S 78).

Nach Lévy-Bruhl wären die Mythen Erzeugnisse einer solchen Geistesart in einem etwas fortgeschritteneren Stadium, auf der Stufe der gebrochenen "mystischen Symbiose", und dienten

---

G.S. Kirk: "All that is prudent to accept as a basic and general definition is 'traditional tale'...First, it emphasizes that a myth is a story...Second 'traditional' is significant because it implies, not only that myths are stories that are told especially in traditional types of society...but also that they have succeeded in becoming traditional". (The Nature of Greek Myths, Woodstock/New York 1975, S 27)

(4) Lucien Lévy-Bruhl, Das Denken der Naturvölker, Leipzig/Wien 1926 (2), S 323
(5) aaO, S 21; die Ziffern in Klammern mit vorausgestelltem "S" geben jeweils die Seitenzahl des oben zitierten Buches an, auf welcher das betreffende Zitat zu finden ist.

dazu, eine Partizipation mit der Umwelt und Vorwelt herzustellen, die nicht mehr unmittelbar gefühlt würde (S 330). "Kurzum", - so die Zusammenfassung - "die Mythen sind für die primitive Geistesart zugleich ein Ausdruck dafür, dass die soziale Gruppe an ihre eigene Vergangenheit und an die Gruppen der umgebenden Wesen gebunden ist, und zugleich ein Mittel, das Gefühl dieser Solidarität zu unterhalten und immer wieder frisch zu beleben." (S 332) Und ergänzend wäre noch beizufügen, dass auch die Naturgeschichte als Teil der "heiligen Geschichte der niedrigen Gesellschaften" zu verstehen ist (ibid).

Soweit die Skizze einer ersten Mythentheorie, die ohne Zweifel sehr populär geworden ist und zu einem grossen Teil die Vorstellungen eines heutigen Durchschnittseuropäers über archaisches Denken und Empfinden noch immer prägt. - Aber in Fachkreisen wird diese Hypothese von der "mentalité primitive" heute fast durchwegs (als romantische Projektion) zurückgewiesen. - Eine erste Kritik an Lévy-Bruhl stellt die Position von E. Cassirer dar:

2. Der Mythos als "Symbolische Form": Ernst Cassirer.

Der Ansatz von E. Cassirer ist, im Gegensatz zu dem Lévy-Bruhls, nicht anthropologisch-soziologisch, sondern philosophisch, in der Tradition von I. Kant. Allerdings - in Abhebung von Kant und sogar gegen ihn - gibt es für Cassirer nicht bloss eine, nämlich die wissenschaftliche, sondern verschiedene "Grundformen des Verstehens der Welt":[6] Die Sprache, das mythisch-religiöse Denken, die künstlerische Anschauung, das wissenschaftliche Denken. Diese verschiedenen Formen sind nicht auf eine einzige reduzierbar und lassen sich auch nicht auseinander ableiten, sondern "jede von ihnen bezeichnet eine bestimmte geistige Auffassungsweise und konstituiert in ihr und durch sie eine eigene Seite des "Wirklichen"".[7] Die

---
(6) Ernst Cassirer, Philosophie der Symbolischen Formen, Bd 1, Berlin 1923, S V
(7) aaO, S 9

Einheit dieser "symbolischen Formen" liegt in der Einheitlichkeit der Funktion als "Gestaltung ... zu einem objektiven Sinnzusammenhang und einem objektiven Anschauungsganzen".[8] Das ist in wenigen Sätzen die Grundthese der "Philosophie der symbolischen Formen".

Nach Cassirer ist die "Modalität"[9] der mythischen Auffassungsweise wie folgt zu beschreiben:
- Der mythische Ausdruck wurzelt in Phantasiegebilden, die teilweise durch einen psychologischen Mechanismus erzeugt sein mögen.[10]
- Diese Ausdrucksmittel werden den sinnlichen Eindrücken gegenüber gestellt und dienen zu deren Kategorisierung und darüber hinaus zur mythischen Gegenstandkonstitution.[11]
- Die mythische Gegenstandkonstitution ist "monistisch" in dem doppelten Sinn, dass (a) die Unterscheidung zwischen Symbol und Symbolisiertem nicht (oder doch nicht konsequent) gemacht wird (S 33 f), und dass (b) alles überhaupt Erscheinende sich auf einer einzigen Ebene zusammendrängt und nicht auf "Realitätsstufen" verteilt wird (S 47 f).
- Daraus folgt: das mythische Denken, also die Verbindung von mythischen Vorstellungen zum Ganzen eines Textes, ist "polysynthetisch" (S 61); d.h. es ergibt sich kein Ablauf nach festen Regeln, sondern nur ein Verlauf - einer "Metamorphose" vergleichbar (S 63) -, der durch Willensakte (und nicht etwa Gesetze der Kausalität) relativ willkürlich gesteuert ist (S 65).
- Ferner folgt für das Verständnis der Kategorien:
  + bezüglich der Quantität gilt die Regel des "pars pro toto" (S 83);

---

(8) aaO, S 11
(9) Gemeint ist mit "Modalität" die "Zielrichtung, der das Bewusstsein im Aufbau der geistigen Wirklichkeit folgt". Philosophie der symbolischen Formen, Bd 2, Berlin 1925, S 27
(10) aaO, Bd 2, S 31 f
(11) aaO, S 32; 41 - 47

+ bezüglich der Qualität fehlt die Unterscheidung zwischen Substanz und Eigenschaften: jede Eigenschaft ist eine Substanz (S 85);
+ bezüglich der Aehnlichkeit verbleibt man auf der Ebene der "Erscheinungsähnlichkeit" und dringt nicht bis zu Strukturvergleichen vor (S 87 f).

Die Grundtendenz des ganzen zweiten Bandes der "Philosophie der symbolischen Formen" (der das "mythische Bewusstsein" behandelt) zielt darauf ab, das "Werden" der Wissenschaft (wenn nicht faktisch genetisch, so doch ideell - obwohl dieser Akzent nicht immer deutlich gesetzt wird) darzustellen, die erst dann vollendet ist, "wenn ihr Hervorgehen und ihre Herausarbeitung aus der Sphäre der mythischen Unmittelbarkeit aufgezeigt und die Richtung, wie das Gesetz dieser Bewegung kenntlich gemacht ist."[12]

Vor allem dieses letzte Zitat macht auf die Zweideutigkeit, welche die ganze Mythentheorie von Cassirer durchzieht, aufmerksam: Einerseits möchte er den Mythos als eigene, selbständige "symbolische Form" neben der wissenschaftlichen bestehen lassen, so die These zu Beginn des 1.Bd.s, während nun im 2. Bd. der Mythos fast ausschliesslich als Vorform des wissenschaftlichen Denkens behandelt wird, wodurch seine spezifische Eigenfunktion nahezu völlig aus dem Blick gerät. Lediglich im letzten Teil kommt die Frage des Verhältnisses von Mythos und Religion zur Sprache. Aber auch da tritt der Mythos hinter der Religion zurück, und so erfährt man eigentlich wenig über die Eigenfunktion des Mythos. Aufs Ganze gesehen löst Cassirer das Versprechen des 1.Bd.s nicht ein. Er kommt kaum über die Theorie der "mentalité primitive" hinaus. Obwohl es seine Intention war, die Eigenständigkeit und Unüberwindbarkeit des Mythos darzulegen, erscheint bei ihm der Mythos fast durchwegs als etwas, das überwunden werden muss, weil er noch der "primitiven" Stufe des Bewusstseins angehört. Die

---

(12) aaO, S XI, Vorwort zum 2. Bd.

Eigenentwicklung der "symbolischen Form" "Mythos" wird zuwenig berücksichtigt, obwohl nur auf diesem Weg die Grundthese von Cassirer hätte bewiesen werden können.[13]

Also, der Fortschritt von Cassirer gegenüber Lévy-Bruhl liegt eher im Vorschlag, den Mythos als eigene "symbolische Form" zu betrachten und weniger in der konkreten Durchführung seines Programms. Aus diesem Grund können wir ihm keine konkrete Anregung für die Einführung des "mythischen Berichts" entnehmen, (es sei denn eine Bestätigung unserer allgemeinen These, dass schon ganze Redeformen und nicht erst die einzelnen Sätze oder Sprechakte eine differentielle Bedeutung haben). - Auf Cassirer wurde in diesem Zusammenhang eingegangen, weil er eine Zwischenposition vertritt zwischen Lévy-Bruhl und Lévi-Strauss, wie auch, um seine Aeusserungen zur religiösen Rede, die im nächsten Kapitel näher betrachtet werden, vorzubereiten.

3. Die Mythen als Aeusserungen der "pensée sauvage":
Cl. Lévi-Strauss.

Der heftigste Kritiker der Hypothese von der "primitiven Mentälität" ist zweifellos Claude Lévi-Strauss. Seine Mythentheorie ist komplexer und origineller als die vorausgehenden. Auch wenn hier nicht auf Details eingegangen werden kann, so lohnt es sich doch, einige zentrale Punkte seiner Theorie zu referieren.[14] - Gegenüber Lévy-Bruhl vertritt er die These, dass der Unterschied zwischen mythischem und wissenschaftlichem Denken

---

(13) Eine ausführliche Kritik bietet David Bidney, "Ernst Cassirers Stellung in der Geschichte der philosophischen Anthropologie", in: Paul Arthur Schilpp (Hg), Ernst Cassirer, Stuttgart/Berlin/Köln/Mainz 1949,bes. S 380 - 388

(14) Zusammenfassende Darstellungen sind u.a. zu finden in G.S. Kirk, Myth. Its Meaning and Funktions in Ancient and Other Cultures. Cambridge/Berkeley/Los Angeles 1970, S 44 - 84; Dan Sperber, "Der Strukturalismus in der Anthropologie", in: François Wahl (Hg), Einführung in den Strukturalismus, Frankfurt a M 1973 (frz. 1968), S 181 - 258; J. Courtès, Lévi-Strauss et les contraintes de la pensée mythique, Tours 1973

nicht so sehr in "der Qualität der intellektuellen Operationen
(liege) als in der Natur der Dinge, auf die sich diese Operationen richten."[15] M.a.W. der Mensch hat da, wo er gedacht hat,
immer gleich gut gedacht. Dazu ein Beispiel aus dem Bereich der
Technologie: "Eine eiserne Axt ist nicht wertvoller als eine
Steinaxt, nur weil sie "besser gemacht" ist. Beide sind gleich
gut gemacht, aber Eisen ist nicht dasselbe wie Stein".[16] Losgelöst vom gewählten Bild und allgemeiner formuliert lautet die
gleiche These: es handelt sich beim Unterschied zwischen den beiden genannten Denkweisen nicht um unterschiedliche Stadien der
Entwicklung des menschlichen Geistes, sondern um zwei verschiedene Strategien, "aus denen die Natur mittels wissenschaftlicher
Erkenntnis angegangen werden kann, wobei die eine, grob gesagt,
der Sphäre der Wahrnehmung und der Einbildungskraft angepasst,
die andere von ihr gelöst wäre."[17] Ob dadurch nicht doch eine
Art von Entwicklung des Denkens eingeführt wird (vor allem wenn
man bedenkt, dass Denken nicht ohne irgendeine symbolische Repräsentation - und wäre es nur die der innern Vorstellung - möglich
ist),bleibe im Moment dahingestellt.[18] - Auf jeden Fall gilt
für Lévi-Strauss, dass das "wilde Denken", das die Mythen hervorbringt, natürliche Klassifikationssysteme verwendet (häufig natürliche Arten), um sie als natürliche Gitter zur Kategorisierung
der Welt zu verwenden.[19] Dabei wird von diesen natürlichen Klas-

---

(15) Cl. Lévi-Strauss, Strukturale Anthropologie, Frankfurt a M
    1972, S 254
(16) aaO, S 254
(17) Cl. Lévi-Strauss, Das wilde Denken, Frankfurt a M 1973, S 27
(18) Die zusammenfassende Bemerkung wenig später scheint das zu
    bestätigen: "Diese Wissenschaft vom Konkreten musste ihrem
    Wesen nach auf andere Ereignisse begrenzt sein als die, die
    den exakten Naturwissenschaften vorbehalten blieben; aber sie
    waren nicht weniger wissenschaftlich, und ihre Ergebnisse waren nicht weniger wirklich. Zehntausend Jahre v o r (Hervorh. von E.B.) den andern erworben und gesichert, sind sie
    doch noch immer die Grundlage unserer Zivilisation".aaO, S 29
(19) cf. Das wilde Denken, aaO, Kapitel V. - ".. für die letzte
    Diskontinuität der Wirklichkeit ist das anschaulichste Bild
    über das der Mensch verfügt, und die direkteste Manifestation,

sifikationssystemen wenigstens verlangt, dass eine Beziehung der
Aehnlichkeit irgendwelcher Art zwischen dem natürlichen System
und dem Bereich der Wirklichkeit bestehe, auf den es angewandt
wird. Aber, so meinte Lévi-Strauss, für diese "logischen Systeme des Konkreten" ist letztlich "das Vorhandensein einer Verbindung wesentlicher als die Beschaffenheit der Verbindung; in formaler Hinsicht ist ihnen, wenn man so sagen darf, jedes Mittel
recht..."[20]

Mythen sind demnach nicht einfach phantastische Erzählungen - auch wenn sie es zunächst zu sein scheinen - ohne Logik
und ohne die Fähigkeit zu klaren Unterscheidungen (wie Lévi-Bruhl
meinte), sondern sie dienen dazu - aufgrund des klassifikatori-
schen Werts (= "Bedeutung") der verwendeten Mythologeme und de-
rer Elemente -, bestimmte Gegensätze des Lebens bewusst zu machen und durch narrative Entfaltung langsam auszugleichen bzw.
zwischen ihnen zu vermitteln.[21] Aufgrund der Allgemeinheit
bzw. der mehrfachen Beziehbarkeit des verwendeten klassifikato-
rischen Systems kann diese Vermittlung gleichzeitig auf mehreren
Ebenen (= Codes) erfolgen, die je verschieden fundamental anzusetzen sind. Als fundamental gelten die Oppositionsebenen: Natur
vs Kultur; Leben vs Tod; heilig vs profan. Andere Ebenen sind
die geographische, meteorologische, zoologische, botanische,
technische, wirtschaftliche, soziale, kosmologische.[22]

---

    die er zu erfassen vermag, die Vielfalt der Arten: sie ist
    der sinnlich wahrnehmbare Ausdruck einer objektiven Chiff-
    rierung." aaO, S 161
(20) aaO, S 82
(21) cf. Strukturale Anthropologie, aaO, S 247 ff
(22) "Das mythische System und seine Erscheinungsformen dienen
    also zur Herstellung von homologen Beziehungen zwischen den
    natürlichen Bedingungen und den gesellschaftlichen Bedingun-
    gen, oder genauer, zur Definition eines Gesetzes der Aequi-
    valenz von signifikaten Kontrasten, die auf mehreren Ebenen
    liegen: der geographischen, meteorologischen, zoologischen,
    botanischen, technischen, wirtschaftlichen, sozialen, ritu-
    ellen, religiösen, philosophischen." (Das wilde Denken,
    aaO, S 111 f)

Diese Art des Denkens, das von den Mythen vorausgesetzt
wird, beschreibt Lévi-Strauss anschaulich anhand des Bildes vom
Basteln (bricolage): Für den Bastler ist es typisch, dass er seine Kontruktionen aus Material herstellt, das er nicht eigens für
diesen bestimmten Zweck hergerichtet hat - im Gegensatz zum Ingenieur -, sondern als Ueberreste von frühern Konstrukten vorfindet. Solche Elemente sind nur zu einem Teil in das neue Konstrukt integrierbar, zu einem Teil tragen sie noch die Spuren
des frühern Zwecks an sich. "Auf die gleiche Weise liegen die
Elemente der mythischen Reflexion immer auf halbem Weg zwischen
sinnlich wahrnehmbaren Eindrücken und Begriffen.... Es besteht
aber ein Zwischenglied zwischen dem Bild und dem Begriff: das
Zeichen... (Es) ist ganz wie das Bild, etwas Konkretes, aber es
ähnelt dem Begriff durch seine Fähigkeit des Verweisens..."[23]
Allerdings ist diese Verwendbarkeit zum Verweisen nicht beliebig,
sondern aufgrund der Herkunft aus einem frühern System "von vornherein eingeschränkt".[24] Es handelt sich also um "Botschaften,
die in gewisser Weise vorübermittelt worden sind" (S 33).[25]

Lévi-Strauss ist nun der Meinung, dass alle Mythen das
Produkt einer einheitlichen mythischen Kompetenz darstellten, die
allerdings bei der konkreten Konstitution einzelner Mythen durch
besondere kulturelle, geistige und soziale Faktoren beeinflusst
werde. Diese Kompetenz bzw. deren Struktur zu beschreiben ist
eines der Hauptziele seiner Beschäftigung mit den Mythen. Programmatisch schreibt er schon 1958: "Wie die genaueren Fassungen und
Berichtigungen auch immer aussehen mögen, die der folgenden Formel
hinzugefügt werden müssen, scheint es doch festzustehen, dass je-

---

(23) aaO, S 31
(24) aaO, S 32
(25) Hier wird ein Phänomen beschrieben, das seit L. Hjelmslev's
"Prolegomena to a Theory of Language" (Madison 1969 (2))
unter dem Titel "konnotative Semiotik" abgehandelt wird.
cf. auch J. Trabant, Zur Semiotik des literarischen Kunstwerks, München 1970.

der.... Mythos auf eine kanonische Beziehung des Typus
$$F_x(a) : F_y(b) = F_y(b) : F_{a-1}(y)$$
zurückzuführen ist, von der man, wenn gleichzeitig zwei Ausdrücke a und b sowie zwei Funktionen s und y dieser Ausdrücke gegeben sind, behaupten kann, dass eine Aequivalenzbeziehung zwischen zwei Situationen besteht, die durch eine Umkehrung der betreffenden Ausdrücke und der Beziehungen definiert werden, allerdings unter zwei Bedingungen: 1. dass einer der Ausdrücke durch sein Gegenteil (a und a-1) ersetzt wird, 2. dass eine auf Wechselbeziehung beruhende Umkehrung zwischen dem Funktionswert und dem Ausdruckswert zweier Elemente erfolgt (y und a)."[26]
Zur Illustration und zum besseren Verständnis dieser Formel wird hier ein Beispiel aus den Mythologica beigefügt: In den Gé-Mythen vom Ursprung des Feuers[27] kommt der Jaguar als der Herr des Feuers und des gekochten Fleisches vor, während sich die Menschen noch mit rohem Fleisch begnügen müssen, und auch die menschliche Frau des Jaguars kannibalische Neigungen zeigt. - In den Mythen

---
(26) Strukturale Anthropologie, aaO, S 251;
A.J. Greimas versucht diese achrone Struktur - allerdings etwas vereinfacht - als gerichteten Graph darzustellen:

(⟶ bezeichnet die Präsupposition
⟵⟶ bezeichnet die Kontradiktion)
"Wird die Struktur, die zwei durch die kontradiktorische Relation ($s \leftrightarrow \bar{s}_1$ oder $s_2 \leftrightarrow \bar{s}_2$) vereinigte Terme umfasst, Schema genannt und Korrelation die Beziehung zwischen zwei Schemata, deren Terme jeweils in konträrer Beziehung zu den entsprechenden Termen des andern Schemas stehen, dann kann man sagen, dass das taxonomische Modell eine Struktur von vier Termen ist, die wechselseitig durch ein Netz von präzisen Relationen definiert sind, die als die Korrelation zwischen zwei Schemata beschreibbar sind." A.J. Greimas, "Elemente einer narrativen Grammatik", in: aaO, S 52; cf. auch ders. "La mythologie comparée", in: ders. Du sens, Paris 1970, S 117 - 134, bes. 118 f.
(27) Gemeint sind die Mythen M 7 - M 12 in der Numerierung von Lévi-Strauss.

aus Guayana treffen wir auf gewandelte Verhältnisse. Die Techniken zur Erzeugung des Feuers werden von menschlichen Helden erobert oder erfunden, nachdem ihre Mutter von einem kannibalischen Jaguar verschlungen worden ist.[28]

Ordenet man die beiden Mythentraditionen nach der Formel von Lévi-Strauss an und setzt für

Fx	isst Gekochtes und besitzt Feuer
Fy	isst Rohes und hat kannibalische Neigungen
(a)	Jaguar (= Herr des Feuers)
(b)	Mensch (qua Frau, Mutter, Held)

dann ergibt sich als Aequivalenz:

Fx(a) (Der Jaguar, als Herr des Feuers, isst Gekochtes) : Fy(b) (Der Mensch isst Rohes und hat kannibalische Neigungen)

≅ Fx(b) (Der Mensch, der die Feuertechnik besitzt, isst Gekochtes) : Fa-1(y) (Der Jaguar, der das Feuer verloren hat (a-1) isst als Kannibale Rohes)

Dieses achrone formale mythische Modell interpretiert Lévi-Strauss als die Struktur des menschlichen Geistes widerspiegelnd: "..so würde die Schlussfolgerung unvermeidlich werden, dass der Geist, der Selbstkonfrontation ausgeliefert und der Pflicht, mit den Gegenständen zu operieren, enthoben, in gewisser Weise sich darauf beschränkt sieht, sich (im Mythos) selbst als Objekt zu imitieren..."[29]

Diese hier in groben Zügen vorgestellte Mythentheorie von Lévi-Strauss ist von anthropologischer, textwissenschaftlicher und philosophischer Seite erheblich kritisiert worden:

Anthropologen haben die strukturalistisch-konstruktivistische Methode angegriffen und Lévi-Strauss vorgeworfen, dass sein Zugang zum Mythos die entscheidende Frage, ob Mythen überhaupt eine Struktur hätten, bereits präjudiziere und nicht beant-

---

(28) cf. Mythologica II, Frankfurt a M 1976, S 265
(29) Mythologica I, Frankfurt a M 1976, S 24

worte; ferner, dass diese Methode oft arbiträr und in vielen
Fällen recht künstlich wirke; so etwa W.G. Runciman, wenn er
schreibt: "Das Wesen der 'strukturalistischen' Methode scheint
darin zu liegen, dass man bewusst abstrakte Modelle konstruiert,
indem man das zu studierende Objekt künstlich auseinanderbricht
und es nachträglich in Begriffen von wesentlich relationalen Eigenschaften rekonstituiert."[30] Diese Kritik ist nicht in jedem
Fall gravierend, denn wie anders sollte man so fundamentale Phänomene systematisch verständlich machen, wenn nicht durch eine
rekonstruktive Hypothese, die empirisch zu verifizieren ist. Und
wenn sich mit der strukturalistischen Hypothese fruchtbarer arbeiten lässt als mit andern Hypothesen zum Mythos, dann hat sie
eine erste Probe bestanden. Das würde allerdings noch längst
nicht die weiten z.T. philosophischen Folgerungen erlauben, die
Lévi-Strauss vor allem in "Das wilde Denken" zieht. Denn es ist
eine Sache zu zeigen, dass ein bestimmtes Modell brauchbar ist,
um einen Phänomenbereich zu erklären, und eine andere Sache zu
behaupten, dass dieses Modell die Wirklichkeit widerspiegele.
Gegen ersteres ist wenig einzuwenden, letzteres ist eine unbewiesene, metaphysische Behauptung.[31]

    Man hat ferner kritisch angemerkt, dass Lévi-Strauss vor
allem amerikanische Mythen von Stämmen mit totemistischer Ordnung analysiere, und dass die binäre Struktur, die er in diesen
Mythen finde, relativ typisch sei für totemistische Kulturen
(obwohl auch hier gewisse Oppositionen recht künstlich wirkten

---

(30) "The essence of 'structuralist' method seems to lie in the
construction of deliberately abstract models by the artificial breaking-down of the object under study and its subsequent reconstitution in terms of essentially relational
properties." (W.G. Runciman, "What is Structuralism?", in:
The British Journal of Sociology, 20 (1969), S 253 - 265)
(31) Paul Ricoeur hat besonders die Ausweitung der Theorie von
Lévi-Strauss scharf kritisiert; cf. "Struktur und Hermeneutik," in: ders. Hermeneutik und Strukturalismus, München 1973, S 37 - 79, bes. S 59 - 71.

und an der Adäquatheit des Modell Zweifel weckten), dass sich dieses Modell aber viel weniger fruchtbar anwenden liesse bei griechischen, mesopotamischen und besonders hebräischen Mythen.(32)

Auch wurde die These in Frage gestellt, dass alle Mythen die Aufgabe hätten, zwischen Gegensätzen zu vermitteln; und man war nicht verlegen im Finden von Mythen, die andere Funktionen erfüllten: ätiologische Mythen, die Institutionen und Gebräuche begründen;(33) Mythen, die wesentlich mit einem Ritus verbunden sind und ihn entfalten oder erklären;(34) oder auch Mythen, welche dazu dienen, die kreative Aera des Anfangs präsent zu halten.(35) Solchen Einwänden gegenüber könnte Lévi-Strauss geltend machen, dass Mythen immer Erzählungen seien, und Erzählungen immer - über eine Reihe von Transformationen - zwischen Anfang- und Endsituation zu vermitteln hätten. Dass solche Erzählungen darüber hinaus noch weitere Funktionen erfüllten (wie ätiologische, religiöse usw.) müsse deshalb nicht bestritten werden.

Eine weitere Kritik kommt aus der Reihe der Textwissenschaftler. Sie machen darauf aufmerksam, dass der Text als Syntagma, also die Erzählung, bei Lévi-Strauss' Analysen gänzlich übergangen werden zugunsten eines methodischen Vergleichs der "Mythologeme" in der paradigmatischen Dimension. Er interessiere sich fast ausschliesslich für die Beziehung der Mythen untereinander, um zum Schluss den "einzigen Mythos" zu finden.(36) Aber

---

(32) cf. G.S. Kirk, Myth, aaO, S 84 - 251
(33) Viele Beispiele zur Bestätigung dieser Funktion finden sich bei B. Malinowski, Myth in Primitive Psychology, London 1926
(34) Unter diesem Aspekt betrachtet die Mythen besonders J.G. Frazer, Der goldene Zweig. Eine Studie über Magie und Religion, Berlin 1968; seine Theorie ist auf jeden Fall zu einseitig und lässt sich so nicht halten.
(35) cf. Mircea Eliade, Der Mythos der ewigen Wiederkehr, Düsseldorf 1953
(36) Zum Beleg der Stichhaltigkeit dieser Kritik ein Zitat: "Oder müssen wir zum Schluss kommen, dass es im ganzen Raum des amerikanischen Kontinents nur einen einzigen Mythos gibt, von dem sich die einen wie die andern durch einen geheimen Plan inspirieren lassen...?" und die bejahende Antwort auf diese Frage findet sich in dem gleichen Kapitel. Mythologica IV, aaO S 658

wenn die ganze Theorie von der mythischen Kompetenz oder der
Struktur des "esprit", der diese Mythen generiert, nicht in der
Luft hängen soll, braucht man auch konkretere "Regeln, die es
erlauben, von den simultanen Ebenen der mythologischen Struktur
zur (grammatisch spezifizierten) Folge der Elemente der Erzählung zu gelangen, sowie ein spezifisches Wörterbuch,"[37] was bei
Lévi-Strauss nicht zu finden ist. A.J. Greimas hat versucht, erste Schritte in Richtung auf eine narrative Grammatik des Mythos
- ausgehend von der Grundstruktur, die Lévi-Strauss vorgeschlagen hat - zu gehen.[38] Aber so interessant seine Ueberlegungen
auch sind, sie markieren erst einen Anfang, den es noch auszubauen gälte. Wir werden weiter unten auf diese Ueberlegungen zurückkommen.

Auch wenn man diese verschiedenen kritischen Einwände
zusammennimmt, kann man nicht behaupten, sie rechtfertigten eine
globale Verwerfung der Theorie von Lévi-Strauss, aber sie markieren deren Grenzen und offenen Stellen: zu einseitige Wahl der
Pradigmen, zu enge Begrenzung der Funktion, zu starke Ausrichtung auf rein formale Operationen (Erzeugen von Homologien, Gegensätzen, Symmetrien), zuwenig Rücksicht auf die einzelnen Erzählungen und überhaupt die Erzählform. Das heisst zunächst nur,
dass die Theorie noch weiter ausgearbeitet werden müsste.

Die Analyse des Werks von Lévi-Strauss durch Dan Sperber
legt an den Tag, dass Lévi-Strauss mit folgender - in unserem
Zusammenhang interessierenden - Hypothese arbeitet: "Die Logik
der Entstehung der Mythen ist dieselbe wie die ihrer Transformation".[39] Das Studium der Transformationen der Mythen offenbart

---

(37) Dan Sperber, "Der Strukturalismus in der Anthropologie", in:
aaO, S 215; cf. hierzu auch H. Weinrich, "Erzählstrukturen
des Mythos", in: ders. Literatur für Leser, aaO, S 148 f
(38) A.J. Greimas, "Eléments pour une théorie de l'interprétation du récit mythique", in: Communications 8 (1966)
S 28 - 59, wieder abgedruckt in: ders. Du sens, aaO,
S 185 - 230
(39) Dan Sperber, Ueber Symbolik, Frankfurt a M 1975, S 116

- nach Lévi-Strauss - systematische Homologie- und Inversionsbeziehungen[40] innerhalb eines einzelnen Mythos, zwischen den Mythen und auch im Innern eines ganzen Mythenkorpus.[41] Kann man nun behaupten, dass eine Erzählung (z.B. eine Heroensage, die sicher auch der Stufe des "wilden Denkens" zugehört) zu einem mythischen Bericht wird, wenn diese Transformationsregeln auf sie angewandt werden? - Lévi-Strauss nennt die individuellen Werke alle "potentielle Mythen",[42] allerdings mit der Einschränkung, dass "erst die Tatsache, dass sie kollektiv angenommen werden", ihren "Mythismus" gegebenenfalls aktualisiere (ibid), und das bedeutet, dass die zu Anfang individuelle Schöpfung im Verlauf des Uebergangs die individuellen Faktoren verliert, "die sich der Wahrscheinlichkeit verdanken, und die man dem Teperament, dem Talent, der Vorstellungskraft und den persönlichen Erfahrungen ihres Urhebers zurechnen könnte",[43] und dass sich allmählich das ergibt, "was man ihre kristallinen Teile nennen könnte", die Teile, die auf gemeinsamen Grundlagen beruhen. Aber diese Antwort sagt nur, wie ein bestimmtes Werk "abgeschliffen" wird, um allmählich der mythischen Struktur zu entsprechen. Sie verschweigt aber, warum es zur Traditionsbildung kam: Vielleicht, weil es - verdeckt durch stilistische Eigenheiten - schon diese mythische Struktur besass und deshalb einen schon bestehenden

---

(40) Man vergleiche hierzu das Zitat betreff die "Normalform" der Mythen oben auf S 223
(41) Damit man sich von diesen Transformationen ein Bild machen kann, ein kurzes Zitat: "Gleichzeitig, wie dieser Mythos (gemeint der Quinault-Mythos M 803 der Tabelle von Lévi-Strauss) ein wärmendes himmlisches Feuer in ein erhellendes chtonisches Feuer transformiert (erwärmend vs erhellend; himmlisch vs chtonisch), führt er zwischen dieses zweite Feuer und den Regen eine Beziehung der Unvereinbarkeit ein (chtonisches Feuer vs Regen), welche die Vereinbarkeit umkehrt, welche die Coos-Mythen zwischen dem Regen und dem Herdfeuer postuliert hatten (Quinault-Mythos vs Coos-Mythos). Diese Vereinbarkeit überträgt der Quinault-Mythos auf den Blitz: eine Form des himmlischen Feuers, die in der Tat mit dem himmlischen Wasser vereinbar ist, wie die Erfahrung beweist." Mythologica IV, aaO, S 682
(42) aaO, S 734
(43) aaO, S 733

Mythos bestätigte und stabilisierte oder den "Gleichgewichtszustand" eines Systems wieder herzustellen vermochte, der durch geschichtliche Ereignisse gestört worden war.[44] Aber diese Antwort setzt die mythische Struktur der betreffenden Erzählung bereits voraus und kann deshalb die Einführung des "mythischen Berichts" nicht erklären.

Ferner hat A.J. Greimas mit einigem Erfolg zu zeigen vermocht, dass das abstrakte Schema, das Lévi-Strauss den Mythen zugrunde legt, gar nicht für Mythen spezifisch ist, sondern dass es als Strukturschema für eine allgemeine narrative Grammatik dienen kann.[45] Wenn Greimas recht hat, bedeutet das, dass die oben genannten Transformationsregeln gar nicht nur die mythische Erzählung, sondern alle, wenigstens traditionellen Erzählungen im Kern charakterisieren.

Als Ergebnis muss demnach festgehalten werden, dass sich die mythische Redeweise nicht allein durch syntaktische Regeln und ein "wildes Denken", das konkrete Klassifizierungssysteme verwendet, erklären bzw. beschreiben lässt. Es ist übrigens bezeichnend, dass Lévi-Strauss ganz verschiedene Erzählarten als Mythen betrachten muss, die er eigentlich auseinanderhalten möchte. So stellt er fest, dass es bei den Poeblos Mythen ganz verschiedener Art gebe: 1. Ursprungsmythen, gültig für eine ganze Population; 2. Migrationsmythen mit eher legendärem Charakter, gültig für Clans; 3. dörfliche Erzählungen, die eher der Unterhaltung dienen. Aber diese Unterscheidung, die für das Verstehen der Mythen wichtig ist, kann nicht mit syntaktischen Mitteln alleine erreicht werden.[46]

Lévi-Strauss wurde hier ausführlicher dargestellt, weil er zu den bedeutendsten Experten in Fragen der Mythenforschung

---

(44) cf. aaO, S 710
(45) A.J. Greimas, "Elemente einer narrativen Grammatik", aaO; cf. Anm (26) oben; ebenfalls ders., "Les jeux des contraintes sémiotiques", in: ders., Du sens, aaO, S 135 - 154
(46) cf. Mythologica I, aaO, S 427

und -analyse gehört. Nur ein bestimmtes Vorurteil eher philosophischer Art hindert ihn daran, die Frage der "Sinnkonstitution" durch den mythischen Bericht in seinen Analysen zu berücksichtigen: "..Dass das letzte Ziel der Wissenschaften vom Menschen nicht das ist, den Menschen zu konstituieren, sondern das, ihn aufzulösen... die Kultur in die Natur und schliesslich das Leben in die Gesamtheit seiner physikochemischen Bedingungen zu reintegrieren."[47]

4. Der Mythos als sinnkonstituierende Rede:

Da eine rein syntaktische Charakterisierung des Mythos nicht möglich ist, müssen semantische Gesichtspunkte berücksichtigt werden. A.J. Greimas, der sich eingehend mit "strukturaler Semantik"[48] beschäftigt hat, macht in seiner schon zitierten Arbeit zur Interpretation der Mythen folgende Bemerkung, die er allerdings nicht voll auswertet: "La transcription formelle ne nous a pas donné la clef d'une lecture isotope unique, bien au contraire: le récit semble être conçu comme exprès de telle manière qu'il manifeste successivement, dans sa partie topique, deux isotopies à la fois. On peut même se demander si les variations d'isotopies, correspondant aux séquences du récit, ne constituent pas un des traits distinctifs permettant d'opposer le récit mythique aux autres types de narration..."[49] Es scheint demnach für diese Art der Erzählung typisch zu sein, dass sie letztlich immer zwei Isotopien konstituiert, die eine dialektische Spannung erzeugen, die sich kaum (wenn überhaupt) auflösen lässt.[50] Dieser Anregung von Greimas soll hier weiter nachgegangen werden.

---
(47) Lévi-Strauss, Das wilde Denken, aaO, S 284
(48) cf. die grundlegende Arbeit: Strukturale Semantik, Braunschweig 1971; (frz. 1966)
(49) A.J. Greimas, "Eléments pour une théorie de l'interprétation du récit mythique", aaO, S 47
(50) Im Beispiel, das Greimas analysiert - es handelt sich um den Mythos M 1 in der Numerierung von Lévi-Strauss - geht es schlussendlich um das Gegensatzpaar "Kultur" vs "Antikultur",

Zunächst folgt eine kurze Erläuterung des Begriffs
"Isotopie". Wir brauchen nicht in die Details der Diskussion ein-
zutreten, die seit der Einführung dieses Begriffs durch Greimas
(1966) geführt worden ist.[51] - Nach unserem Texterzeugungsmodell (siehe V. Kapitel) lässt sich die basalste Stufe der Textgenerierung beschreiben als logisch verknüpfte Folge von thematischen Merkmalen (Semen). Dieser Vorstellung liegt die andere
These zugrunde, dass sich die Bedeutung eines Lexems wie auch
eines Textes darstellen lässt als Konjunktion - Disjunktion und
hierarchische Konstruktion von kleinsten Bedeutungsmomenten (Semen) zu immer grösseren Einheiten. Eine Hierarchieebene wird im
einfachsten Fall konstituiert durch zwei Merkmalbündel (Semkon-
junktionen), die bezüglich eines Merkmals (= dominantes Merkmal)
in oppositioneller Relation stehen. Z.B. "Mann" vs "Frau" stehen
bezüglich des dominanten Merkmals "Geschlechtlichkeit" in Opposition, und sie stehen bezüglich des dominanten Merkmals "Art"
qua "menschlich" dem "tierisch" gegenüber.[52] - Mittels solcher
Hierarchien sollte - nach Greimas und der strukturalen Semantik -
das Vokabular einer Sprache rekonstruiert werden können. Aller-

---

    die beide durch den biologischen Code "Leben" vs "Nicht-Le-
    ben" und "Nicht-Tod vs "Tod" dargestellt werden, und zwar
    K u l t u r als Konjunktion von "Leben" und "Nicht-Tod,
    A n t i k u l t u r als Opposition von "Nicht-Leben" und
    "Tod". cf. aaO, S 57
(51) Lesenswerte Beiträge zu diesem Thema sind: W. Kallmeyer et
    al., aaO, Bd 1, S 143 - 161; Eugenio Coseriu, "Lexikalische
    Solidaritäten", in: W. Kallmeyer et al., Bd 2, aaO, S 75 - 86;
    E.U. Grosse, "Zur Neuorientierung der Semantik bei Greimas",
    in: aaO, S 87 - 125; François Rastier, "Systematik der Iso-
    topien", in: aaO, S 153 - 192; S.J. Schmidt, Bedeutung und
    Begriff. Zur Fundierung einer sprachphilosophischen Seman-
    tik, Braunschweig 1969
(52) Die Beispiele sind insofern nicht ganz richtig, als die Le-
    xeme "Mann", "Frau" eigentlich als strukturierte Sembündel
    vorgestellt werden müssten. Das würde voraussetzen, dass ich
    die ganze "Ableitung" von "Mann" bzw. "Frau" aus einigen ba-
    salen Semen leisten könnte, was mir nicht möglich ist und
    was auch Greimas nicht getan hat. Aber für unseren Zusam-
    menhang ist das von sekundärer Bedeutung.

dings stellt der Uebergang von Sem-Systemen zu den einzelnen Lexemen einen Uebergang von "univers immanent" zum "univers de la manifestation" dar, ein Uebergang, der noch kaum durchschaut wird und noch nicht beschrieben worden ist, was den Ansatz relativ hypothetisch erscheinen lässt.

Wenn man vom Wort, das semantisch durch einen hierarchisierten Sem-Komplex repräsentiert wird, zum Text übergeht, erkennt man bald, dass in der Regel nicht alle Seme der jeweiligen Lexeme als aktualisiert gedacht werden können; der Text wäre nicht "lesbar". Z.B. "gut" kann in ganz verschiedenen Verbindungen auftreten, wie: "eine gute Frau"; "eine gute Empfehlung"; "eine gute Leistung"; "ein gutes Essen" usw. In diesen Beispielen ist nur die Kernbedeutung (Sem-Kern) von "gut" immer realisiert, die Rand-Seme (Kontexteme) sind von Fall zu Fall verschieden. Dieses Abstimmen der Seme verschiedener Lexeme aufeinander nennt man in der Textlinguistik "Monosemisierung".[53] Für die Textkohärenz andererseits wird verlangt, dass zwei oder mehrere Lexeme wenigstens ein gemeinsames, d.h. rekurrentes Sem aufweisen, das eine thematische Ebene im Text konstituiert. Eine solche durch Sem-Rekurrenz konstituierte thematische Ebene heisse - in Anlehnung an Greimas - "Isotopie".[54] Da in einem Text meistens verschiedene rekurrente Seme, die nicht alle gleich dominant sind, auftreten, lässt sich ein Text - seiner Tiefenstruktur nach - als Hierarchie von Isotopien beschreiben, wobei die umfassendste Isotopie zugleich auch die dominierende ist und das Hauptthema des Textes bezeichnet.[55] Für die Rezeption eines Textes bedeutet

---

(53) cf. A.J. Greimas, Strukturale Semantik, aaO, S 37 - 45
(54) Die Auseinandersetzung zwischen F. Rastier und Greimas kann an dieser Stelle übergangen werden. Es sei lediglich angemerkt, dass wir die Auffassung von Rastier, der zur Konstitution von Isotopieebenen nur die Rekurrenz irgendeines Sems und nicht die spezifischere von kontextuellen Semen verlangt, favorisieren. cf. F. Rastier, aaO, S 153 - 192
(55) W. Kallmeyer et al. führen drei verschiedene Kategorien von Ebenen ein: einfache Isotopieebene, Monosemisierungsebene und - für die umfassendsten Isotopien - Spezifikationsebene; aaO, Bd 1, S 152 f

das, dass zunächst die Seme der Lexeme zu aktivieren sind, welche sich mit der dominanten Isotopie-Ebene vertragen. Andere Isotopie-Ebenen sind bezüglich dieser "Spezifikationsebene" konnotativ. - Die dominante Ebene wird meist durch besondere syntaktische Aufmerksamtkeitssignale und auch (wenn auch nicht in jedem Fall) durch das zahlenmässige Ueberwiegen der isotopen Elemente kenntlich gemacht.

Es gibt nun auch spezielle Vertextungsphänomene, die Greimas unter den Begriff "komplexe Isotopie"[56] subsumiert. Er meint damit Fälle, in welchen mehrere Isotopien nebeneinander stehen, ohne dass sich eine unmittelbar als dominant erweist. Einfachste Fälle komplexer Isotopien sind jene, die auf mangelhafter Kodierung beruhen, weil nicht beachtet wurde, dass eine Lexemgruppe mehrere Isotopien begründen kann. Z.B. "der Strauss ist schön". Diese Aeusserung gilt auf den beiden Ebenen mit den Klassen (= Kontext-Semen) "tierisch" bzw. "pflanzlich". - Daneben gibt es auch Texte, die auf verschiedenen Ebenen gelesen werden müssen, um überhaupt verstanden werden zu können, z.B. doppelbödige Witze. Der "Witz" liegt in diesem Fall darin, dass auf originelle Art eine homologe Beziehung hergestellt wird zwischen thematisch auseinanderliegenden Ebenen, die überraschend gut einleuchtet. - Nicht selten, vor allem in der Poesie, sind jene Texte, die zunächst vielstufig (poly-isotop) erscheinen und kaum "lesbar" sind. Die Aufgabe der Interpretation besteht u.a. darin, die verschiedenen thematischen Ebenen herauszuarbeiten und eine Hierarchisierung vorzunehmen.[57] - Diese Informationen zum Begriff der "Isotopie" dürften ausreichen, um die Rede von "bi-isotop" im Zusammenhang des Mythos verstehen zu können.

---

(56) Strukturale Semantik, aaO, S 87 - 92
(57) Durch das Bestimmen von Isotopien und Spezifikationsebene ist die Interpretation eines Textes noch längst nicht abgeschlossen; es wird dadurch nur die Hauptgedankenrichtung angegeben, gleichsam ein "Bedeutungsskelett" aufgestellt.

Die oben zitierte Anregung von Greimas wird hier als "wesentliche" Regel der mythischen Textkompetenz interpretiert. Sie wäre etwa auf folgende Weise zu konkretisieren: Ein "mythischer Bericht" wird erzeugt, indem man z.B. einen historischen Bericht so umgestaltet, dass er prinzipiell bi-isotop wird. Das soll an einem Beispiel versucht werden.

(1) "Der Mann Jesus von Nazareth, eine jener markanten Persönlichkeiten, wie sie das Judentum immer wieder hervorbrachte, wurde endlich zum Tod am Kreuz verurteilt, weil er sich als Aufwiegler des Volkes des Hochverrats schuldig gemacht hatte. Er wurde vor Jerusalem, auf dem Golgotha - der offiziellen Hinrichtungsstätte - zusammen mit zwei Verbrechern gekreuzigt. Drei Stunden dauerte die Marter, dann starb er ohne dass sich etwas änderte an der Welt."

So etwa könnte ein relativ einfacher historischer Bericht lauten, der die Person dieses Jesus kurz vorstellt. Auch wenn in diesem Text verschiedene thematische Bereiche gestreift werden (etwa: Judentum und seine Geschichte; Gerichtspraxis; Politik; Alltagspsychologie), ist er doch eindeutig lesbar unter dem Titel: "Tod des Mannes Jesus von Nazareth".

Eine zweite dominante Bedeutungsebene würde eingeführt, wenn man den Text ergänzte durch

(2) "Doch der Tod dieses Mannes widersprach dem allgemeinen Vorurteil, dass mit dem Tod eine aktive, möglicherweise gefährliche Persönlichkeit aus dem Wege geräumt sei; denn der Einfluss dieses Mannes machte sich erst eigentlich nach seinem Tode geltend."

Diese Erweiterung bringt eine neue Ebene ins Spiel, nämlich die "Geschichte der Vorurteile" (wie sie hier ganz informell einmal genannt werden soll) bzw. eines ganz bestimmten Vorurteils; und der Fall "Jesus von Nazareth" hat einen bestimmten Platz in dieser "Geschichte", nämlich als ein Gegenbeispiel. Durch diese

Interpretation ist (1) und (2) als isotoper Text lesbar; er hat eine Spezifikationsebene, nämlich die Geschichte einer bestimmten Meinung. - Aehnlich wie (2) wären auch Erweiterungen wie die folgende zu interpretieren

(3) "Der Tod dieses Mannes öffnete damals vielen die Augen bezüglich ihrer politisch-religiösen Situation: Dass sie nämlich einer herrschsüchtigen, hinterlistigen Clique ausgeliefert waren."

Im Zusammenhang mit (3) fungiert (1) als exemplarischer Fall für allgemeine Verhältnisse, als eine Geschichte, die jedermann zustossen könnte.

Wesentlich anders verhält es sich, wenn der Text so erweitert wird, wie die Evangelien es tun, wo es heisst:

(4) "Während der Zeit seiner Agonie am Kreuz 'herrschte Finsternis im ganzen Land',[58] obwohl es Tag und nicht Nacht war. Und als er starb 'riss der Vorhang im Tempel von oben bis unten entzwei. Die Erde bebte, und die Felsen spalteten sich.'"[59]

Zunächst wird man feststellen, dass (4) eine neue, ganz heterogene Bedeutungsebene einführt, die den Text vorläufig "unlesbar" macht. Der erste Eindruck ist, die beiden Berichte sind wie zufällig aneinandergereiht. Oder man versucht, den Text so "lesbar" zu machen, dass man sich darunter ein zufälliges Zusammentreffen zweier unabhängiger Ereignisfolgen vorstellt, nämlich die Hinrichtung eines Verurteilten und ein Erdbeben. Nehmen wir aber an, der Text gestattete diese "ausweichende" Interpretation nicht, sondern postulierte einen narrativen Zusammenhang zwischen (1) und (4), und nehmen wir weiter an, der Autor des Textes kenne die Naturgesetze und wisse um die wörtliche Unwahrscheinlichkeit seiner Erzählung, dann hätten wir m.E. einen prinzipiell bi-isotopen Text vor uns mit den beiden nicht weiter integrierbaren Ebenen

---

(58) Mt 27,45
(59) Mt 27,51

"menschliches Handeln" einerseits "Vorgänge in der toten Natur, die normalerweise nicht von Menschen verursacht werden können" andererseits. Und nach der Definition von Greimas müssten wir einen solchen Text einen "Mythos" nennen. Dem alltäglichen Verständnis von Mythos erscheint eine solches Mythosverständnis allerdings ziemlich fremd. Von einem Mythos würde man eher erwarten, dass er erzählt, wie die beiden Geschehensebenen zusammenzubringen sind, z.B. dass der Tote, befreit von den Fesseln des Leibes, übermächtig stark geworden, sich an seinen Verfolgern rächt oder ähnlich. Damit rekurriert die Erzählung aber auf eine prinzipiell andere Welt, die im Vergleich zur Welt des "historischen Berichts" als gänzlich ungewöhnlich und unheimlich erscheint. Folgende Erweiterung des Berichts (1) dürfte deshalb eher als mythisch charakterisiert werden:

(5) "Doch in der Tat 'stritten hier Tod und Leben im Kampfe, wie nie einer war: Der Fürst des Lebens erlag dem Tod: zum Leben erstanden, triumphiert er als König'."[60]

Durch diesen Text werden gleich zwei neue Bedeutungsebenen eingeführt: (a) Jesu Sterben in dieser Welt wird parallelisiert mit dem Kampf zwischen "Leben" und "Tod" in einer als wirklicher als die unsere (weil diese begründend) dargestellten Welt. In diesen Figuren von "Leben" und "Tod" erkennt man ohne grosse Mühe die "Augenblicks-" und "Sondergötter" wieder, die durch den "fiktionalen Bericht" bzw. die "Heroenerzählung" als Gestaltungen der numinosen Wirklichkeit eingeführt wurden. (b) Diese andere Welt erscheint nochmals hierarchisiert, insofern "Leben" und "Tod" als "Untertane" von "Fürsten" erscheinen, die über diese "Wirklichkeiten" verfügen und sie wohl auch begründen. Die Erzählung braucht diese dritte Ebene, um den Sieg des Lebens darstellen zu können. Die narrative Entfaltung dürfte nachstehender Logik folgen: In der alltäglich-menschlichen Welt herrscht der Tod. Auch

---

(60) aus der "Sequenz" der röm.kath. Osterliturgie des Ostersonntags

Jesus, der als aussergewöhnlicher Mensch erkannt wurde, muss sterben. Das kann narrativ nur erklärt werden als Sieg des "Todes" über das "Leben" in einer die vordergründige Welt begründenden hintergründigen $_{(1)}$"Welt"; um diesen Sieg des "Todes als nicht endgültig annehmen zu müssen, muss die Erzählung eine zweite hintergründige $_{(2)}$"Welt" einführen, auf welche bezogen der Sieg des Todes als nur vorübergehend oder scheinbar dargestellt wird; denn der Fürst des Lebens ist stärker als der Tod.

Diesen verschiedenen Handlungsebenen, die nicht irgendwelche Ebenen sind, sondern zentrale Wirklichkeitsebenen bedeuten, die zueinander in einem ontologischen Gründungsverhältnis stehen, entspricht auch ein jeweils verschiedenes Zeitverständnis: Dem historischen Geschehen entspricht die historische Zeit der Menschen; der obersten Begründungsebene entspricht die Zeit der "ewigen Präsenz" aber in Form der "ewigen Wiederkehr des Gleichen". Das Zeitverständnis der mittleren Ebene ist schwieriger zu beschreiben. Die Wesen dieser Mittelstufe sind meist "Zwitterwesen", aus einer Verbindung zwischen Göttern und Menschen hervorgegangen, nicht ewig aber doch unsterblich. Und entsprechend entwickelt sich das Geschehen auf dieser Ebene teils parallel zum menschlichen Geschehen, teils parallel zum göttlichen.

Aufgrund dieser Ueberlegungen muss der Vorschlag von Greimas zur Definition des Mythos modifiziert werden: (1) Mythen sind eher zu definieren als - wenn man bei der Terminologie von Greimas bleiben will - tri-isotope Erzählungen.[61] (2) Die Bedeutungsebenen, die einander durchdringen, sind nicht irgendwelche Ebenen, sondern ontologische Begründungs-Ebenen, und das hintergründige Geschehen ist das eigentliche, mächtige und begründende oder einfach das "heilige" Geschehen. - Demnach lei-

---
(61) Wenn man die Mythen als bi-isotope Erzählungen definiert, hat man keine Möglichkeit, sie von den "Heroenerzählungen" abzuheben, die ja auch als bi-isotop beschrieben werden müssen, was m.E. das Ungenügen der Definition offensichtlich macht.

sten Mythen eine vielfache Vermittlungsarbeit. Als Erzählungen, die auf drei verschiedenen Ebenen spielen, vermitteln sie jeweils zwischen Anfang und Ende auf je einer der Isotopien, und zugleich versuchen sie, zwischen den verschiedenen Ebenen zu vermitteln, ohne die Selbständigkeit der Ebenen aufzuheben.

In diesem Fall lassen sich Mythen auch nicht einfach nur als "Hintergrunderzählungen" zu "Heroensagen" begreifen, wie die Hypothese zu Beginn des Kapitels sie hinstellte, sondern sie sind integrative Erzählungen, die über die historischen Berichtkomponenten im Leben verwurzelt sind. Gerade in diesen Berichtkomponenten wird von Ereignissen erzählt, die eine numinose (unheimliche, erschaudernde oder faszinierende) Aura verbreiten, und für die über Erzählungen von Ereignissen, die auf einer wesentlich anderen Ebene sich abspielen, eine narrative "Erklärung" gesucht wird. - Wenn die historische Komponente in den faktischen Mythen häufig fehlt, und die Mythen als alte traditionelle Erzählungen weitergegeben werden, deren ursprünglichen "Sitz im Leben" man vergessen hat, erklärt sich das daraus, dass es immer etwa die gleichen Probleme und Erfahrungen sind, die eine mythische Antwort erheischen, und die deshalb nicht jedes Mal neu erwähnt werden müssen.

Was die Mythentheoretiker oft auch befremdet hat, ist der phantastische Zug, der den Mythen meist eigen ist. Aus diesem Grund hat man die Mythen oft in Zusammenhang gebracht mit dem Traum (z.B. Kirk) oder mit archetypischen Strukturen, die sich einen Ausdruck verschaffen (Jung) oder mit Wünschen, die sich aufgrund einer repressiven Gesellschaft nur getarnt und verzerrt äussern dürften (Freud). Verglichen mit diesen Hypothesen ist der Vorschlag von Lévi-Strauss m.E. plausibler, der den phantastischen Charakter der Handelnden über das "konkrete" (auch 'wilde') Denken" (= mittel konkreter Klassifikationssysteme) erklärt, dem er bei seinen Untersuchungen immer wieder begegnet ist,[62] und das "verwirrende" Handeln der Akteure versteht als narrative Explikation von fundamentalen Operationen (Gebenüberstellen - Vermitteln)[63] im Kontext des "konkreten Denkens".[64]

Der stark anthropomorphe Charakter, der bei Mythen auch auffällt, lässt sich durch die Tatsache erklären, dass Mythen Erzählungen sind, und dass die Akteure in Erzählungen immer irgendwie Person- bzw. Subjektcharakter annehmen. D.h. noch längst nicht, dass der Mythenerzähler diese "personifizierten" Wesen im wörtlichen Sinn als Personen behandelte, wie er etwa seinen Nachbarn als Person behandelt. Im Gegenteil, das Wissen um die verschiedenen Ebenen, auf welchen die mythische Erzählung sich abspielt, verhindert gerade diese naive Sicht.

Mit diesen Ueberlegungen, die etwas langatmig wirken könnten, ist m.E. ein Begriff des "Mythos" gewonnen, der um Einiges klarer ist, als das, was man sonst etwa über Mythen zu sagen pflegt. - Van der Leeuw definiert ihn z.B. als "die wiederholende Aussage eines mächtigen Geschehens",[65] und nach W.F. Otto - der im übrigen sehr wertvolle Beiträge zum Verständnis der Mythen geliefert hat -, ist der Mythos "die Rede von dem, was *ist*. Daher gilt Mythos hauptsächlich von den göttlichen

---

(62) Ein diese Theorie bestätigendes Zitat aus einer ganz andern theoretischen Richtung sei hier beigefügt: "Der unschuldige Wilde 'denkt' nicht, der Mond sei eine Frau, weil er den Unterschied zwischen beiden nicht sieht; er 'denkt' vielmehr den Mond als ein rundes Feuer, eine leuchtende Scheibe; er sieht jedoch die Frau in ihm und nennt ihn Frau, und was ihm am Verhalten und an den Beziehungen des Himmelskörpers interessiert, sind jene Momente, die diese Bedeutung zum Ausdruck bringen." Susanne Langer, Philosophie auf neuem Wege, Berlin 1965, (engl. 1942), S 193
(63) cf. A.J. Greimas, "Elemente einer narrativen Grammatik", aaO
(64) Es lässt sich zeigen, dass auch in unserer Zeit dieses konkrete Denken mit dem wissenschaftlichen Denken koexistiert, und dass unser alltägliches Denken viel mehr mit ersterem zu tun hat als mit letzterem. cf. Leszek Kolakowski, Die Gegenwärtigkeit des Mythos, München 1973
(65) G. van der Leeuw, Phänomenologie der Religion, aaO, S 469

Dingen..."[66] Aber wenn man Mythen als "Göttergeschichten" versteht, muss man auch sagen können, wie man zu diesen "Göttern" kommt. Die Antwort: Götter sind die Akteure in den Mythen, wäre aber zirkulär. Diese Schwierigkeit wird durch den hier vorgeschlagenen Ansatz ausgeschaltet, indem die mythische Redeweise zunächst strukturell definiert wird, und die Götter durch die Anwendung dieses Erzählmodells konstituiert werden.

2. Abschnitt

Wahrheit und Funktion (Interesse) des "mythischen Berichts"

So vielfältig, wie die Vorstellungen darüber, was ein Mythos sei, sind auch die Antworten auf die Frage nach der "Wahrheit" im Mythos. Die Extreme dieses Antwortspektrums stellen die Antworten dar: "Mythen gelten für die authentischen Mythenerzähler und -hörer als in einem wörtlichen Sinn wahre Erzählungen"[67] vs "Mythen sind vom Anfang bis zum Ende dichterische Erfindung, rein ästhetische Erzeugnisse."[68] Angesichts der hier vorgeschlagenen Definition des "mythischen Berichts erweist sich diese Frage aber als bedeutend komplexer, als dass sie mit einer einfachen, kategorischen Behauptung beantwortet werden könnte. Vor allem gilt zu beachten, dass die Frage der Wahrheit nicht unabhängig von der Funktion des Mythos gestellt und beantwortet werden kann. - Be-

---

(66) W.F. Otto, "Die Sprache als Mythos", in: ders. Mythos und Welt, Darmstadt 1963, S 285. -
   Es wurde in diesem Abschnitt nicht explizit behauptet, Mythen seien immer religiöse Erzählungen. Vielmehr wurde nach einem Erzählschema und einer Struktur gesucht, welche die faktischen Mythen zu erklären vermag. Ob mit diesem Schema auch andere als religiöse Erzählungen generiert werden können, bleibt offen, selbst wenn eine bejahende Antwort ziemlich unwahrscheinlich sein dürfte.
(67) Diese Meinung dürfte weniger bei Wissenschaftlern anzutreffen sein; sie geistert aber noch sehr oft in den Köpfen von sich aufgeklärt gebenden Laien.
(68) A.H. Krappe, La genèse des mythes, Paris 1952, S 23

rücksichtigt man, dass Mythen einerseits "Hintergrunderzählungen" sind zu "Heroensagen", welchen sie Kohärenz und Sinn verleihen, und dass sie andererseits im praktischen Leben verankert sind, vorab in aussergewöhnlichen Erlebnissen und Erfahrungen und in unlösbaren Problemen und Widersprüchen des Lebens, dann kann das Interesse am Mythos als sehr fundamentales und alle Lebensbereiche umfassendes praktisches Interesse beschrieben werden: Angesichts der erschütternden Erfahrung des "Numinosen" geht es im Mythos um eine möglichst adäquate Ortung des Menschen, umd die Feststellung seiner letztlichen Abhängigkeiten und um eine möglichst gute Ausrichtung des Lebens, also um Fragen derart: Wie ist die "numinose Wirklichkeit" zu denken? Wie verhält man sich richtig angesichts des "Heiligen"? Wie soll Gesellschaft letztlich organisiert werden? Worauf hat der Mensch in seinem Leben besonders zu achten? - Auf solche Fragen gibt der Mythos die "gültigen" Antworten. - Bevor auf dieses "gültig" näher reflektiert wird, soll das Spektrum der Funktionen und Interessen etwas entfaltet werden.

Es kann kein Zweifel bestehen, dass Mythen das Leben der Völker sowohl in seinen grossen Zügen, oft aber bis hin zu kleinsten Details, geprägt haben.[69] Besonders Malinowski, aber auch Lévi-Strauss, haben eingehend darauf aufmerksam gemacht, dass viele Mythen (nach Malinowski überhaupt alle) für die Gesellschaft, in der sie entstanden sind, eine Art Instrument der Identität und Charta darstellen für Gebräuche, geltende ideologische Vorstellungen, Rechte, Institutionen: "Der Mythos" - so Malinowskis These - "erfüllt in der primitiven Kultur eine unerlässliche Funktion:

---

(69) Dabei spielt es im Grunde genommen keine Rolle, ob der Mythos ein bestimmtes Verhalten begründet oder eine bestehende Praxis nachträglich sanktioniert, das Bewusstsein einer engen Verbindung zwischen "mythischem Bericht" und grundsätzlicher Lebensorientierung wird als selbstverständlich vorausgesetzt.

Er gibt dem Glauben Ausdruck, Erhöhung und Gesetz; er sichert und stärkt die Sitte; er bürgt für die Wirksamkeit des Ritus und enthält praktische Regeln für das menschliche Verhalten."[70] Allerdings muss gegen Malinowski geltend gemacht werden, dass das soziale Interesse nicht überbewertet werden darf. Denn wenn man mittels eines Mythos ein Recht oder eine Institution begründet, dann muss berücksichtigt werden, dass man es m i t t e l s eines Mythos, durch eine lange, umständliche Erzählung tut, und dieses Recht nicht einfach feststellt oder als Tradition behauptet. Und das heisst, dass dieses soziale Interesse nur eine Komponente des Interessenkomplexes sein kann, der hier zu entfalten versucht wird.[71]

Wichtig ist für den Mythos auch das anamnetische Interesse, das bei andern Erzählweisen schon begegnete. Im "mythischen Bericht" bzw. in den verschiedenen mythischen Erzählungen erscheint dieses Interesse aber so sehr radikalisiert, dass das Vergangene in der "Wiederkehr des Gleichen" eingeholt und die Zeit aufgehoben wird. Das begründende Geschehen des Mythos geschieht nach dem Prinzip des "ein für alle Male"; es wird in die Urzeit, an den "Anfang" verlegt, aber so, dass es bei jeder Rezitation des Mythos neu aktualisiert werden kann. So erzählt der Mythos eigentlich nicht, was einmal war, sondern was immer ist bzw. immer "geschieht". Das zumindest ist die Grundtendenz des Mythos, auch wenn diese Tendenz nicht voll zum Tragen kommen kann, denn Mythen sind Erzählungen und stellen nie einfach nur zeitlose Strukturen fest. Dazu müsste man die "besprechende" Redeweise wählen. - Es zeigt sich so, dass das anamnetische Moment im Mythos seltsam paradox wirkt: Man möchte gleichsam die ganze Vergangenheit einholen in ein "ewiges Jetzt", um die Gegenwart zu begründen, und konstituiert gleich im Vorgang des Erzählens neue Ver-

---

(70) B. Malinowski, Myth in Primitive Psychology, aaO, S 26; zit. nach K. Kerényi (Hg), Die Eröffnung des Zugangs zum Mythos, Darmstadt 1967, S 182

(71) cf. Dan Sperber, Ueber Symbolik, aaO, S 16 - 21

gangenheit, die des "Anfangs schlechthin". Diesen Widerspruch können mythische Erzählungen nicht auflösen, auch nicht durch die Praxis der periodischen Wiederholung.

Qua Erzählungen erfüllen Mythen noch eine ganz spezielle psychologische Funktion, die man Entlastungsfunktion nennen könnte. Man braucht nicht soweit zu gehen wie H. Blumenberg, der bezüglich der griechischen Mythen die These vertritt: "Nicht der Stoff des Mythos, sondern die ihm gegenüber zugestandene Distanz des Zuhörers und Zuschauers ist das entscheidende Moment."[72] Dennoch gilt für Mythen, was für das Erzählen allgemein festgestellt wurde, dass es eine Rezeptionshaltung der Distanz und Entspannung ermöglicht: "Zu der auf Erzählungen bezogenen Rezeptionshaltung gehört u.a., dass die erzählte Sache in einem gewissen Spielraum des Verstehens aufgenommen wird."[73] Dieser Spielraum ist bei jeder Art des Erzählens wieder etwas anders bestimmt; bei der Erzählung eines Feuerausbruchs, der die Feuerwehr zum eiligen Einsatz motivieren soll, sehr klein, bei einer Tierfabel sehr gross. Beim Mythos mag man diesen Spielraum verstehen als ein "Mittel", um den "Terror"[74] durch die "grosse Dimension"[75] zu entgehen, ohne diese Dimension einfach zu verdrängen. Das Interesse am mythischen Bericht erweist sich unter psychologischem Gesichtspunkt als Interesse an der Bewältigung der das "Menschenmass überragenden Dimension" (Weinrich), als Widerstand gegen dessen Zwang und als Suche nach einem - wenn auch beschränkten und bedrohten - Freiheitsraum, um so das bedachte Handeln organisieren zu können.

Die ontologische Funktion ist vielleicht die dominante Funktion des Mythos. Malinowski formuliert es so: "Diese Geschich-

---

(72) Hans Blumenberg, "Wirklichkeitsbegriff und Wirkungspotential des Mythos", in: Manfred Fuhrmann (Hg), Terror und Spiel. Probleme der Mythenrezeption, München 1971, S 19
(73) H. Weinrich, Diskussionsbeitrag in: M. Fuhrmann (Hg), aaO, S 612
(74) H. Blumenberg, aaO, S 13
(75) H. Weinrich, aaO, S 644

ten werden nicht durch eitle Neugier am Leben erhalten, nicht als erfundene, aber auch nicht als wahre Erzählungen, sondern sie sind für die Eingeborenen die Aussage einer ursprünglichen, grösseren und wichtigeren Wirklichkeit..."[76] M.a. W. das Interesse am Mythos ist letztlich zu bestimmen als Interesse an dem, was "hinter" den Phänomenen "wirkt", als Interesse an "Wirklichkeitsbegründung". Während der "Augenzeugenbericht" die Konstitution von Ereignissen ermöglicht, und der "historische Bericht" die Wirklichkeit grösserer Geschehensabläufe zu behaupten erlaubt, gestattet die "Technik" des "mythischen Berichts" eine Begründung des historisch-menschlichen Geschehens in seiner ganzen Breite, indem die "Vordergrundgeschichte" (Historie) mit einer nicht hintergehbaren, weil umfassenden "Hintergrundgeschichte", mit Wesen, die anderen Gesetzen unterworfen sind, verbunden wird. - Existenziell betrachtet vermittelt diese Wirklichkeitsbegründung dem Menschen einen "Halt". Er kann sich nicht mehr nur als "Geworfen" verstehen, sondern darf sich als "Gehalten" sehen. -

Unter religiös-kultischem Aspekt leistet der Mythos eine differenziertere Gestaltung der numinosen Wirklichkeit, die nun auch expliziter verehrt werden kann. So erklärt sich auch die enge Beziehung, die zwischen Mythos und Kultus besteht.[77]

Aus dem Blickwinkel des "Common sense" wird in diesem Zusammenhang oft die Frage gestellt: Und wie verhält es sich mit den mythischen Akteuren, sind sie nun "wirklich" oder nicht. - Wenn man die vorausgehenden Ueberlegungen mitgemacht hat, dann weiss man, dass diese Gestalten konkrete Kategorisierungsinstrumente sind, die möglichst viele Isotopie-Ebenen umfassen sollen. Sie haben keine eindeutige Referenz, sind aber "wirksam" durch ihr Erscheinen im Kontext einer mythischen Erzählung und leisten

---

(76) B. Malinowski, aaO, zit. nach K Kerényi, aaO, S 190
(77) cf. hierzu Joseph Fontenrose, The Ritual Theory of Myth, Berkeley 1966

so ihren Beitrag zur "Wirklichkeitsbegründung". Eine andere Antwort kann nicht gegeben werden. - Illustrativ ist hierzu die Antwort eines Osage-Indianers: "Wir glauben nicht, dass unsere Ahnen wirklich Vierfüssler, Vögel, usw. waren, wie die Legenden berichten. Diese Dingen sind nur wa-wi'-ku-ska'-ye (ungefähr als "Symbol" zu übersetzen) von irgendetwas "Höherem".[78] - Also diese Gestalten sind keine fest umrissenen Entitäten wie die des "Augenzeugenberichts", sondern sie leisten einen Beitrag zur Begründung der Gegenwart, wobei diese Begründung immer prekär bleibt und durch den "mythischen Bericht" nicht ganz geleistet werden kann, was im Komparativ "höher" gut angedeutet wird.

Ganz analog fällt auch die Antwort aus auf die Frage nach der "Wirklichkeit" der erzählten Ereignisfolgen. Sie sind nicht wirklich, wie geschichtliche Ereignisse; sie stellen auch keine möglichen Ereignisfolgen dar und keine Wunschträume, sondern das "begründende Geschehen". In diesem Sinn könnte man sie Produkte einer lebensnotwendigen "Spekulation" nennen, angeregt sowohl durch die Fülle der Lebenserfahrungen, wie auch durch deren fragmentarischen, widersprüchlichen, problematischen Charakter.[79] Und obwohl mit der Intention formuliert, die Wirklichkeit zu begründen, erscheinen sie in letzter Analyse doch als inkohärent, weil die Vermittlung zwischen den einzelnen als relevant betrachteten Wirklichkeitsebenen nicht völlig gelingt: Der Fürst des Lebens hat zwar über den Tod gesiegt, aber die Menschen sterben noch immer.

Wenn Mythen diese umfassende, begründende Funktion haben, dann ist die Frage ihrer Gültigkeit entscheidend. Woher kommt den Mythen ihre Autorität zu? Häufig wird diese Frage als Frage nach der "Wahrheit" der Mythen aufgefasst. Man muss sich bewusst sein, dass "wahr" hier einen ganz speziellen Sinn annimmt. Da die Wirklichkeit, von welcher der Mythos redet, nicht

---

(78) Cl. Lévi-Strauss, Das wilde Denken, aaO, S 74, Anm.
(79) In frühern Kapitel nannten wir solche Erfahrungen des öftern Erfahrungen eines "Sinnüberschusses"

unabhängig von dieser Art der Rede zugänglich ist, also keine
Vergleichsmöglichkeiten vorliegen, kann "wahr" nur etwa soviel
bedeuten wie: Zuverlässigkeit für Lebenserhaltung und grundsätzliche Lebensausrichtung.[80] L. Wittgenstein würde sich weigern,
in diesem Zusammenhang überhaupt noch von "wahr" zu reden: "...
Wenn das Wahre das Begründete ist, dann ist der Grund nicht wahr
noch falsch."[81] Immerhin haben die verschiedenen Kulturen verschiedene Mythentraditionen hervorgebracht, und wo solche Traditionen aufeinanderstiessen, fand nicht immer Verschmelzung oder
Integration statt. Nicht selten wurde die fremde Tradition als
"unwahr" (falsch) abgelehnt und die eigene als "wahr" behauptet.
Der Grund für die Ablehnung fremder Traditionen liegt vor allem
darin, dass jene nicht "wahr" sein können, weil man ja ohne sie,
nur mit den eigenen Traditionen, sehr gut zu überleben vermochte.
"Wahr" ist eben auch hier - wie schon bei der "Heroensage" - das,
wonach man letztlich leben und womit man überleben kann. Darum
sind Mythen wesentlich traditionelle Erzählungen. - Auf der andern Seite lässt sich auch feststellen, dass Mythentraditionen
aufgegeben wurden, wenn fremde Kulturen oder Stämme sich als stärker erwiesen als die eigene: So manifestierte sich die "Wahrheit"
des fremden Mythos. Aufgrund dieses pragmatischen "Wahrheitsbeweises" lässt sich schliesslich auch sagen: Mythen erzählen, was
ist, genauer wie das Geschehen "begründet" ist.

Im Zusammenhang mit der Wahrheitsfrage muss auch die Frage des "Aberglaubens" angesprochen werden. "Aberglaube" kann in
diesem Zusammenhang als Festhalten von "falschen" Mythen innerhalb einer bestimmten Mythentradition definiert werden. Der Grund

---

(80) Die Tatsache, dass Mythen häufig den einflussreichen bzw.
"charismatischen" Persönlichkeiten (wie Priester, Aeltesten,
Weisen) vorbehalten sind und auch nur in kritischen Momenten und bei entscheidenden Anlässen rezitiert werden, belegt dieses Verständnis von "wahr". cf. R. Pettazzoni,
"Die Wahrheit des Mythos", in: Paideuma 1950, S 1 - 10
(81) L. Wittgenstein, Ueber Gewissheit, Frankfurt a M 1971, § 205

für diese negative Qualifikation bestimmter Mythen ist darin zu suchen, dass diese Mythen entweder als aus einer fremden Tradition stammend erkannt werden,[82] oder als durch die Entwicklung der Tradition überholt betrachtet werden müssen,[83] einer Entwicklung, die unter anderem mit der Entwicklung der Textkompetenz parallel verlaufen dürfte, aber selbstverständlich auch von anderen historisch-kulturellen Faktoren abhängt, denen jetzt nicht weiter nachgegangen wird.

Paul Ricoeur möchte die Frage der Wahrheit im Mythos nicht nur rein pragmatisch gelöst sehen. Er stellt fest, dass den Mythen ein Erzählkern zugrunde liegt, der als "primäre Sinnstiftung" (als "Ursymbol") zu betrachten ist.[84] In seinem Werk "Symbolik der Bösen"[85] versucht er zu zeigen, dass die Metapher "das Böse ist Befleckung" im Zentrum der Sündenfall- und Verbannungsmythen (anthropologischen Mythen) steht. Analog weist auch Franz Vonessen darauf hin, dass die kosmogonischen Mythen sich fast durchwegs aus der Metapher "die Welt ist ein Gewebe (Schleier)" ableiten lassen.[86]

---

(82) Die Prophetenrede im AT enthält häufig Angriffe gegen solche Einflüsse von "aussen"; cf. als exemplarische Stelle Ex 8,5 - 16

(83) cf. z.B. Jes 8,19: "Wenn man euch sagt: Befragt die Totengeister und Zauberkundigen, die flüstern und murmeln! dann erwidert: Soll ein Volk nicht lieber seinen Gott befragen?" Diese abgelehnten Praktiken brauchen nicht unbedingt fremden Ursprungs zu sein, es ist sehr wohl möglich, dass es sich dabei um Ueberbleibsel aus früheren Zeiten handelt, die durch die prophetische Tradition überholt wurden.

(84) cf. Hermeneutik und Strukturalismus, aaO, S 38 f

(85) P. Ricoeur, Symbolik des Bösen, Phänomenologie der Schuld II, Freiburg i Br 1971

(86) "Der Mythos vom Weltschleier", in: Philipp Wolff-Windegg (Hg), Mythische Entwürfe, Stuttgart 1975, S 9 - 52
Ein zusammenfassendes Zitat zur Verdeutlichung: "Ob wir es nun jeweils mit einem aus allen Gestalten und Formen des Lebens bestehenden Kleid als dem wichtigsten Attribut einer Gottheit zu tun haben - oder mit der Entfaltung eines kosmischen Stammes in Aeste und Zweige und Laub - oder mit einem Spinngewebe, in dessen Mitte die göttliche Spinne erscheint -

Ganz allgemein lassen sich Metaphern beschreiben als semantische Anomalien, welche die Bedeutungseinheit (Isotopie) eines Satzes durchbrechen, indem Lexeme gegen die akzeptierte Norm verwendet werden[87] und zunächst einen Widersinn erzeugen, der die Interpretationsbewegung unterbricht und zu einer Bedeutunsspannung in der metaphorischen Aussage führt. Als Grundlage für das Gelingen der Metapher muss (neben der kategorialen Inkomptabilität) eine Aehnlichkeit postuliert werden zwischen den wörtlichen und den metaphorischen Termini.[88]
Metaphern sind wesentlich "schöpferisch", denn sie evozieren ein Sehen oder Erleben von Aehnlichkeiten, "wo das gewöhnliche Hinsehen keine gegenseitige Uebereinkunft festzustellen vermöchte".[89]
So dienen sie der Spezifikation des semantischen Feldes bzw. der differenzierteren Darstellung emotionaler und affektiver Gehalte.

---

oder mit einem aus Götterleib sprossenden Rankengeflecht, in dessen Wucherungen sich die Göttin versteckt - oder wohl gar mit einem auf das abstrakte Schema der Rankenspirale reduzierten labyrinthischen Irrgartens, in dessen Zentrum die grosse Gefahr droht: alle diese Bilder gehören zusammen, sind selbst nur verschiedene Zweige derselben Idee....In aller Vielfalt der Bilder ist die Gemeinsamkeit der Bildung nicht zu verkennen. G e w a n d und Spinnen g e w e b e und Ranken g e f l e c h t , auch das natürliche Ast w e r k der Bäume und die vielfach v e r s c h l u n g e n e n Wege des Irrgartens....In jedem dieser Symbole liegt eine gleichgeformte Anschauung vor, die wir am schönsten im Symbol des Weltschleiers finden." aaO, S 22.

(87) cf. Karlheinz Stierle, "Aspekte der Metapher", in: ders. Text als Handlung, aaO, S 152 f

(88) Je nach Fragenhorizont kann man diese Aehnlichkeit beschreiben als "common rule of reflection" (aus dem Blickwinkel einer Reflexionsphilosophie - cf. W.M. Urban, Language and Realitiy, aaO, S 415), als "Aehnlichkeit organismischer Zustände" (aus dem Blickwinkel einer organismischen Entwicklungspsychologie - cf. H.Werner/B. Kaplan, Symbol Formation, aaO, S 24) oder - aus dem Blickwinkel einer semiotischen Theorie - als "exklusive Gemeinsamkeit einer Teilmenge von Eigenschaften oder exklusive Isomorphie zweier Relationen oder beides" (cf. K. Stierle, aaO, S 155)

(89) P. Ricoeur/E. Jüngel, Metapher. Zur Hermeneutik religiöser Sprache, München 1974, S 48

In Bezug auf Metaphern ist in der Regel auch ein Wahrheitsentscheid möglich (selbst wenn Metaphern nicht die Wirklichkeit abbildend, sondern sinnschöpferisch sind) und zwar über Paraphrasierungen. Denn Metaphern setzen einen Dekodierungsprozess in Gang ("sie geben zu denken" - Ricoeur), der sich in einer Interpretation der Metapher niederschlägt. Und selbst wenn man Ricoeur zustimmt, dass nämlich die so initiierte Umschreibung unendlich sei und die Neueinführung von Sinn (durch die Metapher) nie erschöpfe,[90] so kann dennoch aufgrund der Paraphrase, (Interpretation) ein begründeter Wahrheitsentscheid gefällt werden; (wie sollte man sich sonst verständigen können?). Ohne Metapher hätte man die Interpretationen nicht, das mag richtig sein; aber nachdem man die Interpretationen hat, lässt sich auch deren Wahrheitswert einigermassen bestimmen,[91] vielleicht nicht nach wissenschaftlichen Standards, aber hinreichend genau für die alltägliche Rede.

Die Metaphern, die den Mythen zugrunde liegen, sind von besonderer Art; es fehlen die konkurrierenden Aussagemittel, die eine Paraphrasierung gestatteten. H. Blumenberg nennt solche Metaphern "absolute Metaphern",[92] Max Black sprich von "archetypes"[93] und Stephan C. Pepper von "root metaphors".[94] Nach Blumenberg sind "absolute Metaphern" Antworten auf Fragen, die prinzipiell unbeantwortbar sind - wenigstens in einem wissenschaftlichen Sinn -, die aber nicht einfach übergangen werden können. Als Beispiel nennt er die Frage: Was ist die Welt? Andere solche Fragen stellt sich der Mensch, wenn er im Alltag zu "philosophieren" beginnt. - Nicht auflösbar sind solche Metaphern, weil sie

---

(90) P. Ricoeur/E. Jüngel, aaO, S 49
(91) cf. auch W.M. Urban, aaO, S 428 - 440
(92) H. Blumenberg, "Paradigmen zu einer Metaphorologie", in: Archiv für Begriffgeschichte (1960), Bd 6, S 9
(93) Max Black, Models and Metaphors, Ithaka/New York 1962, Kap. XIII, bes. S 240 - 243
(94) Stephan C. Pepper, "The Root-Metaphor Theory of Metaphysics", in: Journal of Philosophy 32 (1935), S 365 - 374

sich auf äusserste, komplexeste Strukturzusammenhänge beziehen, für die kein "Massstab" mehr verfügbar ist, auf den sie bezogen werden könnten. Die "Wahrheit" solcher Metaphern - wohl besser deren "Gültigkeit" - lässt sich nur noch beurteilen "nach dem Grad ihrer Harmonie mit den Erkenntnisinteressen und Lebenserfahrungen von Kommunikationsteilnehmern" in einer bestimmten Kommunikationsgemeinschaft.[95] - Nach F. Vonessen beruhen diese absoluten Metaphern "nicht einfach auf unverbindlichen, willkürlichen und eben darum auch wechselhaften Vorstellungen, sondern "auf einer ebenso nötigen wie natürlichen Bildung".[96] Diese letzte These versteht er als vielfach bestätigte Hypothese. Ohne die Problematik zu verkennen, die in der Formulierung dieser These steckt, sei sie hier als Vorschlag stehen gelassen.

Die Mythen, sofern man sie als narrative Entfaltungen von absoluten Metaphern verstehen darf, - und ihre wesentlich polyisotope Struktur stützt diesen Vorschlag - sind konkreter als jene. Die Offenheit und Unbestimmtheit der Metapher wird durch die narrative Vermittlung begrenzt: Akteure treten auf, Ereignisse und Ereignisfolgen werden konstituiert, die Rede von "Anfang", "Mitte" und "Ende" wird eingeführt, verschiedene Handlungsebenen werden unterscheidbar, rituelle Begehungen werden begründet und soziale Regelungen abgestützt. "Aus all diesen Gründen" so Ricoeur, "...steht der Mythos schon nicht mehr auf der Ebene des Symbolgrundes, und jener verborgenen Zeit, die wir aufdecken möchten."[97] Wenn die Erzählung nun die gleiche Gültigkeit in Anspruch nimmt wie die absolute Metapher, wird tatsächlich die "verborgene Zeit" der Metapher zur "erschöpften Zeit" des Mythos,[98]

---

(95) Wilhelm Köller, Semiotik und Metapher, Stuttgart 1975, S 268
(96) F. Vonessen, aaO, S 35. - cf. zu dieser These auch die umfangreiche und gut informierte Arbeit von Herbert Kessler, Das offenbare Geheimnis. Das Symbol als Wegweiser in das Unerforschliche und als angewandte Urkraft für die Lebensgestaltung, Freiburg i Br 1977
(97) P. Ricoeur, Hermeneutik und Strukturalismus, aaO, S 39
(98) P. Ricoeur, aaO, S 39

weil die Dynamik der ursprünglichen Sinnintuition gestoppt wird.
Denn es versteht sich fast von selbst, dass eine gleiche Metapher den Kern zu verschiedenen Erzählungen abgeben kann, und dass deshalb ein Mythos nicht den ganzen Gehalt der Metapher auszuschöpfen vermag. Aus diesem Grund kann ein Mythos seine Funktion nur richtig erfüllen, wenn er die ursprüngliche Sinnintuition durchscheinen lässt und demnach offen bleibt für Transformationen, welche durch die entsprechende absolute Metapher und die konkreten Lebensumstände gesteuert werden. D.h. Mythen können nur dann als "wahr" taxiert werden, wenn sie nicht bloss aufgrund des faktischen Ueberlebens, sondern auch in Bezug auf das Ueberleben in der Zukunft beurteilt worden sind. Bezüglich der Zukunft aber hat man keine empirischen Daten als Verifikationsinstanzen. Nach Ricoeur dürfen die herrschenden Mythen das Zurückgehen auf die ursprüngliche Sinnintuition nicht versprerren, die in neuen Situationen neu aufzunehmen und zu entfalten ist. Dieser Vorschlag ist m.E. plausibel. Auch Lévi-Strauss spricht in diesem Zusammenhang von einem "dem mythischen Denken immanenten Zwang", der ihm seine Dynamik bewahrt und ihm verbietet, "einen wirklich stationären Zustand zu erreichen."[99] Da wo Mythen ihre Dynamik verlieren und versteinern, beginnt die Gesellschaft zu stagnieren und zu degenerieren, ein Phänomen, das die Kulturgeschichte vielfach belegt.

Noch ein Gedanke muss im Zusammenhang der "Wahrheit" des mythischen Berichts wenigstens kurz gestreift werden: Lévi-Strauss hat angeregt, verschiedene Mythen zusammenzunehmen und als Korpus zu verstehen. Wenn man annimmt, dass die Einheit eines solchen Korpus durch eine absolute Metapher, deren Entfaltung sie sind, konstituiert wird, dann lässt sich folgern, dass einzelne Mythen nicht nur relativ "wahr" sind bezüglich der Grundmetapher, sondern auch bezüglich dessen, was die andern Mythen des gleichen

---

(99) Mythologica II, aaO, S 269

Korpus erzählen. Die verschiedenen Mythen müssen sich gegenseitig korrigierend, ergänzend oder auch aufhebend bzw. in dialektischer Spannung stehend gesehen werden, und nur in diesem Zusammenspiel findet sich die "mythische Wahrheit" formuliert.[100] Ob die verschiedenen Korpora nochmals in eine sich gegenseitig determinierende Relation gebracht werden können, um noch allgemeinere Aussagen zu erlauben, ist fraglich.

Diese Ueberlegungen zur "Wahrheit" des Mythos gehen von der Hypothese einer "ursprünglichen Sinnintuition" aus. Diese Hypothese ist so unwahrscheinlich nicht, sah sich doch auch die Texttheorie gezwungen, die Konstitution eines Textes u.a. als von einem nocht nicht artikulierten inhaltlichen Mitteilungskern (repräsentiert in der Tiefenstruktur des Textes) bestimmt und gesteuert zu betrachten. - Aber woher kommt dieser primären Intuition ihre "Unfehlbarkeit" und Fülle zu? - Man erinnert sich an die Antwort von F. Vonessen, wornach "absolute Metaphern" auf einer "nötigen wie natürlichen Bildung" beruhen.[101] Und W.F. Otto spricht von einer "Uroffenbarung, die in der mythischen Haltung, in der mythischen Handlung und im mythischen Wort ans Licht tritt",[102] und offenbar ist er der Meinung, dass die Erfahrung des "Heiligen" nur ganz wenige primäre Gestaltungen erlaube, auf welche der entwickelte Mythos immer wieder zurückkommen müsse.[103] M.E. muss man diese Feststellung als richtig akzeptieren. Sie liesse sich sebstverständlich vertiefen, aber das kann nicht die Aufgabe dieser Untersuchung sein.

Das nächste Kapitel wendet sich einer Textform zu, welche der Forderung nach semantischer "Offenheit", die im Mythos schon eine entscheidende Rolle spielte, wenn er seine komplexe Funktion richtig erfüllen sollte, noch in viel radikalerer Weise realisiert: der "religiösen Verheissung".

---

(100) Es scheint, dass man nicht unbedingt innerhalb einer Kultur bleiben muss, wenn man Mythen einander gegenüberstellen will. Aber ein völlig unbefangener, kulturunabhängiger Mythenvergleich dürfte auch wenig sinnvoll sein.
(101) cf. oben S 250
(102) Mythos und Welt, aaO, S 273
(103) cf. oben die Ausführungen zum religiösen "Augenzeugenbericht"

X. Kapitel

Der "religiöse Bericht" im engeren Sinn:
die "religiöse Verheissung"

In den Hochreligionen, besonders im Judentum und Christentum, aber auch im Islam und teilweise im Buddhismus, stösst man auf eine grosse Zurückhaltung (und teilweise offene Ablehnung) gegenüber den mythischen Berichten, sofern sie Religionen begründen bzw. ihren wesentlichen Gehalt artikulieren sollten. "Die Götter der Heiden (gemeint die Götter, die in mythischen Erzählungen ihren Platz gefunden haben) sind Silber und Gold, ein Machwerk von Menschenhänden", so lautet die Kritik eines jüdischen Psalms.[1] Diese Geringschätzung der mythischen Götter hat auf tieferer Stufe eine Parallele, nämlich in der Geringschätzung der Heroen nach der Konstitution der mythischen Hochgötter. - Aber welcher Art sind die Berichte, welche das Gewinnen einer Position erlauben, von deren Warte aus eine solche Kritik möglich und verständlich wird, und wie rechtfertigt man solche Berichte? Diese Frage steht über dem hier folgenden Kapitel.

1. Abschnitt

Die Einführung der Redeform "religiöser Bericht"

Dass der "religiöse Bericht" mit dem mythischen in einer engen Beziehung steht und in gewisser Hinsicht aus ihm entfaltet werden kann, ist ein bekannter Topos in der neueren Religions-

---

[1] Ps 115,4; cf. auch Jes 44,12 - 17; Jer 10,3 - 5

philosophie.⁽²⁾ Weniger geklärt ist die Frage, wie dieses Verhältnis genauer zu denken sei. - Eine kurze Auseinandersetzung mit verschiedenen einschlägigen Positionen soll zur Präzisierung des eigenen Vorschlags verhelfen.
Relativ viele Autoren versuchen den "religiösen Bericht" durch eine thematische Spezifikation des "mythischen Berichts" einzuführen. Nach dieser These wäre der "religiöse Bericht" ein "mythischer Bericht" mit einer bestimmten thematischen Ausrichtung, nämlich Göttermythos in einem sehr weiten Sinn verstanden. J. Macquarrie z.B. scheint mit dieser "Lösung" zu sympatisieren,⁽³⁾ wenn er schreibt: "Möglicherweise gibt es viele Arten des Mythos mit unterschiedlichen Themen, wenn wir an die Klassifikation des Mythos in theogonische, kosmogonische, anthropologische u.a. denken.."⁽⁴⁾ Aber ein Blick auf die verschiedensten Mythenkorpora ergibt, dass Göttergestalten - auf einer bestimmten Stufe der Entwicklung - in thematisch ganz verschiedenen Mythen auftreten, und es lässt sich zunächst kein spezifisches Thema ausmachen, das als Unterscheidungsmerkmal fungieren könnte. - Hingegen kann man dieses Phänomen als Indiz dafür werten, dass der "religiöse Bericht" auf einer andern Ebene anzusiedeln ist als der mythische und nicht als dessen thematische Spezifikation betrachtet werden kann. - Die theogonischen Mythen aber, die auf

---

(2) Aus der unübersehbar gewordenen Literatur einige Werke, in denen diese These ausdrücklich vertreten wird:
  - E. Cassirer, Philosophie der symbolischen Formen, Bd 2, Das mythische Denken, aaO, bes. S 281 - 311
  - Louis Dupré, The Other Dimension, aaO, bes. 6. Kapitel
  - S. Langer, Philosophie auf neuem Wege, aaO, bes. Kap. 6 u. 7
  - William A. Luijpen, Myth and Metaphysics, aaO
  - John Macquarrie, Gott-Rede, Würzburg 1974, bes. Kap. 8
  - Wilbur M. Urban, aaO, bes. S 586 - 593
  - Antoine Vergote, Interprétation du langage religieux, Paris 1974, bes. S 73 - 94
(3) Ich möchte den Autor allerdings nicht auf diese Position festnageln, da man bei ihm auch Aeusserungen findet, die sich in dem von uns vorgeschlagenen Sinn interpretieren liessen. Die hier kritisierte Position wäre dann - nach Macquarrie - ein diskutabler Vorschlag - was wir hier allerdings bestreiten.
(4) John Macquarrie, aaO, S 167

den ersten Blick als die eigentlich religiösen Mythen erscheinen müssten, erweisen sich als spätere Versuche der Harmonisierung und Integration verschiedener religiöser Traditionen und/oder verschiedener Religionen.[5]

Etwas präziser scheint diesbezüglich Paul Tillich zu sein mit seiner Feststellung: "Danach ist der Mythos das aus Elementen der Wirklichkeit aufgebaute Symbol für das im religiösen Akt gemeinte Unbedingte oder Seins-Jenseitige."[6] An diesem Zitat interessiert nicht der vorausgesetzte Begriff des Mythos, auch nicht die Verwendungsweise von "Symbol", sondern einzig die thematische Spezifikation "das gemeinte Unbedingte". Nach dieser Formulierung wäre der "religiöse Bericht" zu definieren als "mythischer Bericht", der das "Unbedingte" irgendwie artikuliert. M.a.W. "religiöse Berichte" wären mythische Erzählungen, die um das Oppositionspaar "bleiben" vs "vergehen" als Grundthema angelegt sind und eine "Lösung" dieser Spannung versuchen. Es wird dabei aber nicht einsichtig, warum gerade diese Oppositionsachse religiöse Rede begründen sollte. Die Qualifizierung des "Unbedingten" als "Seins-Jenseitiges" bringt für unsern Zusammenhang wenig, das dieser Begriff aus einem metaphysischen System stammt, und die metaphysische Rede im Vergleich zu den narrativen Redeweisen als sekundäre, reflexive Rede zu betrachten ist. Demnach reicht es nicht aus, den "religiösen Bericht" als Erzählung zu definieren, die das "Unbedingte" intendiert, weil das Gleiche auch vom "mythischen Bericht" gilt, sofern er mit dem Interesse an "Wirklichkeitsbegründung" erzählt wird.

Eine andere Variante der Theorie der "thematischen Spezifikation" vertritt Dupré. Nach ihm wird der Mythos zum "religiösen Bericht", wenn er ausschliesslich die eine Funktion über-

---

(5) H. Usener, Götternamen, Versuch einer Lehre von der religiösen Begriffsbildung, aaO, nennt eine ganze Reihe von Beispielen, welche diese These bestätigen.
(6) Paul Tillich, Gesammelte Werke V, Stuttgart 1964, S 188

nimmt, das "Heilige" vom "Profanen" zu unterscheiden.[7] Und er präzisiert: In diesem Fall diene der Mythos einem ausschliesslich religiösen Ziel. Dupré ist der Meinung, die "Unterscheidung des Heiligen vom Profanen" sei ursprünglich eine der verschiedenen Funktionen, die Mythen in einer Gesellschaft erfüllten. Das wird hier nicht bestritten. Aber wie soll mit dieser Theorie das Selbstverständnis derjenigen Religionen eingeholt werden, die ihre Redeweise als im Kern nicht-mythische betrachten? - Ferner, wie lässt sich das Dominieren des religiösen "Ziels" über die andern Ziele des Mythos rechtfertigen? Beide Fragen lassen sich beantworten, wenn man den "religiösen Bericht" nicht einfach als speziellen "mythischen Bericht" zu verstehen sucht, sondern ihm eine eigene Struktur zugesteht. Diese Struktur - so unsere These - lässt sich gewinnen durch eine Ausweitung des "mythischen Berichts" bis sich die neue Redeweise anzeigt. Gerade der Vorschlag von Dupré scheint nur auf diese Art konsistent vorgestellt werden zu können.

Deutlicher als Dupré und viele andere hat sich E. Cassirer die Frage nach dem Verhältnis von mythischer und religiöser Rede gestellt. Seine Mythentheorie wurde oben (S 218) zwar zurückgewiesen, wenigstens soweit sie positivistisch-evolutionistische Züge trägt. Das strukturalistische Moment in seiner Theorie blieb unberücksichtigt, da Lévi-Strauss uns diesbezüglich anregender schien. Anders als Lévi-Strauss sieht aber Cassirer im Mythos eine Dialektik angelegt - auf die im vergangenen Kapitel ausführlich eingegangen wurde -, die zu einer "Ueberwindung"[8] des Mythos führen soll. Cassirer erläutert: "Er (der Mythos) tritt nicht schlechthin aus seinem Kreis heraus, er geht nicht zu einem völlig andern Prinzip über - aber indem er seinen eigenen Kreis vollständig erfüllt, zeigt es sich, dass er ihn zuletzt sprengen muss".[9]

---

(7) L. Dupré, aaO, S 271
(8) E. Cassirer, Philosophie der symbolischen Formen, Bd 2, aaO, S 282
(9) aaO, S 282

Dieses Zitat verrät wieder die zweideutige Position von Cassirer, die schon kritisiert wurde. "Ueberwinden des Mythos" und "Aufbrechen des Mythos" werden nebeneinander gestellt, obwohl diese beiden Aussagen nicht als synonym behandelt werden können. Während durch das "Aufbrechen" einer Redeform neue semiotische Möglichkeiten eröffnet werden mittels schon bekannter Redeformen, deren Funktionieren im ursprünglichen Bereich vorausgesetzt werden muss, bedeutet das "Ueberwinden" einer Redeform, dass die alte Form obsolet wird und die neue deren Funktionen zusammen mit der neuen übernimmt. Wir sind nicht der Meinung, dass der "mythische Bericht" durch das "Aufbrechen" dieser Redeform überwunden werden könnte. Er wird lediglich relativiert und auf seine ihm spezifischen Funktionen eingeschränkt.[10] Also, soweit Cassirer das "Aufbrechen" des "mythischen Berichts" zu beschreiben versucht, ist er hier von Interesse.

Das folgende Zitat gibt die diesbezügliche Position von Cassirer am prägnantesten wider: "Der I n h a l t des religiösen Bewusstseins lässt sich, je weiter wir ihn bis zu seinen Ursprüngen zurückzuverfolgen suchen, umso weniger von dem des mythischen Bewusstseins scheiden (....). Versucht man aus dem Glaubensinhalt der Religion die mythischen Grundbestandteile herauszulösen und abzuschneiden: so behält man nicht mehr die Religion in ihrer wirklichen, in ihrer objektiv-geschichtlichen Erscheinung, sondern nur noch ein Schattenbild von ihr, eine leere Abstraktion zurück. Dennoch ist, trotz dieser unlöslichen Verwobenheit der Inhalte von Mythos und Religion die F o r m beider nicht die gleiche. Und die Eigenart der religiösen "Form" bekundet sich in der veränderten Stellungnahme, die hier das

---

(10) Wenn man den "mythischen Bericht" von der ihm angedichteten "mentalité primitive" löst, dann ist es kein Aergernis zu behaupten, dass der "mythische Bericht" auch heute noch eine ihm spezifische Funktion zu erfüllen hätte; cf. die schon zitierte Arbeit von L. Kolakowski.

Bewusstsein gegenüber der mythischen Bildwelt einnimmt (...).
Die neue Idealität, die neue geistige "Dimension", die durch die
Religion erschlossen wird, verleiht nicht nur dem Mythischen
eine veränderte "Bedeutung", sondern sie führt geradezu den Gegensatz zwischen "Bedeutung" und "Dasein" erst in das Gebiet
des Mythos ein...; indem sie (die Religion) sich der sinnlichen
Zeichen und Bilder bedient, weiss sie sie zugleich als solche,
- als Ausdrucksmittel, die, wenn sie einen bestimmten Sinn offenbaren, notwendig hinter ihm zurückbleiben..."[11]

Um es gleich vorwegzunehmen, auch diese Position von Cassirer kann den "religiösen Bericht" im engeren Sinn nicht begründen. - Wenn man absieht von der etwas eigenwilligen Verwendungsweise von "Form" und "Inhalt" des mythischen bzw. religiösen "Bewusstseins", und wenn man auch die zuwenig konsequent durchgehaltene sprachanalytische Einstellung nicht in Rechnung stellt,
dann bleibt noch immer der fundamentale Einwand, dass Cassirer
nur die Entwicklung des "mythischen Bewusstseins" vom "ungebrochenen" zum "gebrochenen" Mythos beschreibt.[12] Im vorausgehenden Kapitel hat sich aber klar ergeben, dass man den "gebrochenen Mythos" als Vollform des Mythos zu betrachten hat, und dass
demnach der "ungebrochene Mythos" als inkoative oder defiziente,
als ideologisierte oder auch "unwahre" Form des Mythos einzustufen ist. Was Cassirer daran hindert, den Mythos unvoreingenommen
in den Blick zu bekommen, ist eine Vorstellung vom "mythischen
Bewusstsein", das er in Anlehnung an Lévi-Bruhl konzipiert, das
für ihn der Ort des authentischen Mythos ist, und das im Verlauf
der Entwicklung der Menschheit überwunden wird - eine Position,
die, wie das Referat von Lévi-Strauss zeigt, sich auch anthropo-

---

(11) E. Cassirer, aaO, S 286
(12) cf. zu dieser Unterscheidung Paul Tillich, Gesammelte Werke VII, Stuttgart 1970, S 146 f: im "gebrochenen Mythos" weiss der Sprecher um den "Symbolcharakter" seiner Rede, und er wird nicht versuchen, sie "wörtlich" zu nehmen.

logisch nicht mehr halten lässt. - Demgegenüber richten wir unser Augenmerk auf die semiotische Form "mythischer Bericht" und fragen, was mittels dieser Redeweise geleistet werden kann, wo man mit ihr an eine Grenze kommt, und wie eine Erweiterung dieser Redeform noch gedacht werden könnte. Diese abstraktere Betrachtungsweise erlaubt die Konstruktion eines idealisierten Modells, das anschliessend durch konkrete religiöse Aeusserungen interpretiert werden soll, zur Bestätigung seiner Verwendbarkeit.

Die Vorschläge zur Einführung des "religiösen Berichts", die bis jetzt erörtert wurden, gingen nicht über das hinaus, was der "mythische Bericht" in seiner Vollform an Sinnkonstitution erlaubt. Von "Aufbrechen" des "mythischen Berichts" kann bis jetzt nicht die Rede sein - begreiflicherweise, da der "mythische Bericht" eine semantisch "offene" Redeweise darstellt. Aber gerade diese Offenheit ist es, die für ihn zum Problem wird, denn das letztlich dauernde Scheitern der mythischen Vermittlung kann ja nicht unbeachtet bleiben. Wenn man z.B. feststellen muss, dass in der Welt noch immer der Tod regiert, ungeachtet der Tatsache, dass der Mythos den Sieg des "Fürsten des Lebens" über den Tod behauptet, dann kann dieser Widerspruch auf die Dauer nicht übersehen werden. M.E. ist das die Grenze des "mythischen Berichts", der Punkt, wo er erweitert werden muss, wenn nicht statische Reproduktion und letztlich Resignation die Folge sein sollten. -

Da, wo die mythische Redeweise ihre Vollform erreichte, hat man einen Weg gefunden, um mit diesem Widerspruch leben zu können, und zwar in der Form des "Schicksals" (Mora, Fatum, Dharma) als eines undurchschaubaren, unabwendbaren, unerbittlichen Gesetzes, dem auch die Götter des Mythos unterworfen sind. Aber dieses "Schicksal" bleibt ausserhalb der Erzählungen, weil man keinen Weg sah, wie man es hätte rationalisieren und narrativ gestalten können. Mit den Mitteln des "mythischen Berichts" blieb es unerzählbar. - Eine Erweiterung der mythischen Erzählform muss versuchen, diese letzte Wirklichkeit zum Thema einer Erzählung zu machen.

Aber welche Gestalt und vor allem welche Struktur könnte diese Erzählung denn haben, da doch der "mythische Bericht" eine letzte, äusserste narrative Form darzustellen scheint? - Offensichtlich müsste die mythische Vermittlungsarbeit und Geschehens- und Wirklichkeitsbegründung ausdrücklich als "Schein" entlarvt werden.

Man findet heute literarische Beispiele für eine solche Blossstellung von nur scheinbarer narrativer Kohärenz vor allem im französischen "nouveau roman" und dessen Weiterführung.[13] Grob vereinfachend gesagt, erreicht dieser neue "Antiroman" sein Ziel durch einen dauernden Wechsel der Erzählperspektiven (es ist nicht recht klar, ob einer oder mehrere Erzähler ihre Berichte abgeben und auch nicht, in welchem Verhältnis sie zueinander stehen), durch das Auflösen der Akteure in "Mengen von Handlungen", von denen man obendrein nie recht weiss, ob sie zufällig passiert oder wirklich intendiert waren, durch das Auflösen der Chronologie der Handlungen bis zum Rätselhaften, durch Schilderung einer Menge von Details, welche den Ueberblick und die grössern Zusammenhänge verdecken. - Aber dieses Modell ist so für die Einführung des "religiösen Berichts" kaum geeignet. Denn erstens handelt es sich beim "nouveau roman" um eine Weiterentwicklung der literarischen Gattung "Roman", die in den Bereich der fiktionalen Redeweise gehört und nicht so direkt mit dem Lebensernst in Zusammenhang steht wie die Redeweise, die hier untersucht wird. Und zweitens kann man die Leerstellen, Widersprüche und

---

(13) Für eine allgemeine Orientierung siehe Leo Pollmann, Der französische Roman im 20. Jahrhundert, Stuttgart 1970, bes. S 129 - 158; ebenfalls Gerda Zeltner, Im Augenblick der Gegenwart, Frankfurt 1974; Hauptvertreter dieser Richtungen sind: Michel Butor, Robert Pinget, Alain Robbe-Grillet, Nathalie Sarraute, Claude Simon.

Rätsel im Text gerade als Aufforderungen an den Leser verstehen, aus dem Angebot im Text eine - oder auch mehrere mögliche - konsistente Geschichte(n) zu konstruieren.[14] Wenn aber in dieser Absicht geschrieben wird, dann offenbart der Text gerade nicht jene letzte irritierende Aporie, in welche der Mythos mündet, sondern höchstens, dass Wirklichkeit und Geschichte immer mehr als eine Seite haben, die es zu berücksichtigen gilt, und dass das Leben oft doch vertrackter ist, als der "kleine Bürger" es sich zu denken gewohnt ist.

Aber immerhin könnte man versuchen, sich in Analogie zum "Antiroman" einen "Antimythos" vorzustellen, also eine Erzählung, welche die mythische Vermittlung explizit ausschaltet. Das wäre - im einfachsten Fall - ein Mythos, der keinen Schluss hat, der einfach abgebrochen wurde. Eine solche Erzählung würde buchstäblich die Vergeblichkeit mythischer Vermittlung konnotieren. - Das ist zunächst bloss eine Idee, die zwar der Logik des vorgeführten Gedankengangs entspricht, die aber noch zu unbestimmt ist, um den "religiösen Bericht" verständlich machen zu können. Im Gegenteil, es scheint sogar, dass auf solche Weise eher Sinnlosigkeit und Absurdität behauptet als ein "religiöser Sinn" konstituiert würden. Denn eine abgebrochene Erzählung bewirkt in jedem Fall zuerst Ratlosigkeit. Und wenn das bezüglich der fundamentalsten Aporien des Lebens der Weisheit letzter Schluss sein sollte, nämlich dass sie einfach festgestellt würden, dann wäre das wohl der Anfang von Resignation oder schierer Verzweiflung.

Nun hatten wir die Idee vom "Antimythos" in Anlehnung an den "Antiroman" konzipiert. Bei letzerem blieb der Leser - wie schon erläutert - nicht bei der Feststellung der chaotischen Vielfalt stehen, sondern konstruierte neue narrative Kohärenzen. Etwas Vergleichbares könnte schliesslich auch beim "aporetischen

---

(14) cf. W. Iser, "Die Appellstruktur der Texte", aaO

Mythos" vermutet werden. - Anstelle rein spekulativer Modellkonstruktion orientieren wir uns an einigen Beispielen, um die genauern Züge des "religiösen Berichts" ausfindig zu machen. Vorläufig bleibt es bei der allgemeinen Vermutung, dass der religiöse Bericht strukturell als "abgebrochener" und in diesem Sinn "verfremdeter" Mythos eingeführt werden könne.

Zuerst ein Abschnitt oder Teilmythos aus dem Buche Genesis des AT: die Vertreibung aus dem Paradies: "Gott der Herr schickte den Menschen aus dem Garten von Eden weg, damit er den Ackerboden bestellte, von dem er genommen war. Er vertrieb den Menschen und liess östlich des Gartens von Eden die Kerubim lagern und das lodernde Flammenschwert, damit sie den Weg zum Baum des Lebens bewachten."[15]

Dieser Text bildet den Abschluss der Paradieses-Erzählung, einer mythischen Erzählung um die Themen: Ursprung des Bösen, des Leids und des Todes. In diesem Zusammenhang können exegetische Details vernachlässigt werden, da es um allgemeine Beobachtungen geht. -

In welchem Sinn handelt es sich da um einen "abgebrochenen" mythischen Bericht? Man kann nämlich nicht behaupten, die Erzählung höre unvermittelt auf, im Gegenteil, sie hat einen typisch tragischen Ausgang. Was sie aber von andern, eigentlichen Mythen unterscheidet, etwa verschiedenste Sonnenmythen, oder auch Schöpfungsmythen, ist die Tatsache, dass wohl der Weg aus dem Paradies, nicht aber der Weg zurück erzählt wird.[16] Stellt man etwa den ägyptischen Osiris-Isis-Mythos, der eine in gewisser Beziehung vergleichbare Grundthematik hat (Kampf: Licht - Dunkel; sterbende - auferstehende Vegetation; Osiris als der glückliche Herrscher, Urmensch, Kulturheroe und erste Gestorbene), neben die Paradieses-

---
(15) Gen 3,23 - 24
(16) Es gibt natürlich auch ausserhalb Israels Erzählungen von einem "Goldenen Zeitalter", die auch das Ende dieses Zustandes auf irgend eine Art erzählen. Gewisse dieser Berichte zeigen strukturelle Aehnlichkeiten mit dem Bericht der Bibel. - cf. Paul Heinisch, Das Buch Genesis, Bonn 1930, S 131-138

Erzählung, dann fällt dieser Unterschied besonders auf: Osiris wird zum Herrscher der Unterwelt, nachdem er von seinem Bruder Seth getötet worden ist, und sein Sohn Horus erlangt die Herrschaft über Aegypten, während Adam und Eva "arbeiten, leiden, sterben", wie alle andern Menschen auch, ohne dass sie weiter noch eine Funktion hätten. M.a.W. ihr ursprünglicher Zustand wird nicht mehr erreicht, es erfolgt keine Inthronisation, von wo aus die Geschichte neu beginnen könnte, wie etwa bei Osiris, der jeden Frühling die Vegetation zum Blühen bringt, und so jedesmal neu das Paradies zurückbringt. Insofern ist der Paradieses-Mythos eben doch ein bewusst nicht zu Ende erzählter Mythos und konnotiert so die menschliche Verfallenheit an Leiden, Unglück, Schuld und Tod ohne das Angebot einer mythischen Vermittlung oder eines mythisch-rituellen Auswegs.

Allerdings bedeutet die Weigerung der oder auch die Unfähigkeit (weil man die Illusion mythischer Vermittlung erkannt hat) zur Erzählung einer mythischen Vermittlung noch keine apodiktisch-negative Stellungsnahme bezüglich eines "letzten Sinnes". Abgelehnt wird als untauglich der Mythos. Soweit gibt sich der "religiöse Bericht" auf jeden Fall mythenkritisch. Positiv ist er zunächst einfach offen. Wenn sich ein Weg finden lässt, wie diese Lücke narrativ ausgefüllt werden kann, dürfte das Modell des "religiösen Berichts" gefunden sein.

Bevor hier der nächste Schritt getan wird, werfen wir einen Blick auf den Buddhismus, der das Prinzip des "abgebrochenen Mythos" zum Kern seiner Religion gemacht hat. - Nach der Theorie des Buddhismus gibt es nichts eigentlich substantiell Existierendes, sondern das Individuum und seine Innen- und Aussenwelt löst sich in vergängliche Einzelfaktoren (Dharmas)[17]

---

(17) Für mein Verständnis ist der Begriff des "dharma" (aber auch andere Grundbegriffe des Buddhismus) ein zwiespältiger und teilweise widersprüchlicher Begriff. In unserem Zusammenhang, wo der Akzent nicht auf der reflexen Theorie liegt, sondern auf dem zugrundeliegenden Mythos, dürfte das weniger stören.

auf, die einem strengen Weltgesetzt (dharma) unterworfen sind
und dieses in vielfältiger Weise darstellen. Die kosmische Ordnung wie auch die moralische Ordnung des "Karma", der Vergeltungskausalität, sind die eigentlichen Manifestationen dieses Weltgesetzes. Der Mensch, das Individuum, gleicht einem sich immer erneuernden Strom von Daseinsfaktoren, die gesetzmässig nebeneinander, teils nacheinander auftreten. Der Tod bereitet diesem Fliessen kein Ende, sondern die in einem Leben sich aufgestaut habenden Willensregungen (sanskâra), vorab die "Gier", der "Lebensdurst" (trishnâ) bedingen eine Zusammenballung neuer Daseinsfaktoren. - Dieses ewige Fliessen im Kreislauf des Geboren-werdens und Sterbens ist schmerzvoll, weil es ein Vergehen und kein Verweilen ist. Altern, Krankwerden, Sterben sind die ausdrücklichsten Manifestationen dieses schmerzvollen Daseins.[18] Soweit einige Grundthesen der buddhistischen Metaphysik.[19] Wie der Werdegang dieser Metaphysik war, interessiert hier nicht; sie wurde kurz dargestellt, um die "Heilsbotschaft" Buddhas besser verständlich machen zu können.

---

(18) Es gibt eine Legende, welche den Weg zu dieser Einsicht, dass das Leben leidvoll sei, eindrücklich darstellt: Sie erzählt, dem Vater - einem kleinen Landadeligen Nordindiens sei geweissagt worden, sein Sohn Gautama werde entweder ein Welteroberer oder ein Welterleuchter werden. Um letztere Möglichkeit auszuschalten, habe der Vater den Park, der die Paläste seines Sohnes umgab, durch Wachen absperren lassen. Dadurch sollte ihm die Erfahrung des Leids der Welt erspart werden. Aber im geheimen seien dem Sohn doch vier Ausbrüche aus seinem goldenen Käfig gelungen. Auf den vier Ausfahrten sei ihm eine Gottheit begegnet, zunächst als Greis, dann als Kranker, dann als Leichnam und endlich als ein Asket und habe ihn dadurch auf die Vergänglichkeit und das Leiden der Welt aufmerksam gemacht und zum Gedanken der Weltüberwindung angeregt. cf. Helmuth von Glasenapp, Die fünf Weltreligionen, aaO, S 71 f

(19) cf. neben den Arbeiten von Glasenapp die gute zusammenfassende Darstellung von André Bareau, Der indische Buddhismus, Stuttgart 1964, bes. S 32 - 54

Die ursprüngliche Einsicht Buddhas unter dem "Baum der Erkenntnis" wird in der buddhistischen Tradition so widergegeben: "Da ich solches erkannte" (gemeint ist 1. die Erinnerung an seine eigenen frühern Daseinsformen, 2. die Erkenntnis der Wiederverkörperungen der andern Wesen, 3. das Wissen um die vier edlen Wahrheiten und die Vernichtung der drei Grundübel: Sinnenlust, Werdelust und Nichtwissen)[20] "und da ich solches schaute, ward meine Seele erlöst von der Verderbnis des Werdens, erlöst von der Verderbnis des Irrglaubens, erlöst von der Verderbnis des Nichtwissens. In dem Erlösten erwachte das Wissen von der Erlösung:[21] vernichtet ist die Wiedergeburt, erfüllt der heilige Wandel, getan die Pflicht; nicht werde ich zu dieser Welt zurückkehren: also erkannte ich."[22] Und das "Heil", die "Erlösung" besteht - nach der weitläufigen "Lehrrede vom endgültigen Verlöschen" im "Voll-erlöschen":[23] "(...) Was da entstanden, geworden, zusammengesetzt, der Auflösung unterworfen ist, dass das der Auflösung nicht verfiele - eine derartige Möglichkeit gibt es nicht. Da nun (...) der Vollendete dieses aufgegeben, abgewiesen, abgeworfen, gelassen hat, ihm entsagt hat, so hat der Vollendete auf die Weiterbildung des Lebens v e r z i c h t e t

---

(20) Diese Interpretation stammt von H.v.Glasenapp, aaO, S 73
(21) H.v.Glasenapp übersetzt hier: "In dem Erlösten ist die Erlösung". aaO, S 73
(22) zitiert nach Hermann Oldenberg, Buddha, Sein Leben, seine Lehre, seine Gemeinde; herg. und mit einem kritischen Nachwort versehen von H.v.Glasenapp, München 1961 (13); S 108
(23) Der Weg zum "Voll-erlöschen" führt über die folgenden Stufen: Erste Gedankenstufe - zweite Gedankenstufe - dritte Gedankenstufe - vierte Gedankenstufe - Gebiet der Raumunendlichkeit - Bewusstseinunendlichkeit - Gebiet der Nichtetwasheit - Gebiet der Weder-Wahrnehmung-noch-nicht-Wahrnehmung - Wahrnehmungs-Empfindungs-Aufhören. Von dieser letzten Stufe führt der Weg wieder zurück bis zur ersten Gedankenstufe und von da wieder zur vierten Gedankenstufe, wo das "Voll-erlöschen" erreicht ist.
cf. Grosse Lehrrede, vom endgültigen Erlöschen, zit. nach Paul Dahlke (Hg), Buddha, die Lehre des Erhabenen, München 1966, S 131 f

(hervorgeh. von E.B.)... Bedingungslos hat der Vollendete das Wort gesprochen: 'In nicht langer Zeit wird das endgültige Verlöschen des Erhabenen stattfinden..' Dass der Vollendete dieses Wort dem Leben zulieb wieder zurücknehmen wird - eine derartige Möglichkeit gibt es nicht..."[24] Dieses Zitat interessiert besonders wegen der Definition der "Erlösung" als freiwilliger Verzicht auf den Willen zum Leben. Man könnte hierzu folgende Parallelisierung anstellen: So wie das bewusste (oder auch unbewusste) Abbrechen der mythischen Erzählung den Mythos an seine Grenze bringt, negativ letztlich die Erfolglosigkeit mythischer Vermittlung entlarvt, positiv eventuell die Konstruktion einer neuen semiotischen Form ermöglicht, so bereitet der Verzicht auf Leben - negativ - dem ewigen Kreisen von Leben - Tod ein Ende und erlaubt - positiv - das Eingehen ins "Voll-erlöschen". Der Buddhismus - wenigstens in seiner Urform - verzichtet auf eine genauere Beschreibung dieses Zustandes, da ihm Spekulationen relativ suspekt sind,[25] und kann so mit dieser Theorie leben. - Also im Buddhismus haben wir eine Religion vor uns, die sich mit der Aporie, die der "abgebrochene Mythos" aufdeckt, abfindet. Zumindest gilt das für dessen elitäre Formen, weniger für die sich buddhistisch nennenden Volksreligionen. Analoges gilt, in etwas abgeschwächter Form, auch für die andere Religion des "ewigen Weltgesetzes", den "chinesischen Universismus".[26] - Das Christentum, und mit ihm die andern grossen "Offenbarungsreligionen" Judentum und Islam, sind nicht beim "abgebrochen

---

(24) aaO, S 113. - cf. neben den Arbeiten von A. Bareau und H.v. Glasenapp auch Heinrich Dumoulin, "Befreiung im Buddhismus. Die frühbuddhistische Lehre in moderner Sicht", in Concilium (14) 1978, S 359 - 363.

(25) Man vergleiche hierzu das folgende Zitat des siamesischen Ministers Chao Phya Thipakou: "Die Religion des Buddha befasste sich nicht mit einem ersten Anfang, den sie nicht begründen könnte, umging die Tätigkeit einer Gottheit, die sie nicht wahrnehmen konnte, und liess das Problem welches sie nicht lösen konnte, die letzte Belohnung des Vollkommenen, der endlosen Diskussion offen. Sie nahm das Leben, wie sie es fand..." zit. nach H.v.Glasenapp, aaO, S 370

(26) cf. H. von Glasenapp, aaO, S 126 - 182. -

Mythos" stehen geblieben, sondern haben positiv eine neue Art
narrativer Sinnkonstitution entwickelt, welche die mythische Redeweise sprengt. Dieser Art des religiösen Berichts gilt nun die
Aufmerksamkeit.

Der oben (S 262) zitierte Bericht von der 'Vertreibung
aus dem Paradies', der zur Illustration der Vorstellung eines
"abgebrochenen Mythos" beigezogen wurde, konnte diese Funktion
nur erfüllen, weil er isoliert von seinem Kontext vorgestellt
wurde. Man braucht nur die Verkündigung der Strafe für die Schlange zu lesen, um zu entdecken, dass es mit der Verbannung aus dem
Paradies nicht sein Bewenden haben wird. Die buddhistische Haltung würde sich damit abfinden, dass der Mensch nun einmal ein
"Verbannter" ist und würde im Abtöten jeden Wunsches nach Rückkehr die Erlösung sehen. Der Paradiesesbericht dagegen formuliert:
"Feindschaft stifte ich zwischen dir (Schlange) und der Frau, zwischen deinem Nachwuchs und ihrem Nachwuchs. Er trifft dich am
Kopf, und du triffst ihn an der Ferse."[27] Besonders die katho-
lische Exegese hat diesen Text oft als "Protoevangelion" bezeichnet[28] und in der schwächsten Form ihrer Auslegung den Text so

---

Damit nicht der Eindruck entsteht, des Ansatzes wegen werde
die Differenz zwischen Buddhismus und Christentum ungebührlich
betont, sei ein Zitat von Maha Sthavira Sangharakshita widerge-
gegeben: "Obwohl der Buddhismus und das Christentum universale Religionen sind, und obwohl sie als universale Religionen
einander viel stärker gleichen als irgend einer der ethnischen
Religionen, sind sie gleichzeitig voneinander so verschieden,
wie das nur sein kann... Der Buddhismus ist nichttheistisch,
ja geradezu der wichtigste Vertreter der nichttheistischen
Religionsgruppe... Das Christentum ist bekanntlich theistisch
und der Hauptvertreter der theistischen Religionen...." ("Dialog zwischen Buddhismus und Christentum", in:Concilium (14)
1978, S 376

(27) Gen 3,15
(28) cf. Paul Heinisch, aaO, S 125 f; ebenfalls R. de Vaux, OP,
La Genèse, Paris 1962 (2), S 48; - eine eher zurückhaltende
Position bezieht hier Claus Westermann, Genesis, Neukirchen-
Vluyn 1974, S 354; ebenfalls Gerhard von Rad, Das erste Buch
Mose, Göttingen 1967 (8), S 75. Die Argumentation der beiden
letztern scheint mir aber nicht ganz überzeugend.

gedeutet: auch wenn der Mensch einmal der Schlange im Kampf erlegen ist, er braucht sich mit dieser Niederlage nicht abzufinden; im Verlauf der Zeit wird der Mensch, der Nachfahre der Frau, die Schlange besiegen.[29] Also, im Gegensatz zur Resignation des Buddhismus, wird hier der Widerstand gegen den status quo gleichsam evoziert. Das geschieht aber nicht durch die urbildliche, modellhafte Darstellung einer Rückkehr ins Paradies, wie das bei einer mythischen "Lösung" des Problems der Fall wäre (wobei die Rückkehr als die eigentliche, immer existierende Wirklichkeit zu denken wären, während das Darben in der Welt eher ein "Oberflächenphänomen" sein würde), sondern mittels einer Verheissung "ohne Zeitangabe". Solche "Verheissungen" trifft man in der Bibel des öftern an - meist verbunden mit einem Bundesschluss: Verheissung an Noe,[30] an Abraham,[31] an Mose,[32] an David,[33] an Maria,[34] an die Jünger,[35] um nur einige zu nennen.[36] Mittels der Verheissung wird die Aporie, die der "abgebrochene Mythos" konnotiert, überbrückt. Diesen Gedanken möchten wir etwas weiter entfalten und präzisieren.

Als erstes eine Ergänzung die Aporie betreffend, die der "abgebrochene Mythos" zum Bewusstsein bringt: Die Funktion des Mythos besteht - nach den obigen Ueberlegungen - in der Vermittlung von fundamentalen Lebensgegensätzen, im Geben einer wenigstens

---

(29) Ob auch eine messianische Interpretation dieses Textes gerechtfertigt ist, wie vor allem die ältere Exegese meinte, mag hier dahingestellt bleiben.
(30) Gen 9,11 ff
(31) Gen 15,1 - 5
(32) Ex 3,7 - 12
(33) 2 Sam 7,1 ff
(34) Lk 1,31 - 33
(35) z.B. Mt 28,20
(36) Um Missverständnissen vorzubeugen sei hier angemerkt, dass wir in diesem Zusammenhang nicht die These vertreten, das Christentum hätte die vollendete Form des "religiösen Berichts" entwickelt, das kann nicht Aufgabe einer so allgemeinen Untersuchung sein. Wir beziehen uns hier lediglich des öftern auf jüdisch-christliche Texte, weil angenommen wird, dass diese in unsern Breitengraden am ehesten als bekannt vorausgesetzt werden können.

grundsätzlichen Lebensorientierung und in der "Wirklichkeitsbegründung". Aber thematisch kann er verschiedene Grundoppositionen zum Gegenstand haben. Demnach würde der "abgebrochene Mythos" auch verschiedene Aporien konnotieren. So stellt sich die Frage: sind alle diese Aporien im gleichen Sinn geeignet, um eine "Verheissung" zu evozieren, oder gibt es eine "letzte" Aporie, die immer irgendwie Thema des "religiösen Berichts" sein wird? Die beiden Beispiele für religiöse Aeusserungen aus dem Buddhismus und dem jüdisch-christlichen Bereich legen die Vermutung nahe, dass es in den Religionen letztlich immer um Tod - Leben und damit gekoppelt "Schuld" - "Erlösung"; "Unheil" - "Heil" gehe. Dass es sich hier nicht nur um eine zufällige Vermutung handle, sondern um ein wesentliches Merkmal von Religion, würde der grösste Teil der Religionswissenschaftler, Philosophen und Theologen bestätigen.[37] Es spricht alles dafür, dass sich die letzte Aporie in den "Symbolen des Bösen", des physischen (Leiden, Tod), wie des moralischen (Schuld) inhaltlich ausdrückt. Und die eigentliche Tragik liegt darin, dass man diese Ausweglosigkeit zunächst nur feststellen kann. Man kann ernsthafterweise nur erzählen, wie das Böse in die Welt kam, nicht aber, wie es aus ihr verschwand, denn wir leben ja noch mit dem Bösen und dem Tod.

Mit der "Verheissung" haben die Offenbarungsreligionen ein sprachliches Mittel, um der buddhistischen Resignation - oder neutraler "Lösung" - zu entgehen. Eine Analyse der Verwendungsweise von "Versprechen" wird uns erlauben, genauer zu sagen, was mit "Verheissung" gemeint sein soll.

Im Kontext einer Erzählung hat das Geben eines Versprechens gewisse Aehnlichkeit mit der Ankündigung eines Projekts;[38]

---

(37) Paul Ricoeur nennt die "Symbole des Bösen" privilegierte Symbole, "an denen wir nicht nur das Scheitern unserer Existenz ablesen..", sondern "die zugleich das Scheitern aller Denksysteme" proklamieren. - cf. Hermeneutik und Psychoanalyse, aaO, S 215; ebenfalls die Untersuchung "Symbolik des Bösen", Freiburg 1971.
(38) Das gilt in einem gewissen Sinn auch von "befehlen", "sich vornehmen", "planen" und andern Projektwörtern.

denn der Inhalt eines Versprechens stellt immer einen Vorgriff dar: es wird von zu erwartendem Geschehen gesprochen. Aufgabe der Erzählung, in deren Kontext das Versprechen gegeben wird, wird es dann sein, über verschiedene Transformationen die Erreichung bzw. Nicht-Erreichung dieses Ziels darzustellen. Ein Versprechen im narrativen Kontext, das nicht eine kleinere oder grössere Erzählung nach sich zieht, hat gar keinen Sinn gehabt.

Da ein Versprechen nur echt ist, wenn es ein nicht von vornherein - aufgrund einer bestimmten Ereigniskonstellation - zu erwartendes Resultat intendiert,[39] ist das Versprechen in der Erzählung ein Mittel zur Erzeugung von Spannung. Unter diesem Aspekt kann man es - rein formell betrachtet - unter die lesersteuernden Signale einreihen: aufgrund eines Versprechens konstruiert der Leser fast automatisch - mehr oder weniger bewusst - eine zu erwartende Geschichte, die er dann immer wieder mit der authentischen Erzählung vergleicht, um eventuelle Falscherwartungen zu korrigieren.[40] Die kathartische und kritische Funktion literarischer Texte hängt wesentlich an diesem "Dialog" zwischen erwartetem Text und faktisch erzähltem Text.

Ferner: das Aeussern eines Versprechens gilt als Uebernahme der Verpflichtung, das Versprochene durchzuführen.[41] Folglich kommen Versprechen nicht zustande, wenn die Zurechnungsfähigkeit dessen, der etwas verspricht, fraglich ist. Ein Versprechen setzt Freiheit und ein gewisses Mass an Macht oder "Können" voraus. Im Kontext narrativer Entfaltung eines Themas ist deshalb das Versprechen ein Mittel, das Subjekt der Erzählung zu konstituieren und vor allem zu profilieren, da die Fähigkeit zur Treue dem gegebenen Wort gegenüber und die Uebernahme der Verantwortung für ein "Projekt" als definierende Merkmale des Subjekts angesehen

---

(39) cf. hierzu die Analyse von J. Searle, Sprechakte, Frankfurt a M 1971, S 88 - 99
(40) cf. zu diesem Punkt aufürlicher Götz Wienold, Semiotik der Literatur aaO, Kap.2.2: Poetizität und Spannung in Erzähltexten.
(41) cf. J. Searle, aaO, S 97

werden können. Unter diesem Aspekt wird man das Versprechen als
das stärkste aller Projektverben betrachten dürfen, vor allem,
wenn es in der Form des "feierlichen Gelübdes" erscheint.[42]

Obwohl "Verheissung" oft als synonym mit "Versprechen"
betrachtet wird, möchten wir hier die beiden Begriffe auseinanderhalten und die "Verheissung" als Spezifikation des "Versprechens" definieren. Spezifische Merkmale des "Verheissung" sind
die folgenden:
- Der Kontext der "Verheissung" ist immer die "abgebrochene"
  mythische Rede. D.h. statt dass der Mythos zu Ende erzählt
  wird, taucht im Verlauf der Erzählung ein Versprechen auf,
  das die Erzählung unterbricht.
- Nun ist es typisch für das, was hier "Verheissung" genannt
  wird, dass der "abgebrochene Mythos" und das sich Abfinden
  mit der dadurch angezeigten aporetischen Situation vorausgesetzt wird: die "Verheissung" enthält das Projekt zu einem
  neuen Geschehen, einem neuen Handeln, nachdem feststeht, dass
  das mit den Mitteln des "mythischen Berichts" erzählte Geschehen nicht die letzte Wirklichkeit sein kann. - Die Erzählung
  des Geschehens, das durch eine "Verheissung" in Aussicht gestellt wird, führt die mythische Erzählung nicht einfach fort,
  sondern setzt neu an. In diesem Sinn sind die Aeusserungen in
  der Bibel vom "neuen Himmel" und der "neuen Erde",[43] vom
  "neuen Jerusalem",[44] vom "neuen Menschen",[45] vom "neuen
  Herzen",[46] symptomatisch. Aber diese neue "Erzählung" wird
  auch kein neuer Schöpfungsmythos mehr sein, wie man aufgrund der
  Gegenüberstellung von "alt" vs "neu" zunächst vermuten könnte,
  sondern das "Neue", das durch die "Verheissung" angezeigt wird,

---
(42) A.J. Greimas versucht die Einführung des Subjekts in die
     Erzählung über das "Wollen"; cf. "Elemente einer narrativen
     Grammatik", aaO, S 56 - 58; das "Versprechen" kann als eine
     Spezifikation des "Wollens" verstanden werden.
(43) Apk 21,1 ff
(44) Apk 21,9 - 22,5
(45) Eph 4,24
(46) Ez 11,19 f

ist etwas, das eigentlich gar nicht mehr erzählt werden kann, da die Mittel des Erzählens ausgeschöpft sind,[47] sondern als "Verheissung" im Raum stehen bleiben muss.

Das also ist das eigentlich Unterscheidende der "Verheissung": sie kündigt ein Geschehen an, welches die fundamentale Aporie des menschlichen Lebens aufheben sollte und behauptet in einem damit, dass die erzählende Darstellung dieses Geschehens nicht möglich sei. Zur Illustration ein Beispiel aus den Auferstehungsberichten des NT: Die Frauen finden am Grab des gestorbenen Jesus nicht den Leichnam - was ein "historischer Bericht" wohl feststellen würde; sie finden auch nicht einfach den wieder zum Leben zurückgekehrten Jesus - was nach dem Schema der "Wiederkehr des Gleichen" Inhalt eines "mythischen Berichts" sein dürfte; sondern ihnen wird eine "Verheissung" zuteil, die bis heute weitergegeben wird und noch immer Verheissung geblieben ist: "Er ist nicht hier (...). Er wird euch nach Galiläa vorausgehen. Dort werdet ihr ihn sehen (...)"[48] Es ist hier nicht der Ort, eine Exegese der Osterberichte zu geben: dieser Hinweis hatte lediglich eine illustrative Funktion.[49]

Natürlich haben sich in den Offenbarungsreligionen an solche "Verheissungen" immer wieder Erzählungen angeschlossen - oft waren es sogar Transpositionen von alten Mythen, wie des Paradieses-Mythos, des Adams-Mythos u.a. - Aber diese Erzählungen haben aufgrund der dazwischentretenden "Verheissung" einen neuen Status: es handelt sich um so etwas wie "Visionen", um Erzählungen über die Zukunft, von denen man weiss, dass es Entfaltun-

---

[47] Bekannt ist der Ausspruch des Apostels Paulus in 1 Kor 2,9: "Was kein Auge je gesehen und kein Ohr gehört hat und in keines Menschen Herz gedrungen ist, das hat Gott denen bereitet, die ihn lieben."
[48] Mt 28,6 f
[49] Für eine entsprechende Exegese sei verwiesen auf Louis Marin, "Die Frauen am Grabe - Versuch einer Strukturanalyse an einem Text des Evangeliums", in: Claude Chabrol und Louis Marin (Hg), Erzählende Semiotik nach Berichten der Bibel, München 1973, S 67 - 85

gen einer "Verheissung" sind, die "alles Begreifen übersteigt", die also immer vorläufig bleiben müssen, gleichsam "Erzählungen auf Abruf" sind in einem viel expliziteren Sinn als die Zukunftsperspektiven von Futurologen (die ja auf historischen Berichten basieren).Diesbezüglich beispielhaft ist der Bericht, der die Offenbarung des Namens "Jahwe" erzählt.[50] Darin wird der Name - und damit das Wesen - Gottes "Jahwe" gedeutet als "Ich bin, der ich da sein werde."[51] Und auch der Dekalog formuliert das Bildverbot,[52] weil Jahwe im Verlauf der Geschichte erst zeigen will, wer er ist, und sich nicht an eine feste Vorstellung, ein bestimmtes Bild, binden lassen will.[53] Vorläufig - und d.h. für den ganzen Verlauf der Geschichte - hat Israel "nur" den Namen seines Gottes, und der bedeutet eine Verheissung: Ich werde da sein - aber so wie ich will. Konkretere "Verheissungen" sind immer aus dem Blick dieser "Grundverheissung" zu relativieren.

Die zentrale Bedeutung, die der "Verheissung" in der Konstitution des religiösen Berichts zukommt, hat zwei wichtige Konsequenzen:

(1) Die Verheissung zwingt zur Konstitution eines Subjekts, das die Verheissung gibt und vor allem, das sie einhält. Im "mythischen Bericht" gibt es in diesem engen Sinn keine Subjekte. Die Handelnden sind da narrative Konstrukte des "konkreten Den-

---

(50) Ex 3,14
(51) G. von Rad meint zu dieser Stelle: "Der ganze Erzählungszusammenhang lässt ja von vornherein erwarten, dass Jahwe etwas mitteilen will, - nicht wie er ist, sondern wie er sich Israel erweisen wird. Es ist mit Recht immer wieder betont worden, dass das הָיָה – jedenfalls besonders an dieser Stelle - im Sinn von "vorhanden sein", "dasein" zu verstehen sei, also gerade nicht im Sinne eines absoluten, sondern eines bezogenen und wirkenden Seins:ich werde (für euch) dasein." aus: Theologie des Alten Testaments, Bd 1, München 1962 (5), S 194
(52) Ex 20,4
(53) Die beim Propheten Ezechiel so häufig auftretende Formulierung: "Sie werden erkennen,dass ich Jahwe bin", zeugt eindrücklich für diese Verbindung zwischen dem "Namen" und der geschichtlichen Selbstoffenbarung.

kens".$^{(54)}$ Wir hatten uns ausdrücklich dagegen gewehrt, die Subjekte mythischer Erzählungen nach dem Schema der Personifizierung zu beschreiben, weil diese Erklärungsweise zu viele ihr widersprechende Fakten unberücksichtigt lässt. Die Durchbrechung des "mythischen Berichts" durch die "Verheissung" verlangt nach einem Subjekt mit Intentionalität, Freiheit und Wille. So wie das Versprechen die narrative Einführung eines menschlichen Subjekts in eine achrone Struktur (z.B. im Fall des historischen Berichts) ermöglicht, so wird über die "Verheissung" das "göttliche" Subjekt in den "religiösen Bericht" eingeführt. Einige wesentliche Eigenschaften dieses Subjekts lassen sich aufgrund der vorausgegangenen Ueberlegungen hier nennen: (a) Insofern das Subjekt der "Verheissung" einen Ausweg aus der fundamentalen Aporie des Lebens, die eine Aporie des Bösen, der Schuld, des Todes ist, möglich machen soll, muss es wesentlich anders sein als der Mensch: grundsätzlich gut, nicht erlösungsbedürftig, nicht sterblich.
(b) Insofern sich der Mensch auf die "Verheissung" einlassen soll, muss das Subjekt der "Verheissung" vertrauenswürdig und treu sein.
(c) Damit die "Verheissung" nicht leer bleibt, muss diesem Subjekt die Macht zugeschrieben werden, welche zur Verwirklchung der "Verheissung" notwendig ist, wie auch der Wille, diese "Erlösung" zu bewirken... Da hier keine natürliche Theologie geboten werden soll, braucht diese Liste der göttlichen Eigenschaften auch nicht weiter vervollständigt zu werden. Es sollte nur angedeutet werden, wie aus diesem Ansatz heraus die Einführung des "persönlichen" Gottes rekonstruiert werden kann.

---

(54) cf. dazu auch den lesenswerten Beitrag von Jurij M. Lotman, "Die Entstehung des Subjekts typologisch gesehen", in: ders. Aufsätze zur Theorie und Methodologie der Literatur und Kultur, Kronberg Taunus 1974, S 30 - 66: "Im Mittelpunkt des kulturellen Massivs liegt die Mythen erzeugende Textstruktur. Die grundlegende Besonderheit der von dieser Struktur gebildeten Texte beruht darauf, dass sie einen einer zyklisch zeitlichen Bewegung unterworfenen Charakter hat. Die auf diese Weise geschaffenen Texte sind in unserem Sinne nicht subjektivhaft und können überhaupt nur mit grosser Mühe mit den uns vertrauten Kategorien beschrieben werden.."(aaO,S 30)

Ist einmal die Idee eines Subjekts der Verheissung geboren, dann versteht sich fast von selbst, dass diese Idee den ganzen "abgebrochenen Mythos" zu überstrahlen beginnt und dieses Subjekt auch zum eigentlichen Subjekt des "Rahmenmythos" wird, in dessen Kontext die "Verheissung" erscheint. Den Prozess einer solchen "Ablösung" kann man ein Stück weit an der Entstehung des "Alten Testaments" verfolgen - allerdings nicht vollständig; denn die Jahwe-Religion hat nicht nur mythische Berichte integriert, sondern vor allem auch religiöse Berichte aus noch früherer Zeit.[55]

(2) Neben der Konstitution eines "neuen" Subjekts (souveränen Adressanten) ermöglicht und verlangt die "Verheissung - und damit der "religiöse Bericht" eine "neue" Rezeptionshaltung, die in der Theologie als "Glauben" bezeichnet wird, im Sinn von "Vertrauen" oder sogar "Sich-anvertrauen".[56] Der Mythos gehört noch irgendwie der Ordnung des "Wissens" an - wenn auch in einem sehr abgeleiteten Sinn -, insofern er letzte, halbwegs geglückte, narrative Vermittlungen versucht, bei denen das "Sinnstreben" des Menschen eventuell verweilen könnte. Bei der "Verheissung" ist das nicht mehr möglich, weil hier diese Vermittlungen als unmöglich negiert bzw. abgelehnt werden, um sie dann "Gott" und seiner Zukunft überlassen zu können. Man erinnert sich des mehrfach wiederkehrenden Bibelzitats: "Bei Menschen ist das nicht möglich, Gott ist alles möglich."[57] Der "Verheissung" kann man

---
(55) cf. G. von Rad, Theologie des AT, aaO, B 1.
(56) Eine sehr gute, zusammenfassende Darstellung des Bedeutungsfeldes dieses Begriffs bietet Gerhard Friedrich (Hg), Theologisches Wörterbuch zum Neuen Testament (Kittel), Bd 6, Stuttgart 1959, Artikel zur Wortgruppe zum "pistéuo", S 174 - 230. Hier ein zusammenfassendes Zitat: "In allem erweist sich die "pistis" als der Akt, kraft dessen sich der Mensch in der Antwort auf Gottes eschatologische Tat in Christus aus der Welt herausstellt und die radikale Hinwendung zu Gott vollzieht; als der Akt, in dem sich die neue eschatologische Existenz des Christen gründet, und als die Haltung, die ihr eigen ist." S 217
(57) Mt 19,26; cf. auch Gen 18,14 und Lk 1,37

nur mehr "glauben". Allerdings muss man dieses Glauben als eine Haltung ganz spezieller Art betrachten und kann es nicht einfach mit andern kognitiven Zustimmungshaltungen gleichsetzen, wie das etwa getan wird, wenn man definiert: "glauben" =$_{Def}$ für wahr halten, was verheissen ist. Der spezifische Charakter dieses "Glaubens" erklärt sich sowohl aus dem einzigartigen Charakter des Subjekts, dem die "Verheissung" zugeschrieben wird, und das nur äusserst indirekt "erfahren" werden kann (wie aus dieser Darstellung hervorgehen sollte), wie auch aus dem Inhalt der "Verheissung" der Jahwe-Offenbarung: "Ich bin, der für euch da sein wird," ohne verfügbar zu sein. - Zwar bemühen sich die einzelnen Offenbarungsreligionen, geschichtliche Situationen auszuzeichnen, die sie als erste auffällige Zeichen der Erfüllung der religiösen "Verheissung" herausheben: die "Machttaten Jahwes" beispielsweise[58] oder die "Zeichen der Zeit", wie das Vaticanum II zu formulieren liebte.[59] Aber es ist wichtig zu sehen, dass auch solche "Zeichen" immer vorläufig sind. So ist selbst die Person Jesu im Christentum eschatologisch relativiert worden, die doch als Zeichen der "Erfüllung" kat'exochen gilt.[60] Und vor allem müssen sich die Offenbarungsreligionen in acht nehmen vor der These, dass das jeweils "Erfolgreiche" in der Geschichte der "Wille Gottes" sei, denn diese These ist sehr vieldeutig und kann leicht utilitaristisch missbraucht werden.[61]

Da es in dieser Arbeit vor allem um das Verstehen einiger modellhafter Berichtsformen in Religionen geht, müssen solche und ähnliche Fragen andern Untersuchungen überlassen bleiben. - Als

---

(58) cf. Ps 107
(59) z.B. Dekret über den Oekumenismus, Nr. 4; oder Pastoralkonstitution: Die Kirche in der Welt von heute, Nr. 4.
(60) cf. dazu das folgende Zitat aus 2 Kor: "Selbst wenn wir Christus in seinem irdischen Leben gekannt hätten, kennen wir ihn jetzt so nicht mehr. Darum: wenn jemand in Christus ist, so ist er eine Neuschöpfung; das Alte ist vergangen - siehe, Neues ist geworden." 5,16 b - 17.
(61) cf. hierzu die Ueberlegungen von Karl Popper, Falsche Propheten, Hegel, Marx und die Folgen, Bern/München 1973 (3), S 320 - 348.

Ergebnis aus dem Vorausgegangenen und zugleich als Definition
des "religiösen Berichts" kann Folgendes gelten: Der "religiöse Bericht" im engern Sinn besteht wesentlich in der narrativen
Einführung eines einzigartigen Subjekts mittels einer Durchbrechung des "mythischen Berichts" durch eine eschatologische Erlösungsverheissung, der nur in der Rezeptionshaltung des "Glaubens"
begegnet werden kann. - Die Ableitung der verschiedenen religiösen Aeusserungsarten, wie "Beten", "Loben", "Predigen", "Beken-
nen" usw. muss hier unterbleiben, um den Hauptgedanken nicht zu
verdecken.

2. Abschnitt

Die Funktion des "religiösen Berichts"
und die Frage der Wahrheit

Die Wahrheitsfrage kann - wie das schon beim Mythos offen-
kundig wurde - nicht unabhängig von der Frage der Funktion, bzw.
des Interesses am "religiösen Bericht" behandelt werden. Miss-
achtet man dieses Prinzip, gerät man in jene bekannten Schwierigkeiten, die man am "Fall Galiläi" so exemplarisch ablesen kann.

So wie der "religiöse Bericht" hier definiert wurde,
stellt er sich dar als äusserste Grenze der narrativen Textentfaltung, einer Textentfaltung, die von einem Sinnwillen getragen
ist, der in der Erfahrung des "Unheimlich-Heiligen" wurzelt. An-
gestrebt wird durch den "religiösen Bericht" die letztgültige
Aussage. M.a.W. wer eine eschatologische Erlösungsverheissung
ankündigt (z.B. als Prophet) bzw. als Glaubender akzeptiert, der
will mit seinen positiven Erfahrungen von Liebe, Glück, Freude...
angesichts der Todes- und Schuldverfallenheit des Menschen noch
leben können, ohne bestimmte dieser Erfahrungen beständig verdrängen zu müssen. Deshalb kann man das Interesse am "religiösen

Bericht" in einem allgemeinen Sinn als praktisches Interesse bestimmen ohne schon Religion mit Ethik gleichzusetzen. Die Berücksichtigung wichtiger Einzelaspekte dieses Interesses wird auch eine Präzisierung des Wahrheitsverständnisses des "religiösen Berichts" gestatten.

Die zentrale Idee jener Religionen, in welchen die "religiöse Verheissung" eine entscheidende Rolle spielt, ist die Idee der <u>Befreiung,</u> oft auch "Erlösung" genannt. Der "mythische Bericht", der in abgeschlossenen Erzählungen tradiert wird, spricht zwar auch von "Erlösung". Aber er ist auf die Dauer nicht glaubwürdig, weil die auf der Ebene der Götter gewirkte "Erlösung" die Ebene des Menschen nicht erreicht. Die Ebenen sind von oben nach unten zu wenig "durchlässig". Die "anangke", der Zwang des Schicksals, verhindert letztlich, dass eigentlich "Neues" geschehe, dass ein Weg sich öffne vom Tod zum Leben, von der Schuld zur Verzeihung und zur Ueberwindung des Bösen. Deshalb gibt es für Buddha, der noch in dieser Perspektive denkt, keine andere "Erlösung", als die Suche nach dem "Voll-erlöschen" im Nirvana. Dieser Weg ergibt sich als logische Konsequenz, wenn man nicht bis zur "Verheissung" fortschreitet.

Mit der Einführung der "Verheissung" wird der Mythos durchbrochen, die "anangke" des Schicksals entmachtet, und an seine Stelle tritt das Subjekt der "Verheissung", das dem Verlauf des Geschehens eine andere als die im Mythos urmodellhaft festgehaltene Richtung geben kann. Aufgrund dieser neuen Darstellungs- und Gestaltungsweise der letztgültigen Wirklichkeit, wird die Rede von "Zukunft" in einem eigentlichen Sinn als dem gänzlich Unvorhersehbaren und Unverfügbaren erst sinnvoll. Zugleich damit eröffnet sich auch eine neue Perspektive von Freiheit, als Freiheit vom blinden, einfach ablaufenden Schicksal. - Tod, Schuld, das Böse in all seinen Formen, sind nun nicht mehr einfach da und wirken nach einem blinden Gesetz der Vergeltung, sondern sie erscheinen als abhängige, überwindbare und zum Teil überwundene

Grössen.[62] Das ist die eine Seite der Befreiung durch die "religiöse Verheissung".

Die andere Seite dieser Befreiung hat mehr praktische Konsequenzen: Durch die Ueberwindung des mythischen Modells, das immer auch zentrale Anweisungen für das praktische (nicht nur kultische) Handeln enthielt, wird der Mensch frei von diesen Vorbildern, und damit auf sich selber verwiesen. Nicht, dass der Mensch nun alleine wäre; er hat seinen Gott, den Urheber der "Verheissung", und damit den, der ihm seinen freien Raum geschenkt hat.[63] Aber er steht nicht mehr mit einem "Gesetz" in seiner Welt, sondern mit einer "Verheissung"; er steht in einer Welt, die "offen" geworden ist (Zukunft hat), in einer Welt, wo alte Rezepte veralten können, weil vergangene Situationen nie mehr in "der Wiederkehr des Gleichen" auftauchen, in einer Welt, wo völlig Neues passieren kann. Zwar spricht man auch in eschatologisch ausgerichteten Religionen von "Geboten". Aber ihre fundamentalen Axiome unterscheiden sich wesentlich von den durch den Mythos geprägten Gesetzen. So gilt z.B. für das Judentum das

---

(62) F. Böckle fasst die Botschaft der Evangelien wie folgt zusammen: "Wo Gott herrscht, da verlieren die Mächte ihre Herrschaft. Die Berichte über Dämonenaustreibungen und Wunderheilungen zeigen deutlich, wie helfend und befreiend das Wirken Jesu verstanden wurde. Indem die Blinden sehen, die Lahmen gehen, die Aussätzigen rein werden, die Tauben hören und die Toten auferstehen (Mt 1,15 f), zeigt sich, dass die Zeit des Satans und der Dämonenherrschaft auf Erden wenigstens im Prinzip vorbei ist. "Freiheit" ist hier überall nichts weiter als befreit sein von den dämonischen Mächten.." (Fundamentalmoral, München 1977, S 154).
cf. auch Hans Kessler, Erlösung als Befreiung, Düsseldorf 1972

(63) In der christlichen Theologie kommt dieser Gedanke zum Zuge unter dem Titel "Rechtfertigung". E. Jüngel stellt ihn in seiner eigenwilligen Sprechweise zusammengefasst so dar: "Insofern der Mensch durch Gott auf Gott angesprochen wird, kommt es nämlich zu einer t o t a l e n   E n t f e r n u n g des Ich gegenüber seinem Hiersein und Jetztsein und dementsprechend zu einer völligen Neuqualifikation seiner Anwesenheit...eschatologische Geistesgegenwart." (Gott als Geheimnis der Welt, Tübingen 1977, S 235).

Axiom: "Seid heilig, denn ich Jahwe, euer Gott, bin heilig."[64]
Wenn man beachtet, dass diese Heiligkeit gerade die Souveränität, die Freiheit und zugleich die Treue zur "Verheissung" meint, dann sieht man, wie wenig sklavische Unterordnung und kasuistische Gesetzpraxis hier gefordert werden; das Gebot ist eher ein Auftrag, die eröffnete, gewährte Freiheit zu realisieren, und sie nicht an entfremdende Praktiken zu verlieren.[65] - Ganz ähnlich verhält es sich mit dem Liebesgebot im NT: Das ist kein Gesetz, sondern eine Lebensausrichtung, die in jeder Handlungssituation schöpferisch zur Anwendung kommen muss. Genau genommen kann man Liebe gar nicht befehlen, man kann nur jemanden dazu anregen, ein Menschenbild zu gewinnen, das Liebe möglich macht. Und einen solchen Auftrag kann man nicht als Zurückfallen in Unfreiheit verstehen, weil die Ausarbeitung eines Menschenbildes für menschliche Kommunikation und Interaktion mit oder ohne Gott eine Notwendigkeit ist, und weil die Forderung, Liebe möglich zu machen, kaum als "Menschlichkeit" beeinträchtigend gesehen werden kann.[66] Hier geht es nicht darum die Ethiken von Offenbarungsreligionen zu rechtfertigen oder auch nur zu entfalten. Einzig die Art der "Befreiung" über die religiöse "Verheissung" sollte kurz angedeutet werden.

Diese "Befreiung" hat noch einen dritten Aspekt, den man in der christlichen Theologie häufig als "Gewissheit des Glaubens" oder "Heilsgewissheit" bezeichnet. Gemeint ist damit, dass der Mensch, der sich auf eine eschatologische "Verheissung" einlässt, sich "zu einem wohlbegründeten Verzicht auf Selbstbegründung..." bestimmt.[67] Es könnte darüber diskutiert werden, ob mit diesem Schritt nicht einfach ein billiger Ausweg gewählt wird, um mit

---

(64) Lev 19,2
(65) cf. F. Böckle, Fundamentalmoral, aaO, S 179 f
(66) cf. dazu Jörg Splett, Lernziel Menschlichkeit: Philosophische Grundperspektiven, Frankfurt a M 1976
(67) E. Jüngel, aaO, S 220

dem existenziellen Faktum des "Geworfen-seins" besser fertig zu werden. Aber diese Diskussion hätte mehr apologetischen Charakter und kann hier unterbleiben, wo es um Funktion und das Wahrheitsverständnis der "religiösen Verheissung" geht.[68] Auf jeden Fall dürfte kaum zu bezweifeln sein, dass ein Mensch, der seine Freiheit als geschenkte Freiheit versteht, gleichsam "sorgloser" und damit weniger "verkrampft" in seiner Welt agiert als einer, der seine Freiheit und damit auch seinen Selbstwert gänzlich aus sich ableiten will.[69]

Im Zusammenhang mit der "religiösen Verheissung" als befreiender Botschaft sind auch erste Wahrheitskriterien für die Prüfung dieser Botschaft zu formulieren. In der Version des heiligen Paulus lautet ein erstes entsprechendes Kriterium: "Christus hat uns befreit und nun sind wir frei. Bleibt daher fest, und lasst auch nicht von neuem das Joch der Knechtschaft auferlegen".[70] Für Paulus besteht - in dem konkreten Fall - die Knecht-

---

[68] cf. zu dieser Thematik: J. Splett, Konturen der Freiheit, Frankfurt a M 1974; B. Welte, Determination und Freiheit, Frankfurt a M 1969.

[69] Ein Blick auf die verschiedensten Heiligen und Gottesmänner - an deren Spitze Franz von Assisi und Philipp Neri zu nennen sind - bestätigt dieses Urteil. - Es mag Unvorhergesehenes passieren, eine echt geglaubte Erlösungsverheissung gewährt einen "Halt" (wie man zu sagen pflegt), der einen nicht zusammenbrechen lässt.
Zum Beleg ein Beispiel aus einem Brief von Helmut James Graf von Moltke, den er am 10.1.1945, am Tag vor seiner Hinrichtung aus dem Gefängnis Tegel an seine Frau schrieb: "...ich kann nicht leugnen, dass ich mich in geradezu gehobener Stimmung befinde. Ich bitte nur den Herrn im Himmel, dass er mich darin erhalten möge, denn für das Fleisch ist es sicher leichter, so zu sterben. Wie gnädig ist der Herr mit mir gewesen! Selbst auf die Gefahr hin, dass es hysterisch kingt: ich bin so voll Dank, eigentlich ist für nichts anderes Platz. Er hat mich die zwei Tage so fest und klar geführt: der ganze Saal hätte brüllen können wie der Herr Freisler, und sämtliche Wände hätten wackeln können, und es hätte mir gar nichts gemacht; es war wahrlich so, wie es in Jesaja 43,2 heisst: Denn so du durch Wasser gehst, will ich bei dir sein, dass dich die Ströme nicht ersäufen; und so du ins Feuer gehst, sollst du nicht brennen, und die Flamme soll dich nicht versengen..." aus: Letzte Briefe aus dem Gefängnis Tegel, Berlin 1951 (9), S 43 f.

[70] Gal 5,1

schaft, die erneut droht, in der Unterwerfung unter ein kausauistisches, religiös begründetes Gesetz. Denn der Kontext dieser Auseinandersetzung ist das Gespräch mit der jüdischen Tradition, welche die "Verheissung" der Sinaioffenbarung in Gesetze umgeschrieben hat, was schlussendlich zu einer Ethik des "Gesetzesbuchstabens" führte. Nach Paulus ist jede religiöse Botschaft unwahr, wenn sie diese "Befreiung" durch die eschatologische Verheissung rückgängig macht, wie das bestimmte Kreise aus dem Judentum in der Gemeinde, an die Paulus schreibt, versuchen.

Eine andere Art neuer Knechtung besteht in der Auslieferung ans Böse, die sich in Form von unbeherrschten Leidenschaften, Süchten, zu grosser Abhängigkeit von Besitz oder Bequemlichkeiten, in Lüge, Heuchelei und Ungerechtigkeit manifestiert.[71] Wenn "Befreiung" so verstanden werden kann, dann hat man die sie begründende "Verheissung" missverstanden bzw. verdreht. Dieses Kriterium wendet Paulus besonders an in der Auseinandersetzung mit der Gemeinde in Korinth, die unter gnostischem Einfluss die leibliche Seite vom zu verantwortenden ethischen Verhalten ausklammern wollte, und so den Auftrag zur Ausgestaltung der Freiheit einseitig spiritualistisch missverstand.[72]

Ein drittes Wahrheitskriterium im Zusammenhang mit der befreienden "Verheissung" ist die "Freiheit von Furcht und Existenzangst": "Denn wir haben von Gott nicht einen Geist der Furcht empfangen, sondern einen Geist der Kraft, der Liebe und der Herr-

---

(71) cf. z.B. 1 Kor 6,7 - 20
(72) "Missbrauch und Missverständnis der (Freiheits)-Formel hatten, wie aus 1 Kor hervorgeht, ihre Ursache in einer falschen, fast gnostisch anmutenden Weisheits- und Auferstehungstheologie, die am Kreuz vorbeisehen, sich enthusiastisch in einem falschen Verständnis der eschatologischen Existenz des Getauften über ihre von den vorläufig-irdischen Bedingungen noch gesetzten Grenzen hinwegheben und sich von den Pflichten der Liebe zu allen Gemeindemitgliedern dispensieren wollten.." stellt Franz Mussner fest.
(Theologie der Freiheit nach Paulus, Freiburg i Br/Basel/Wien 1976, S 35 f und 60 - 64)

schaft über uns selber," schreibt wiederum Paulus.[73] D.h. wenn eine Auslegung der eschatologischen "Verheissung" eine Reaktion der Furcht oder auch eine kleinliche Sorge um die alltägliche Existenz zur Folge hätte, dann wäre sie als falsch abzulehnen, weil sie dann nicht begriffen hätte, dass durch die "Verheissung" "wir den Geist der Einsetzung zu Söhnen (Gottes) empfangen (haben), in dem wir rufen: Abba, Vater!"[74] - Es zeigt sich an dieser Stelle auch deutlich, dass die "Verheissung" zu einer "Vergöttlichung" des Menschen führt, und dass dieser Inhalt der Botschaft ein wesentliches Moment darstellt: Neben der Konstitution Gottes als eines souveränen, treuen Herrn und Vaters, führt die "Verheissung" auch zur Konstitution des Menschen als freien Partners dieses Gottes.

Im Zusammenhang mit diesem Komplex von Wahrheitskriterien ist auch das Kriterium der persönlichen Glaubwürdigkeit zu nennen: Die Befreiung, die der religiöse Prophet ankündigt, muss sich in seinem Leben manifestieren: "Sei den Gläubigen ein Vorbild in deinen Worten, im Leben, in der Liebe, im Glauben, in der Lauterkeit."[75] Noch mehr, sie muss sich im Durchstehen von Entbehrungen, Leiden, Undank und Verfolgung bewähren.[76] Und entsprechend erkennt man auch die falschen Lehrer an ihren "Früchten": Sie "werden mit ihrer Zügellosigkeit viele Anhänger finden und ihretwegen wird man den Weg der Wahrheit lästern. In ihrer Habgier werden sie auch mit verlogenen Worten euch zu kaufen versuchen..." schreibt Petrus.[77]

Neben dem mehr individuellen Aspekt des Interesses an der religiösen "Verheissung" ist auch dessen soziale Komponente zu

---

(73) 2 Tim 1,7
(74) Röm 8,15
(75) 1 Tim 4,12
(76) cf. die Apologie des Apostels Paulus in 2 Kor 11 und 12.
(77) 2 Petr 2,2 f; ferner 2,14: "Sie haben nur Augen für die Ehebrecherin und sind unersättlich in der Sünde. Sie locken Menschen an, deren Sinn nicht gefestigt ist; ihr Herz ist in der Habsucht geübt, sie sind Kinder des Fluches.."

beachten. Es fällt auf, dass alle Verheissungsreligionen (nicht nur sie, aber sie in besonders starkem Ausmass) - also Judentum, Christentum, Islam - sich in sozialen Körperschaften organisiert haben, die alles Stammes- und Nationendenken weit hinter sich gelassen haben (was z.B. vom Hinduismus nicht behauptet werden kann). Es besteht auch kein Zweifel, dass die Universalisierung dieser Religionen als eine Folge der Konstitution des souveränen Gottes der "Verheissung" zu sehen ist. Nachdem z.B. im Judentum die "Einsicht" sich durchgesetzt hatte, dass Jahwe allein Gott ist, war es auch bald klar, dass Jahwe der Gott aller Völker sein muss,[78] und dass eine universale Völkergemeinschaft das Ziel auch der politischen Aktivität werden musste: "Dann werden die Nationen das Schwert nicht mehr gegeneinander erheben, und man wird sich nicht mehr für den Krieg ausbilden."[79] Die heutigen Ueberlegungen zu einer "Theologie der Revolution", zu einer "Politischen Theologie", einer "Theologie (auch der politischen)Befreiung" sind legitime Ausfaltungen dieses Interesses an sozialer und politischer Entfaltung der religiösen "Verheissung", auch wenn Politiker sich noch so sehr dagegen sträuben mögen.[80]

Dementsprechend formuliert denn Paulus ein weiteres Kriterium der Wahrheit für die religiöse Verheissung: Diese Botschaft muss dem Aufbau der Gemeinde dienen, und jede Interpretation der ursprünglichen Botschaft muss sich dem Urteil der Gemeinde unterwerfen.[81] Wenn eine Auslegung die Gemeinde zerreisst oder Missverständnisse zwischen den Gemeinden aufkommen lässt, gilt das als Zeichen der Unwahrheit; und der in der Tugend erprobte Mann sieht sich gewarnt;[82] denn es gibt "nur einen

---

(78) cf. Ps 117 (116)
(79) Jes 2,1 - 5
(80) cf. Ernst Feil und Rudolf Weth (Hg), Diskussion zur "Theologie der Revolution", Mainz/München 1969
- Helmut Peukert (Hg), Diskussion zur "politischen Theologie", Mainz/München 1969
- G. Gutiérrez, Theologie der Befreiung, Mainz/München 1973
(81) cf. 1 Kor 14,12; 20; 29
(82) cf. 1 Kor 11,19

Geist.. nur einen Herrn.. nur einen Gott: Er wirkt alles in allen",(83) und so kann es keine echte Spaltung geben.

Ein weiterer wesentlicher Aspekt des Interesses am "religiösen Bericht" ist dessen kritische Funktion. Wer seine Tätigkeit in der Welt und die Gestaltung seines Lebens als Auftrag im Anschluss an eine eschatologische Erlösungsverheissung zu verstehen gelernt hat, für den ist kein Zustand der Welt endgültig: "Die Gestalt dieser Welt wird vergehen."(84) Und "unsere Heimat.. ist im Himmel. Von dort her erwarten wir auch den Retter, den Herrn Jesus Christus.."(85) Und wenn sich die religiöse "Verheissung" "nach dieser Welt richtet",(86) dann wird sie zur "Torheit"; denn die "Weisheit dieser Welt ist Torheit"(87) vor Gott, da sie keine Lösung der fundamentalen menschlichen Probleme anbieten kann. Demnach gilt diese "Offenheit nach vorn" als ein weiteres Wahrheitskriterium für die religiöse "Verheissung", die eben nur "wahr" sein kann, solange sie "Sauerteig" bleibt.(88)

Als letztes Moment des Interessenkomplexes, der mit der religiösen "Verheissung" verknüpft ist, ist dessen ontologische Seite zu nennen. In den vorausgehenden Kapiteln zeigte sich, dass die komplexeren Formen der Textkompetenz eine Differenzierung und Modalisierung des Realitätsbegriffes mit sich brachten. Im Mythos schien diese Entwicklung an ihr Ende zu kommen, da der Mythos mit seinem Strukturgesetz von der "Wiederkehr des Gleichen" die Wirklichkeit als auf einem "Weltgesetz" gegründet erscheinen liess, und so die Gründung und Begründung der Wirklichkeit erbrachte

---

(83) 1 Kor 12,5 f
(84) 1 Kor 7,31
(85) Phil 3,20
(86) Röm 12,12
(87) 1 Kor 3,19
(88) Wenn Religionen und Kirchen faktisch immer wieder anders handeln und dogmatischer Sturheit verfallen, dann muss das nicht unbedingt als Falsifikation der Theorie gewertet werden; es kann auch sein, dass das "Salz seine Kraft verloren hat" (Mt 5,13); zu diesem Themenkreis siehe auch Richard Schaeffler, Religion und kritisches Bewusstsein, Freiburg i Br/München 1973

(wenigstens aus dem Horizont des Mythos). Mit der Einführung des "religiösen Berichts" als "Verheissung" wird dieses Interesse zum Interesse an "Weltschöpfung", "Vorsehung", "Neuschöpfung";[89] denn das Subjekt der "Verheissung" muss konsequenterweise auch die Wirklichkeitsbegründung leisten. Der Begriff der "Schöpfung" dürfte sich zur Formulierung dieses Sachverhalts am besten eignen.

Diese Ueberlegung fortführend erklärt wieder Paulus: "Auch die Schöpfung soll von der Knechtschaft der Vergänglichkeit befreit werden zur Freiheit der Kinder Gottes.."[90] Daraus leitet sich ein weiteres Wahrheitskriterium zur Beurteilung der religiösen "Verheissung" ab: Jede Interpretation der religiösen "Verheissung", welche die konkrete Welt überspringt und die Verantwortung für diese Welt abgibt, ist verfälscht. Diese Ueberlegung ist bei Paulus exemplarisch durchgeführt an der Idee der Verantwortung auch für den Leib, nicht nur für den Geist (in Auseinandersetzung mit besonders gnostischen Theorien), denn auch der Leib harrt der Auferweckung.[91]

Fasst man diese Ueberlegungen zu den pragmatischen Wahrheitsbedingungen zusammen, ergibt sich folgendes Resultat: Die religiöse "Verheissung" ist "wahr", wenn sie Freiheit von allen versklavenden Mächten (auch Tod und Schuld) ermöglicht, echte Gemeinschaft der Menschen untereinander stiftet und ein kritisches Engagement in und Verantwortung für die Welt als "Schöpfung" gewährleistet. - Diese Wahrheitsbedingungen lassen sich aus der Struktur der religiösen Botschaft als "Verheissung" gewinnen. Die Zitate besonders aus den Briefen des Apostel Paulus hatten

---

(89) Wir verwenden diese Begriffe hier sehr unvermittelt und ungeschützt. Aber auf eine detailliertere Analyse dieser Begriffe kann verzichtet werden, da die Theologie diese Aufgabe schon ziemlich gut gelöst hat. cf. Johannes Feiner und Magnus Löhrer (Hg), Mysterium Salutis, Bd 2, Die Heilsgeschichte von Christus, Einsiedeln/Zürich/Köln 1967, 7. Kap., Die Schöpfung als bleibender Ursprung des Heils, S 440 - 558
(90) Röm 8,21
(91) cf. 1, Kor 6,13 - 14

in den vorausgehenden Erörterungen vor allem die Funktion von Belegen.(92)

Es gibt unter den Verheissungsreligionen aber auch Differenzen, welche direkter den Inhalt der Verheissung betreffen und mit den bis jetzt genannten Wahrheitskriterien nicht zu regeln sind. - So heisst es ausdrücklich in 1 Jo 4,2, dass man die falschen Propheten nach folgendem Kriterium erkennt: "Jeder Geist, der bekennt: Jesus Christus ist im Fleisch gekommen, ist aus Gott, und jeder Geist der Jesus nicht bekennt, ist nicht aus Gott." Dagegen betont der Koran: "Es geziehmt einem Menschen nicht, dass Allah ihm Schrift, Weisheit und Prophetentum geben sollte und er darauf zu den Leuten spräche: "Betet mich neben Allah an"; sondern es ziehmt zu sagen: "Vervollkommnet euch in der Schrift, die ihr ja kennt, lernt sie!"(93) - In dieser Auseinandersetzung geht es nicht mehr nur um die mehr oder weniger konsequente Ausschöpfung der Redeform "religiöse Verheissung", sondern um konkretere Inhalte, genauer genommen um die Deutung der Figur des "Vermittlers" der "Verheissung". Dass dieses Problem für Offenbarungsreligionen eine entscheidende Rolle spielen muss, leuchtet ein, wenn man bedenkt, dass die Erlösungsverheissung, die von einem völlig transzendenten Gott gegeben wird, bis zu den Menschen gelangen muss, ohne dabei verfälscht zu werden. Im Christentum wird dieses Problem so gelöst, dass der Vermittler zwischen Gott und den Menschen als "Gottmensch" dargestellt und verstanden wird: "..Das Wort (das von Anfang an bei Gott war) ist Fleisch geworden und hat unter uns gewohnt.." - Denn "niemand hat Gott je gesehen; der eingeborene Sohn, der an der Brust

---

(92) Es liessen sich auch im Islam ähnliche Belege finden, da auch er wesentlich eine eschatologische Religion ist. Allerdings dürften die Belege etwas weniger pointiert sein, da der Islam, nach dem Urteil von H.H. Schaeder ("Mohammed", in: Arabische Führergestalten, Heidelberg 1944, S 71) eine "Religion der (ethischen) Mindestforderungen" darstellt.

(93) Sure 3,80; dieses Zitat stammt aus der Auseinandersetzung Mohammeds mit den "Schriftbesitzern" (Juden und Christen) und betrifft die Beurteilung der Person Jesu durch die Christen. cf. auch Sure 3,60

des Vaters ruht, der hat Kunde gebracht."(94) - Der Islam empfindet die christliche "Lösung" als Verunglimpfung Allahs und seiner Souveränität und Heiligkeit,(95) und er droht den Christen, die "Gott einen Gesellen gaben", dass sie dafür beim letzten Gericht schwere Strafen zu erwarten hätten.(96) Für Mohammed besteht die Offenbarung Allahs in der Uebergabe der Schrift an Gesandte (Propheten), die er "hierzu erwählt, wenn er gerade will."(97) Vom Koran wird angenommen, dass er eine Niederschrift des "Urkorans" sei, "niedergeschrieben auf der im Himmel aufbewahrten Tafel",(98) und dass der Engel Gabriel dem Propheten Mohammed die Offenbarung gebracht habe.(99)

Diese je verschiedene Gestaltung des "Vermittlers" der "Verheissung" im Christentum (durch den "Gottmenschen") und im Islam (durch von Allah mit der Schrift beschenkte Menschen) beruht auf zwei verschiedenen Vorstellungen vom "Heil" oder der "Erlösung". Während das Christentum als eschatologische Gabe auf eine "Vergöttlichung" des Menschen hofft,(100) sieht der Islam die Vollendung eher im Eingehen in einen paradiesischen Zustand,

---

(94) Jo 1,14 + 18; ganz ähnlich auch Paulus: "Uns hat es Gott geoffenbart durch den Geist; denn der Geist erforscht alles, auch die Tiefen Gottes; denn wer bei den Menschen weiss, was im Menschen ist, ausser der Geist des Menschen, der in ihm ist? So hat auch keiner erkannt, was in Gott ist, als der Geist Gottes. Wir aber haben nicht den Geist der Welt empfangen, sondern den Geist, der aus Gott ist, damit wir wissen, was uns von Gott geschenkt worden ist...Denn wer hat des Herrn Sinn erkannt, dass er ihn unterweise? Wir haben Christi Sinn.." (1 Kor 2,10 - 12; 16)
(95) Sure 19,88 - 93
(96) Sure 3,187
(97) Sure 3,180
(98) Sure 85,23
(99) cf. Sure 53,6 - 12; ebenfalls Sure 18,106 f: "Den Koran haben wir in Wahrheit offenbart, und in Wahrheit ist er herabgekommen. Dich aber haben wir nur geschickt, um Gutes zu verkünden und Strafen anzudrohen. Den Koran haben wir deshalb in Abteilungen geteilt, damit du ihn den Menschen mit Bedächtigkeit (Stück für Stück) vorliest. Wir haben ihn so nach und nach herabgesandt."
(100) cf. Röm 8,16 f: "Und er selbst, Gottes Geist, bezeugt

der eine Verbesserung des gegenwärtigen Zustandes ist.[101] - Beide Religionen beanspruchen für ihre Vorstellungen die alleinige Wahrheit. Der Erweis der Wahrheit wird von beiden aufgrund der alten jüdischen Texte geführt, jedoch nach einem je verschiedenen Schema: Für den Islam geht es darum die immer gleiche Offenbarung Allahs, die schon an die Väter Abraham, Isaak, Jakob, Mose und die Propheten ergangen war, neu zu verkünden.[102] Das Christentum dagegen versteht die Offenbarung in Jesus nicht nur als Klärung des Vorausgegangenen, sondern als Ueberhöhung und unabschliessbare Ueberbietung.[103] - Die Frage, welches der beiden Schemata das wahrere bzw. welches der beiden Blickwinkel der adäquatere sei, kann hier ausgeklammert bleiben, weil diese Frage Thema der Apologetik ist. - Für das inhaltliche Wahrheitsverständnis von Offenbarungsreligionen ergibt der Vergleich zwischen Christentum und Islam, dass die "Wahrheit" der religiösen "Verheissung" in doppelter Hinsicht relativ ist: Abhängig nämlich vom Rezeptionsschema,

---

    unserem Geist, dass wir Kinder Gottes sind. Wenn wir aber seine Kinder sind, so sind wir auch Erben, und zwar Erben Gottes als Miterben Christi.."
(101) "Für die Gottesfürchtigen aber ist ein Ort der Seligkeit bereitet, mit Bäumen und Weinreben bepflanzt, und sie finden dort Jungfrauen mit schwellenden Busen und gleichen Alters mit ihnen und vollgefüllte Becher. Weder eitles Geschwätz noch Lüge werden sie dort hören. Dies ist die Belohnung von deinem Herrn..: vom Allerbarmer. (Sure 78,32 - 39).
(102) "Er offenbarte dir die Schrift mit der Wahrheit und bestätigte hiermit sein schon früher gesandtes Wort. Er offenbarte schon vorher die Thora und das Evangelium als Richtschnur für die Menschheit, und nun offenbarte er die Unterscheidung (den Koran). (Sure 3,4); zur Erläuterung des Begriffs "Unterscheidung" siehe Sure 2,214: "Einst hatten die Menschen nur einen Glauben; später (als sie sich spalteten) sandte Allah ihnen Propheten, Heil zu verkünden und mahnend Strafen anzudrohen; durch sie offenbarte er in Wahrheit die Schrift (Koran), um die Streitpunkte unter den Menschen zu entscheiden.."
(103) Hier ein entsprechendes Zitat: "Nachdem auf mannigfaltige Weise dereinst Gott zu unsern Vätern gesprochen hatte durch die Propheten, sprach er am Ende dieser Tage zu uns durch seinen Sohn, den er eingesetzt hat zum Erben des Alls, durch den er auch schuf die Welten..." (Hebr 1,1 f).

unter dem die traditionellen Texte betrachtet und in welches sie
eingearbeitet werden, und abhängig von der "Wahrheit" der traditionellen, meist mythischen Texte, welche durch die "Verheissung" überboten und auf neue Art in Dienst genommen werden.[104]
Das Rezeptionsschema selber muss als Leistung eines Einzelnen -
Jesus' bzw. Mohammeds gewertet werden. Die Ueberzeugungskraft
eines solchen schöpferischen Interpretationsvorschlags ist zu
einem grossen Teil abhängig von der Glaubwürdigkeit des Propheten bzw. Religionsstifters. Die einschlägigen Texte sowohl im
Christentum, wie im Islam geben das deutlich zu verstehen. So
etwa wird von Jesus erzählt: "Die Leute waren bestürzt über seine Lehre; denn er lehrte sie in göttlicher Vollmacht und nicht
wie die Schriftgelehrten."[105] Und Mohammed versucht den Beweis
seiner göttlichen Sendung mit den folgenden Worten zu erbringen:
"Wenn es Allah anders gefallen hätte, so hätte ich ihn (den Koran)
euch nicht vorgelesen und euch nicht durch ihn gelehrt. Ich habe
ja einen grossen Zeitraum vor der Offenbarung unter euch zugebracht, seht ihr das denn nicht ein?"[106] - Neben der persönlichen Ueberzeugungskraft des einzelnen Propheten spielen bei der
Annahme einer religiösen "Verheissung" noch andere Faktoren mit,
wie psychologisch kluges Vorgehen, zeitgeschichtliche Faktoren
und Einflüsse, latente Erwartungen usw.

Für Offenbarungsreligionen stellt sich die Frage der
"Wahrheit" noch auf einer weiteren Ebene, nämlich als Frage nach
der Rechtfertigung der Einführung der "Verheissung" als neuer
Redeform im religiösen Kontext. In Frage gestellt wird dieser
Schritt vom Buddhismus (wenigstens in der Form des "kleinen Fahrzeugs"), der ihn für sich selber ablehnt, obwohl er die Grenzen
des "mythischen Berichts" erkannt und darüber auch reflektiert
hat (was bei andern Religionen, die auf der Stufe des "mythischen

---

(104) Zur "Wahrheitsfrage" im "mythischen Bericht" siehe
      Kapitel IX. 2. Abschnitt
(105) Mk 1,22
(106) Sure 10,17

Berichts" stehen geblieben sind, nicht ohne weiteres der Fall ist). Während die Erweiterung der religiösen narrativen Textkompetenz bis zu dieser Stufe von allen Religionen mitgemacht und als "Fortschritt" interpretiert wurde, bricht auf dieser "letzten" Stufe ein Konflikt aus, der sich nicht darauf beschränkt, einer fremden Religion vorzuwerfen: "Unsere Götter sind stärker als die euern". Vielmehr wird die Redeweise, die zur Einführung des monotheistischen Gottes der Verheissung führt, in Frage gestellt. Damit sind die monotheistischen Offenbarungsreligionen herausgefordert, ihre Ausweitung der religiösen Textkomptenz zu rechtfertigen. Innerhalb der einzelnen Offenbarungsreligionen gibt es pragmatische Wahrheitskriterien, welche eine Unterscheidung zwischen "Wahrheit" und "Lüge" bzw. Illusion gestatten. Können sich Offenbarungsreligionen - und hier dürfte vor allem das Christentum angesprochen sein, das die "religiöse Verheissung" am konsequentesten verwendet hat - auch gegen den Vorwurf verteidigen, der Schritt zur "Verheissung" sei das Produkt eines Wunschdenkens, entsprungen der Angst angesichts des entleerten mythischen Götterhimmels?[107]

Sowohl im Islam - in Anlehnung an das AT, besonders das Buch Hiob - wie vor allem im Christentum findet sich eine radikale Kritik des "Wunsches", sofern es ein Wunsch nach "billigem Trost" ist. Die bekannteste Stelle zu diesem Thema dürfte aus dem 1 Kor stammen: "Während die Juden Bestätigungen durch Zeichen fordern (zur Stütze der Botschaft) und die Griechen nach Weisheit verlangen, verkündigen wir den gekreuzigten Christus - ein Skandal für die Juden und Unsinn für die Griechen: Doch den Berufenen, Juden wie Griechen, verkündigen wir Christus als Gottes Kraft und

---

[107] In dieser expliziten Form hat der Buddhismus seine Kritik der Offenbarungsreligionen kaum artikuliert, so argumentiert eher die neuere Religionskritik, z.B. F. Nietzsche oder S. Freud. cf. P. Ricoeur, "Religion, Atheismus, Glaube", in: Hermeneutik und Psychoanalyse, aaO, S 284 - 314

Gottes Weisheit. Denn Gottes "Unsinn" ist weiser als die Menschen und Gottes "Schwäche" stärker als die Menschen."[108]
M.a.W. durch die "Verheissung" werden alle Wünsche, die nach billiger Entlastung oder kurzfristiger Tröstung aussehen, abgewiesen. Sie verweist den Menschen in seine Welt zurück, damit er sie bis zur letzten Konsequenz - dem Tod - durchlebe und verantworte. Der "Trost" besteht allein darin, dass er diesen Weg in einer "Ergebung ans Ganze" ("nicht mein, sondern dein Wille geschehe") gehen kann;[109] und d.h. nicht ohne die Hoffnung, die aus der Gewissheit erwächst, in diesem Ganzen einen Platz zu besitzen. Das musste auch Jesus erfahren, als er am Oelberg um die Befreiung aus der Todesgefahr betete.[110] Er hatte seinen Weg zu gehen bis zum Verzweiflungsruf am Kreuz. Nicht anders erging es dem Apostel Paulus, der Gott um die Befreiung von einem nicht näher bestimmten "Stachel im Fleisch" ersuchte: "Doch er hat zu mir gesagt: "Es genügt dir meine Gnade. Denn die Kraft kommt in der Schwachheit zur Vollendung.""[111] Die religiöse "Verheissung" entspringt also nicht einem Wunschdenken, das sich an der Realität vorbeimogeln möchte, sondern einem Wunsch nach Sein, der durch die Erfahrung des "Unheimlichen" geweckt wurde, und der darauf gerichtet ist, die Realität in all ihren Dimensionen mit- und ernstzunehmen.

Eigentlich erst an dieser Stelle dürfte die Kritik des Buddhismus an Offenbarungsreligionen aktuell werden, eine Kritik, welche jede Erweiterung der narrativen Textkompetenz über den "abgebrochenen Mythos" hinaus als "Wunschdenken" betrachten muss. Eine Antwort an die Adresse des Buddhismus, die hier nicht weiter entfaltet werden kann, da es primär um die Art der "Wahrheit" im "religiösen Bericht" selber geht, müsste, erstens, daraus abheben, dass die mythische Sinnkonstitution sich angesichts der

---
(108) 1 Kor 1,22 - 24
(109) P. Ricoeur, aaO, S 307
(110) cf. Mt 26,36 - 46 und par.
(111) 2 Kor 12,7 f

Verfallenheit des Menschen an Leiden, Schuld und Tod als illusorisch erweist, und dass, zweitens, der Ausweg aus der durch den "abgebrochenen Mythos" konnotierten Aporie erst in der Zukunft, und nicht vom Menschen "gefunden" werden kann. - Um diesen Sachverhalt zu formulieren bietet die Sprache nur die Form der "Verheissung" an.[112] Daraus folgt: Wenn Resignation, Pessimismus und Kapitulation vor dem Faktischen und seinem Zwang überwunden werden sollen, d.h. wenn Sinnkonstitution über den Mythos hinaus gesucht wird, dann kann sie nur die Form der "Verheissung" annehmen. Und das bedeutet weiter, dass die religiöse Rede den "gnädigen Gott" als Subjekt der religiösen "Verheissung" einführen muss. - Es scheint, dass der Buddhismus in einigen seiner Formen die Konsequenz aus seiner Zurückweisung der religiösen "Verheissung" gezogen und dementsprechend einen Weg der "Resignation" angesichts der Welt und des Lebens gewählt hat. Die Wahl dieses Weges wird begründet durch die Einsicht eines Weisen, des erleuchteten Buddha. Das ist seine letzte Begründung und der Ausweis seiner "Wahrheit".

Der Buddhismus hat die Theorie seines Gründers in der religiösen Praxis allerdings nicht konsequent durchgehalten. Genauer gesagt, der Buddhismus erschöpft sich nicht in der Spekulation um die Aporie, die der "abgebrochene Mythos" explizit macht, und die ihn zu einer Theorie des unpersönlichen Weltgesetzes führte, sondern er füllt die Lücke, die bei theistischen Religionen durch einen persönlichen Gott ausgefüllt wird, durch die Verehrung von "göttlichen" Menschen.[113] Daneben hat der Buddhismus immer auch eine Art "Götter" (devas) gekannt, die allerdings dem Karma-Gesetz

---

(112) Das "Gebet" als Schrei der Verzweiflung aus der erlebten Aporie wird erst zum eigentlichen Gebet, wenn dieser Schrei aufgrund der "Verheissung" zu einer "Antwort des Glaubens" wird.
(113) cf. H. von Glasenapp, Buddhismus und Gottesidee; Akademie der Wissenschaften und Literatur - Abhandlungen der geistes- und sozialwissenschaftlichen Klasse, Mainz 1954, Nr. 8, S 60; ebenfalls: Mariasusai Dhavamony, "Der Buddha als Erlöser", in: Concilium (14) 1978, S 369 - 376

unterworfen sind, und dementsprechend entstehen und auch wieder vergehen.[114]

Für uns ist hier interessant, die Vergöttlichung des Buddha im Verlauf der Geschichte des Buddhismus ein Stück weit zu verfolgen, um die innere Dynamik feststellen zu können, welche den Buddhismus zu Aeusserungen und Anschauungen getrieben hat, die von seinen ursprünglichen Thesen sehr weit abweichen. Da H.von Glasenapp diese Entwicklung sehr gut dargestellt hat, sei auf seine Arbeit verwiesen, aus der wir zur Illustration einige Feststellungen entnehmen.[115]

Nach Anschauung des Urbuddhismus und vor allem der Schulen des "Kleinen Fahrzeugs" (Hinayâna), die dem Urbuddhismus ziemlich nahe stehen,[116] ist der Buddha ein Uebermensch, aber kein Gott, kein "Deva", eher ein "Anti-deva", eine Art "Uebergott",[117] weil er durch sein Eingehen ins Nirvâna die Götter (devas) hinter sich gelassen hat. Er ist, wie er selbst einmal gesagt haben soll, "nur die schöne Lotusblume, die aus dem Sumpf der Welt hervorgewachsen ist und dann über sie herausragt."[118] - Da Buddha aber ins Nirvâna eingegangen und völlig "erloschen" ist, kann er keine Gnaden erweisen und auch keine Ehrenbezeugungen von seinen Verehrern annehmen, obwohl er verehrt wird. Aber dieser alte Kultus geht von einer "Als-ob-Vorstellung" aus; vonseiten des Buddha wird keine Reaktion erwartet; der Kult soll eher dazu anregen, sich geistig mit der Lehre des "Erleuchteten" auseinanderzusetzen. Buddha ist nun einfach der Wegweiser, der durch seine einmal gegebene Lehre den Weg zum Nirvâna weist, den aber jeder einzelne selber und allein gehen muss. Nach dem Hinayâna ist Sâkyamuni (= Name des historischen Buddha) sowohl in geistiger wie ethischer Hinsicht das vollkommenste Wesen; aber es wird weder seine

---

(114) cf. aaO, 1. Kapitel, Die vergänglichen Götter.
(115) aaO, 4. Kapitel
(116) zur Geschichte dieser Richtung des Buddhismus siehe
       A. Bareau, aaO, S 69 - 77
(117) cf. H.von Glasenapp, aaO, S 61
(118) aaO, S 71

Einmaligkeit behauptet (wie beim theistischen Gott) noch kommt diesem Sonderwesen die Allmacht zu, die den Gott der Theisten auszeichnet.

Die Neigung, den Buddha schon während seiner historischen Lebenszeit über alles Irdische hinauszuheben und ihn ganz in überirdische, transzendente Sphären zu entrücken, erscheint schon in späteren Hinayâna-Werken und wird im Mahâyâna (dem "Grossen Fahrzeug")[119] übermächtig. Da erscheint Sâkyamuni nun tatsächlich als ein überirdisches Wesen, das in einer Fülle von Wundern und Mirakeln seine Macht erweist. Ja, seine irdische Existenz wird als von ihm gewirkter Schein interpretiert, den er in Szene setzt, um die Menschen zu bekehren. Als Lebender (und nicht im Nirvâna "Verlöschter") hat Buddha selbstverständlich auch die Möglichkeit, die Frommen, die sich an ihn wenden, zu begnadigen, ihnen in angepasster Form den "Nektar seiner Lehre" zu verteilen und ihnen in ihrer Bedrängnis hilfreiche Geister zu senden. - Sehr berühmt geworden (berühmter als Sâkyamuni) ist im Mahâyâna der Buddha Amitâbha, der lange Zeit hindurch als Bodhisattva (= als Kandidat für die Buddhaschaft, auf die er aber sehr lange Zeit verzichtet hat, um noch aktiv für die Menschen wirken zu können) zum Wohle aller Lebewesen gewirkt habe und schliesslich durch seine Tugendverdienste das glückliche Land Sukhavatî (eine Art "Paradies im Westen") geschaffen habe, wo er jetzt wohne und predige und alle aufnehme, die sich in der Todesstunde vertrauensvoll an ihn wendeten, und in diesem Paradies mühelos zum Nirvâna heranreifen könnten. So kann man denn zusammenfassend feststellen: Auch wenn Buddha in der Theorie des Mahâyana etwas anderes ist als der Gott der Theisten (er ist weder Weltschöpfer noch Richter), "in der religiösen Praxis und in

---

(119) Es handelt sich um eine Neuorientierung des Buddhismus, die um die Wende der Zeitrechnung entstanden sein dürfte, und die den elitären, abstrakten und etwas passivistisch-weltfremden Charakter des alten Buddhismus überwindet. cf. A. Bareau, aaO, S 120 - 172; ebenfalls H.v.Glasenapp, aaO, S 72 - 78

dem ganzen Gefühlsgehalt des Lotusbuches (gemeint ist das grosse
Mahâyâna Werk "Saddharma-pundarîka" = Lotus des guten Gesetzes")
berührt er sich aber unzweifelhaft mit machen Zügen eines gnädigen "Vaters im Himmel", der den Menschen in ihren Nöten beisteht."[120]

Die volle Ausbildung der Lehre von dem "gütigen Erbarmer" findet aber erst in China und Japan statt.[121] In den japanischen Jôdo- und Shin-Schulen wird der Amitâbha zum zentralen Buddha, um den sich alles dreht. Er ist das Unendliche schlechthin, die letzte, einzige, unfassbare Realität: "Das unendliche Licht, das unermessliche Leben, der Spender von Erkenntnis und Liebe. Von einem theistischen Gott ist er lediglich dadurch unterschieden, dass er die Welt der Leiden nicht ins Dasein gerufen hat.

Der Buddha des "Diamant-Fahrzeugs" (Vajrayâna)[122] wird meist Vajrasattva genannt. Man versieht ihn praktisch mit den gleichen Attributen, wie sie einen theistischen Weltherrn auszeichnen: Er ist nicht nur unentstanden und unvergänglich, allgegenwärtig, alldurchdringlich, sondern auch der Schöpfer und Zerstörer der Welt, eben der Weltherr, der "Ur-Buddha".[123]

Dieser kurze historische Ueberblick zur Entwicklung des Buddhismus sagt - für sich allein genommen - noch nicht viel. Soll man diese Entwicklung hin zum Theismus interpretieren als Degeneration, Verwässerung und Verfälschung einer ursprünglichen Einsicht, oder bedeutet sie eher die Korrektur einer extrem intellaktualistischen, gnostischen Metaphysik.[124] Die Tatsache,

---

(120) cf. aaO, S 74
(121) cf. aaO, S 81 f
(122) Es handelt sich beim "Diamant-Fahrzeug" um eine geistige Strömung des Spätbuddhismus, um die Mitte des 1. Jahrtausends n.Chr. aus dem Mahâyâna hervorgewachsen - oft auch Tantrismus genannt. cf. A. Bareau, aaO, S 173 - 187
(123) cf. H.v. Glasenapp, aaO, S 84 f
(124) Dass die Entwicklung in Richtung auf den Theismus unter dem Einfluss verschiedener theistischer Religionen vor sich gegangen ist, wie Glasenapp nicht müde wird zu betonen, hat an sich nicht viel zu bedeuten, da der Buddhismus ja auch

dass das Hinayâna neben vielen andern, eher theistisch orientierten Sekten bis heute weiterbesteht, macht die Beurteilung nur noch schwieriger. Allerdings scheint sicher zu sein, dass das Mahâyâna, das die Bewegung zum Theismus in die Wege geleitet hat, unter dem Einfluss der Volks- und Laienfrömmigkeit entstanden ist,[125] als eine Religion, die auch im aktiven politischen, wirtschaftlichen, kurz "weltlichen" Leben verwirklicht werden kann. Und ebenfalls scheint diese Tendenzwende dafür verantwortlich zu sein, dass der Buddhismus zu einer Volks- und Weltreligion geworden ist.[126] Zwar kann man nicht ohne Reserven das Prinzip akzeptieren, dass der Erfolg einer Religion Kriterium ihrer "Richtigkeit" sei. Aber in unserem Fall, wo es um die fundamentalste Alternative geht, nämlich die zwischen Theismus und A-Theismus, kann der "Erfolg" als Indiz der praktischen Möglichkeit vs Unmöglichkeit dieses bestimmten Verhaltens gewertet werden.

Nachdem die Frage des Wahrheitsanspruchs in Verheissungsreligionen entfaltet worden ist, ist es auch möglich, den Ausdruck "religiöse Erkenntnis", bzw. "religiöses Wissen" der in der Religionsphilosophie häufig verwendet wird, näher zu bestimmen. Damit kann im Zusammenhang von Verheissungsreligionen nur gemeint sein, dass (1) die "Verheissung" verstanden werden kann, und dass dieses Verstehen eine ganz bestimmte Art von Lebensorientierung und Lebenshaltung bewirkt, welche ohne dieses Verstehen nicht möglich wäre, und dass (2) der Entscheid zur Proklamation der oder zum Glauben an die religiöse "Verheissung" nicht blind, sondern "begründet" gefallen sei. Die Art und Weise einer solchen Begründung, wie auch die Kriterien, die dabei zur Anwendung kommen, wurden oben - wenigstens für das Christentum - kurz dargestellt. - In einem ähnlichen Sinn gelten dann auch die Präsuppo-

---

      aus dem frühern Hinduismus, der eher theistisch genannt
      werden kann, entstanden ist und eigentlich in Absetzung
      von ihm seine Ueberlegenheit zu erweisen hätte.
(125) cf. A. Bareau, aaO, S 121
(126) cf. H.v.Glasenapp, Die fünf Weltreligionen, aaO, S 89

sitionen der religiösen "Verheissung" als begründet. Die Ausfaltung dieser Präsuppositionen durch das Integrieren von Mythen in das Schema der religiösen "Verheissung" - indem z.B. ein Schöpfungsmythos mit dem Subjekt der "Verheissung" verbunden wird - nennt man oft auch noch "religiöse Erkenntnis" oder "Wissen". Es braucht kaum betont zu werden, dass wir es hier - im Vergleich zum Wissen des Augenzeugen - mit einer besonderen und "abgeleiteten" Art von "Wissen" zu tun haben. Aber insofern der Glaubende aufgrund der verstandenen religiösen "Verheissung" sein Handeln und Leben ausrichtet, ist die Rede von "Wissen" auch in diesem Zusammenhang noch irgendwie gerechtfertigt.

Vergleicht man dieses "religiöse Wissen" mit dem wissenschaftlichen Wissen, das Ayer als Norm für seine Kritik an den Religionen angesetzt hatte, dann muss man ohne weiteres zugeben: wissenschaftliches Wissen gibt es in den Religionen nicht. Aber das ist ein Truismus. Das heisst jedoch nicht, dass innerhalb einer Religion (und Religionen überhaupt) eine Kontrolle der Aeusserungen bzw. Erzählungen nicht möglich sei. Die vorausgegangenen Ueberlegungen haben das Gegenteil erwiesen: Jede Religion kennt Kriterien für eine Unterscheidung zwischen "wahr" und "falsch" bzw. besser "gültig" und "ungültig". Nur sind diese Kriterien vielfältig (teils formaler, besonders aber pragmatischer Art) und verschieden von den Kriterien einer wie immer verstandenen empirischen Verifikation. - Wenn nun Ayer den Ausdruck "wissen" den bestätigten Aussagen der Wissenschaften reserviert und nur in diesem Zusammenhang die Prädikate "wahr" und "falsch" erlauben will, dann hat er sich auf diese Redeweise festgelegt. Auf den alltäglichen Sprachgebrauch kann er sich dabei nur sehr beschränkt berufen. Und vor allem ist diese Definition von "wissen" und "wahr" ungeeignet für eine Analyse religiöser Rede.

Zum Abschluss dieses Kapitels sei, wenigstens kurz auf die Frage nach der Existenz Gottes eingegangen. Es wurde schon ausgeführt, wie die konsistente Formulierung der religiösen

"Verheissung" zur Einführung eines Subjekts dieser Verheissung, nämlich "Gottes" zwinge. Existiert nun dieser Gott? Diese Frage galt lange Zeit als die Grundfrage der rationalen Theologie. Erst die Diskussion um den Status des "Existenz-Prädikates" brachte die Problematik dieser Frage voll zutage. Nach den Ausführungen im II. Kapitel dürfte es aber deutlich geworden sein, dass von "existiert" und "Existenz" nicht unabhängig von der Art des "Sprachspiels" gesprochen werden kann, in welchem der betreffende Begriff - hier "Gott" - eine Rolle spielt. Unter ontologischem Aspekt, so hat es sich oben ergeben, hat die religiöse "Verheissung" die Gründung und Begründung der Wirklichkeit als "Schöpfung" zu leisten durch die Konstitution des Subjekts der "Verheissung" als "Schöpfer". Deshalb gilt: Wenn die Einführung des "religiösen Berichts" als "Verheissung" gerechtfertigt ist, dann stellt sich die Frage der "Existenz" für das Subjekt der "Verheissung" gar nicht mehr. Dann kann man wirklich mit einer Erzählung der Chassidim argumentieren, die von einem Gespräch mit einem Rabbi berichtet: "Ich gebe dir einen Gulden, wenn du mir sagst, wo Gott wohnt." - "Und ich gebe dir zwei Gulden, wenn du mir sagst, wo er nicht wohnt".[127] Oder man könnte auch mit dem Wortspiel antworten: "Gott gibt es nicht, sondern Gott gibt."

Mit diesen Ausführungen, die oft mehr andeutenden Bemerkungen glichen, soll das Kapitel beschlossen werden, nicht weil alles gesagt wäre, sondern weil der beabsichtigte Gedankengang in seinen wesentlichen Punkten durchgezogen ist. Die "Feinarbeit" kann im Zusammenhang dieses Entwurfs nicht geleistet werden.

---

(127) Martin Buber, Werke Bd 3, Schriften zum Chassidismus, München/Heidelberg 1963, S 695

Nachwort

"Wir möchten feststellen, dass es keine religiösen Wahrheiten geben kann...", so hatte Ayer seine kritischen religionsphilosophischen Ueberlegungen zusammengefasst.[1] Dieser These widersprechen - wenigstens auf den ersten Blick - religiöse Aeusserungen wie etwa das Petrusbekenntnis: "Wir haben geglaubt und erkannt, dass du der Heilige Gottes bist."[2] Denn mit solchen und ähnlichen Aeusserungen wird vom Vertreter der Religion ein "Wissen" in Anspruch genommen. Und unkritische Positionen versuchten dieses "Wissen" gegenüber wissenschaftlichen Erkenntnissen zu verteidigen. Im Widerstreit der Meinungen zu diesem Punkt hatte L.Wittgenstein schon früh darauf aufmerksam gemacht, dass die durch Ayer initiierte Diskussion am Kern der Sache vorbeigehe, weil nicht beachtet werde, dass wir "im religiösen Gespräch...Ausdrücke...auf eine andere Weise (gebrauchen) als in der Wissenschaft.."[3] - In neuerer Zeit hat man sich dieses Votums erinnert und die Frage des Erkenntnisanspruchs mit einer Analyse des bzw. der religiösen "Sprachspiele" verbunden.[4] Die hier durchgeführte Untersuchung bewegt sich im Rahmen dieser neuern Entwicklung der sprachanalytischen Religionsphilosophie.

Weiter verdankt diese Arbeit wesentliche Impulse den neuesten Forschungen auf dem Gebiet der Textwissenschaft, besonders der Erzähltextforschung und - auf theologischem Gebiet - der sogenannten "narrativen Theologie".[5]

---

(1) Sprache, Wahrheit und Logik, aaO, S 156
(2) Jo 6,69
(3) Vorlesungen und Gespräche über Aesthetik, Psychologie und Religion, aaO, S 92
(4) cf. u.a. Ignace D'hert, Wittgenstein's relevance for theology, Bern 1975
- Mary-I. Mananzan, The Language-Game of Confessing one's Belief, Tübingen 1974
- W.A. de Pater, Theologische Sprachlogik, München 1971
- ders. Reden von Gott, Bonn 1974
- I.T. Ramsey, Religious Language, London 1973 (3) (1957)
(5) Der bedeutendste Vertreter der "narrativen Theologie" ist wohl J.-B. Metz; cf. jetzt sein neuestes Buch "Glaube in Geschichte und Gesellschaft", Mainz 1977.

Endlich geht die Arbeit von der religionsphänomenologisch relativ gesicherten Feststellung aus, dass religiöse Aeusserungen (und Religion überhaupt) durch die Erfahrung des "Numinosen" oder "Heiligen" o.ä. motiviert sind und dessen sprachlich artikulierte Gestaltungen darstellen.

Wenn im Untertitel ausdrücklich festgestellt wird, dass es sich nur um "erste Schritte" in der Bestimmung des kognitiven Gehalts religiöser Aeusserungen handeln könne, dann vor allem aus den folgenden Gründen:

1. Es ist sehr schwierig, aus der Menge der wirklichen und möglichen Texte den Teilbereich "religiöser Texte" auszugrenzen, vor allem wenn man diese Ausgrenzung so allgemein vollziehen möchte, dass die wesentlichen Aeusserungen aller Religionen dabei erfasst werden. Diese Aufgabe muss aber angegangen werden, wenn man der Meinung ist, es sei sinnvoll von "Religion" überhaupt zu sprechen - was Religionsphilosophie und Religionswissenschaften immer getan haben - und nicht nur von den einzelnen konkreten Religionen. - Das IV. Kapitel hatte sich dieser Aufgabe gestellt. Aber das Ergebnis ist nur halbwegs befriedigend, weil nicht angegeben werden konnte, welche Merkmale bzw. Merkmalskonjunktionen für eine religiöse Aeusserung wesentlich sind und welche eher zufällig.

2. Die Ergebnisse der Textwissenschaft und der Erzählforschung, auf welche verschiedentlich rekurriert wurde, sind in vielen Fällen recht unsicher und gleichen oft eher spekulativen Konstruktionen als gesicherten Theorien. Wenn diese Ergebnisse dennoch berücksichtigt werden, dann deshalb, weil sie im gegenwärtigen Stadium des "Nicht-Wissens" m.E. als plausible und anregende Vorschläge ernst genommen werden können.

3. Die herausgestellten Erzählformen, in denen sich der verstehbare Gehalt von Religionen artikuliert, sind als stark idealisierte Modelle zu sehen. Tritt man mit diesen Modellen

wieder an die konkreten religiösen Erzähltexte heran (aus
denen sie durch Abstraktion und Konstruktion gewonnen wurden), ist es nicht immer leicht, diese Texte einzuordnen;
denn der kompetente religiöse Sprecher verwendet diese Textformen kaum je rein, sondern meist in mehrfacher Ueberlagerung. M.a.W. der zur Einordnung der Texte gewählte Raster
bleibt relativ pauschal und wenig differenziert, sodass viele Feinheiten der Texte nicht berücksichtigt werden können.
4. Das hat weiter zur Folge, dass auch die Bestimmung des Gehalts der religiösen Erzählungen schematisch bleibt. Es wird
jeweils nur gesagt, was mittels einer bestimmten Erzählform
an Gehalt grundsätzlich vermittelt wird bzw. vermittelt werden kann, und der ganze Bereich der Konnotationen, der durch
die Ueberlagerungen der Textformen entsteht, bleibt praktisch
ausgeblendet.

Trotz dieser Einschränkungen, die ehrlicherweise gemacht
werden müssen, bleibt als wesentliches Ergebnis der vorliegenden
Untersuchung, (1) dass die für die Bestimmung des kognitiven Gehalts religiöser Aeusserungen relevanten Aussagen in den Kontext
narrativer Textformen gestellt werden, und dass erst dadurch die
Voraussetzungen für ein adäquates Verstehen dieser Aeusserungen
geschaffen werden, (2) dass die "Bedeutung" der verschiedenen wich-
tigen narrativen Textformen in ihren wesentlichen Zügen herausgearbeitet wird, und (3) dass der mögliche Zusammenhang dieser Textformen untereinander berücksichtigt wird, sodass sich erste Züge
eines Systems der wesentlichen narrativen Textformen in den Religionen abzeichnen.

Mit dieser Arbeit sollen andere Untersuchungen, welche
Einzelfragen zum Thema haben, wie Analysen bestimmter Sprechakte
oder Untersuchungen zu Wortverwendungen u.ä., nicht abgewertet
werden. Es wird nur betont, dass solche Untersuchungen durch
Analysen des Textzusammenhangs, in welchem Einzeläusserungen

und Worte stehen, unbedingt zu ergänzen sind. - Es ist zu hoffen, dass weitere Untersuchungen eine Differenzierung der Erzählformen erbringen, damit die "fundamentalistischen" Missverständnisse im Zusammenhang mit religiöser Rede endlich überwunden werden können.

Zum Schluss sei nochmals hervorgehoben, dass diese Arbeit keine apologetischen Ziele verfolgt. Es wird einfach gefragt: Was können die Vertreter von Religionen meinen, wenn sie so reden, wie man es in religiösen Texten dokumentiert findet. Die Antwort auf diese Frage wird gesucht über eine Analyse der narrativen Textformen, die in religiösen Texten hauptsächlich realisiert werden. Wem das zuwenig ist, der soll bedenken, dass man nicht etwas "verteidigen" kann, wenn man nicht zuvor geklärt hat, was denn eigentlich verteidigt werden soll. - Diesen ersten Schritt versuchten wir hier zu tun.

ANHANG

Verzeichnis der Abkürzungen

AT	Altes Testament
NT	Neues Testament
LB	Linguistica Biblica. Interdisziplinäre Zeitschrift für Theologie und und Linguistik, Bonn; herausgegeben von Erhardt Güttgemanns.

Apg	Apostelgeschichte
Apk	Offenbarung des Johannes
Dtn	Buch Deuteronomium
Eph	Epheserbrief
Ex	Buch Exodus
Ez	Prophet Ezechiel
Gal	Galaterbrief
Gen	Buch Genesis
Jer	Prophet Jeremia
Jes	Prophet Jesaja
Jo	Johannesevangelium
Job	Buch Job
Jos	Buch Josua
1 Kor/2 Kor	1./2. Korintherbrief
Lev	Buch Levitikus
Lk	Lukasevangelium
Mk	Markusevangelium
Mt	Mattäusevangelium
1 Petr/2 Petr	1./2. Petrusbrief
Phil	Philipperbrief
Ps	Psalm
Ri	Buch der Richter
Röm	Römerbrief
1 Sam/2 Sam	1./2. Buch Samuel
1 Tim/2 Tim	1./2. Timotheusbrief

Alphabetisches Literaturverzeichnis

Achinstein, P.	Concepts of Science. A Philosophical Analysis, Baltimore/Maryland 1968
Alston, W.P.	"The Ontological Argument Revisited", in: The Philosophical Review, Vol LXIX (1960), S 452 - 474
Awander, A.	Die Religionen der Menschheit, Freiburg i Br 1949 (2)
Aristoteles	Poetik, übersetzt von Schoenherr, W.; bearb. von Schmidt, E.G., Leipzig 1972
Arrivé, M.	"Zu einer Theorie der poly-isotopen Texte", in: Brüttig, R./Zimmermann B. (Hg), Theorie - Literatur - Praxis, Frankfurt a M 1975
Ayer, A.J.	Language, Truth and Logic, London 1974 (2) (1936) deutsch: Sprache, Wahrheit, Logik, Stuttgart 1970
ders.	The Problem of Knowledge, London 1956
ders.	Metaphysics and Common Sense, London 1967
ders.	Probability and Evidence, London 1972
Bareau, A.	Der indische Buddhismus, Stuttgart 1964
ders.	"Die Erfahrungen des Leidens und der menschlichen Lebensbedingungen im Buddhismus", in: Concilium (14) 1978, S 348 - 352
Barthes, R.	"Introduction à l'analyse structurale des récits", in Communications 8 (1966), S 1 - 27
ders.	Mythen des Alltags, Frankfurt a M 1974 (3)
Baumgartner, H.M.	Kontinuität und Geschichte, Frankfurt a M 1972
Baumgartner, H.M./ Rüsen, J. (Hg)	Seminar: Geschichte und Theorie, Frankfurt a M 1976

Beckwith, M.	Hawaiian Mythology, New Haven 1940
Bidney, D.	"Ernst Cassirers Stellung in der Geschichte der philosophischen Anthropologie", in: Schilpp, P.A. (Hg), Ernst Cassirer, Stuttgart/Berlin/Köln/Mainz 1949
Biser, E.	Theologische Sprachtheorie und Hermeneutik, München 1970
Black, M.	Models and Metaphors, Ithaca/New York 1962
Blanché, R.	Structures intellectuelles, Paris 1966
Bleeker, C.J.	"The Key Word of Religion", in: ders. The Sacred Bridge, Leiden 1963
Blumenberg, H.	"Paradigmen zu einer Metaphorologie", in: Archiv für Begriffsgeschichte (6) 1960
ders.	"Wirklichkeitsbegriff und Wirklichkeitspotential des Mythos", in: Fuhrmann, M. (Hg), Terror und Spiel, München 1971
Bocheński, J.M.	Logik der Religion, Köln 1968
Bocheński, J./ Menne	Grundriss der Logistik, Paderborn 1965
Bodensohn, A.	Zwischen Glaube und Verhängnis. Zur Gattungs- und Wesensbestimmung der europäischen Volkssage mit einem didaktischen Ausblick, Frankfurt a M 1969
Böckle, F.	Fundamentalmoral, München 1977
Boyd, J.W.	"Der Pfad der Befreiung vom Leid im Buddhismus", in: Concilium (14) 1978, S 352 - 358
Braithwaite, R.B.	"An Empiricist's View of the Nature of Religious Belief", in: Mitchell, B. (Hg), The Philosophy of Religion, Oxford 1971, S 72 - 91

Breymayer, R.	"Vladimir Jakovlevic Propp (1895 - 1970). Leben, Wirken und Bedeutsamkeit", in: Linguistica Biblica 15/16 (1972), S 36 - 66
ders.	"Bibliographie zum Werk Vladimir Jakovlevic Propps und zur strukturalen Erzählforschung", in: Linguistica Biblica 15/16 (1972), S 67 - 77
Bremond, C.	"Le message narratif", in Communications 4 (1964) S 4 - 32; "Die Erzählnachricht", in: Ihwe, J. (Hg), Literaturwissenschaft und Linguistik, Bd 3, Frankfurt a M 1972
ders.	"La logique des possibles narratifs", in: Communications 8 (1966), S 60 - 76
Brinton, D.	The Myths of the New World. A Treatise on the Symbolism and Mythology of the Red Race of America, New York 1868
Buber, M.	Schriften zum Chassidismus, Werke Bd 3, München/Heidelberg 1963
Bunge, M.	"Concepts of Model", in: ders. Method, Model and Matter, Dortrecht/Boston 1973
ders.	Semantics II. Interpretation and Truth, Dortrecht 1974
Buren, P. van	The Edges of Language, London 1972
Cassirer, E.	Philosophie der symbolischen Formen, Bd 1-3, Darmstadt 1964 (4) (Berlin 1923 - 29)
Chabrol, C./ Marin, L. (Hg)	Erzählende Semiotik nach Berichten der Bibel, München 1973
Chomsky, N.	Aspekte der Syntaxtheorie, Frankfurt a M 1970
ders.	Sprache und Geist, Frankfurt a M 1972
Collingwood, R.G.	The Idea of History, London/Oxford/New York 1970 (1946)
Colpe, C. (Hg)	Die Diskussion um das "Heilige", Darmstadt 1977
Coseriu, E.	"Lexikalische Solidaritäten", in: Kallmeyer, W. et al. (Hg), Lektürekolleg zur Textlinguistik, Bd 2: Reader, Frankfurt a M 1974

Courtès, J.	Lévi-Strauss et les contraintes de la pensée mythique, Tours 1973
Dahlke, P. (Hg)	Buddha. Die Lehre des Erhabenen, München 1966
Dalferth, J.U. (Hg)	Sprachlogik des Glaubens, München 1974
Danto, A.C.	Analytical Philosophy of History, Cambridge 1968; deutsch: Analytische Philosophie der Geschichte, Frankfurt a M 1974
Descartes, R.	Meditationes de prima philosophia, herg. von Lüder Gäbe, Hamburg 1959 (lateinisch und deutsch)
Dhavamony, M.	"Der Buddha als Erlöser", in: Concilium (14) 1978, S 369 - 376
Dijk, T.A.van/Ihwe J./Petöfi,J./Rieser, H. (Hg)	Zur Bestimmung narrativer Strukturen auf der Grundlage von Textgrammatiken, Hamburg 1972
Dilley, F.B.	Metaphysics and Religious Language, New York/London 1964
Diwald, H.	"Geschichtsbewusstsein und Selbstbehauptung", in: Kaltenbrunner, G.K. (Hg), Die Zukunft der Vergangenheit, München 1975
Dorn, E.	Der sündige Heilige in der Legende des Mittelalters, München 1967
Dumoulin, H.	"Befreiung im Buddhismus. Die frühbuddhistische Lehre in moderner Sicht", in: Concilium (14) 1978, S 359 - 363
Dupré, L.	The other Dimension New York 1972
Eco, U.	Einführung in die Semiotik, München 1972
Eliade, M.	Le Chamanisme et les techniques archaiques de l'exstase, Paris 1951
ders.	Der Mythos der ewigen Wiederkehr, Jena 1953

Eliade, M. — "La terre-mère et les hiérogamies cosmiques", in: Eranos-Jahrbuch XXII (1954), S 57 - 95

ders. — Das Heilige und das Profane, Vom Wesen des Religiöesn, Hamburg 1957

Esser, K. ofm/ Hardick, L. ofm (Hg) — Die Schriften des hl. Franziskus von Assisi, Werl/Westf. 1963 (3)

Etges, P.J. — Kritik der sprachanalytischen Theologie, Hamburg 1973

Evans, D. — The Logic of Self-Involvement. A Philosophical Study of Everyday Language with Special Reference to the Christian Use of Language about God as Creator, London 1963

Faber, K.-G. — Theorie der Geschichtswissenschaft, München 1974; 3. erw. Aufl.

Fawcett, T. — The Symbolic Language of Religion, London 1970

Feigl, H./ Maxwell, G. (Hg) — Minnesota Studies in the Philosophy of Science, Bd III, Minneapolis 1962

Feigl, H./ Sellars, W. (Hg) — Readings in Philosophical Analysis, New York 1949

Feil, E./ Weth, R. (Hg) — Diskussion zur "Theologie der Revolution", Mainz/München 1969

Feiner, J./ Löhrer, M. (Hg) — Mysterium Salutis, Bd 2: Die Heilsgeschichte vor Christus, Einsiedeln/Zürich/Köln 1967

Fellmann, F. — "Das Ende des Laplaceschen Dämons", in: Koselleck, R./Stempel, W.D. (Hg), Geschichte - Ereignis und Erzählung, München 1973

Ferré, F. — Language, Logic and God, New York 1969 (1961)

ders. — Basic Modern Philosophy of Religion, New York 1967

Findlay, J.N. — "Can God's Existence Be Disproved?", in: Flew A./MacIntyre A. (Hg), New Essays in Philosophical Theology, London/New York 1955

Flew, A./ MacIntyre A. (Hg)	New Essays in Philosophical Theology, London/New York 1955
Flew, A.	God and Philosophy, London 1974 (3)
Fontenrose, J.	The Ritual Theory of Myth, Berkeley 1966
Frazer, J.G.	Der goldene Zweig. Eine Studie über Magie und Religion, Berlin/Köln 1968
Friedrich, G. (Hg)	Theologisches Wörterbuch zum Neuen Testament (Kittel), Bd 6, Stuttgart 1959 Artikel zur Wortgruppe um "pistéuo"
Frossard, A.	Gott existiert. Ich bin ihm begegnet, Freiburg i Br 1975 (4) (1970)
Fuhrmann, M. (Hg)	Terror und Spiel. Probleme der Mythenrezeption München 1971
Gabriel, G.	Fiktion und Wahrheit. Eine semantische Theorie der Literatur, Stuttgart-Bad Cannstatt 1975
Genette, G.	"Frontières du récit", in: Communications 8 (1966)
Gerber, U./ Güttgemanns, E. (Hg)	Glauben und Grammatik. Theologisches 'Verstehen' als grammatischer Textprozess, Bonn 1973
Glasenapp, H. von	Buddhismus und Gottesidee; Akademie der Wissenschaften und der Literatur - Abhandlungen der geistes- und sozialwissenschaftlichen Klasse, Mainz 1954, Nr. 8
ders.	Die fünf Weltreligionen, Zürich 1972 (Lizenzausgabe der Ausgabe von 1963)
ders. (Hg)	Bhagavadgita. Das Lied der Gottheit, Stuttgart 1971
Godin, A.	"L'expérience en religion", in: Hörgl, Ch./Krenn, K./Rauh, F. (Hg), Wesen und Weisen der Religion, München 1969
Grabner-Haider, A.	Semiotik und Theologie, München 1973

Grabner-Haider, A.	Sprachanalyse und Religionspädagogik, Zürich/Einsiedeln/Köln 1973
Gray, B.	The Phenomenon of Literature, The Hague/Paris 1975
Greimas, A.J.	Strukturale Semantik, Braumschweig 1971, (frz. 1966)
ders.	"Eléments pour une théorie de l'interprétation du récit mythique", in: Communications 8 (1966), S 28 - 59
ders.	"Elemente einer narrativen Grammatik", in: Blumensath, H. (Hg), Strukturalismus in der Literaturwissenschaft, Köln 1970
ders.	"La mythologie comparée", in: ders. Du sens, Paris 1970
ders.	"Les jeux des contraintes sémiotiques", in: ders. Du sens, Paris 1970
Grice, H.P./ Strawson, P.F.	"On Defence of Dogma", in: Philosophical Review, Vol 65 (1956) S 141 - 158
Grosse, E.U.	"Zur Neuorientierung der Semantik bei Greimas", in: Kallmeyer, W. et al. (Hg), Lektürekolleg zur Textlinguistik, Bd 2: Reader, Frankfurt a M 1974
Guardini, R.	Von heiligen Zeichen, Mainz 1936
ders.	Religion und Offenbarung, Würzburg 1958
ders.	Unterscheidung des Christlichen, Mainz 1963
Gülich, E./ Raible, W. (Hg)	Textsorten. Differenzierungskriterien aus linguistischer Sicht, Frankfurt a M 1972
Gülich, E./ Raible, W.	"Textsorten-Probleme", in: Linguistische Probleme der Textanalyse, Jahrbuch 1973 Düsseldorf 1975
Güttgemanns, E.	"Thesen zu einer "Generativen Poetik" des Neuen Testaments", in: Linguistice Biblica 1 (1970), S 2 - 8

Güttgemanns, E.	"'Text' und 'Geschichte' als Grundkategorien der generativen Poetik", in: Linguistica Biblica 11/12 (1972), S 2 - 12
ders.	"Linguistische Analyse von Mk 16,1 - 8", in: Linguistica Biblica 11/12 (1972) S 13 - 53
ders.	"Linguistisch-literaturwissenschaftliche Grundlegung einer neutestamentlichen Theologie", in: Linguistica Biblica 13/14, (1972), S 2 - 18
ders.	"Einleitende Bemerkungen zur strukturalen Erzählforschung", in Linguistica Biblica 23/24 (1973), S 2 - 47
ders.	""Semeia" - ein Zeichen der Zeit!" Zu einer neuen "linguistischen" Zeitschrift, in: Linguistica Biblica 35 (1975), S 84 - 106
ders.	Einführung in die Textlinguistik für Textwissenschaftler, Bonn 1978
ders.	"Sensus Historisticus und Sensus Plenior oder Ueber 'historische' und 'linguistische' Methode", in: Linguistica Biblica 43 (Sept. 1978)
Gutiérrez, G.	Theologie der Befreiung, Mainz/München 1973
Handbuch der Linguistik	siehe unter Stammerjohann, H.
Hartmann, P.	"Zum Begriff des sprachlichen Zeichens", in: Zeitschrift für Phonetik, Sprachwissenschaft und Kommunikationsforschung, (21) 1968, S 205 - 222
ders.	"Texte als linguistisches Objekt", in: Stempel, W.D. (Hg), Beiträge zur Textlinguistik, München 1971
ders.	"Religiöse Texte als linguistisches Objekt", in: Gerber, U./Güttgemanns,E. (Hg), Glauben und Grammatik. Theologisches 'Verstehen' als grammatischer Textprozess, Bonn 1973
Hartshorne, Ch.	The Logic of Perfection, La Salle, Ill. 1962

Hasenfratz, H.-P.	Die Rede von der Auferstehung Christi. Ein methodologischer Versuch, Bonn 1975
Heiler, F.	Erscheinungsformen und Wesen der Religion, Stuttgart 1961
Heimbeck, R.S.	Theology and Meaning. A Critic of Metatheological Scepticisme, London 1969
Heinisch, P.	Das Buch Genesis, Bonn 1930
Henle, P.	"Uses of the Ontological Argument", in: Plantinga A. (Hg), The Ontological Argument, London 1968
Henrich, D.	Der ontologische Gottesbeweis. Sein Problem und seine Geschichte in der Neuzeit, Tübingen 1967 (2)
Hepburn, R.	Christianity and Paradox, London 1958
Hick, J.	"Religious Faith as Experiencing-as", in: Royal Institute of Philosophy Lectures (Hg), Talk of God, London 1969, S 20 - 35
ders.	Arguments for the Existence of God, London 1970
High, D.M.	Language, Persons and Belief, Oxford/New York 1967
ders. (Hg)	Sprachanalyse und religiöses Sprechen, Düsseldorf 1972
Hjelmslev, L.	Prolegomena to a Theory of Language, Madison 1963
Hörgl,Ch./Krenn,K./ Rauh,F. (Hg)	Wesen und Weisen der Religion, München 1969
Hohoff, C.	Flügel der Zeit, Deutsche Gedichte, 1900 - 1950 Frankfurt a M 1956
Ihwe, J. (Hg)	Literaturwissenschaft und Linguistik, Bd 3, Frankfurt a M 1972
Interdisziplinäres Forschungsteam	"Theologie als sprachbezogene Wissenschaft", in: Linguistica Biblica 4/5, Bonn 1971, S 7 - 37

Iser, W.	"Die Appellstruktur der Texte" in: Warning, R. (Hg), Rezeptionsästhetik, München 1975
ders.	"Die Wirklichkeit der Fiktion", in: Warning, R. (Hg), Rezeptionsästhetik, München 1975
Jakobs, R.A./ Rosenbaum, P.S.	Transformation, Stil und Bedeutung, Frankfurt a M 1973
James, W.	Varieties of Religious Experience, New Hyde Park/ New York 1963 (2. mit einem Appendix und einer Einführung von J. Ratner erw. Ausgabe)
Jolles, A.	Einfache Formen, Tübingen 1972 (4) (1930)
Jonas, F. (Hg)	Schillers Briefe, Bd 5, Berlin/Wien 1895
Jüngel, E./ Ricoeur, P.	Metapher, Zur Hermeneutik religiöser Sprache, München 1974
Jüngel, E.	Gott als Geheimnis der Welt, Tübingen 1977
Jung, C.G./ Kerényi, K.	Einführung in das Wesen der Mythologie. Gottkindmythos, Eleusinische Mysterien, Amsterdam/Leipzig 1941
Just, W.D.	Religiöse Sprache und analytische Philosophie, Stuttgart 1975
Kaempfert, M.	"Religiösität als linguistische Kategorie?", in: Linguistica Biblica 17/18, Bonn 1972
Kallmeyer,W./Klein, W./Meyer-Hermann,R./ Netzer,K./Siebert, H.J. (Hg)	Lektürekolleg zur Textlinguistik, Bd 1: Einführung, Frankfurt a M 1974
ders.	Lektürekolleg zur Textlinguistik, Bd 2: Reader, Frankfurt a M 1974
Kaltenbrunner, G.K. (Hg)	Die Zukunft der Vergangenheit, München 1975
Kant, I.	Kritik der reinen Vernunft, herg. von W. Weischedel, Wiesbaden 1956

Kerényi, K. (Hg)	Die Eröffnung des Zugangs zum Mythos, Darmstadt 1967
Kermode, F.	The Sense of Ending. Studies in the Theory of Fiction, New York/Oxford 1967
Kessler, Hans	Erlösung als Befreiung, Düsseldorf 1972
Kessler, Herbert	Das offenbare Geheimnis. Das Symbol als Wegweiser in das Unerforschliche und als angewandte Urkraft für die Lebensgestaltung, Freiburg i Br 1977
Kierkegaard, S.	Die Krankheit zum Tode, Regensburg 1954
Kirk, G.S.	Myth, Its Meaning and Functions in Acient and Other Cultures, Cambridge/Berkeley/Los Angeles 1970
ders.	The Nature of Greek Myths, Woodstock/New York 1975
Köller, W.	Semiotik und Metapher, Stuttgart 1975
Kolakowski, L.	Die Gegenwärtigkeit des Mythos, München 1973
Koran	siehe Winter, L.W. Der Koran.
Koselleck, R.	"Ereignis und Struktur", in Koselleck, R./ Stempel, W.D. (Hg), Geschichte - Ereignis und Erzählung, München 1973
Koselleck, R./ Stempel, W.D. (Hg)	Geschichte - Ereignis und Erzählung, München 1973
Krappe, A.H.	La genèse des mythes, Paris 1952
Ladrière, J.	Rede der Wissenschaft - Wort des Glaubens, München 1972
Lai, Pham hu'u	"Eine Analyse von Mt 27,57 ff", in: Recherches des sciences religieuses, 61 (1973) S 83 ff
Lamotte, E.	"La légende du Buddha", in: Revue de l'histoire des Religions (134), 1947/48, S 37 - 71
Langer, S.	Philosophie auf neuem Wege, Berlin 1965 (engl. 1942)

Leeuw, G. van der	Phänomenologie der Religion, Tübingen 1956 (2)
ders.	"Die Do-ut-des-Formel in der Opfertheorie", in: Archiv für Religionswissenschaft 20 (1920/21)
Léon-Dufour, X. (Hg)	Vocabulaire de Théologie Biblique, Paris 1966
Lévi-Strauss, Cl.	Strukturale Anthropologie, Frankfurt a M 1967
ders.	Das wilde Denken, Frankfurt a M 1973
ders.	Mythologieques I - IV, Paris 1964 - 1971 deutsch: Mythologica I - IV, Frankfurt a M 1976
Levý, J.	"Generative Poetik", in: Blumensath, H. (Hg), Strukturalismus in der Literaturwissenschaft, Köln 1972
Lévy-Bruhl, L.	Les fonctions mentales dans les sociétés inférieures, Paris 1910 deutsch: Das Denken der Naturvölker, Wien/Leipzig 1926 (2)
Lotman, J.M.	"Die Entstehung des Subjekts typologisch gesehen", in: ders. Aufsätze zur Theorie und Methodologie der Literatur und Kultur, Kronberg Taunus 1974
Lübbe, H.	Bewusstsein in Geschichten, Freiburg i Br 1972
ders.	"Was heisst: 'Das kann man nur historisch erklären?'", in: Koselleck, R./Stempel W.D. (Hg), Geschichte - Ereignis und Erzählung, München 1973
Luhmann, N.	"Weltzeit und Systemgeschichte", in: Baumgartner, H.M./Rüsen, J. (Hg), Seminar: Geschichte und Theorie, Frankfurt a M 1976
Luijpen, W.A.	Myth and Metaphysics, The Hague 1976
Maas, U./ Wunderlich, D.	Pragmatik und sprachliches Handeln, Frankfurt a M 1972

Macquarrie, J.	Gott-Rede
Würzburg 1974

Malcolm, N.	"Anselm's Ontological Arguments", in:
The Philosophical Review, Vol LXIX (1960),
S 41 - 62

Malinowski, B.	Myth in Primitive Psychology,
London 1926

Marin, L.	"Die Frauen am Grabe - Versuch einer Strukturanalyse an einem Text des Evangeliums",
in: Chabrol, C./Marin, L. (Hg), Erzählende
Semiotik nach Berichten der Bibel,
München 1973

Marquard, O.	"Zur Funktion der Mythologiephilosophie
bei Schelling", in: Fuhrmann, M. (Hg),
Terror und Spiel,
München 1971

Marten, R.	Existieren, Wahrsein und Verstehen,
Berlin 1972

Marrou, H.-I.	De la connaissance historique,
Paris 1964
deutsch: Ueber die historische Erkenntnis.
Welches ist der richtige Gebrauch der Vernunft, wenn sie sich historisch betätigt,
Freiburg i Br 1974

Martin, J.A.	Philosophische Sprachprüfung der Theologie,
München 1974 (engl. 1966)

Martinet, A.	Economie des changements phonétiques,
Bern 1955

Maslow, A.H.	Toward a Psychology of Being,
New York 1962

Metz, J.-B.	"Erlösung und Emanzipation", in: Stimmen
der Zeit (98) 1973, S 171 - 184

ders.	Artikel "Erinnerung", in: Krings, H./
Baumgartner, H.M./Wild, Ch. (Hg), Handbuch
philosophischer Grundbegriffe, Bd 1
München 1973

ders.	"Kleine Apologie des Erzählens", in:
Concilium 1973, S 334 - 341

ders.	Glaube in Geschichte und Gesellschaft
Mainz 1977

Minsel, W.-R.	Praxis der Gesprächspsychotherapie,
Böhlaus Wissenschafltiche Bibliothek, 1975

Mitchell, B. (Hg)	The Philosophy of Religion, Oxford 1971
Moltke, H.J. Graf von	Letzte Briefe aus dem Gefängnis Tegel, Berlin 1951 (9)
Mussner, F.	Theologie der Freiheit nach Paulus, Freiburg i Br/Basel/Wien 1976
Nef, F. (Hg)	Structures élémentaires de la signification, Bruxelles 1976
Nipperdey, T.	"Wozu noch Geschichte?", in: Kalterbrunner, G.K. (Hg), Die Zukunft der Vergangenheit, München 1975
Oldenburg, H.	Buddha: Sein Leben, seine Lehre, seine Gemeinde,(herausgegeben und mit einem kritischen Nachwort versehen von H. von Glasenapp) München 1961 (13)
Oomen, U.	"Systemtheorie der Texte", in: Kallmeyer, W. et al. (Hg), Lektürekolleg zur Textlinguistik, Bd 2: Reader, Frankfurt a M 1974
Otto, R.	Das Heilige. Ueber das Irrationale in der Idee des Göttlichen und sein Verhältnis zum Rationalen, (1917) München 1963 (31 - 35)
Otto, W.F.	Die Götter Griechenlands, Frankfurt a M 1947 (3)
ders.	Mythos und Welt, Darmstadt 1963
Pap, A.	Semantics und Necessary Truth, New Haven/London 1969 (3) (1958)
Parkinson, G.H.R. (Hg)	The Theory of Meaning, Oxford 1968
de Pater, W.A.	Theologische Sprachlogik, München 1971
ders.	Reden von Gott. Reflexionen zur analytischen Philosophie der religiösen Sprache, Bonn 1974
Pepper, S.C.	"The Root-Metaphor Theory of Metaphysics", in: Journal of Philosophy 32 (1935) S 365 - 374
Pettazzoni, R.	"Die Wahrheit des Mythos", in: Paideuma 4 (1950), S 1 - 10

Peukert, H. (Hg)	Diskussion zur "Politischen Theologie", Mainz/München 1969
Peukert, H.	Wissenschaftstheorie - Handlungstheorie - Fundamentale Theologie. Analysen zu Ansatz und Status theologischer Theoriebildung, Düsseldorf 1976
Piaget, J.	Die Bildung des Zeitbegriffs beim Kinde, Zürich 1955
Plantinga, A. (Hg)	The Ontological Argument, London 1968
Plantinga, A.	"A Reply by A. Plantinga: A Valid Ontological Argument", in: ders. (Hg), The Ontological Argument, London 1968
ders.	The Nature of Necessity, Oxford 1974
Platon,	Politeia, (in der Uebersetzung von F. Schleiermacher mit der Stephanus-Numerierung, herausgegeben von W.F. Otto, E. Grassi, G. Plamböck), Hamburg 1958
Plett, H.F.	Textwissenschaft und Textanalyse. Semiotik, Linguistik, Rhetorik, Heidelberg 1975
Pollmann, L.	Der französische Roman im 20. Jahrhundert, Stuttgart 1970
Popper, K.	Falsche Propheten. Hegel, Marx und die Folgen, Bern/München 1973 (3)
Propp, V.J.	Morphology of the Folktale, Indiana 1958; deutsch: Morphologie des Märchens, München 1972
Putnam, H.	"The Analytic and the Synthetic", in: H. Feigl/G.Maxwell (Hg), Minnesota Studies in the Philosophy of Science, Bd III, Minneapolis 1962, S 358 - 397
Quine, W.O.	From a Logical Point of View, New York 1963 (1953)
ders.	The Ways of Paradox and Other Essays, New York 1966

Rad, G. von	Theologie des Alten Testaments, Bd 1, München 1966, 5. durchgesehene Aufl.
ders.	Das erste Buch Mose, Göttingen 1967 (8)
Rahner, K./ Vorgrimmler, H. (Hg)	Kleines Konzilskompendium. Alle Konstitutionen, Dekrete und Erklärungen des zweiten Vaticanums in der beschöflich beauftragten Uebersetzung, Freiburg i Br 1967, 2. ergänzte Auflage
Ramsey, I.T.	Religious Language, London 1973 (3) (1957)
ders.	"Religiöse Paradoxien", in: High, D.M. (Hg), Sprachanalyse und religiöses Sprechen, Düsseldorf 1972
Ramsey, I.T. (Hg)	Prospects for Metaphysics, London 1961
Rastier, F.	"Systematik der Isotopien", in: Kallmeyer, W. et al. (Hg), Lektürekolleg zur Textlinguistik, Bd 2: Reader, Frankfurt a M 1974
Révész, G.	Ursprung und Vorgeschichte der Sprache, Bern 1946
Richmond, J.	Theology and Metaphysics, London 1970
Ricoeur, P.	Histoire et vérité, Paris 1964; 3. erw. Auflage
ders.	Symbolik des Bösen, Phänomenologie der Schuld II, Freiburg i Br 1971
ders.	Hermeneutik und Strukturalismus, München 1973
ders.	Hermeneutik und Psychoanalyse, München 1974
Ricoeur, P./ Jüngel, E.	Metapher. Zur Hermeneutik religiöser Sprache, München 1974
Rohde, E.	Psyche, Seelencult und Unsterblichkeitsglaube der Griechen, Tübingen 1925 (10)
Ross, J.F.	Philosophical Theology, Indianapolis/New York 1969

Runciman, W.G. "What ist Structuralism?", in: The British Journal of Sociology 20, (1969), S 253 - 265

Sangharakshita, M.St. "Dialog zwischen Buddhismus und Christentum", in: Concilium (14) 1978, S 376 - 381

Santoni, R.E. (Hg) Religious Language and the Problem of Religious Knowledge, Bloomington/London 1968

Schaeder, H.H. Arabische Führergestalten, Heidelberg 1944

Schaeffler, R. Religion und kritisches Bewusstsein, Freiburg i Br/ München 1973

Schaff, A. Geschichte und Wahrheit, Wien/Frankfurt/Zürich 1970

Schapp, W. Philosophie der Geschichten Leer 1959

Scheler, M. Gesammelte Werke, Bd 6, Bern/München 1963 (2)

Schilpp, P.A. (Hg) Ernst Cassirer, Stuttgart/Berlin/Köln/Mainz 1949

Schlick, M. "Is there a factual a priori?", in: Feigl, H./Sellars, W. (Hg), Readings in Philosophical Analysis, New York 1949 (2)

Schlier, H. Mächte und Gewalten im NT, Freiburg i Br 1963 (3) (1958)

Schmidt, S.J. Bedeutung und Begriff. Zur Fundierung einer sprachphilosophischen Semantik, Braunschweig 1969

ders. "'Text' und 'Geschichte' als Fundierungskategorien", in: Stempel W.D. (Hg), Beiträge zur Textlinguistik, München 1971

ders. "Ist "Fiktionalität" eine linguistische oder eine texttheoretische Kategorie?", in: Gülich, E./Raible, W. (Hg), Textsorten. Differenzierungskriterien aus linguistischer Sicht, Frankfurt a M 1972

ders. Texttheorie, München 1973

Schmidt, S.J.	"Skizzen zu einer Texttheorie", in: Kallmeyer, W. et al. (Hg), Lektürekolleg zur Textlinguistik, Bd 2: Reader, Frankfurt a M 1974
Schmidt, W.	Der Ursprung der Gottesidee, Bd 1, München 1926 (2)
Schupp, F.	Glaube - Kultur - Symbol. Versuch einer kritischen Theorie sakramentaler Praxis, Düsseldorf, 1974
Searle, J.R.	Sprechakte. Ein sprachphilosophischer Essay, Frankfurt a M 1971
Shoemaker, S.	Self-Knowledge and Self-Identity, Ithaca 1963
Slobin, D.J.	Einführung in die Psycholinguistik, Kronberg-Taunus 1974
Sperber, D.	"Der Strukturalismus in der Anthropologie", in: Wahl, F. (Hg), Einführung in den Strukturalismus, Frankfurt a M 1973 (frz. 1968)
ders.	Ueber Symbolik, Frankfurt a M 1975
Splett, J.	Die Rede vom Heiligen, Freiburg i Br/München 1971
ders.	Konturen der Freiheit, Frankfurt a M 1974
ders.	Lernziel Menschlichkeit: Philosophische Grundperspektiven, Frankfurt a M 1976
Stammerjohann, H. (Hg)	Handbuch der Linguistik, München 1975
Stempel, W.D.	"Erzählung, Beschreibung und der historische Diskurs", in: Koselleck, R./Stempel, W.D. (Hg), Geschichte - Ereignis und Erzählung, München 1973
Stempel, W.D. (Hg)	Beiträge zur Textlinguistik, München 1971
Stierle, K.	Text als Handlung, München 1975

Stierle, K.	"Geschichte als Exemplum - Exemplum als Geschichte. Zur Pragmatik und Poetik narrativer Texte", in: ders. Text als Handlung, München 1975
ders.	"Versuch zur Semiotik der Konnotation", in: ders. Text als Handlung, München 1975
Striedter, J. (Hg)	Russischer Formalismus. Texte zur allgemeinen Literaturtheorie und zur Theorie der Prosa, München 1971
Summers, M.	The History of Witchcraft and Demonology, London 1926
Suppé, F. (Hg)	The Structure of Scientific Theories, Urbana/Chicago/London 1974
Tausch, R.	Gesprächspsychotherapie, Göttingen 1970 (4)
Tillich, P.	Dynamics of Faith, New York 1957 (deutsch: Wesen und Wandel des Glaubens, Frankfurt a M/Berlin 1961)
ders.	Gesammelte Werke V und VII, Stuttgart 1964/1970
Todorov, T.	"Les catégories du récit littéraire", in: Communications 8 (1966) deutsch: "Die Kategorien der literarischen Erzählung", in: Blumensath, H. (Hg), Strukturalismus in der Literaturwissenschaft, Köln 1970
de Tonquédec, J.	Les maladies nerveuses ou mentales et les manifestations diaboliques, Paris 1938 (3)
Topitsch, E.	Mythos, Philosophie, Politik, Freiburg i Br 1969
Trabant, J.	Zur Semiotik des literarischen Kunstwerks, München 1970
Track, J.	Sprachkritische Untersuchungen zum christlichen Reden von Gott, Göttingen 1977
Tugendhat, E.	Vorlesungen zur Einführung in die sprachanalytische Philosophie, Frankfurt a M 1976